清华大学校史研究室 编

清华英烈

（增订本）

清华大学出版社
北京

图书在版编目（CIP）数据

清华英烈/清华大学校史研究室编. -- 增订本.
北京：清华大学出版社，2024.9. -- ISBN 978-7-302
-67222-7

Ⅰ．K820.6
中国国家版本馆 CIP 数据核字第 2024AL9639 号

责任编辑：杨爱臣　韩　雪
封面设计：傅瑞学
版式设计：方加青
责任校对：王荣静
责任印制：杨　艳

出版发行：清华大学出版社
　　　　　网　　　址：https://www.tup.com.cn，https://www.wqxuetang.com
　　　　　地　　　址：北京清华大学学研大厦 A 座　　邮　　编：100084
　　　　　社　总　机：010-83470000　　　　　　　邮　　购：010-62786544
　　　　　投稿与读者服务：010-62776969，c-service@tup.tsinghua.edu.cn
　　　　　质　量　反　馈：010-62772015，zhiliang@tup.tsinghua.edu.cn
印　装　者：三河市春园印刷有限公司
经　　销：全国新华书店
开　　本：148mm×210mm　　**印　　张：**14.875　　**字　　数：**371 千字
版　　次：2024 年 9 月第 1 版　　**印　　次：**2024 年 9 月第 1 次印刷
定　　价：68.00 元

产品编号：105848-01

清华大学校史编辑委员会

主　任　邱　勇

副主任　向波涛　　方惠坚　　贺美英　　张再兴
　　　　庄丽君　　胡显章　　叶宏开　　孙道祥
　　　　胡东成　　韩景阳　　史宗恺　　姜胜耀
　　　　吉俊民　　李一兵　　范宝龙　　刘涛雄

委　员　(按姓名笔画为序)：

　　　　马　赛　　马栩泉　　王　岩　　王　睿
　　　　王孙禺　　王赞基　　方惠坚　　邓丽曼
　　　　邓景康　　卢小兵　　叶宏开　　叶富贵
　　　　田　芊　　史宗恺　　白本锋　　白永毅
　　　　吉俊民　　朱育和　　朱俊鹏　　向波涛
　　　　庄丽君　　刘桂生　　刘涛雄　　关兆东
　　　　孙道祥　　杜鹏飞　　李　越　　李一兵
　　　　杨殿阁　　邱　勇　　邱显清　　余潇潇
　　　　张再兴　　陈　刚　　陈克金　　范宝龙
　　　　欧阳军喜　金兼斌　　金富军　　赵　伟
　　　　赵　岑　　赵　鑫　　赵庆刚　　胡东成
　　　　胡显章　　闻星火　　姜胜耀　　贺美英
　　　　袁　桅　　顾良飞　　钱锡康　　徐振明
　　　　唐　杰　　曹海翔　　梁君健　　韩景阳
　　　　覃　川　　解　峰　　裴兆宏

《清华英烈》(1994年版)编写组

主　编　张思敬

成　员　（按姓名笔画为序）：

田彩凤　史宗恺　　刘文渊　孙敦恒

杨立林　欧阳军喜　凌桂凤　唐纪明

《清华英烈》(增订本)编写组

主　编　范宝龙

执行主编　王向田

副主编　欧阳军喜　金富军　卢小兵

成　员　（按姓氏笔画为序）：

丁欣然　王博伟　王　媛　韦庆媛

尹　昕　甘泽霖　任梦磊　刘羿佟

杜文斐　李子花　李　玓　李浩然

李璎珞　扶　威　吴宇潇　张艺璇

张阳阳　张牧云　张梦晗　张博晋

陆　军　陈天翼　陈双全　罗熙临

岳　颖　周襄楠　郑小惠　秦　仆

袁　帆　袁　欣　莫家楠　夏　清

倪博闻　黄思南　曹雪雅　韩俊太

童庆钧　虞　鑫　熊成帅　魏子顺

原 版 序 言

爱祖国、讲气节,自古以来就是中国知识分子高贵的品格。近代中国沦为半殖民地,一百多年反对帝国主义的抗争又大大加深了这种传统。遵循着这种传统,一批又一批的清华大学的师生献身于民族解放,进而投身于人民革命的洪流,思想境界也上升到社会主义和共产主义的水平。他们是民族的脊梁。其最突出的代表就是献出了自己生命的英烈们。

现在我们正在集中精力搞好社会主义的经济建设。我们的改革、开放,归根到底是为了发展社会主义的生产力,增强综合国力和实现广大人民的幸福。不能只看到社会主义初级阶段时期某些具体政策和方针而忘掉了总目标总政策。因此,必须以爱国主义、社会主义和为人民服务的思想作为精神支柱。绝不能让中华民族精神上的凝聚力被拜金主义、享乐主义和极端个人主义所瓦解。

从 1949 年起,中国人民站起来了。民族压迫从此推倒。港澳即可回归,民族的耻辱也将雪尽。但事物有两重性。一代代新人在成长。他们没有亲身经受过民族压迫,如果在学校和社会教育上出了疏漏,他们就可能身在福中不知福。

开放政策创造了学习世界上先进科学技术和一切先进的东西的机会。科学无国界,但科学家有祖国。与西方交流,但也“没有免费的午餐”。独立自主、自力更生的精神不能丢。某些势力也不会坐让中国富强起来,强权政治和霸权主义仍然存在。这些事情正在从反面提醒我们,要教育好下一代。安不能忘危。

因此,在当今的条件下出版《清华英烈》是很有意义的。学校要努力培养出具有高度文化科学水平的人才。但前提却是在精神上坚持清华英烈们高举过的鲜红的旗帜。让一代代新人的理想中,施滉、闻一多、朱自清、齐亮们真正永垂不朽。

何东昌

1993 年 10 月 9 日

清风烈烈　华章煌煌

（增订本序言）

　　英雄是时代的标杆，是民族最闪亮的坐标。近代以来，在争取民族独立和人民解放的历史洪流中，一大批清华英烈前仆后继、为国捐躯，用生命谱写了一曲曲荡气回肠的壮歌。他们的事迹经过时间冲刷留存下来，在今天显得格外厚重、格外珍贵。

　　清华大学诞生于国家和民族危难之际，成长于国家和民族奋进之中，发展于国家和民族振兴之时。自建校起，清华人始终满怀强烈的爱国情怀，随时准备为国家和人民牺牲一切。五四运动爆发后，清华人"揎开美梦""和黑暗宣战"，积极投身反帝爱国运动。"清华最有光荣的儿子"施滉参加了五四运动，与当时的先进青年一道播撒革命的种子。在探索救亡图存道路的过程中，他深刻认识到只有马克思主义才能救中国，在美国留学期间加入共产党，毕生坚守"真理所在，即趋附之"的信条，1934年在南京雨花台被国民党反动派杀害。1925年考进清华的韦杰三，入学不到一年就参加了"反对八国通牒国民示威大会"，在"三一八"惨案中身中四弹、因伤逝世，临终犹念"我心甚安，但中国快强起来啊"。

　　"九一八"事变后，在民族存亡的危急关头，清华人坚定走在"一二•九"运动等爱国民主运动前列。邓维熙、孙世实、纪毓秀、彭国珩等革命先烈在运动中经历洗礼，抱定"永为救亡而奋斗"的决心，顽强斗争、不移其志，直到生命最后一刻。他们敢于挽狂澜于既倒、扶大厦之将倾，或投笔从戎，或发动群众，或钻研科技，在抗日武装斗争中抵御外侮。日本侵略者强占东北后，黑龙江籍的清华学生张甲洲誓要与日寇血战到底，1932 年毅然弃学回到家乡，在党的领导下组织起抗日武装力量。1937 年 8 月，他在与日伪军的遭遇战中，不幸中弹牺牲。1928 年考入清华土木系的沈崇诲，毕业后成为空军飞行员。1937 年 8 月淞沪会战中，在战机突发故障后，他义无反顾地驾机撞向日军旗舰，用 26 岁的年轻生命践行了抗日救亡的崇高使命。

抗日战争胜利后，清华人又奋不顾身参加到人民解放斗争中。闻一多先生以身为笔、以血为墨，揭露反动派制造白色恐怖的卑劣行径。在民主战士李公朴的追悼大会上，他拍案而起，满腔悲愤地发表了"最后一次讲演"。随后，闻一多先生在回家途中惨遭特务暗杀。在新中国诞生之初，刘国鋕等英烈在狱中被国民党反动派杀害，陈月开等英烈在剿匪斗争中壮烈牺牲。他们一生为光明而奋斗，却在光明到来的时候倒在了血泊中。

奋勇参加民族救亡和人民解放斗争的清华人，为新中国的诞生作出了重要贡献。那些英勇献身的革命先烈，用行动诠释知耻图强的刚毅品格，用鲜血铸就视死如归的英雄气概，为清华留下了最可宝贵的精神财富。清华英烈中有 33 位共产党员，他们的感人事迹是清华光荣革命传统的生动写照。从 1926 年 11 月清华第一个党支部成立到新中国成立前，先后约有 700 名地下党员在清华党组织的领导下开展斗争。在血与火的考验中，清华党组织逐步形成了"爱国真情，坚定信念，崇高理想；联系群众，代表群众，关心群众；艰苦卓绝，坚持斗争，善于斗争；服从纪律，严守机密，保持气节"的革命传统。

好大学必有好传统，好传统成就好大学。110 多年积累的文化传统是激励清华不断前进的力量源泉。在社会主义建设和改革开放时期，清华党组织继承发扬光荣革命传统，形成了"爱国奉献、又红又专、实事求是、深入群众"的优良传统。在学校改革发展过程中，清华党组织发挥着中流砥柱的作用。特别是在庆祝建党百年等重大活动中，在抗击新冠疫情等重大考验中，清华党组织保持了强大的组织力、执行力、战斗力，让党的旗帜始终在清华园高高飘扬。

遗芳余烈，逾远弥存。这些革命先烈的事迹和精神，不止是清华的历史记忆，更是中华民族历史天空中永不黯淡的星光。1989年，学校在校园里树立起"祖国儿女 清华英烈"纪念碑。1994年，校史丛书《清华英烈》首次出版，详细记录了39位英烈的生平事迹。此后，学校多次增补完善清华英烈名单。2019年，学校组织专门小组，根据新史料、新线索，反复核实考证，将名单增加至65位，主要增补了一些在西南联大求学期间参军报国、牺牲在反法西斯战争前线的英烈。编写人员力求详实准确，倾注大量心血，续修完成了《清华英烈》（增订本）。在此，我代表学校向所有长期参与、支持编写工作的师生校友和各界朋友致以衷心的感谢！

"暮雪朝霜，毋改英雄意气。"如今，中华民族伟大复兴已经进入了不可逆转的历史进程。复兴之路的基石是包括清华英烈在内的无数革命先辈用血肉之躯铺就的。实现伟大的中国梦，就是对英烈们最好的缅怀；建设美好的现代化强国，就是对英烈们最好的告慰。新时代需要英雄并且一定能够产生英雄。在强国建设道路上，完成沉重艰巨的攻坚任务、迎接不可预知的困难挑战，需要每一个人站得出来、顶得上去。迈上新征程，我们要坚定历史自信，凝聚精神力量，传承弘扬优良传统，加强党史学习教育和校史教育，激励全校师生崇尚英雄、争做英雄。

清风烈烈，扬报国图强旗帜；

华章煌煌，铸舍身忘我春秋。

清华英烈永垂不朽！

邱勇

2024 年 6 月 25 日

目　录

韦杰三

（1903—1926）

孙敦恒

　　清华校园里"水木清华"北面土山之阴,矗立着一根折断了的大理石柱,这是 1926 年清华同学为"三一八"烈士韦杰三立的纪念碑,人们都叫它"三一八"断碑。

勤 苦 自 勉

　　韦杰三烈士,广西蒙山县新墟镇人,1903 年出生。12 岁时入本县县立高小读书,成绩优异,名列前茅。高小将近毕业时,因羡慕上海的文明,他很想到那里去读书,曾对同学说:"如果上海的学校,肯收我做校役,我也有机会去研究好科学了!"可惜因家贫路远,有志难酬。小学毕业后,在本县专修国文一年,勤奋好学,其老师以"该生素好长篇大段丽句绮词"评其文。虽然学习成绩很好,但因家中经济困难,无力供其继续求学,乃辍学到本县古排村初级小学担任教员。他一边教书,一边读书,半年后考入梧州省立师范学校。在该校学习,食宿生活和学习费全由公家供给。他到校后,尊敬师长,孜孜好学,甚得老师们的称许。他在这个学校,苦读了一年半,便结业了。他当时认为:国家要富强,就要兴办教育事业。因此,他有一个打算:"将来要回本乡办一间模范的学校"。他后来回忆说:"我这个念头,日夜藏在脑海里,凡遇着一件好办法,我便想到那'模范的学校'去。我曾和几位同乡说及这事,想叫他们帮忙;也曾打算把所有家产拿来供办学的经费。"这年,韦杰三刚15岁,在家长的强迫下同一个并不相识的女子结了婚。他常为自己的"早婚和盲婚"而苦恼,但他并没有屈服于封建包办婚姻的约束,也没有因家庭经济困难而畏葸,而是"壮志未尝稍懈",决心继续出外求学。1919年春,他克服了各种困难,借得几十元钱,到了广州,以工读的办法就读于慕黎英文书馆,半年后又考入培英中学。他"穷且益坚,勤苦自勉,虽假期仍不释卷"。在努力学好各门功课的同时,他积极从事社会工作,曾担任校刊《培英杂志》的编辑、学生自治会的干事等职务。这期间,创办模范学校的念头,"不独没有消灭,且还立得更坚"了。他说:"因我看见广州的学校,比我家乡里最好的中学还要好,而且女子教育又很发达,这么一来,便不致有早婚和盲婚之弊了。于是我那'不许早婚和盲婚的男女模范学校'的设想,越发牢不可破了;同时,我又开始在儿童读品上做工夫。"为了实现自己的理想,他抱定决心,第一"便是勤求自己的学问,和决志升学到大学及留学到外洋去";第二如果"万一经费弄不到手,不能升学到大学及留学到外洋去,也唯有一壁自修,一壁给学校做工,或专在儿童读品上服务就是了"。后来,他便是这样去奋斗的。1921年夏,韦杰三为了实现其抱负,转学到东南大学附中,到校不久又被同学们选为学生自治会的周刊编辑,后因评论校政而得罪学校当局,不得不又转学到吴淞中国公学。到上海求学,这是他早就梦寐以求的事,因之手不释卷格外努力。1923年夏,又为经济所迫不得不休学,回到家乡蒙山,应县立中学之聘,到该校担任英语和音乐教员。

韦杰三在蒙山县立中学，辛勤执教，向学生传授新知识、新思想。同时，和进步教师黄成业、陈云豹及该校校长蔡挺生等人一起开设了一个"源生和"书店，出售《向导》《新青年》《学生杂志》等进步书刊，传播科学民主新思想，在开发民智方面起到很好作用。他还发动县城内各校师生，上街演讲，向民众宣传反帝爱国、打倒封建军阀和妇女解放等道理。这年11月，他写了一首《答小友》的新诗，表示自己"愿做那冰天雪地中的阳光"和"更闲人静里的秋月"，把自己的光和热献给"被寒威侵袭""寂寞孤苦"的人们。12月，在他的积极操办下，该校创办的《学校周刊》问世，他在创刊号上发表了一首诗，题目叫《小小的》，以言其志。他说，希望这个小小的《周刊》，"去到每一个小小的心坎""脑海""胆囊"中，采来"纯洁的心灵""聪明的脑髓""稚弱的胆量"，用"慈爱""智果"和"真理"去培育它成长。他在该校任教期间，经过多方商议，在其妻子同意下而离婚，终于解除了长期为"早婚和盲婚"带来的苦恼。

1924年秋，国共两党第一次合作的建立，使中国革命进入了一个新阶段。这时，韦杰三抱着"读书救国"的宏愿，设法又来到了上海，投奔到进步力量比较强的上海大学，进入英国文学系学习。1925年5月，上海工人、学生和各界民众抗议日本纱厂资本家枪杀中国工人顾正红，举行游行，英国巡捕开枪射击，死十多人，发生了震惊中外的"五卅"惨案。各校学生掀起了轰轰烈烈的反帝爱国运动，韦杰三积极参加了这场斗争，奔波于上海街头，讲演，募捐。"五卅"过后，上海大学因学生积极参加反帝爱国活动，被反动当局强令解散，韦杰三不得不考虑再次转学。一个具有强烈爱国心和正义感的有为青年，虽然酷爱学习，且已显露其才华，但是，国家的危难，家庭的穷困，却使他无法安心读书，且屡遭社会和学校的打击。人间的不平，社会的不合理，给他带来了无比痛苦，激起了他的反抗，磨炼了他的意志。韦杰三"工词令，与之交谈则娓娓动人，出入心肺，登宾座则滔滔不绝，慷慨激昂。好批评，对社会或学校常发不满意语,而其对社会之服务,则不遗余力,尝立志研究文学,欲以教育终其身。"这几年,他写了《我的苦学经过谈》《一个为盲婚而战的学生》《从圈里跳出来的一个》《苦儿脱盗》《私逃》等200多篇文章,计数10万言,发表在上海《民国日报》副刊和《学生杂志》《少年杂志》等报刊上,这些文章反映了他对旧社会的愤懑,也反映了他对新社会的追求。出于爱国救国的热望,他勤奋刻苦学习,且尽力帮助别人。他在《我的苦学经过谈》一文中说:"唉!以我一个孤儿,既要自己设法苦学,又常受精神上的痛苦,使我读书难成,我怎不和他誓死宣战?啊!我的同病相怜的人们,别胆怯!别灰心!奋勇上!战胜穷魔!革除专制!成功的神,正在默助你啊!"又说:"我以后仍须继续奋斗下去,决意要打破难关,俾学问稍有成就,一则不负初衷,二则可尽力帮助与我同病相怜的后来者。"

正当韦杰三为到何校继续求学而冥思苦想的时日,适逢北京清华学校增设大学部,招收新制大学本科一年级新生。韦杰三喜出望外,欣然赴考,以优异成绩被录取。1925年秋,他作为清华学校大学部第一级学生,走进了美丽的清华园。

碧血溅都门

他来清华的前夕,他的同乡苏甲荣先生向他介绍了著名文学家、清华教授朱自清先生,并为他写了一封介绍信。到校后,他仰慕朱先生的渊博学识和诲人不倦的师道,曾前往朱先生住处请教,并热切地要求转到朱先生的班上听课。但因学校规章制度所限,未能如愿。据其国文课老师钱子泉教授说:"他知道不能转时,也就很安心的用功了,笔记做得很详细的。"那时,他家贫无钱供其求学,他读书的钱"一小半是自己休了学去做教员弄来的,一大半是向人告贷来的"。他在校中,给人的印象是心地纯洁,待人谦和,乐于助人,坚毅刚强,刻苦学习,自强不息。他平日寡欢,但一谈国事便慷慨激昂,滔滔不绝。对各种不合理现象从不沉默,勇于抨击,并提出自己的见解。朱自清先生说他"年纪虽轻,做人却有骨干的","是一个可爱的人"。

1926年3月中旬,日本军舰掩护奉军进攻驻防大沽的国民军,遭到守军的防御。明明是帝国主义的军舰在我国领海横行霸道,干涉我内政,而美、英、法、日、意、荷、西、比八个帝国主义国家竟借口"大沽口事件",向中国北洋政府提出"惩凶""赔偿"等无理要求,并发出最后通牒,限48小时内答复。对此,全国民众极为义愤,3月18日,北京各界民众在国民党左派徐谦和共产党人李大钊、赵世炎、陈为人、陈毅等人的领导下,于天安门前举行"反对八国通牒国民示威大会"。会后,游行请愿,遭到段祺瑞执政府的血腥屠杀,伤200多人,死47人,这就是被鲁迅称为"民国以来最黑暗的一天"的"三一八"惨案。

这一天,韦杰三放下手中的书本,积极勇敢地参加了这场反帝爱国斗争。他和清华同学一起,进城参加了天安门前的国民大会,然后去执政府所在地铁狮子胡同游行请愿。他们走在整个游行请愿队伍的最后,一路上高呼"打倒帝国主义!""拒绝八国通牒!""废除不平等条约!"等口号。在他们到达铁狮子胡同时,府门前已站满了请愿的群众,突然枪声四起,罪恶的子弹射向手无寸铁的爱国青年,韦杰三腹部连中四弹,同学们把他送往协和医院急救,终因伤势过重于21日晨逝世。他在昏迷中怒骂"段贼兽心,何为以我为牺牲耶!"犹念念不忘祖国的富强,他说:"我心甚安,但中国快强起来啊!"牺牲时年仅23岁。

噩耗传到清华园,师生们万分悲痛,乃于3月22日派代表进城迎灵。迎灵至沙滩时,北京大学学生会率同学数百人举行了路祭,恸哭甚哀。灵抵清华西校门,全体同学和教职员工列队迎祭,先供祭物,接着全体行三鞠躬礼,默哀五分钟,许多人痛哭失声。

同学们将烈士遗骨先安葬于清华园内"水木清华"北面土山之

"水木清华"北山之阴的"断碑"

阴,三周年后移至圆明园与"三一八"诸烈士合葬。有同学为烈士写了一副挽联:"碧血溅都门,丹心照清华。"

韦杰三烈士临终时的遗言:"我心甚安,但中国快强起来啊!"一直激励着清华同学为祖国的富强而奋斗不息。为了表达对烈士的敬仰与怀念,同学们特地从圆明园废墟上移来这根大理石断柱,把它树立在原来烈士墓所在地,作为烈士纪念碑。它象征着正在成长中的国家未来的栋梁之材,遭到反动派的摧残而夭折;同时,这断柱又取自被帝国主义侵略军焚毁的圆明园旧址,它又是帝国主义侵略我国的见证。1957年3月,清华学校曾把它移至旧图书馆门前,1985年复移至原处,与纪念闻一多烈士的"闻亭"和雕像、纪念朱自清先生的"自清亭"和雕像毗邻而立,以便让人们更好地瞻仰、纪念,更好地学习和发扬清华的革命传统。

参 考 文 献

1. 陈云豹：《韦杰三烈士行述》，《清华周刊》第 372 期，1926 年 3 月 26 日。

2. 刘信芳：《韦君略传》，《清华周刊》第 372 期，1926 年 3 月 26 日。

3. 李崇伸：《韦君杰三最后五点钟》，《清华周刊》第 372 期，1926 年 3 月 26 日。

4. 章熊：《悼韦杰三君》，《清华周刊》第 373 期，1926 年 4 月 2 日。

5. 彝鼎：《三月十八日惨案以后》，《清华周刊》第 373 期，1926 年 4 月 2 日。

6. 佩弦：《哀韦杰三君》，《清华周刊》第 374 期，1926 年 4 月 9 日。

7. 《祭韦杰三烈士文》，《清华周刊》第 374 期，1926 年 4 月 9 日。

8. 《一个校友的自述（韦杰三自传）》，《清华周刊》第 387 期，1926 年 10 月 29 日。

施　滉

（1900—1934）

孙敦恒

　　　　火，五四的象征，
　　　爱好自由民主的人，
　　都到这儿来拿取火种吧！

　　早期清华园中的先进青年，正是从"五四"取来革命的火种，点燃了清华学生为中华的振兴而奋斗的火炬，他们是清华园中的举火人。

　　清华园举火人中的杰出代表，当数施滉烈士。

求索救国真理

　　施滉，字动生，从事革命工作期间曾用化名"赵大"。1900年生于云南省洱源县一个小学教师的家庭里。他的父亲姓赵，因家贫入赘施家。后来施家也贫穷了，而靠小学教员的微薄收入养活全家。

施滉五岁时,随父亲到昆明读小学,后来就读于云南省中等军医学校,毕业时成绩名列第一。按该校规定,考第一的学生本应保送到天津高等军医学校深造。但这一次被送的不是考第一的穷学生施滉,而是另一位有钱有势的官家子弟。这件事给年轻的施滉极大刺激,他开始感到社会的不平。第二年,也就是1916年,施滉在昆明报考北京的清华学校,又在全省考了第一。当时的清华学校,是用美国"退还"的部分庚子赔款办

位于云南省洱源县的施滉烈士事迹陈列馆

的一所留美预备学校,学生在校学习8年毕业后去美国留学。每次招生各省保送的名额均按该省分担庚子赔款的比例分配。这年云南省仅有一个名额,施滉省试成绩最好,理当被保送,可是当地官僚为了照顾一位富家子弟,乃以他近视为词,保送他们两个同时进京复试。复试结果,施滉以优异成绩被录取,于1917年插班进了清华学校1924级(1924年毕业)。那时清华学校学生的学费和食宿费基本上是免交的,但总还需要些零用钱。施滉家贫负担不起,他就以工读的办法,一边读书、一边工作来维持。他曾在学校图书馆里担任过学生助理,利用课余时间到图书馆服务。他的同级好友冀朝鼎同学也经常接济他一些。虽然他学习时间比别人少,但由于勤奋努力,各课成绩优秀;同时由于他热心公务,乐于助人,好为集体办事,深得同学们的爱戴。

施滉入学的第二年,俄国十月革命胜利的消息传来,在我国知识界引起了强烈的反响,在新思潮的影响下,施滉开始关心中国的社会问题,探索中国的富强之路,积极阅读课外读物,《新青年》是他最喜欢的刊物之一。1918年暑假,施滉同几位要好同学,基于爱

国救国热忱,为了互助互励,组织了一个"暑假修业团"。暑假后改为"修业团",主要成员有施滉、冀朝鼎、徐永煐等人。修业团的宗旨是:"振作我们的精神,尽我们所能尽的力量,来肩负文化运动底责任,以为社会改造之导火线。"他们创办了《修业》杂志,提倡白话文和文字改革,还用白话译载了托尔斯泰等人的文章,该刊共办三期。

1919年,北京城内爆发了划时代的五四运动。消息传来,清华园沸腾了,施滉和同学们一起,积极热情地投入了反帝爱国运动。五四运动"锐利的角声","揎开了少年们的美梦","少年们和黑暗宣战了"!在运动中,施滉一心救我中华,置个人得失于不顾。在6月3日的大宣传中,他徒步进城到绒线胡同附近进行反帝爱国讲演,被捕后被关进了北大三院,三天后才得自由。现实斗争使他进一步认清了北洋军阀政府卖国媚外的真面目,更坚定了他救国救

唯真学会会员在水木清华迤东亭(现名自清亭)前留影
前排左1徐永煐、左4冀朝鼎、左6施滉

民的心愿,认识到要救我中华,便要改良社会。

1920 年春,随着新文化运动的推进,施滉和"修业团"的成员一起,抱着寻求救国真理的赤诚愿望,决心以救国真理是从,乃将"修业团"改名为"唯真学会",施滉被推为会长。他们成立唯真学会的宗旨是:"本互助和奋斗的精神,研究学术,改良社会,以求人类底真幸福。"

"真理所在,即趋附之"

那时,社会上流行的各种思潮,诸如实业救国、教育救国、科学救国、政治救国等,在清华都有传播。施滉和唯真学会的会员接受了"政治救国",提出了"改良社会"的主张。因为实践告诉他们:不触及帝国主义和封建军阀的黑暗统治,就救不了中国。"真理所在,即趋附之",则是他们共同信守的格言。

施滉为了实现其"改良社会",救我中华的抱负,他一面努力学好校中的各门功课,为将来报效国家增长才智;同时十分注意个人的品德修养,他同唯真学会的同学一起,积极倡行"八不主义"。唯真学会的会员每人发一铜牌,上面刻着:不抽烟、不喝酒、不嫖、不赌、不讲假话……信条,他们在"劳工神圣"的影响下,组织起"工读团",借了一间教室作工场,每人每天劳动一小时,干些印信封、信纸等劳动。施滉既是这一活动的参加者,又是组织者。他们还在清华校园西北角一片叫"西园"的荒地上开荒种菜。《清华周刊》曾报道说:"吾校西园,荒地凡数十亩……历来荒废,无人过问……近来同学多人,邀约同志,前往开垦,或建茅舍,或凿山穴,或饲鸡禽,或养家畜,……诸同学筚路蓝缕,为世前驱,勤苦耐劳,以身作则,化除智识劳动阶级,其必得源于此也。"他们经常到学校附近"驴车夫""洋车夫"等工农大众吃饭和休息的处所,去体验劳苦大众的疾苦,同他们交谈,向他们请教。施滉在同劳苦大众的接触中,他逐渐确立了为劳苦大众服务的志向。1920年的"五一劳动节"前夕,在施滉主持下他们编印一期《劳动声》刊物,在校内外工农大众中散发,介绍五一劳动节的由来和意义,以及"劳工神圣"等观念。施滉还和一些志同道合的同学一起去山东德州灾区,进行社会调查,了解灾民的悲惨生活,更深地认识中华民族的苦难。施滉在担任校刊《清华周刊》编辑时,负责"国情报告"专栏,经常发表文章揭露当时社会的黑暗,针砭时弊,引导同学们关心国家大事。

1923年,施滉和他的同级同学冀朝鼎、徐永煐、胡敦源、章友江、罗宗震、梅汝璈和女师大附中学生罗素抒(罗静宜)8人,在唯真学会内部又成立了一个名叫"超桃"的秘密核心组织,施滉被推为"领袖",挑起了率领大家为实践其救国心愿努力探索的担子。"超桃",意思是超过旧时代的"桃园结义"。他们强调集体主义精神,有严格的纪律,针对当时清华学生中流行的"科学救国""教育救国"等思潮,提出了"政治救国"的主张,决心通过政治途径去改良社会。施滉在《清华周刊》上发表《学生对于社会应该怎样》一文中指出:"学生应该为社会谋幸福"。怎样去为社会谋幸福呢?他说:"现在社会,[是]不良的社会,是有病的社会,我们要想为社会谋幸福,就要变不良的社会,为[良]社会,有病的社会为无病的社会,所以学生对社会,应该负改良的责任。"

积极推进清华之改良

其时,清华学校是一所留美学校,校中"一切办法均照美国学堂"。五四运动后,在爱国主义的推动下,同学们于"改良社会"的热潮中进而发出了"改良清华"的呼声。他们说:"改良社会,就应该从最切近的地方——我们的学校作起点。"施滉和唯真学会的成员都是改良清华的积极鼓吹者和热情实践者。为社会谋幸福,"不要怕吃亏","只要自己觉得它对,无论眼前有什么亏吃,也应当把眼光放大一点去作。"施滉这样劝诫别人,自己更是这样去做的。言行一致,勇于实践,是他的一个突出特点。

清华学生会,是在五四运动中产生的学生自治组织,是学生推动清华改良的重要阵地。施滉一向关心集体,热心为同学服务,多次被选入学生会,在各机构中担任要职。最初,清华学生会曾模仿西方资产阶级的议会民主制,设评议部、干事部和学生法庭三个机构。为了推动学校校政和校风的改良,在学生会评议部内设立了一个"校务改良委员会",负责收集同学意见,提出改良建议供学校参考采纳,施滉为学生会评议会委员负责其事。1922年11月,清华学生会学生法庭选举第二届职员,施滉被选为"审判长",他是学生法庭制的积极推行者。当时同学间发生争执,或某同学"行为有越轨"时,先由学生法庭进行调解和审理,将意见提供学校。他一向对人谦和,对同学都是耐心劝导,因而甚得同学的支持。学生法庭推行了3年,因学校当局的不容而废止。

另一个推进改良清华的阵地,是《清华周刊》。施滉曾先后担任过《清华周刊》的集稿人、编辑、专栏负责人和主编。为使《清华周刊》成为"建设严格之道德制裁,培育坚固之团体精神,汇通各地同学之声息,促进校务之改良的舆论阵地",他积极撰写文章,编组稿件。为了推进清华之改良,《清华周刊》曾开展《改良清华学校之办法》等专题讨论。施滉在《对于清华各方面之建言》一文中,向同学们发出了建造健全人格和培养团体精神的呼吁与劝告。他说:"我希望同学们在校的时期内,把人格建造好","培养一种团体精神"。我们"组织团体的动机,是谋公共的福利","服务于公共团体的人,切不可有自私自利的念头","公私不可兼得的时候,当舍私为公,切不可舍公为私"。又说:"在团体内任职,是公众的仆役,是为大家办事的","就任之后应该忠于职务,百利于我有害于公的事不做,百害于我有利于公的事一定做,这才算忠于职务"。

施滉就是这样为实践自己改良社会的理想而忘我地工作。

在孙中山、李大钊的指引下

施滉在其"政治救国"的实践中,受《新青年》等进步书刊的影响,崇拜列宁和孙中山,对李大钊也十分敬仰。

1924年1月,标志着国共两党第一次合作正式形成的国民党第一次全国代表大会在广州举行,施滉、徐永煐等三位志同道合者特意到广州晋见孙中山先生,请教今后道路。孙中山先生热情地同他们谈了两三个小时,听说他们要去美国留学,便向他们说:"以前求学,美国最好,因为美国比较的谋的是多数人的幸福。现在则不然,比较上谋多数人的幸福的乃是俄国"。又说:"美国以前是极进步的国家,现在反变了极退化的了。诸君要到美国念书,极要留意,稍一不慎,就要被他们带坏。""就政治上说,我们应当为多数谋幸福,为真正没有幸福的人谋幸福。简单说来,就是替最下级的人民谋幸福。"这些话给他们留下了深刻印象。

他们在广州还见到了正在开会的李大钊同志,得到大钊同志的亲切教导和关怀,更加坚定了为劳苦大众谋幸福的信念。这次行动决定了他们后来的成长道路。他们回到北京后,便常到大钊同志处去请教,在其帮助下他们对马克思主义发生了兴趣,提高了对共产主义、共产党的了解和认识。施滉在赴美国留学前夕,又同冀朝鼎一起去看望李大钊同志。李大钊同志热情地叮嘱他们:到美国留学,要注意了解美国的社会状况,要善于向美国人民学习。还特别指出:留学生应该一切为祖国,要结合中国的国情,学习对中国有用的知识。

1924年7月,施滉怀着寻求救国真理、学习富国本领的热切愿望,告别了美丽的清华园,告别了可爱的祖国,登舟东渡。到美后,进入斯坦福大学,学习东方史。他按照孙中山、李大钊的指点,一边努力攻读所学专业，一边关心着在美侨胞和留学生的爱国反帝斗争。当他了解到广大华侨十分希望了解国内的情况时，就热情地向他们讲说国内的革命形势，介绍孙中山先生的三大政策。

1925年，在上海发生了"五卅"惨案。身在大洋彼岸的施滉，积极联络在美的唯真学会成员，向侨胞和美国人民进行反帝爱国宣传，揭露帝国主义的罪行，介绍祖国人民反帝斗争的英勇事迹。他们成立了"沪案后援会"，进行宣传和联络侨胞声援国内的反帝斗争。这期间，施滉整日不知疲累地奔波于侨胞间，向他们宣传，并积极为《侨声》报撰写稿件。后来，他们在斗争中，同美国共产党人携起手来，并参加了由美共领导的"反帝大同盟"。在反帝斗争中，他结识了不少美国朋友，对美国社会中的丑恶现象，如阶级压迫，种族歧视等，有了深刻具体的了解，从而更加坚定了"变不良的社会为良的社会，变有病的社会为无病的社会"的决心。

"还是共产党好"

1925年秋天，"超桃"的全体成员都到了美国。由施滉召集在伯克利（Berkeley）开全体会，会上大家分析了当时国内的政治形势和各党派的动向，一致决定支持孙中山先生的三大政策，支持南方革命政府，反对北洋军阀，反对帝国主义对中国的侵略。这年冬天，中国留学生在芝加哥举行大会，会后施滉又让"超桃"成员留下，一起认真讨论了从中国革命的实际看"是国民党好，还是共产党好？"因为这时客观进程，需要他们作出抉择。他们各抒己见，热烈争论，最后得出了一个共同的认识，"还是共产党好！""只有社会主义才能救中国！"大家一致表示，要走共产党的道路。会后，施滉等回到各自的学校，一边读书，一边进行反帝斗争。

1926年，施滉等为了通过研究孙中山先生的新三民主义，认识中国革命，团结留学生中的爱国进步分子，组织了"中山学会"。施溷获得硕士学位的论文,便是论述孙中山先生的三大政策。为了团结国民党员,积极支持广州的革命政府和中山先生的三大政策,施溷参加了国民党旧金山支部的工作,同国民党左派一起开展了反对西山会议派的斗争。他们还编印了解释新三民主义和三大政策的小册子。

1927年3月,北伐战争虽然还在胜利进行,但帝国主义已在公开进行武装干涉,并勾结蒋介石准备绞杀革命。正是"四一二"政变的前夕,在美国的一些国民党右派也在华侨中公开进行分裂破坏革命的活动。在这革命处于异常危急的关头,一些意志不坚定的人,纷纷退出革命。这时一个尖锐的问题摆在施溷面前,是继续坚持革命斗争呢?还是动摇、后退呢?一句话,当年的誓言"真理所在,即趋附之"还遵行吗?经过认真思考,他作出了正确的抉择,决定走自己应走的道路,毅然参加了共产党,决心为实现共产主义奋斗终生。他说:"越是在党处在困难危急的时候,越要加入党,为党分忧,为共产主义理想贡献一切!"这是施溷面对严峻形势作出的回答,也是"超桃"多数成员的共识。到这年年底,"超桃"的成员中有7位加入了共产党,成为清华留美学生中较早的一批共产党员。"超桃"随之宣布解散,"唯真学会"也就不复活动。

施溷加入共产党后,担任了美共中国局书记,在侨胞和中国留学生中开展革命活动。美共中国局成立后,第一批发展的共产党员,在中国留学生中有章汉夫。施溷作为一名共产党员,生活战斗在西半球,却无时不心系中华,为祖国而奋斗!

心 系 中 华

1927年4月,蒋介石发动了"四一二"政变,使轰轰烈烈的第一次国内革命战争半途而废。消息传到美国,施溷以无比义愤的心情和坚定的革命立场,在华侨中提出要发表宣言,声讨蒋介石叛变革命、屠杀共产党人和革命人民的罪行。由于国民党右派的阻挠，他接连提出的 10 次宣言，都未获通过。最后，在经济十分困难的情况下，他以个人的名义把 10 篇宣言全部印出，在华侨中广为散发。这 10 篇宣言，义正词严地揭露了蒋介石叛变革命的罪行和国民党右派的种种欺骗，表示了共产党员临危不惧的革命立场，在华侨中产生了很大影响。由于施滉坚持革命斗争，引起了敌人的仇视，三次遭到南京国民党政府的通缉。他在云南的老家也遭到了查抄。施滉面对白色恐怖的威胁，毫不动摇，却更加坚定了革命到底的决心。

此后，施滉和冀朝鼎、徐永煐等人一起更积极地投入了革命工作。他们一面同国民党右派进行斗争，一面把工作重点放在团结、教育中国留学生和组织华侨方面。当时在美国的华侨工人，大多在洗衣店或餐馆中工作。施滉等便深入到洗衣店和餐馆的华侨工人中，向他们讲述国内的革命形势，国民党反动派如何残杀革命人民等情形；帮他们解决生活上的困难，把他们组织起来开展活动，从中培养积极分子，吸收优秀分子加入共产党。施滉还主持出版了《先锋》报，对国民党右派进行斗争，也对新党员和积极分子进行教育。

为了团结、壮大反帝力量，施滉以美共中央中国局书记的身份和加拿大、古巴的共产党取得了联系，还亲自到古巴，深入华侨制糖工人中开展工作。经施滉的不懈努力，美共中国局先后在加拿大、墨西哥、古巴等国的华侨中建立了共产党支部，成立了"华侨反帝大同盟"，团结广大华侨，形成了一支反帝的坚强力量。

施滉在从事革命工作中，从工作需要出发，为了革命的利益，从不考虑个人得失。他入党后，就把清华学校每月津贴的 80 美元的生活费全拿出来用作革命活动经费。他自己却过着极为贫困的生活，有时因无钱付房租几乎被房东赶出去。生活费用不够时，自己就去作"洗碗工"，挣钱来补其不足。有一次，一位革命同志来

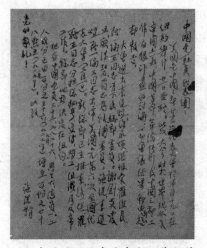

1929年施滉写给中共中央驻莫斯科
代表团的工作汇报

访,施滉得知他还没吃饭,立即把家中所有的食物都拿出来招待了他。施滉为了从事革命工作,经常在晚上两三点钟才回家,第二天清早便又开始了新的战斗。施滉出色的革命活动,引起了敌人的惊恐,遭到反动派的百般迫害。他在古巴极得华侨工人的爱戴,而反动的中国领事馆竟向他发出警告,限他24小时内离开古巴。施滉早已将个人生死置之度外,从容不迫地完成任务后才离开古巴。

1929年,施滉到了莫斯科,在少年共产国际做翻译工作,不久调到少年共产国际所属的一所工人学校工作,一边作翻译,一边帮助工人学文化。在这一年里,他在搞好工作的同时,抓紧时间较系统地学习了马列主义理论,准备回国后投身到火热的革命工作中去。

血染雨花台

1930年,施滉回到了阔别多年的祖国。党中央根据工作的需要,把他留在中央翻译科工作,施滉愉快地接受了这一任务。他通过翻译的大量资料了解到革命斗争的形势,并从中学到群众斗争的经验,提高了自己。为了更好地完成每项任务,他经常工作到深夜。他每译一个文件,首先研究全文,掌握每一段内容,经过反复思考后,才着手翻译。由于他有着强烈的革命事业心,忘我的革命干劲,翻译的速度是惊人的,质量也不断提高。

不久，由于革命工作的需要，遵照党的派遣，他去香港做海员工会的秘书工作。他一到香港，不顾个人安危即刻投入工作，广泛结交工人，与他们建立联系。可惜不到一个月，海员工会被敌人破坏，施滉和蔡和森等人一起被捕入狱。在狱中，他表现了共产党人的崇高气节和优秀品质。残暴、狡猾的敌人用尽了种种酷刑和威逼利诱，都丝毫不能动摇他的革命意志。后来，他在给他妻子的一封信中写道："你若被捕，打你，你不理他，他自然没办法；请你吃好东西，只管吃，吃完了还是不理他，他更没有办法。"施滉就是这样蔑视敌人，同敌人斗争的，表现出高度革命乐观主义和对革命必胜的信念。经党组织多方营救，施滉终得脱险出狱。年迈的老父亲再三劝他，叫他以后不要再和共产党来往了，说他有学问，完全可以搞别的工作……施滉断然拒绝了父亲的劝告。他是党和人民的忠实儿子，绝不能为了个人的苟安而背叛革命。经过监狱的酷刑考验，更加坚定了他革命的意志、为贫苦大众谋幸福的决心。

出狱后，施滉先到上海，做了短时期的工会工作，又被派到北平，担任中共河北省委委员和宣传部长。不久即担任中共河北省委书记。这时正是革命最艰苦的时期，民族危难深重，白色恐怖笼罩全国，在这样的情况下，施滉来到了北平。他以在北平艺专教书为掩护，开展党的秘密工作。其间党组织屡遭敌人破坏，不少同志先后被捕入狱，他仍坚守岗位，进行着艰苦卓绝的斗争。

1933 年冬，施滉在北平艺专和 13 位同志一起开会，由于叛徒出卖而不幸被捕。被捕后，先是关押在北平狱中，后解至南京。在狱中，面对国民党反动派的酷刑，他坚贞不屈，英勇斗争。1934 年初，在南京雨花台壮烈牺牲，时年 34 岁。

施滉烈士的一生，是革命的一生，为了党和人民的解放事业献出了自己年轻的生命。人们不会忘记这位清华园的举火人，他那唯救国真理是从的革命精神，永远激励着清华师生。1949 年 4 月 29 日，即清华大学解放后的第一个校庆纪念日，1924 级在京的老校友们,带着胜利的欢乐回到了久别的清华园,为纪念亲爱的同志、亲密的战友——为革命而献身的施滉烈士,他们在清华图书馆门厅正面的墙壁上,建立了一块纪念碑,上面镶着烈士的铜像,刻着他的革命简历,还刻着如下一首诗:

> 他是清华最有光荣的儿子,
>
> 他是清华最早的共产党员。
>
> 他为解放事业贡献了生命,
>
> 施滉的革命精神永垂不朽!

1986年4月,清华大学师生在欢庆建校75周年的日子里,在新建的第三教室楼西墙北侧,又为烈士建立了一尊半身铜制浮雕纪念像,像高1.3米,镶嵌在白色大理石上。师生们缅怀先烈,决心接过振兴中华之火炬,为实现祖国四化而奋斗。

参 考 文 献

1.《唯真学会》,见《清华周刊》本校10周年纪念号,1921年4月28日。

2.《清华周刊》第185期,1920年4月24日。

3.《清华周刊》第十次增刊,1924年6月。

4.徐永煐:《见孙中山先生记》,载《清华周刊》第308期,1924年4月4日。

顾　衡

（1909—1934）

张阳阳

　　顾衡（1909—1934），化名翟大来，字屏叔，江苏省无锡市人。1927年9月考入东南大学（1928年更名为中央大学）数学系学习，并参加进步组织"大地社"。1929年应邀来北平任新农农业学校教员（该校由华洋义赈会创办，清华大学、燕京大学、香山慈幼院共同管理）。1930年10月在清华大学加入中国共产党，入党后在清华过组织生活，并担任清华校工夜校教员。

　　1931年应邀赴安徽省太和县师范学校任教，并从事党的地下工作。数月后，去农村从事党的地下工作，曾任太和县委书记。1932年4月，参与发动太和"四一九"起义。1933年调任中共南京特支书记，后又任市委组织部长。1934年8月7日，他在沙塘园被捕入狱，坚贞不屈。他在法庭上严词申斥国民党反动派，于1934年12月4日英勇就义于南京雨花台，年仅25岁。

天资聪颖　成绩优异

顾衡出生于江苏无锡教育世家,自小天资聪颖,成绩优异,怀着"读书救国"的思想,刻苦学习。1923年秋,太湖之滨的无锡,风和日丽,秋高气爽。无锡师范学校校长顾倬一改往日严肃的表情,喜笑颜开地走在校园里。他接到了南京的全国一流中学——国立东南大学附属中学的通知书,他的儿子顾衡被录取了。

如果你了解当时这所全国一流、世界有名的中学,你就会知道考入这个中学有多么幸运。

东大附中每年招收文科班和理科班学生各40名,而且要求英语达到能说会写的程度。招进来了,并不等于就进了保险箱,每年都有十分之一的淘汰率,学校劝退一些成绩不合格的学生,再到全国范围内招收插班生,以保证80名学生总额不变,质量永远是一流的水准。这一年,全校只有6个插班生的名额,还不到十分之一的比例,顾衡是够幸运的了。而顾倬知道,幸运只是个说辞而已,顾衡就应该上这个一流的学校,唯此才配得上自己对他的辛勤栽培,才配得上这个孩子对待学业的专心致志和勤奋努力。

顾衡考上东大附中成了学校的喜事和老师们的荣耀,同事们都说,顾校长你早点回家吧,让家里人也快点分享这个好消息。大家再三催促,顾倬不好意思地拎起自己的提包说,我这么多年从来没有迟到早退,今天就破个例,先回家了。

国家兴亡　匹夫有责

1928年5月发生的济南惨案让顾衡进一步看清了日本帝国主义侵略中国的实质。这时,他已是国立东南大学数学系一年级学生。他积极参加中共东南大学地下支部组织的向国民政府请愿活动和示威游行,并与几个进步同学自发走上街头并赶往下关,进行演讲,希望唤起民众,挽救危亡。

顾倬在了解到儿子的情况后,给他写信,嘱咐他埋头读书,学好科学才能救国。面对国家危难日益深重,顾衡放弃了做数学家的理想和去法国留学的打算,寻求着救国的道路。他决心用自己的青春和热血,勇敢开辟改造国家社会的新路。

1929年,顾衡毅然放弃了喜爱的专业,应邀到北平任新农农业学校教员,1930年10月,中共清华大学支部秘密吸收顾衡为中国共产党党员。他和大地社成员葛春霖等人创办《现代中学生》杂志,并担任主编。他经常在杂志上撰文,分析国内外形势,宣传革命道理。加入中国共产党后,顾衡全身心地投入到党的工作中去。

不久,中共北平市委派遣顾衡到党组织遭受严重破坏的皖北太和县开展工作。这是个偏僻的县城,但党的组织依旧遭到严重破坏。为了恢复和发展党组织,顾衡深入学校和农村,利用各种形式,向大家讲国内外形势,讲革命道理,组织农民开展救灾、抗租、均粮斗争。短短一年多时间,太和县城和四乡都燃烧起熊熊的革命烈火。群众私下里都夸顾衡是"北平来的共产党的头","有学问,有本事,了不起"。

吃苦耐劳　以身作则

1931年11月,中共太和县委成立,顾衡被选为书记。为了打开工作局面,改变自己文弱书生的形象,顾衡在太阳下晒得一脸黝黑,和当地的农民一样的打扮,成为一个地地道道的农民。他和农民一起干农活,说土话,在劳动中启发农民的觉悟,发展党员、团员,并积极组织工人、学生发动反贪官污吏的斗争。他和农民打成一片,在劳动中启发农民觉悟。在他的积极工作下,革命烈火在太和熊熊燃烧起来。至次年春,全县已拥有武装300余人、赤卫队2000余人。

1933年6月,党组织派顾衡到南京担任中共南京市特别支部

顾衡在太和时使用的手枪

书记。南京是国民党统治的心脏地区,反革命势力十分猖獗,此前的 6 年间,南京地方组织先后遭受过敌人七次破坏,顾衡到任时,特别支部只剩八九名党员。在白色恐怖的中心,他不避风险艰苦工作,使南京党的组织迅速得到恢复和发展。

在宪警、特务密布的环境中开展工作需要百倍的小心和做好随时牺牲的准备。顾衡经常穿着破旧的工人装,跛着在太和指挥均粮斗争时受过伤的腿,背着以摆书摊作掩护时用的书架,往来于南京浦口、下关、城区,深入基层,日夜奔忙。他组织党员在南京的工厂、码头、军事机关及学校等处进行革命活动,成立读书班、储蓄会、工程学会、反帝大同盟等进步组织;派党员在爱国知识分子中进行工作,参加读书会,并通过读书会的上层关系营救九名被捕同志出狱。

他几乎和工人一样,唯一让他不满意的是自己的双手仍然比较白净。得知用碱水洗衣服能使手变粗,他就把大量的碱放在水里洗衣服,还把手放在沙子里来回搓,直到把一双手变得粗糙。

由于顾衡的腿在太和时因手枪走火而受伤,始终未彻底痊愈,走路仍有些跛,加上他经常工作到凌晨,任务繁重,营养不良,脸上没有血色。时任组织干事的葛和林看在眼里,便想给顾衡增加一点营养,给他吃好一点的饭菜。顾衡对此很有意见,他对葛和林说:“你是帮助我筹措党的经费,你有钱应该捐给党。我在你这里吃的饭,比工人、农民吃的好多了。现在党的经费这么困难,你可千万不能浪费啊！"望着顾衡消瘦的脸，葛和林心潮澎湃。一位家庭条件优越的昔日书生，却已在革命工作中彻底脱胎换骨。

铮铮铁骨　舍生取义

1934年2月，蒋介石对国民党统治区的中共地下组织和进步文化加强"围剿"，大批共产党人和进步人士惨遭逮捕和杀害。6月底，中共江苏省委代理书记赵立人被捕叛变。7月起，南京市委遭到破坏。顾衡临危不惧。他通知同志们转移，自己继续留在南京，经常变换住址，坚持斗争。

1934年8月7日，顾衡正在自己的秘密住所、中央大学附近沙塘园的一座老式平房的一间小屋内，紧张地印制党的文件时，突然特务持枪闯入，在斗争中，顾衡不幸被捕。三天后，其妹顾清侣也被特务逮捕，同样关入南京宪兵司令部看守所。为了不连累亲人，他拒绝与妹妹相认。在狱中，他始终说"我叫翟大来，我没有妹妹！"

顾衡的父亲顾倬听说儿女被捕，到处奔走，辗转托人找到国民党要员，设法营救自己的儿女。特务头子徐恩曾对顾倬说："你儿子是南京共产党的首领，政府是一定要严办的。只要他说出南京共产党的情况，写一个悔过书，就可考虑从轻处置。"

顾倬怀着极其沉重和复杂的心情来到森严阴暗的监狱探望儿子。他将徐恩曾的话转告儿子，顾衡愤怒地说："不要上当，我是不会投降的！你们也无须为我奔走权门、托人营救了。我已抱定宗旨，舍生取义！"

宁死不屈　雨花忠魂

被捕后，敌人只知道他是中共南京地下市委负责人，但对于这个无锡口音的青年，敌人惯用的威逼、利诱、坐老虎凳用刑那一套毫无用处,他一点也不畏惧,敌人无计可施。

在狱中,中统特务天天找顾衡"谈话"。他们诱降道:"很多人都'转变'了,你又何必这样呢?"见顾衡丝毫不为所动,特务就找来叛徒劝说或指认,都被顾衡驳斥得理屈词穷。顾衡只有一个信念,决不出卖党的机密和同志。

一次,敌人将一个已经叛变的原南京特支负责人关进顾衡的牢房,企图对顾衡劝降。顾衡义正词严地斥责叛徒:"如果要我写脱党声明,你得先让我回去请示一下,看我们党准许不准许!这是一种信仰,敌人只能砍下我们的头颅,决不能动摇我们的信仰。就是你们都投降了,我还是拥护共产党,我死了,还要教育子孙后代永远干革命,做共产党人。"

在宪兵司令部军法处的法庭上,面对法官的审讯,顾衡理直气壮,侃侃而谈。他说:"国民党腐败,只抓共产党,不抗日,非垮不可!"军法处前后对他三次审讯,他理直气壮,侃侃而谈,把法庭变成了宣传共产主义的讲坛。在狱中,敌人劝他自首,他这样回答:"我加入共产党,是一种信仰,这是不能动摇的!"

在狱中恶劣的条件下,顾衡始终抓紧时间学习。他还一直用如火的热情和渊博的知识鼓舞难友们的斗志,坚定他们对革命胜利的信心,难友们对他十分钦佩。

顾衡被捕后近四个月中,他的父亲来狱中探视,拉着儿子粗壮的手,不禁想起从前握着他的手,教他描红写字的情景,忍不住潸然泪下。革命,已使这个昔日的白面书生变得坚强、沉稳了。军法官允诺判顾衡无期徒刑。谁知案卷送到宪兵司令谷正伦处,谷正伦看了审讯记录后,大吃一惊说,此人顽固不化,绝不可留;亲笔改批"怙恶不悛,改处死刑,立即执行"。

1934年12月4日,顾衡在雨花台慷慨就义,年仅25岁。

"国不可以不救。他人不去救,则惟靠我自己;他人不能救,则惟靠我自己;他人不下真心救,则惟靠我自己……"这是顾衡烈士的铮

顾衡的父亲顾俥写的祭文——祭衡儿

铮誓言。在狱中，他既不因为父母的一再恳求而妥协，也不因国民党高官威逼利诱而投降，坚守共产党领导下人民革命必胜的信念。他的英勇事迹，充分体现了中国共产党人崇高理想信念和大无畏牺牲精神，也将激励着一代又一代的青年学子顽强拼搏，奋发向上。

参 考 文 献

邹雷：《飙风铁骨——顾衡烈士传》，南京，江苏文艺出版社，2016年。

沈崇诲

（1911—1937）

田彩凤

猛虎走北平

沈崇诲，江苏江宁人，1911 年生。1928 年在天津南开中学毕业。在当时国内提倡实用技术科学的形势下，国内急需建设人才，沈崇诲报考了清华大学土木工程系，立志把桥梁、铁路及道路工程技术学到手，建设中国现代化交通事业。

沈崇诲走进水木清华的大门，见到的是古树参天；迎面矗立着欧洲古典式的大礼堂，红墙白柱，金黄色的铜门上面罩着锅底式的圆屋顶，十分庄严。再看图书馆、科学馆、体育馆这些宏伟建筑，为当时其他国立大学所少有。然而追溯清华创校的历史，实为民族奇耻大辱之纪念物。沈崇诲不忘历史的隐痛，鼓起奋发民族复兴的勇气，在学校刻苦学习，期望学到科学知识，在社会上成一有用人才，可以为国家建设贡献一份力量，这是他唯一的愿望。沈崇诲生活俭朴，平时不爱多讲话，酷爱体育运动。

沈崇诲在清华学习期间，曾是足球校队队员，垒球校队队员，

沈崇诲（左2）在清华大学读书时参加体育比赛获奖的合影

"裴鲁杯"优胜队有他；他和黄中孚、赵燕生、吴靖、于滁川、谭葆宪、宋尚宾7人同获清华荣誉绒衣级友；他代表北平足球队参加华北比赛，成为华北足球队选手；他还是北平棒球队选手，也是五大学锦标队选手；同时任第四级级际委员会体育部长。

1931年4月4日，《清华周刊副刊》35卷6期有这样的记载："六只猛虎走北平"，"上月27至29三日间，体育馆前来汽车一部，载我六健儿一密司而去，此六健儿者：黄玉佳、羡钟汾、谭葆宪、张国威、沈崇诲、赵燕生是也，此去参加华北高级足球赛，为北平效劳，与四路八方英雄，争三日之长短。果然，健儿不负众望，三日下来，连战皆捷，由预赛复赛而决赛，终则以三比二击败雄心勃勃之天津队，荣膺冠军，美哉。……讲起小谭，他和沈傻子，原本不错，一个奔跑迅速,运球如飞,一个傻抢傻干,死卖力,把中路来守……"会后华北足球赛委员会决以本届高级足球锦标队为基本队,补充他队数人参加行将在上海举行之全国分区比赛,本校代表队皆大欢喜。

沈崇诲在同学中间,被称为"沈傻子",因为他踢起球来,勇敢卖死命。有一次踢球,将他门牙打落,血流满面,队长和队员喊他下去,他看到胜负只有一二分钟,坚持继续踢下去,因而得名"傻子"。

1932年,沈崇诲在清华毕业。春风吹遍学程尽,各自需寻各自门。在民族危机日益严重的旧中国,大学毕业就业门路很狭窄。毕业生曾说:"方帽易戴,饭碗难找。""书生只道谋生易,毕业方知失业愁。"沈崇诲毕业以后,和同学谭葆宪一起,赴绥远教育厅,当了所谓"额外科员",只管吃饭,没有工资。

沈崇诲虽然离开了学校,仍然十分关心清华足球队。他给清华足球队来信说:"……不想清华则已,一想起来就头一个想到足球队的精神,那种精神,对于我太深刻了。因这精神,我于是极热诚爱护这足球队。……十几年来小传递,三角传递,同前卫协攻使对方招架不住,七人防守,同后卫交错,使我方城池巩固,是清华能保持荣誉的看家本领。希望你们能领导新队员,对于这一层下十二分的苦功夫。"由此可看出清华足球队的团体精神。

与敌舰同归于尽

沈崇诲不仅喜爱足球运动,他更热爱自己的祖国。他在清华大学毕业时,正是"九一八"事变后,东北沦陷,千万同胞,辗转流浪,惨死于日寇铁蹄与轰炸之下。处此民族生死危亡关头,沈崇诲认为,"此时再不奋起,更待何时!"

1933年2月,中央航校在北平招收学员,沈崇诲得知消息以后,冒着大雪从绥远赶回北京参加考试。被杭州笕桥航空学校录取为第三期学员，入轰炸科学习。在航校还有清华其他几位同学，如林文奎、胡家被等。在航校学习非常紧张，除学科及飞行实习外，其他空闲时间及假日，均作陆军操练，无论任何假日均不停课。在航校一行一止，完全唯号音是从，一举一动无不为纪律所限。学生一切言行，均在学校严密管理之下，稍有出轨，便得受罚，或禁闭，或跑步，或擦枪，或抄小字不等。西湖佳景，虽名满天下，然而学员的足迹也只能是站在湖畔一望而已。

沈崇诲在航校毕业时，成绩名列第一。平时总以尽忠报国自勉，毕业后留校任飞行教官，后来调到空军第二大队第九中队任中尉分队长。

1937年，卢沟桥事变后，日本帝国主义对中国发动全面进攻，8月13日，日本帝国主义调动陆海空三军在上海强行登陆。沈崇诲等爱国将士要求上战场，狠狠打击侵略者。当时中国空军只有五个飞行大队，沈崇诲所在的第二大队驻在安徽省广德。

8月14日，我空军第二大队奉令出击，担负轰炸日军第三舰队及日军在杨树浦码头堆集的军火。沈崇诲对战士们说："不要忘了我们曾经宣誓过，我们的飞机炸弹要与敌舰同归于尽。"当天，空军第二大队冒雨起飞，沿预定航线飞行，为了达到奇袭的目的，先由上海以西飞过浦东，然后进入目标区。日本第三舰队用高射炮组成严密的火网，沈崇诲带动战士冲入敌阵，投下炸弹。杨树浦码头上堆满的日军弹药被炸弹引爆，火光冲天，敌人伤亡严重。

8月15日，第二大队又轰炸日军第三舰队，重创敌舰数艘。16日，追踪轰炸向杭州湾移动的日舰，我空军官兵不顾疲劳，连日作战。

1937年8月19日凌晨，我国抗日将士正与日本侵略军在上海一线进行激烈的战斗，浓烟和烈火笼罩着整个城市。长江口外，日本第三舰队用猛烈的炮火轰击我军陆上阵地，掩护日军登陆。第九中队再次奉令轰炸敌舰。沈崇诲等7架战机从安徽广德机场起飞，借着晨雾的掩护，沿着钱塘江，冲出杭州湾，逼近上海战区。日本舰队集中炮火对空射击。一场激烈的战斗开始了。我轰炸机群来到敌舰上空后立即散开阵形,各自寻找目标冲向敌舰,一时间,机枪射击声、炸弹的爆炸声和日本鬼子的嚎叫声混成一片。

经过一段连续战斗,我军飞机的炸弹已经投光了。在返程中,发现白龙港附近仍有大批敌舰出现。这时,沈崇诲驾驶的904号机,忽然对准一艘最大的敌舰"出云号",开足油门,直冲下去。一声巨响,腾起高高的红色火焰,"出云号"笼罩在大火浓烟之中,沈崇诲与敌舰同归于尽。战友们呼喊着,老沈,沈副队长!战友们的眼泪模糊了眼睛,周身热血如万马奔腾。他们面对白龙港茫茫大海致以最后敬礼!祖国的好儿子,沈崇诲为国英勇捐躯,年仅26岁。

参 考 文 献

1.《清华周刊副刊》38卷7、9期,1932年。

2.《清华年刊》1932年。

3.《清华校友通讯》复16期。

4.《革命烈士传》(五),北京,中共党史资料出版社,1990年。

张甲洲

（1907—1937）

孙敦恒

探富强之路

张甲洲，又名张进思，1907年出生，黑龙江省巴彦县人，原籍山东省登州府，祖上逃荒下关东，来巴彦开荒种地，家业逐渐兴盛，遂在这里定居下来。张甲洲中学时代受"教育救国"思想的影响，勤奋好学，同情劳苦大众，痛恨帝国主义的侵略。在齐齐哈尔省立第一中学读书时，因带头反对张作霖抽学生当兵，而被学校开除。1925年，上海发生"五卅"惨案。此时张甲洲正在奉天（今沈阳）文华中学读书，帝国主义强盗枪杀我同胞的消息传到东北，他义愤填膺，即率领同学奋起声援上海工人，开展抵制日货和募捐活动，又被学校开除。此后，他不得不再次转学到齐齐哈尔省立高级工业学校。在这所学校里，仍和以往一样爱国不肯后人，被同学们推举为学生会主席，领着同学们积极提倡用国货、抵制日货的爱国活动。

1928年春天，张甲洲决定入关求学，来到了古都北平，先进弘达学校补习,不到半年考进了北京大学预科。他孜孜不倦,潜心钻研,一年后升入本科物理学系。他本想在物理学方面为科学事业的振兴作出贡献,但是旧中国的严酷现实,帝国主义列强的侵略,人民大众的苦难,使他越来越觉得:中国要富强,首先要革新政治,兴利除弊。

1930年4月,在北平各校的一些爱国进步学生被捕入狱,他因营救被捕同学也被送进了牢房。在狱中,他结识了清华学生、中共地下党员冯仲云,两人志投意合,遂成莫逆之交。他对冯仲云说:"你们清华大学出革命者,我要转学到清华。"出狱后,他不惜降级一年,于这年秋天考入了清华大学法学院政治学系。进清华前,他在北京大学加入了中国共产党。这时,冯仲云是中共北平西郊区委书记,负责领导中共清华支部和燕京大学支部的工作。张甲洲到清华大学后,在中共清华支部的领导下,除努力学好自己的功课外,还积极参加同学中的各种进步活动,完成党组织交给的任务。他体格健壮,身材高大,性格豪爽又乐于助人,同学们都愿与他接近,大家还亲切地以"张大个子"称呼他。他到校不久,就被所在年级——清华大学第六级的同学们推举为级会主席,并作为本级同学代表参加校学生会代表会的工作,又被推举为学生会卫生科主任,10月间改任学生会民众教育科主任。在这同时,他还担任了《清华周刊》的编辑,负责"言论"专栏的集稿和撰稿任务。

民众教育,是清华爱国进步学生为实践其救国救民心愿,直接开展民众事业的一项重要工作,由历届学生会直接领导。学生会民众教育科主任,即兼任民众学校校长。张甲洲负责这一工作后,克服种种困难,为校内工人、教职员家属、学校附近的人力车夫和农村村民40多人办了一所民众夜校,教员全是自愿尽义务的大学学生。张甲洲不辞辛劳率领大家利用课余时间,勤奋执教,无私奉献。他们每天晚上轮流授课,教学生识字、学文化,向学生讲爱国革命故事,还以民众夜校的名义编印了一种《民众教育》半月刊。

该刊印出后，除分发给民众夜校的学生之外，还发行到河北省各县民众教育馆和平民学校，对河北省的民众教育起了较大影响。

在各项工作中，他密切联系群众，严守党的秘密，积极发展组织，以扩大革命力量。他的同学陶瀛孙回忆说："1930年，我在清华大学学生会主办的民众学校教书时，由当时领导民校工作的张甲洲介绍，参加了中国共产党。宣誓仪式是在二院宿舍举行的，支部书记张钦益当场画了一面党旗，主持了仪式，在场的还有介绍人张甲洲。""仪式完毕后，立即销毁了党旗，分别退出房间。"

1930年下半年，清华爱国进步学生为反对帝国主义的文化侵略，反对宗教迷信，组织了一个学生团体——反帝大同盟。张甲洲为该团体的负责人，他常带领大家学习辩证唯物论，宣传无神论。陶瀛孙在《忆张甲洲》一文中写道："当时大家勤读革命书刊，一次，我们读到一本英文小册子《从天上赶走上帝，从地上赶走资本家》。他说：'咱们也得赶走清华园里的'上帝'，宗教迷信是社会发展的阻力。'那年圣诞节前夕，清华园里的基督教徒手持点燃的蜡烛，口唱圣歌，正在宿舍周围缓步绕行。张甲洲和几位同学却已出现在古月堂西北院院内，他们站在自己带来的板凳上，大声作起反对宗教迷信的演讲来。如果我没有记错的话，记得其中有共青团员胡鼎新（胡乔木）。他们的行动给人们留下深刻的印象。"这一时期，张甲洲还常为胡乔木等人办的公开刊物《北方青年》撰写文章，宣传反帝爱国。这个杂志，当时在平、津和河北省颇有影响，甚为爱国进步青年喜爱。胡乔木1983年在写给巴彦县委的信中说：张甲洲"为人非常正直，对党十分忠实！很有能力和魄力，对我教育很深，至今仍极为怀念。"

1930年11月，张甲洲为了更好地开展地下党的秘密工作，决定辞去级委会主席的职务。他在校刊上发表了一个公开《启事》：

第六级级友：

自本级级会成立，洲就被委负责，虽在职务上竭尽精力；而在会务上实无成绩，不仅是自己焦急，而且使级友失望！

　　前因责任的繁大，已辞掉学生会代表；现因课程的忙迫，要辞去级委会主席。两次辞职，固负级友推委的雅意；然候补有人，实不误本级应做的事项，除再向级委会请准辞职外，谨向级友道歉！并望深加谅解！现已请副主席进行会务，由今天起，不负级会职责。

十一月十一日

　　他在同学中威信很高，极得级友们的支持与拥护，《启事》发表后，级友们纷纷前来劝留，大家都希望他继续为级友们工作，哪知还有更为重要的工作要他去做！张甲洲先后担任了中共清华支部委员、支部书记和中共西郊区委书记的工作。他在完成上述秘密工作的同时，还经常通过他担任《清华周刊》编辑的公开合法身份，组织撰写文章，介绍当时国内、国际形势，宣传革命道理。1931年初，他调任中共北平市委宣传部部长。

　　这期间，张甲洲还参加了清华世界语学会的活动，通过学习、传播世界语，联系群众，学习世界先进文化，宣传革命思想。同时参加该学会活动的还有殷大钧、张钦益、胡乔木、陶瀛孙等10多人。

　　这年5月，清华大学校长吴南轩到任后，任用私人，大权独揽，引起师生的公愤，因而爆发了"驱吴风潮"。张甲洲积极参加"驱吴"活动。他和学生会成员一起，分组分头对吴的经历、品德、政治倾向，以至来校后的表现进行了调查，不时把调查结果如："他在就任前亲聆了蒋委员长的面谕"，"他任意使用学校的小汽车办私事"，"他在校图书馆借走了按规定不得携出馆外的古本《金瓶梅》"，……向同学们报告。吴南轩在师生的反对声中，带着清华大学的大印躲进了属于洋人势力范围的东交民巷，在利通饭店挂起了"国立清华大学临时办事处"的牌子。这下子更激怒了清华师生,学生会召开紧急大会,严正指出:"吴南轩以国府命官,大学校长,而竟携走印信文件,托庇于帝国主义者之卵翼之下","有辱教育界清白及国家尊严",并决定"通电全国揭发其罪行"。学校教授会也激烈反对吴南轩。这一来,吴南轩也就不能再回学校了。

"打回老家去!"

"九一八"事变发生后,清华师生目睹我东北三省被日本侵略者所强占,义愤填膺,掀起了抗日爱国运动,一些同学组织了南下请愿团,去南京要求国民党政府出兵收复失地。张甲洲参加了清华学生南下请愿团,与200多位同学一起赴南京请愿,呼吁政府抗日,收复东北三省。他们的行动得到了平、津、宁、沪等地学生的响应,形成了声势浩大的爱国请愿运动。张甲洲热血沸腾,和各校学生一同游行在南京街头,在国民政府门前,振臂高呼:"反对政府出卖东三省!""全国民众武装起来,驱逐日本帝国主义军队出境!""打倒日本帝国主义!""中华民族解放万岁!"这次请愿遭到了国民党的镇压,各校学生被迫返校。对此,从小生活在松花江边的张甲洲怒发冲冠,誓回家乡亲歼日寇。他邀集了几位东北籍学生,共同商讨如何"打回老家去!"经过多次研究和筹备,他于1932年4月,告别了美丽的清华园,告别了古都北平,奔赴敌占区东北。同行的还有清华的于九公、北师大的张文藻、中大的张革、法商学院的赵尚志,留日学生郑炳文等。临行前,张甲洲还设法弄到了两支匣子枪。"不赶走日寇,誓不回还!"这是他们共同的誓言。

他们由天津登舟至营口,再由营口去巴彦。一路机智地躲过了日本兵的多次检查,终于来到了目的地。一到巴彦便深入到北郊山区,着手组织抗日队伍。为了让更多的人参加抗日,他们提出了:"不管什么人,只要肯跟我们打日本鬼子都欢迎!带枪来,带马来,更欢迎!"这一口号很符合中国共产党的抗日民族统一战线政策,得到了各阶层民众的响应,许多青壮年,特别是青年学生蜂拥前来参加。1932年5月底,经过张甲洲等人的多方联络和动员,集合了200多人,打起了"东北人民抗日义勇军"的旗号。张甲洲向大家宣布了军纪和编制,将队伍分为两个中队,他担任总指挥,负责政治、军事的全面领导。冯仲云、李兆麟在二人合著的《东北抗日联军十四年苦斗史》中说张甲洲是"富有魄力和演说天才的江省(编者注:指黑龙江省)知识分子领袖"。他极得民众的信任,不仅能联合可争取的武装力量共同抗日,还能说服土窑,使之支援枪支弹药。他对他们讲:"当前是民族危亡的时候,抗日救国是大事。我们都是中国人,应该团结起来,枪口一致对外打日本鬼子,决不能打自己人。国家兴亡,匹夫有责。你们不打,我们打,先把枪借给我们,打完日寇就还给你们。"经他动员,有的土窑就连人带枪跟他们去抗日了。没几个月,队伍就扩充到500多人,是日军占领黑龙江后,该地区成立最早、规模最大的一支抗日游击队。张甲洲带兵,既身教又言教,遇事身先士卒,又常向士兵讲:"咱们都是年轻人,要抗日,就得献出青春,无论遇到什么困难,都要坚决克服,不能掉队。""我们要有长期抗战的思想,抗战之时不知有家,临战之时不知有身,金钱地位不动心,飞机大炮不怕死。我们打它十年,那时我们也还不老,再过自由、和平、幸福的生活也不算迟。"他这些话,讲得情真意切、生动感人,对大家起了很好的鼓舞作用。

这年8月,张甲洲率领游击队一举收复了巴彦县城,接着又陷东兴城,给日伪以沉重打击,大长了抗日军民的志气。部队迅速扩大,根据中共满洲省委的指示改编为"中国工农红军第三十六军江北独立师",张甲洲被任命为师长,赵尚志为政委,下辖三个团。在张甲洲司令的率领下,这支部队活跃在哈尔滨西北的江北一带。11月间,举行西征,由巴彦出发,途经呼兰、兰西、肇东、安达、青岗、明水,直抵齐齐哈尔附近的林甸、依安等县的广大乡村。每到一处便利用各种方式对村民进行抗日宣传和鼓动,动员大家组织起来抗日救亡,受到广大民众的欢迎,将抗日的种子撒遍江北大地。他们的西征引起了日伪的惊恐和注意,1933 年 1 月,张甲洲再率部进行第二次西征,计划与其他抗日部队会合后,一同攻打齐齐哈尔和哈尔滨等大城市。他们在行军途中遭到敌人的伏击,部队被打散。

三江地下斗争

此后,张甲洲受中共满洲省委的派遣,化名张进思到下江去开辟敌占区秘密工作。他来到富锦县,到富锦中学教书,以教师的公开身份开展地下工作。中共满洲省委派人来富锦,由他接头;省委从下江地区往苏联去人,由他安排护送人员;抗日部队有事,也找他联系。他实际上成为中共满洲省委在三江地区的地下工作负责人。

张甲洲在富锦中学,是大家公认的好教员。他出众地完成教学任务,对学生和蔼可亲,常向他们讲些爱国故事,受到学生们的敬佩。他当年的学生孙世明在《我们爱戴的老师》一文中写道:"张老师每天晚上几乎都到学生宿舍来,给我们讲北京学生运动和李大钊等的革命故事。他对学生很亲切,像亲兄弟一样,因此,学生也最欢迎和爱戴他。"他利用各种方式,向学生进行爱国主义和自尊自强教育,在他编的"校训""级训""校歌"里都渗透着抗日救国思想。富锦中学校歌中就有这样的歌词:"春风化雨图自强,不苟安,不妥协,除旧布新勿断绝。精神要团结,奋斗洒热血。"在同日本人的周旋中,他处污泥而不染,机警灵活,巧妙隐蔽,既很好地完成了各项革命任务,又取得了敌人的"信任"。因而接连由教员升任教务主任,又由教务主任升为校长。1935 年暑假,他以聘请教员为名到北平,返回时带来了不少进步书籍,其中有老舍的《二马》

《赵子曰》《老张的哲学》，冰心的《寄小读者》《繁星》，鲁迅的《阿Q正传》《两地书》，蒋光慈的《少年飘泊者》，还有《鸭绿江上》等，办了一个图书馆，供师生借阅。同时邀来他的老同学地下党员于九公来校任教，大大活跃了校中的学习气氛。学生孙为回忆说："我们头一次读到'五四'以来的进步书籍，大家如饥似渴地阅读。"又说："在日本帝国主义的铁蹄下能受到进步思想的熏陶，这对启发我们的民族觉悟，抵制日寇的奴化教育，确实起到了很重要的作用。""这些进步书籍像火种点燃了青年们的爱国之心，报国之志，启发我们走上了革命道路。"该校学生，后来不少人由爱国、不愿作亡国奴，而走上了革命。

张甲洲接任校长后，便推荐于九公担任教务主任，负责起教务工作，他自己专管校务和从事革命工作。二人密切配合，互相支持。为了工作的方便，他用了三个月的时间，起早贪黑学日语，考上了二等翻译，得到富锦县伪公署日本参事官横山的"赏识"。有一次，日本侵略者要显示其威力，举行军事演习，横山邀请张进思参观，他看打枪便双手捂起耳朵，好像非常害怕的样子。在"爱马日"，日军举行骑马表演，张进思又被请去参观，横山要他骑马，他牵过马，从左边上去，又从右边滚下来，好像从来没骑过。在场的鬼子哈哈大笑起来，直嚷："念书的人，打枪的害怕，骑马的不会"。谁会想到眼前的张进思，便是不久前跨马持枪与他们拼杀的张甲洲司令呢！

1936年暑假后，张甲洲又当上了伪县公署教育股股长，总管全县的教育。他上任后，利用公开身份为掩护，加紧进行抗日活动。一天，横山突然问他："张君，你的反满抗日？"张甲洲不慌不忙满不在乎地回答说："反过，也抗过；那是在北平念书的时候。"稍停又说："你想想看，假如我们中国去打你们日本，难道你不反抗吗？"横山凝视着他无言以对。张甲洲又有气无力地说："现在我才知道，你们是要建设'大东亚共荣圈'，不是侵略我们，所以我才和你们'一德一心'，不反了，也不抗了，你说是吗？"横山还没弄懂他的话意，便说"哟——嘻，你的大大的好，朋友大大的！"虽然他的行动已引起敌人的注意，处境险恶，但他仍和抗日游击队保持着联系，多次为他们提供情报，供应药品、武器、弹药等物资，还曾介绍革命同志多人到富锦中学工作。这期间，在他的教育和帮助下，不少进步青年离开城市，投奔抗日部队。有一次，他的老同学和战友冯仲云来信说：某某患病住了院，又说要买无线电零件和《康熙字典》等。信中说的"患病住了院"，是被捕入狱了；要买"无线电零件"，是买通信器材，"字典"是武器。他接信后，总是尽可能满足抗日部队的急需。

1937年8月间，敌人妄想采用调虎离山计，调他去"佳木斯协合会"担任理事之职，以便对他进行监视。地下党领导鉴于他处境危险，决定让他和于九公等人，尽快撤离富锦去抗日部队。张甲洲接到命令后，即开始了准备工作。他以要去佳木斯上任为由，向周围的人告别说："到了那儿要常下乡，这年头兵荒马乱的，死活不一定，今后见面的机会恐怕不多了！"一些青年学生向他送别时，他谆谆勉励他们努力学习，学好本领，报效国家，将来要学精忠报国的岳飞，不要作秦桧。在平日，他常向家人和友人讲："所谓的'满洲国'，是骗人的鬼话。别忘了，我们是中国人，总有一天，汉奸走狗一刀全杀！""没有真正的祖国，就没有真正的家庭幸福。"有时他向孩子们说："你将来会怎样？是当小奴才任人宰割，还是起来反抗斗争？"现在为了把日本侵略者早日赶出神州大地，他不得不同亲人们别离。8月7日晚，也就是出发前一天的晚上，他向妻子刘向书讲说了要撤离富锦的消息，并充满信心地说："我们一定能打跑日本鬼子，那时咱们再全家团聚！"

第二天清晨，他告别了爱妻和

位于富锦市的张甲洲烈士墓

张甲洲革命烈士证明书

幼子,按照党组织的命令、人民的希望出发了。事前已与独立师的同志约好,由独立师派人化装在城外迎接。不幸,他们在半路上遭到了敌人的阻击,张甲洲即率战友们进行反击,敌人被打退,但党的忠诚战士张甲洲中弹牺牲,时年30岁。

抗日民族英雄永远受到人民的崇敬。张甲洲牺牲后,当地群众怀着十分悲痛的心情把他埋葬,但万恶的日本鬼子竟又挖坟验证。

坟被毁后,群众又妥为安葬了烈士。1961年5月,中共富锦县委和人民委员会在烈士陵园为张甲洲建了坟墓,立了墓碑,碑文的最后一段写道:

"进思同志,您为了反对帝国主义侵略,争取民族独立,为了共产主义事业贡献出自己宝贵生命,实为无产阶级的坚强战士、中华民族的优秀儿女,您的精神成为鼓舞我们前进的动力,您的名字将永远活在人民的心中!"

参 考 文 献

1.《国立清华大学校刊》,第226号,1930年11月17日。

2.《巴彦党史资料》第一期。

3. 陶瀛孙:《忆张甲洲》。

4. 陶瀛孙:《抗日民族英雄——张甲洲烈士》。

邓维熙

（1914—1938）

孙敦恒

爱 好 文 学

邓维熙，江西省南城县人，生于 1914 年，三岁时父亲病逝，既无叔伯，又无兄弟姐妹，零丁孤苦，与寡母相依为命。自幼聪颖过人，勤奋好学。据同学伯坦说："他的童年是在豆油灯下读着从《征东》《征西》到《红楼梦》《西厢记》等小说度过的。"家庭的不幸和如痴地埋头于这些古典小说中，严重地影响他的性情和健康。他孤僻寡合、身体孱弱和视力不好，就是小时形成的。

1928 年，14 岁那年，邓维熙离别家乡，随舅父到了江西赣州，就读于私立幼幼中学。进校后，他尊重师长，孜孜而学，各门功课成绩优异，甚得老师们的喜爱，每学期都获得"学杂费全免"的奖励。1931 年夏，在幼幼中学初中毕业。其间，他对文学产生了浓厚兴趣，在正课以外，"他读书的兴趣已由中国古典小说转到西方 18、19 世纪现实主义、浪漫主义的作品，并开始了文学写作，经常给报纸副刊投稿。"他的作品虽系初中学生的习作，但清新流畅，已具有自己的独特风格,受到读者的青睐。

1931年秋,邓维熙来到省城南昌,考入私立心远中学读高中。心远中学是一所比较开放的学校,学生思想活跃。邓维熙在学好各门正课的同时,积极进行文学创作活动。当时他们班上有三个刊物,他是其中两个刊物的主力。1934年夏,邓维熙以优秀成绩高中毕业。

邓维熙在初中和高中读书期间,曾先后用"微曦""微西"等笔名,在赣州、南昌的进步文艺刊物上发表过新诗、散文和小说多篇,还翻译过一些外国文学作品。他曾主编过南昌的文艺刊物《细雨》和南昌《国民日报》的副刊《银铃》。他不满于旧中国的黑暗与腐败,向往的是"充满了花和光和爱的世界"。在《银铃》的发刊词里,他写道:"能够领略自然的美与人类的爱的人,也一定会爱他们的国家。而真的爱国家的人,也一定会爱自然,爱人类的。"像誓言一样,他信守着自己这一段话。他热爱自己的国家,热爱祖国的人民和大好河山。他用自己手中的笔,歌颂真善美,鞭挞丑恶与黑暗。他曾翻译发表18世纪英国女作家奥斯汀的《傲慢与偏见》的前几章,寄托自己在爱情问题上的理想和希望;创作过以《红楼梦》中晴雯为题材的小说,来表达自己对被压迫、被侮辱者灵魂的讴歌;还发表过不少散文和诗歌,来咏赞大自然的美,呼唤美好的明天。他的作品在当时起到了进步的影响。

抗 日 救 亡

1934年夏,邓维熙抱着继续深造,将来用自己的才智报效国家的热切愿望,考取了北平清华大学。秋天,他憧憬着未来美好远大的前途,告别了可爱的家乡,来到古都北平,走进了清华园。美丽的校园,勤奋好学、不断进取的学风,特别是"自强不息,厚德载物"的校训,深深打动着他的心,激起了他为振兴中华而刻苦学习的雄心壮志。他先入中国文学系,后转系到外国语文学系。他认为:中国要富强,就要向各发达国家学习,学习世上一切对我们有用的东西,所以他改学外国语文学系。他认真听讲,埋首图书馆,如饥似渴地阅读参考书,汲取新知识,空闲时还常为《清华周刊》写点杂文和诗歌。但是好景不长,日本帝国主义的军事侵略由东北而华北,步步紧逼,国民党当局却一味地退让,甚至不准百姓言抗日,致使国土大片大片的沦丧。到1935年冬天,"国家将亡"的景象笼罩着华北大地。俗话说:"国家兴亡匹夫有责。"华北的危机引起了广大爱国青年的思考与忧虑。正如清华大学救国会在"一二·九"这天散发的《告全国民众书》中指出的那样:"现在,一切幻想,都给铁的事实粉碎了!'安心读书'吗?华北之大,已经安放不得一张平静的书桌了!"在"一二·九"这天,邓维熙为了"救国救民",放下手中的书本,走出教室,投入了抗日救亡的洪流。他少年时代的"孤僻寡合"不见了,如今则是热情奔放,爱国不肯后人。"一二·九"游行过后,他又参加了"一二·一六"大示威。

12月16日,邓维熙和许多清华同学一样,拂晓时分便来到了大操场,待集合好队伍便徒步奔向北平城。一路上,他们不断高呼"打倒日本帝国主义!""反对成立冀察政务委员会!"等口号。他们来到西直门,城门早已关闭,转奔到阜成门,城门也已紧闭;再到西便门,又被拒于城外。爱国心切的青年学子,再也按捺不住一腔怒火了。于是,他们决定用血肉之躯去冲开铁的城门。大家立刻挽起臂膀,"一,二,三,冲!一,二,三,冲!"有节奏地喊着号子,奋不顾身地向铁门冲击着。气愤至极的邓维熙,紧咬牙关,和同学们合力奋战,冲呀冲,肩膀痛了仍不息战,

邓维熙积极投身"一二·九"运动。图为1935年12月16日清华大学学生队伍冲破重重阻碍,进城参加示威游行

决心非冲开不可。他们终于冲开了紧闭的西便门城门,冲破了阻拦,来到了天桥,参加了抗日救亡的市民大会和会后的游行示威。

狱 中 斗 争

1936年3月间,河北省高中学生郭清,因参加抗日救亡运动被捕,受到严刑拷打,惨死于狱中。消息传出,北平各校爱国学生义愤填膺,3月31日在北京大学三院举行追悼大会。邓维熙和清华同学一起进城参加追悼大会,他默默地听着主席台上宣读的祭文:

我们要把这血淋淋的事实大声告诉全世界,我们要清算这一笔血账。

我们今后没有眼泪,没有悲哀,没有凄凉。我们只有沉痛的愤恨,像火一样烈,海一样深的愤怒和仇恨。

我们今天在你的灵前宣誓,要踏着你的血迹,一齐前进!

听着听着,邓维熙不由得怒火中烧,握紧了拳头。追悼会后,与会者一致决定游行,要求释放被捕爱国学生。

这时,会场外大批军警、特务、打手包围了北大三院。有人高喊:"我们要抬棺游行!"这一建议立即得到大多数同学的响应。于是,大家从北大三院的邻校孔德中学冲上大街,开始了抬棺游行。邓维熙等清华学生走在游行队伍的最前头,他们高呼着"打倒日本帝国主义!""反对压迫民众的爱国运动!"等口号,浩浩荡荡到达北池子大街,被骑摩托车的军警赶上,拦住了前进的路。"军警凶狠地用枪和木棒趱殴、驱散、逮捕,当时秩序大乱,幼童弱女多被践踏,惨不忍睹。"各校学生有53人被捕,邓维熙等16名清华学生被捕,他们被关进了陆军监狱。

在狱中,邓维熙和难友们一起进行了狱中斗争。他们一进陆军监狱的门,便被套上了沉重的镣铐,连文弱女生也不例外。狱中的野蛮措置，激起了被捕学生的愤怒，他们开展了绝食，监狱当局不得不去掉了女生的脚镣。他们取得了斗争的胜利。唱抗日歌曲，是他们斗争的一个重要方式。他们把《毕业歌》歌词改为："……我们今天是铁镣叮当，明天是社会的一员；我们今天要喧歌在监牢，明天要掀起民族自救的巨浪！巨浪！巨浪！"唱到最后一个"巨浪"时，他们还把脚使劲一跺，铁镣"哗啦啦"地响起来。

野蛮的狱卒，一听到他们唱歌，就大喊大骂，拖着枪跑来，不是踢几脚，就是用枪托狠打，嘴上还不三不四地骂个不停。还常有学生被叫去拷打审问。

邓维熙对狱中的野蛮残暴行径，十分气愤和苦恼，他昂首斥问苍天："如今，爱国有罪，卖国有赏，汉奸弹冠相庆，公理何在？正义何在呢！"

经各校学生和社会人士的多方营救，"三三一"被捕爱国学生在这年5月才完全出狱。邓维熙是最后一批出狱的。狱中的苦难折磨，使他身心都受到了严重伤害，出狱后精神抑郁，便回原籍江西南城县养病。

1938年，日本侵略军侵犯江西，南城沦陷，邓维熙奋起反抗日寇暴行而惨遭杀害，时年24岁。

参 考 文 献

1. 伯坦：《闪光的一瞬——邓维熙小传》，见《清华十级（1934—1938—1988）纪念刊》，1988年。

2. 清华大学校史编研组：《战斗在一二·九运动的前列》，北京，清华大学出版社，1985年。

3. 葛佩琦：《回顾"三三一"抬棺游行》，载《北京革命史回忆录》，北京，北京出版社，1991年。

何懋勋

（1917—1938）

欧阳军喜

　　何懋勋,又名何方,1917 年 7 月 6 日出生于江苏省扬州市一个书香世家。曾祖何蓉轩是清朝进士,祖父何又轩为清举人,父亲何蓉孙为秀才,母亲臧氏是清翰林臧毂的长孙女。清末国势阽危,其父投笔从戎,考入云南将备学堂,曾任广东钦廉镇守使署参谋,1916 年参加了护国讨袁战役,取得战功受勋;遂给儿子取名懋勋。

　　何懋勋自幼聪慧,喜欢读书。从小学到中学一直是班上的高材生。他爱好文艺,擅长演讲,在扬州中学就获得不少演讲比赛的奖状和锦旗。1935 年何懋勋从扬州中学毕业后,考入天津南开大学商学院经济系。在校期间,何懋勋组织了"白云诗社",发表《黄河上的纤夫》《喜讯》等诗歌散文,歌颂劳动人民,宣传抗日,表达自己强烈的爱国热情。他由于学习成绩优秀,曾荣获罗氏"农业经济奖学金"。在一次全校性的英语演说比赛中得第一名,获张伯苓校长赠送的银盾一座。

　　学生时代的何懋勋不仅各科成绩优异,而且思想进步,曾参加校内的"中华民族解放先锋队"组织。"一二·九"运动期间他积极

长沙临时大学南岳分校欢送从军同学会场

参加了爱国学生运动。抗日战争爆发后,南开大学与北京大学、清华大学南迁长沙,合组"长沙临时大学"。在长沙临大读书期间,他继续开展多种形式的宣传活动,曾在长沙银宫戏院主演过著名的抗日话剧《前夜》,极大地鼓舞了广大同学的爱国热情。

1937 年 11 月,上海、太原先后沦陷。中国共产党号召全民族积极抗战。何懋勋积极响应中国共产党的号召,毅然决定投笔从戎,北上抗日。1938 年 3 月由武汉八路军办事处介绍,随同刘子毅同志奔赴鲁西北抗日根据地参加抗日救亡工作。鲁西北抗日根据地是我党同山东第六区游击司令范筑先将军合作,发动广大人民群众建立起来的。当时范筑先的第六区游击司令部政训处是中共鲁西北特委的公开办事机构,我党通过这个机构,广泛深入地发动群众坚决执行党的抗日民族统一战线政策。1937 年底,第六区游击司令部为了培养抗日干部,决定成立青年抗日挺进大队,各界知识青年纷纷报名,到 1938 年初集结了一百多名,任命范筑先之子范树民为大队长,阎戎为政治部主任,何懋勋任参谋长。

挺进队不是一个战斗队,也不是一个学校,而是一个教导队性质的抗日组织。挺进队刚成立时,没有政治教育,没有党的组织,每天都是旧式的军事操练。过了不久，遵照中共鲁西北政治部的指示，在挺进队内建立了政治工作制度，安排政治课和时事报告，开展思想教育。何懋勋和阎戎等一起，给队员讲解中国共产党的"抗日救国十大纲领"，毛泽东的《论持久战》，和当时国内外形势等，启发队员的民族意识和爱国主义思想，并办起了"救亡室"，出墙报，宣传抗日，挺进队队员的政治觉悟迅速提高，并在此基础上发展了一批民先队员，建立了党的外围组织——民先队部。

1938 年 8 月，鲁西北抗日武装为配合保卫大武汉，组织了济南战役，调动十几支队伍共两万人的武装力量，对济南西侧与津浦沿线发起了全面攻击。在济南前线凯歌频传的鼓舞下，挺进队的全体同志多次坚决要求参战，组织上最终同意了他们的要求。8 月 27 日，挺进队向东北方向出发了，任务是到前线作战地宣传工作。挺进队进驻坡赵庄的第二天，敌人移密抽调了驻齐河、禹城三个据点的日伪军四、五百人，于拂晓前对坡赵庄发动突然袭击。挺进队被迫向村南撤退，遭到敌人机枪火力的封锁，被压迫到一块豆子地里，队员们奋起还击敌人，与敌人血战一小时左右。何懋勋与一些队员相继受伤，火力逐渐减弱，敌人的马队遂冲了过来，豆子地里响起了"打倒日本帝国主义！""中华民族解放万岁！"的阵阵口号声。何懋勋、范树民等 21 位同志终因寡不敌众，在战斗中英勇牺牲。

何懋勋等烈士的灵柩运到聊城东关华佗庙停灵三天，范司令亲自致祭，追悼大会结束后，烈士灵柩安葬在聊城东关华佗庙。何懋勋烈士的生前好友阎戎、刘子毅等立碑纪念，碑文如下：

中华民国二十七年秋八月，我总司令帅师东进，将下济南。青年抗日挺进大队奉命由何方参谋长率军挺进齐河坡赵庄。二十八日平明，敌来袭，援不继，殉焉。君本名懋勋，江苏扬州人，英姿飒爽，文采风流，入天津南开大学肄业三载。值抗战事起，随校南迁，三月由湘来鲁，任挺进大队参谋长，淬励奋发，无间朝夕。比出征，慷谓之曰："报国之夙志，斯得酬矣！"惜乎！寇未殄，身先死，哀哉！卒年二十有三岁。枢归厝聊城城东茔园。某等与之交，既久而钦其志。噩耗传来，朋辈无不失声，共为之铭曰：

师赫怒，靖寇氛。敌镖忽，来如云。声嘶竭，矢不摧。雾惨澹，凝碧血。英彪魂炳，光照日月。

何懋勋把自己年仅 21 岁的生命献给了祖国的抗战事业，实现了他报效祖国的誓言。为缅怀烈士，西南联合大学学生刘兆吉于 1939 年创作两幕剧《何懋勋之死》。何懋勋的英勇业绩，将永远激励后人继续前进。

参 考 文 献

1. 何雪访：《何方烈士事迹》。

2. 阎戎：《鲁西北的一支抗日"娃娃兵"——忆青年抗日挺进队》。

3. 何懋勋：《诗·散文：喜讯》，《南大（天津）》，1936 年第 1 期。

4. 何懋勋：《诗·散文：黄河上的纤夫》，《南大（天津）》，1937 年第 2 期。

5. 南开大学档案馆，南开大学校史研究室：《抗战烽火中的南开大学历史图集》，天津：天津古籍出版社，2015 年。

6. 刘兆吉：《何懋勋之死》，载：《刘兆吉诗文选》，重庆，西南师范大学出版社，2003 年。

孙世实

（1918—1938）

孙敦恒

　　孙世实，江苏省吴江县人，1918 年出生在一个书香门第家庭。父亲孙本文，字时哲，著名社会学家，先后执教于上海复旦大学和南京中央大学，长期担任中央大学社会学系系主任，所著《社会学原理》一书，在国内很有影响。孙世实从小受其父亲的影响，聪明好学，富进取，顺利地读完了小学和中学的课业，于 1935 年，以优秀成绩考取了清华大学法学院经济学系。

　　1935 年 8 月底，风华正茂的孙世实，从江南来到古都北平，到清华大学办了入校手续，他们年级是清华大学第十一级。这时华北大地正闹水灾，他一路上目睹冀鲁两省广大农村的田庐被洪水所淹没，来到北平又见到大街小巷挤满了缺衣少食的灾民，沿街乞讨。一向乐于助人的孙世实，到校后便加入了爱国进步同学开展的黄河水灾赈济募捐活动。

　　孙世实是十一级年龄最小的一位，但他关心公事和国事的热情，并不比大哥大姐们低。他的各门功课学习成绩，在班上是比较好的。在他们年级经济系同学为了"联络感情，砥砺学行"，成

孙世实与所在年级同学在大礼堂前的合影

立"十一级经济学会"时，他被同学们公推为学会"总务"，即负全面责任的会长。他领着大家努力学习，积极探讨。1935年底，"一二·九"运动爆发后，他和广大同学一起积极加入了抗日救亡的行列，参加了"一二·九""一二·一六"大游行。在参加南下扩大宣传后，加入了"中华民族解放先锋队"，后来又加入了中国共产党。

　　1936年9月，清华大学十一级干事会改选，孙世实被同学们推举为级会干事会主席，并担任了清华大学学生会干事会干事，分工担任学生会消费合作社科干事，即消费合作社经理，也叫理事长。从此，他成为清华大学学生会中的一位积极能干和深为同学们拥戴的学生领袖。清华消费合作社，简称合作社，是清华学生入股合作自办的一个学生福利商店，设有食品部、文具部、用品部、修理部等。其工作人员，有长期任职的雇员，如司账员、售货员；有短期任职的职员，如经理、协理和各部主任等。经理由学生会中选出，其余职员由经理从同学中提名由学生会干事会聘请，他们共同负起消费合作社的经营管理。同学们在合作社里任职，完全是尽义务的，没有报酬。但大家都尽职尽责，全心为同学们服务。经理孙世实更是积极负责，办事极有条理。这一年，清华消费合作社在他的主持下,加强了经营管理,改革了售物方式,使之扭亏为盈。

这年初秋,孙世实被清华学生会代表会推举为北平学联的代表,负责对外联系工作,同他一块担任这项工作的蔡承祖回忆说:"我与孙世实交谊极深。他为清华合作社理事长,办事有条理。我们都是北平学联对外联系人,时常同出同进,经常半天在城里。"孙世实常用影片《桃李劫》的插曲《毕业歌》来唤起同学们的爱国热情和鼓励自己。呼吁同学们:"快拿出力量,担负起天下的兴亡!"他不辞辛苦,奔走于北平各大中学校,把北平学联的决定和意见带给他们,帮他们更好地开展抗日救亡活动。

秋间,中共北平学委在彭真同志的指导下成立,由蒋南翔担任学委书记,负责领导北平学生运动。孙世实成为北平学联党团成员,担起了北平学联的领导工作。蒋南翔回忆说:"当时北平学联党团成员为黄诚(党团书记)、王文彬、孙世实三人。这届学联党团从1936年暑假后至1937年'七七'抗战,是'一二·九'运动中任期最长的一届学联党团。"

蒋南翔以北平学联的名义写了一篇《我们对于目前学生运动的意见和希望》,公开发表在《学生与国家》的创刊号上。这篇文章,实际上是新成立的中共北平学委的政策宣言。它对过去学运中存在的某些"左"的缺点作了自我批评,提出"要吸收所有各种不同立场和不同兴趣的同学,……最后汇成一支伟大的救亡巨流"。要"好好的求学,以增强自己的战斗能力"。对政府当局和学校老师以及社会各界主动采取诚恳的谅解和合作的态度,体现了扩大抗日民族统一战线的新精神。

孙世实作为北平学联党团成员,完全同意这篇文章所提出的观点和主张,并且在北平学联的工作中认真加以贯彻。在他担任北平学联党团成员的这段时间内,北平学联领导北平各校学生为扩大抗日救亡统一战线,掀起民族自救的巨浪,提出了"读书不忘救国,救国不忘读书""师生合作,一致救亡!""拥护二十九军抗日"等口号,开展了各种形式的活动,以及援助绥远驻军抗日的援绥活动,在学生爱国运动史上写下了光辉的一页。

1937年"七七"事变后,孙世实遵照党组织的指示,到了湖北武汉。1938年3月,他参加了在武汉召开的中国学生救国联合会第二次全国代表大会。蒋南翔在《我在清华大学参加"一二·九"运动的回忆》一文中,怀念孙世实时说:"1938年春,在武汉召开第二次全国学联代表大会以后,他和我一起在武汉全国学联工作,我们一同住在汉口华商街保和里。1938年武汉撤退时,他在震动全国的新升隆轮惨案中遇难,那时他是继杨学诚、姜纪常(北大学生)之后任湖北省青委书记,兼任湖北民先队长,受湖北省委钱瑛同志委托,在旅途负责照顾身患重病的李声簧同志(原燕京大学党支部负责人)。当日机来袭时,他找到一块大木板,先把李声簧放在大木板上,使李得以脱险,而他自己在空袭下牺牲,年仅二十岁。孙世实同志见危授命,舍己救人的高尚品格,使人难忘。"蔡承祖说:"此事后来,钱瑛同志和我谈起,对孙这种先人后己的风格,深感哀悼和敬佩。"

孙世实为民族的解放,奋斗不息,献出了年轻的生命,他的名字将永垂青史。

参 考 文 献

1. 蒋南翔:《我在清华大学参加"一二·九"运动的回忆》,新清华,第910期,1985年11月21日。

2. 清华大学校史编写组:《战斗在一二·九运动的前列》,北京,清华大学出版社,1985年。

陶守文

（1915—1939）

孙敦恒

喊 出 心 声

　　陶守文，女，北京人，1915 年生，早年丧父，与寡母相依为命。自幼聪明好学，1931 年考入北师大女附中高中部，据她的同学张自清回忆说："我同守文是在 1931 年进入师大附中高中时相识的，至今我仍十分清晰地记得她报到入校时的情景。她是那样文静、

陶守文中学时参加篮球比赛

安详、秀丽,轻盈地走来,慢声细语,十分可亲。在校 3 年,我们常常一同温习功课,相互切磋,也逐渐地了解到她仅有寡母相依为命,依托祖父生活,对母亲十分孝顺。1934 年进入清华,我们相约同住一室。在鸟语花香、风景如画、读书空气十分浓厚的清华园里,我们平静地度过了一年多埋头读书的时光,每晚 7 时不到就早早地'冲刺'到图书馆,找一个角落里的安静座位。近 10 时从图书馆回来,总不愿即回宿舍,而常常要在校园中漫步。有时是明月当空,有时是繁星满天,花香鸟语,树影婆娑,如画的景色使我们陶醉,常常升起一股热爱清华、热爱祖国的恋恋之情。"温文尔雅而尚进取的陶守文,是清华大学理学院物理系的学生。那时,清华大学物理系对学生学习的严格要求,为全校之冠,在全国高等院校中也是闻名的。古人有言:"书山有路勤为径,学海无边苦作舟"。陶守文以振兴祖国科学为志向,在老师们教导下,勤奋苦读,各课成绩优良。又因她热心公益,到校不久便被同学们选进清华学生代表会。

1935 年,"何梅协定"后,华北门户洞开,日本军国主义步步紧逼,国民党政府当局步步退让。当时的情景是:"爱国有罪,卖国有赏"。汉奸、日本浪人横行,达官贵人纷纷南逃。故宫文物日夜装箱南运,许多学校忙着搬迁。整个华北笼罩在"亡国无日"的惊惶气氛中。你要读书吗?"华北之大,已经安放不得一张平静的书桌了!"在此情景下,一向埋头读书的陶守文,忧心忡忡,她在为祖国的命运而忧虑,为青年学子的前途而苦恼。张自清在《忆陶守文》一文中说:"回忆当时的情景如在眼前。当时清华也准备南迁长沙,学校当时把贵重的图书、仪器装箱起运,化学馆、机械馆等晚上都灯火通明,响起一片叮叮当当的装箱声音。我和陶守文登上静斋楼顶,对着这样情景内心如焚,心情压抑至极。难道华北大好河山、美丽的清华园就要拱手让给日寇吗?"每个热血青年,谁愿眼看自己国家的大好河山任人践踏呢?

1935 年 12 月，北平爆发了"一二·九"抗日救亡运动。在这一天，陶守文起得特别早，同几位女同学一起来到大操场，准备乘校车进城参加游行。她们冒着刺骨的寒风等了好久，最后得知校车在城内被公安局扣住了，大家异口同声地大声喊道："校车被扣住了，那我们就走！"陶守文等女同学便和男同学一起，举着昨夜赶制的小旗子，沿平绥铁路徒步向西直门进发。一位同学记述当时的情景说："严风拼命地吹，打在脸上好似针刺，每双耳朵都冻着，红得像腊肉铺的腊肉，鼻子麻木着，鼻水流到口唇上还未觉得；脚底下常常踏到冻得坚石似的冰，险些滑了一大跤！可是吹吧，冻吧，到底冻不住我们的热血，吹不凉我们欲爆炸的心！"走在队伍中间的陶守文热血沸腾！边向前走，边喊着"打倒日本帝国主义！""打倒汉奸卖国贼！""停止内战，一致对外！"等口号，喊出了被压抑已多年的心声。张自清说："当我们喊出了打倒日本帝国主义，停止内战，一致对外的口号的时候，我看到守文满眶的热泪，我们被压抑的心声终于爆发出来了！"

民 先 队 员

此后，陶守文又参加了"一二·一六"游行示威。这一天，她随清华游行示威队伍，为了唤起各界民众共同奋起抗日救亡，和北平各校男女同学一起，在清华园进城的沿途和城内的大街小巷奔走呼号了整整一天。不少同学被军警打伤和抓走，陶守文对此极为义愤。两次大游行和军警的残忍压迫，更加坚定了她参加抗日救亡的决心和勇气。在南下扩大宣传回校后，于战斗中诞生了"中华民族解放先锋队"，简称"民先队"。陶守文毫不犹豫地参加了民先队。从此，凡是地下党组织或民先队组织的各项抗日救亡活动，她都积极踊跃参加，认真地做好自己分担的各项任务，她曾担任过宣传员和纠察队员。

在"二二九"反逮捕斗争中,她对大批军警在光天化日之下闯进校园抓捕学生,怒不可遏,与男女同学们一起与军警进行了争斗。他们夺回了被捕的同学。这场斗争的胜利,冲破了一个月来的白色恐怖,大大鼓舞了同学们的斗志。

在"三三一"抬棺游行中,张自清、张卓华、邓维熙等十多位清华同学被捕入狱。陶守文为了营救被捕同学,积极参加了"营救同学委员会"开展的各种救援工作。张自清几十年后谈起此事时说:"有一件事使我十分感动,那是'三三一'抬棺游行中我被捕后,她积极参加营救工作,并千方百计为我送衣物(当时天气已十分寒冷,被捕时只穿了件夹衣);当我出狱回到清华,她对我无微不至的关怀,令人难忘。"

1936年11月间,日本侵略军率领着内蒙伪军大举进犯绥东,当地驻军傅作义部孙岚峰旅在蒙汉民众的支持下奋起抵抗,一举收复了百灵庙和大庙等地。消息传到北平,民心振奋,立即开展了援绥运动。在援绥运动中,清华学生进行了"缩食"捐献和募捐活动,还在大食堂里办起了一个"清华被服厂",为前方将士赶制棉衣。陶守文积极参加了这些活动。他们虽然很多人过去从未拿过针线,可是热情高,干劲大,4天就赶制出400多件棉衣。为了表达对前方抗日将士的敬佩和希望,他们在棉衣上用白线绣上了"抗日英雄""杀尽日寇"等字样。此外,她还参加了"六一三""一二一二"等历次游行,还义务为学校附近八家村、宝福寺等村的民众识字班教课,以及进行抗日救亡宣传等活动。

地下救亡斗争

1937年7月,"七七"事变爆发。7月28日夜,古城北平沦陷。清华大学南迁,广大学生有的北上,奔赴抗日前线;有的南下,继续从事抗日救亡的宣传活动;有的去了长沙,到清华、北大、南开三校合组的"临时大学"继续其学业。陶守文因寡母在堂无人照料，不忍离去，决定留在北平继续读书和从事抗日救亡工作。

陶守文经人介绍到私立中国大学物理系四年级借读，很快同地下民先队组织接上了关系，成为北平民先妇女大队的一员，还担任了第三分队长。民先妇女大队的负责人是中国大学中文系一年级学生赵元珠，下有 5 个分队。分队长除陶守文外还有：贝满女中先后是冯宝中和隽雅珍；觉生小学教员袁秀先；燕京大学的杜合英（杜若）；中国大学的张学礼。赵元珠是贝满女中的毕业生，在这所学校里她有可以信赖的老师和同学，因之这里便成了她们民先妇女大队开展活动的重要据点。在这里，她们一起阅读革命爱国书籍，谈形势和时事，谈如何在各校开展工作，传播从该校美籍副校长 Miss Laura B.Cross（中文名寇乐然）的收音机中听到的国外广播的抗战消息。为了避免查夜的干扰，她们在晚间相聚时，总是黑着灯。陶守文把这里学到的和听到的有关抗战的消息，带回中大，机警巧妙地把它散播给同学，以扩大其影响。陶守文她们听说抗日战士还没穿上棉衣，便秘密开展了募捐活动，感到募捐来的男式服装放在女校不好，就把它们藏放在一位同学家中，很出色地完成了募捐任务。

1938 年上半年，南京沦陷后，北平的日伪弄了一些不三不四的人大肆"庆祝"，为了打击敌伪的嚣张气焰，振奋我民众的志气，北平民先队党团根据上级党委的部署，布置开展两次宣传战役，先是向北平市敌伪机关和大中汉奸的私人住宅投寄"致汉奸的警告信"；继是向北平各界爱国群众投寄"致爱国同胞书"。民先队把这两项任务分配给各分队分头去完成，陶守文她们中大分队的投寄对象是北平各大、中学校学生会及校长和名教授。她们接受任务后，个个热血沸腾，立即投入了秘密而紧张的工作。"致爱国同胞书"的内容，主要是鼓动抗日热情，克服悲观失望心理，欢迎爱国师生、爱国民众各尽自己的能力，支援抗日游击战争。她们秘密地集中在中国大学的一个平时无人去的"资料室"内,分头按规定把信稿复写好,填好信封,由邮筒寄出。在中大,她们则是乘无人时,将"致爱国同胞书"设法投入各系老师和同学们的抽屉里,这一行动使敌伪大为震惊。中共北平城工委认为这样不符合长期隐蔽的精神,决定停止了这一活动。但青年们的爱国热情和勇敢精神是可贵的。

这一时期,民先北平地方队部秘密办了一个油印的《自学》刊物,报导国际形势和国内抗日游击战争的实况,进行爱国主义宣传。陶守文和民先队员常常传阅这个刊物。1938年11月初,有一位队员到另一位队员家中取走《自学》小册后,在回家的路上被敌伪抓获,在严刑拷打下供出了她。地下组织得知情况后,及时通知她隐蔽,她躲了一段时间,终因对寡母放心不下,偷偷回去探望老母,不幸被捕。陶守文在狱中受到敌人严刑拷打,但她坚贞不屈,表现了爱国青年的崇高品质。她被敌人打得九死一生,患了重病。1939年1月,陶守文经中国大学校长何其巩等人保释狱外就医,不多久便与世长辞了,年仅24岁。

参 考 文 献

1. 张自清:《忆陶守文》,见《清华十级纪念刊》1988年。

2. 清华大学校史编写组:《战斗在一二九运动的前列》,北京,清华大学出版社,1985年。

3. 黄森仙:《群星闪烁》,载北京市妇女联合会:《巾帼春秋》,北京,中国妇女出版社,1988年。

岳 岱

（1917—1939）

李子花

岳岱，字东峰，出生于 1917 年，河北静海人（当时静海属河北省，现在属天津市）。1930 年至 1936 年在天津南开中学读书，初中时为初级三年一组，高中时为高中三年三组，为南开中学第 36 届学生。岳岱家贫好学，为人耿直，发奋读书，在校时学业优秀，会考数理化成绩荣获天津市第四名，此消息刊登于《中国科学化运动协会会报》。

1935 年，"国家将亡"的景象笼罩着华北。自"九一八"事变后，日本帝国主义加紧了侵略中国的步伐，将侵略的魔爪伸向华北乃至全中国，民族危机日益严重。国民党政府同日寇进行了一系列卖国交易，先后签订了"何梅协定""秦土协定"，华北呈现出一派沦陷区的景象，亡国之祸已迫在眉睫！在惨痛的事实面前，越来越多的青年学生觉醒。1935 年底，"一二·九"抗日救亡运动爆发，北平学生数千人举行抗日救国示威游行，反对华北自治，掀起全国抗日救国新高潮。所谓"国家兴亡，匹夫有责"，岳岱在此期间，时刻心系国家，积极参加学生救亡活动，是"一二·九"抗日救亡运动中的积极分子,为抗日救国贡献了自己的一份力量。在南开中学1936届校友的毕业纪念册上,记载着每位校友的毕业感言,岳岱写的是"我何幸为现代中国青年!",寥寥几语,对祖国的挚爱和对国家的责任感令人动容。

1936年,岳岱考入清华大学电机工程系学习。1937年"七七"事变爆发,日本帝国主义进攻卢沟桥,发动全面侵华战争,平津失守,华北告急,上海沦陷,国家存亡,危在旦夕。此时,岳岱投笔从戎,告别清华园,毅然到山西参加了薄一波组建的山西青年抗敌决死队,走上抗日武装的战场。

山西青年抗敌决死队于1937年8月1日由薄一波正式宣布成立。9月,雁北陷落,平型关失守,晋绥军溃败,岳岱所在的决死三总队开赴太原参加防卫。10月初,部队沿同蒲铁路徒步南下,行军约12天到达目的地,总队部驻曲沃县。决死三总队到达晋南后,抽调了许多干部和学员分赴各县工厂和农村,协助牺盟会开展工作,深入宣传抗日救亡,组织、训练人民武装自卫队和抗日游击队,动员广大工农青年参军,为扩大抗日武装力量作出了重要贡献。

1937年12月,决死三总队扩编为决死三纵队,岳岱任纵队政治部干事。此时,面对日军南侵的严峻形势,为了适应深入发动群众建军、建政、建设抗日根据地的需要,纵队指令各总队建立了"民运工作队",岳岱担任民运工作队长,其主要任务是:在部队内开展抗日救亡和时事政策宣传活动;向人民群众进行抗日救亡宣传,协助地方政权,扩大牺盟和工、农、青、妇、儿等抗日群众组织;协助地方政权建立群众武装,开展对敌斗争;协同部队开展对敌宣传工作。由于部队政治工作的深入开展,广大官兵阶级觉悟大大提高,抗日情绪日益高涨,在敌强我弱的情况下,敢于拼搏、白刃格斗,赢得一次又一次的战斗胜利,打击了日伪军的嚣张气焰,有力地推动了山西抗日形势的发展。

1938年初，日军从太原沿同蒲铁路向南进攻，2月28日临汾陷落。3月初，决死三纵队民大四分校学员纷纷要求武装起来，到敌占区去打游击。6月，岳岱加入民大四分校游击第四支队开展游击工作，此时他已加入中国共产党。游击四支队曾连续几天在运城外围打击外出抢粮的敌人，保护群众麦收；在敌人向风陵渡进攻时，他们在沿途狙击敌人，迟滞敌人行动；在敌人增兵晋南，妄图继续向南进攻时，多次破坏敌人的铁路运输。游击四支队和其他几支队伍一直在敌人后方开展游击活动。他们一方面打击敌人，一方面宣传和发动群众抗日，深受广大群众的爱戴和拥护，群众称赞他们是"威震晋南的英雄部队"。

1938年10月，民大四分校游击第一、四支队和其他部队合编为游击十团，此时，岳岱由游击四支队调到团部工作。1939年，纵队在长治小宋村举办了两期支部委员训练班，由岳岱、李军负责，共有七十余人参加学习。

1939年7月初，日军对长治地区进行第二次大规模围攻。游击十团奉命在长子、屯留以西的临汾公路沿线，阻击由临汾东进之

天津南开中学内的"四烈士纪念碑"

敌，掩护后方机关和群众转移。岳岱主动要求留下参战。他带领的一个连队和直属民运工作组一起，留在长治、高平、长子三角地带开展工作，坚持斗争。部队连续几天几夜冒着连绵大雨，占领公路两侧山头，节节抵抗，边打边退。在一次战斗中，岳岱身负重伤，因流血过多，不幸牺牲，时年22岁。

1940年，《南开校友》报上刊登了岳岱壮烈殉国的消息。1987年，为纪念在民族解放战争中为革

命献身的岳岱烈士和其他三位英烈,南开中学 1936 届校友在其校园内修建了烈士纪念碑,碑平面是三角状六边形,碑身正面为薄一波题写的"四烈士纪念碑"六个楷书金字,其余两面分别镌刻四烈士简历,岳岱烈士的光荣事迹将影响着一代又一代的年轻人。

为国家民族而牺牲,为人类正义而流血,是中华民族优秀儿女的光荣义务;不避枪林弹雨,不畏艰难险阻,是中华民族优秀儿女的伟大精神;不灭敌寇誓不休,不达目的誓不还,是中华民族优秀儿女的英雄气概。岳岱同志奋不顾身,英勇牺牲的精神永垂不朽。

参 考 文 献

1.《战斗在一二·九运动的前列》,北京,清华大学出版社,1985 年 11 月。

2. 戎子和:《回忆山西青年抗敌决死第三纵队》,山西文史资料,第二十一辑。

3.《山西新军决死第三纵队(上下册)》,北京,中共党史出版社,1995 年。

4.《山西新军概况》,北京,中共党史出版社,2007 年。

熊大缜

（1913—1939）

田彩凤

"研究狂"

熊大缜，又名大正，江西南昌人，1913 年生于上海。1931 年18 岁时，由北师大附中考入清华大学物理系，1935 年毕业。留校任助教，并兼叶企孙先生的秘书。

熊大缜在清华学习期间，爱好体育运动。他是学校足球队队员；还担任网球队队长，参加网球比赛，经常荣获冠军。他是 1935 级年刊委员会委员，摄影股成员，广告部主任，清华学生自治会干事。

30 年代，清华物理系拥有不少国内物理学界权威。著名物理学家叶企孙、吴有训先后担任系主任，赵忠尧、萨本栋、周培源等在物理系任教。他们首先倡导了良好的研究风气，又有很好条件的实验室，是同学们和教授们研究学问的好环境。

熊大缜是清华物理系有名的高材生。1936 年《清华周刊副刊》44 卷 6 期刊载着这样的文字："熊大缜研究狂造胶片"，"非但社会之福,亦我清华之光"。"物理系助教熊大缜先生,为本校第七级级友,为人聪明敏捷,富于才干,长于实验。其大学毕业论文,为赤内光线照相之研究,颇有成绩。此种赤内光线,因其不易被散射,故可运用远距离及光线不足之时拍照,对于军事上侦察极有价值。现熊

叶企孙、熊大缜与抗日战士合影

先生因鉴于国内之各种胶片皆来自国外,每年漏卮极巨,故已决定从事制造备种胶片之研究。闻熊先生已得中华文化教育基金委员会之科学补助金一千二百元……制造胶片之研究,在中国尚属创举……"熊大缜在国难日重,民族生机日危的形势下,不忘自己肩负的责任,加强科学研究,为国家作出贡献。

1935年,北平发生"一二·九"运动之后,学生抗日救亡情绪非常高涨,成立了中华民族解放先锋队。为了发动群众,清华民先队成员又负责组织了外围群众团体"实用科学研究会"。很多同学申请参加。为了扩大影响,举行了一次民众招待会,目的是向民众宣传科普知识和国防科学。在同方部请熊大缜、阎裕昌两先生做太阳、空气和水的科普演讲。由熊大缜讲,阎裕昌做表演,(阎是物理系仪器管理员,担任普通物理教学课堂表演助手)。这次演讲,听众十分踊跃,清华园附近民众扶老携幼而来。

1937年"七七"事变。日本帝国主义进攻卢沟桥,枪炮之声,在清华园内清晰可闻。7月29日,北平沦陷。9月13日,日本特务机关人员来校,将土木系之图书、气象台之图书仪器、打字机用大汽车装载而去。10月13日,敌军强占校舍:工学院、办公楼、工字厅、甲乙丙三所、女生宿舍、二院宿舍及大礼堂等处。后又侵占科学馆、生物馆、化学馆、体育馆。学校留校保管人员被迫退至学

生宿舍四院。各馆仪器图书,日寇除取用之外,携出变卖,有的随意抛弃或付之一炬。

北平沦陷后,学校奉命南迁,清华、北大、南开合组临时大学于湖南长沙。为本校师生迁移之便利,商请天津、南京、上海、汉口四处的同学会指导行旅。

在那烽火连天的年代,从天津南下的海陆交通几乎完全断绝,有时过路的远洋外国轮船在大沽口作短暂的停泊,梅贻琦校长商请叶企孙先生留天津,以清华在天津临时办事处的名义,负责联络和协助清华南下教职工在天津的转站工作。熊大缜负责迁运仪器的工作,先把清华的仪器运到天津,然后转运南方。这个联络站的工作到 1937 年冬本应结束,但叶企孙先生仍留在天津,积极支援抗战,为冀中根据地输送人才和物资。

供给部部长

1938 年 4 月,熊大缜经叶企孙、孙鲁(清华化学系毕业生)介绍,通过我党在北平的秘密工作人员黄浩,和平津保交通站负责人张珍同志,到冀中吕正操部队参加抗日。熊大缜到冀中后,见到张珍同志。据张珍同志回忆说:"我见到他穿着西装,就问:'你能吃苦吗?'他把西装脱下一甩,说道:'你能吃苦,我就能吃苦。你吃小米饭,我也行。'因为孙鲁身体不好,我就问他有没有病?他说:'我没有病,我还是足球运动员呢。'"熊大缜在冀中根据地,开始任冀中军区印刷所所长。由于工作努力,积极肯干,组织能力强,很得人心。吕正操司令员很赏识熊大缜活泼能干,同年 7 月,提升他为军区供给部部长。熊大缜亲自组建了技术研究社,任社长。技术研究社汇集了一批技术人员,如清华化学系毕业研究生汪德熙、林风,经济系毕业生祝懿德,物理系毕业生葛庭燧等。

熊大缜不畏艰险,与技术研究社成员一道,土法上马,研制成功了高级烈性黄色炸药。他又筹建总供给部兵工厂,工人有2000多人。专门制造手榴弹、地雷、迫击炮及炮弹等。同时还利用天津的一个油漆厂做炸药。这个油漆厂是一个夏威夷华侨办的,做炸药用的钱是叶企孙先生筹集来的,据林风回忆:叶企孙先生告诉我说:"清华有个子弟学校,我是董事长,子弟学校不办了,我就把子弟学校的钱用在做炸药上了。我想会得到他们的谅解。"做的黄色炸药,像一块块肥皂,然后用肥皂箱包装,下边是炸药,上面是肥皂,由冀中根据地那边来人,用小船运走。这些炸药,在炸毁敌人坦克、火车中都起了重要作用。

1938年冬天,熊大缜由冀中来北平,见到孙鲁同志,说冀中物资缺乏,生活艰苦,但群众抗日情绪很高,要想办法搞短波通讯工具。因为敌人大举进攻冀中时,原有有线电话无法保证通讯的畅通。熊大缜通过各种渠道,利用叶企孙先生的捐款,向冀中根据地输送了大批医药、器械、电台元件及各种军需物资。1939年春,熊大缜还派人到天津,从天津向根据地运送军火。这些都为冀中抗战增强了物质力量。

1938年底,日寇大举进攻冀中,熊大缜奉命赴冀西筹建后方总供给部,并把研究社转移到山中。不久,聂荣臻司令员在唐县北面大悲村接见了熊大缜,对研究社大力表扬,并嘱一定要尽力扩大,争取更多的沦陷区科技人员来解放区参加工作,要大力购买军火。

熊大缜放弃出国留学的机会,推迟结婚,为拯救民族的危亡,毅然投笔从戎,到冀中参加抗日,他是一位爱国进步的知识分子,可痛惜的是,1939年根据地除奸运动中,由于工作上的失误,熊大缜被错认为特务,被错误处决,构成沉痛冤案。

1985年,河北省委组织力量,对原晋察冀军区锄奸部1939年处理的熊大缜案件进行了复查,经过认真查证,认为熊大缜"为冀中抗战作出了不可磨灭的贡献",所谓特务一案,"仅凭逼供材料,纯属冤案"。因此,省委决定为熊大缜彻底平反昭雪,恢复名誉,按因公牺牲对待。

参 考 文 献

1.《清华年刊》,1935 年。

2.《清华周刊副刊》,1936 年第 44 卷 6 期。

3.陈岱孙先生《回忆叶企孙》手稿(1992 年 1 月)。

4.访问林风记录(1992 年)。

5.祝懿德同志所写的有关熊大缜材料。

王鉴览

（1917—1939）

曹雪雅

共产主义战士的成长

王鉴览，山东省金乡县城北郊孙庄人，1917年生于一个比较富裕的农民家庭。王鉴览自幼聪颖好学，1930年考入金乡县私立里仁学校初中部，1933年以优异成绩考取山东省立高级中学，1935年考取清华大学地质系。他的中学时代，国家惨遭日寇铁蹄蹂躏，中华民族面临生死存亡关头，报效祖国的心愿在他心中萌芽！在清华大学学习期间，是王鉴览人生观确立和才干进一步增长的重要阶段。

这时期，日本帝国主义加紧了对我国的侵略，国民党政府采取不抵抗政策，激起了全国人民极大的愤怒。王鉴览怀着对侵略者的无比仇恨、对国民党卖国罪行的万分愤慨、对中国共产党领导全国人民抗日的无限希望，积极投入了抗日救国的行列，在北平与广大爱国师生一起参加了1935年年底爆发的"一二·九""一二·一六"大游行，推动通过了"不承认冀察政务委员

中华民族解放先锋队开展宣传慰问工作

会""反对华北任何傀儡组织""收复东北失地"等决议案。经过抗日救亡运动的锻炼和考验,王鉴览坚定了为保卫祖国而奋斗的理想。

国民党政府非但不接受全国人民的爱国要求,反而加紧了与日寇的勾结,甚至提出"南下聆训团"(要学生派代表到南京听蒋介石训话)的阴谋。在中共北平市委领导下,北平学生决定揭穿国民党统治者的阴谋并组织"平津学生南下宣传团",深入民间、宣传群众、发动群众,实行学生和民众相结合。王鉴览是第三团的宣传队员,他向农民群众传播了抗日和革命的道理,同时也从革命实践中受到了深刻的教育。他逐步树立了为工农大众谋解放、为社会主义和共产主义而奋斗的崇高理想,把希望寄托在中国共产党身上。1936年2月,根据斗争形势发展的需要,南下宣传团决定成立"中华民族解放先锋队"(简称"民先队"),王鉴览成为全国最早的民先队员之一。1936年5月,王鉴览在清华大学经李昌介绍加入中国共产党,由一个爱国青年成长为一名真正的共产主义战士。

重返家乡，领导民众抗日

1937年7月7日，卢沟桥事变，全国性的抗日战争爆发了。驻山东的国民党韩复榘部队一触即溃，纷纷南逃。国难当头，人心慌慌。王鉴览参加了中共北平市委领导组织的战地服务团，并积极参加各种支援前线的工作。"民先队"总部根据新的情况决定撤离日军占领区。根据组织安排，王鉴览留在山东继续开展抗日救亡工作。他和其他学生一起，在各界人士的支持下，根据自己耳闻目睹的沦陷区人民遭受日军蹂躏的惨痛事实，采用演唱抗日救亡歌曲和戏剧、演讲等方式，在济南向广大群众作宣传，收到了很好的效果。

8月，王鉴览受中共山东省委派遣回金乡开展抗日工作。临行前，省委负责同志对他作了"到金乡找老党员联系，建立金乡县工委，发动群众组建抗日自卫武装"等指示。王鉴览身负省委重托，日夜兼程赶回金乡县。王鉴览在金乡学生中广有盛誉，大家听说他来了都很高兴。"一二·九"运动期间，他曾帮助收集北平学生抗日运动的材料，对家乡抗日活动的开展影响深远。

到金乡后，王鉴览经耿荆山介绍加入金乡抗敌后援会，他将革命精神和道理传播给群众，很快成为了后援会的一个突出人物。王鉴览十分重视党组织的发展，1937年底至1938年底，他培养并介绍周冠五、杨如岱、刘清怀、张心通、袁汝英等人加入中国共产党，壮大了金乡县党的队伍。

9月，王鉴览、翟子超、耿荆山根据省委的指示精神成立了金乡县第一个党的县级领导机构——中国共产党金乡县工作委员会，简称金乡县工委。县工委联络点最初设在王鉴览家里，一来他家在城里，沟通往来方便；二来他很有影响力，在城里的关系很熟。王鉴览负责城北、城里的工作和联络工作，一方面向省委的上级领导汇报，分析山东抗战形势及如何在县里开展抗日宣传工作；另一方面与单县地下党员张子敬、苗春亭取得了联系,共同研究宣传抗日救国、开展革命活动等问题。同时,王鉴览想办法借到了收音机、油印机,开始办墙报印发传单扩大抗日宣传。

10月,日军继续南侵,形势日趋紧张。由于金乡县城濒于沦陷,县工委搬到城南耿楼耿荆山家里。王鉴览主动把联络工作移交给耿荆山,还转交了省委拨给的活动经费60元。11月7日,济南失守,城内发生混乱,处于无政府状态。王鉴览带领大家坚持就地斗争,开始游击战。为了迎接新任务,他有计划地安排周冠五去北方局党校学习,派丁耿林和周仲达到民先总队部学习游击战。

之后,金乡县工委根据党的"脱下长衫,换上军装走上战场,就地打游击"的号召,决定成立人民抗日武装。王鉴览连夜起草了抗日起义宣言,与工委成员分头活动,动员抗日并筹备枪支、弹药。为组建金乡县人民抗日武装,王鉴览四处奔忙奉献一切。说通父亲献出了自己家的两支步枪和百余发子弹,又到城北各村动员了十几个青年加入抗日队伍并筹集了几支步枪。于1938年1月16日在金乡城西马庙建起了一支百余人、三四十支枪的队伍,取名第五战区第二游击纵队。王鉴览在政治部负责宣传工作。部队建起不久,国民党第三路军要来收编。为保存实力,队伍于1938年4月主动疏散。

1938年5月13日,日寇占领金乡县城,3000余名守城民工惨遭杀害,侵略军到处烧杀掳掠,惨不忍睹。王鉴览等人在耿楼建立起了一支50余人全副武装的抗日队伍,后被编为"湖西人民抗日义勇队第二总队第十三大队"。8月,这支部队奉命参加讨王(丰县汉奸王献臣)战役,原县工委成员大部分随部队调走,王鉴览留下坚持地方工作。这时,中共苏鲁豫特委重新组建了金乡县工委,王鉴览任书记。

1939年年初,中共苏鲁豫特委派王须仁来金乡县组建金嘉巨

（金乡、嘉祥、巨野）中心县委。王须仁心怀叵测，在金乡召开县工委成员会议，对金乡县工委的工作乱加指责，对王鉴览进行了无情的批判和打击，宣布解散金乡县工委，另建金嘉巨中心县委并由他任书记。会后王须仁匆忙回特委去了，中心县委只在口头上宣布成立，而实际没有建立起来。事后，王鉴览的父亲唯恐儿子遭王须仁的暗算，把他叫回家中并不准出门。王鉴览心里惦记着党的工作，耐心说服了父亲，重回战斗岗位。王鉴览为组织群众抗日，在自己家里办起了一所农民夜校。夜校的教室、桌凳是他家的，学员的书籍、灯油是他自筹的，校长、教员是他兼任的。他专门吸收穷苦的农民入校学习，向学员教授文化知识，灌输革命道理。在他的教育下，不少学员走上了革命道路。

1939年5月，中共山东分局决定创建湖边抗日根据地。6月，王鉴览接到中共苏鲁豫区党委调他去湖边地委工作的命令。他交接了工作，离开金乡来到湖边地委，被分配做宣传队编导工作。为唤起民众抗日，王鉴览不顾环境艰苦，条件困难，夜以继日地工作着。

蒙冤"肃托"，舍命证明清白

正当抗日救亡运动如火如荼，抗日烽火在苏鲁豫皖边区熊熊燃烧之时，震惊全党的"湖西肃托"事件发生了。湖边地委组织部长王须仁是制造这一事件的主凶，他利用苏鲁豫支队第四大队政委王凤鸣的野心，以逼供、指供、骗供等手段制造伪证，将苏鲁豫区党委骨干300余人杀害，将区以上干部五六百人逮捕、刑讯，造成"湖西肃托事件"。

1939年9月15日，在邹县郭里集，王鉴览被王须仁非法逮捕。王须仁亲自对王鉴览施以严刑拷打，逼他承认是"托派"。王鉴览毫不屈服，坚定地回答："不是！""不知道！"王鉴览始终坚信自己的清白，并且下定决心，宁死也不屈服于王须仁的淫威，不以谎供陷害无辜。当夜 12 点，王鉴览被王须仁下令杀害。临刑时，王鉴览高呼"共产党万岁！王须仁是大坏蛋！"他壮烈牺牲了，年仅22岁。

1941 年 2 月 20 日，中共中央作出《关于湖西边区锄奸错误的决定》。《决定》正确分析了"肃托"发生的原因，指出了造成的严重后果。判定了王须仁的罪恶，对王凤鸣、白子明做出了严肃处理。同时决定为无辜牺牲者平反昭雪，召开被难烈士追悼会。1941 年秋，山东分局根据中央《决定》的精神又作出了《对湖西锄奸事件的总结》，并派刘居英处理这一事件。刘居英在单县辛羊庙召开了隆重的平反追悼大会，为死难烈士申冤。同时发布了《中共中央暨山东分局为湖西锄奸事件告边区同胞书》《中共中央暨山东分局致苏鲁豫边区锄奸事件中被难家属书》，抚恤烈士家属。

躯体易损，英魂永存！王鉴览对党和人民的赤胆忠心，坚定革命无畏牺牲的精神，将永远激励后人继续前进！

参 考 文 献

1. 中共金乡县委党史研究室：《中共金乡地方史重要纪念地》。

2. 八路军山东纵队史编审委员会：《八路军山东纵队回忆史料（上）》，济南，山东人民出版社，1991 年。

3. 山东省民政厅：《光照千秋——山东革命烈士事迹选》，济南，山东山大图书有限公司。

4. 宁政史：《湖西"肃托事件"》，《春秋》，2003 年第 3 期。

纪毓秀

（1917—1939）

孙敦恒

"清华那位女同学"

纪毓秀，女，江苏省宿迁县人，1917年生。幼年聪颖好学，稍长就读于南京女中，高中毕业后于1935年秋考取北平清华大学，先入工学院电机工程系，后转到文学院外国语文系。纪毓秀抱着"读书救国"的宏愿，到校后是多么想好好读上几年书，以待将来用自己所学知识为国家作一番事业啊！可是，当时的华北，在日本侵略军步步进逼下，"你要读书吗？华北之大，已经安放不得一张平静的书桌了！"每个爱国青年都在为祖国的安危、民族的存亡而担忧着。年轻的纪毓秀到校不久，在中共地下党员的带领下，加入了爱国进步同学的行列，投身到抗日救亡运动的洪流。由于她关心同学，乐于助人，被选为清华学生会代表会成员。1935年12月，她和爱国进步同学一道参加了"一二·九"抗日救亡大游行，接着又参加了"一二·一六"大示威。在这两次行动中，她英勇顽强，当时许多人还不知道她的名字，但大家常常提到的"清华那位女同学"，说的便是她。"一二·一六"那天,她在清华游行队伍中担任纠察。当队伍在前门被军警冲散时,纪毓秀挺身而出,高呼:"同学们!不要走散!""同学们!不要走散!"随之又有几位同学发出了同样的呼喊。同学们镇定下来,重新集合起来。

平津学生南下扩大宣传团归来后,爱国进步学生经过深入民间的锻炼,为了更好地开展抗日救亡运动,组成了"中华民族解放先锋队",清华学生成立了"民先队清华大队",纪毓秀是民先队的一位活跃分子,不久被选为大队队委。1936年5月,她参加了中国共产党,成为一位机智勇敢的地下党员。她从纠察队员、宣传队员、纠察队长,到清华民先大队的负责人,又是清华学生会的委员,是一位深受同学爱戴的学生领袖。她平时刻苦好学,但只要抗日救亡工作需要,便奋不顾身争先而从。每当同学们向她说起:"你每天工作这样忙,太辛苦了!"她总是微笑着说:"这算什么辛苦!"

1936年3月底,纪毓秀参加了"三三一"抬棺游行,被军警打伤。她在养伤期间听到和看到了KV(即刘少奇)在《火线》上发表的《论北平学生纪念郭清烈士的行动》等纠正学运中的"左倾"影响的文章,对抬棺游行进行了反思,对前来看望她的杨淑敏说:"我真傻,只知道不怕打,不怕死,以为只要勇敢就行哩,真幼稚!"从此她在抗日救亡运动中,注意克服"左"的倾向,注意贯彻统一战线,团结广大群众,不断提高斗争艺术和领导艺术。在开展"师生合作,一致救亡"的活动中,她积极参加和组织同学参加"师生座谈会""师生关系讨论会"及各种名义的联欢会。在各种工作中,处处以身作则,而且也很善于对同学因势利导。

1936年秋天,一些同学参加救亡运动被捕入狱,同学们对此极为愤慨。一天,几位女同学在一起谈起了一位被捕同学的不幸,有的怒骂,有的悲泣。纪毓秀却一声不响地沉思着,等大家都静下来了,她才声调沉重地说:"天气一天天地冷了,她是穿着夹衣被捕去的，又有病，……我们该怎么办呢？"这么一说，引起了大家的认真思考，"是呀！我们该怎么办？"这时，她又慢慢地说道："我们不能只是悲痛，应该想法子去营救被捕同学。我们的签名运动到现在还没有开展起来，这可不行啊！"接着，"某某给你个任务吧！""某某你去干某件事吧！"就这样，她把同学们从义愤中引向了新的战斗，并向同学交待了具体任务。

夏 令 营 中

1936 年 7 月初，清华、北大、师大等校学生联合组织夏令营，去西山樱桃沟老虎洞一带露营，参加者 170 多人。纪毓秀作为清华民先大队负责人，积极热情地和清华同学一起参加了这次活动。他们和其他学校的同学们一起，每天鸣号起床，自己做饭。白天有军事学科演讲、术科（游击战）演习、听人演讲、座谈时事、以及歌咏文娱活动等；晚上除分组座谈，有时还进行"夜袭"。同学们翻山越岭，急行军，偷袭"敌军"。脚上磨了泡，手脸被荆棘划破，但没人叫苦，因为他们心中都怀着"抗日救国"的热切愿望。在军事演习时，山林中不时响起《抗敌歌》的歌声："穿枪林，冒弹雨，不怕水火深！弟兄们，向前进！"

经过一周的严格自我训练，同学们增强了对侵略者的仇恨，并受到了集体主义的锻炼。纪毓秀用"报告文学"体裁写了一篇《老虎洞中的生涯》，发表在《清华暑期周刊》上，文笔生动而感人。"第一次的演习是攻击，我们早餐后整队下山，在'冒着敌人的炮火，前进！'的歌声中，一条练也似的长蛇，拖出了老虎洞，在卧佛寺山脚下的原野中，排好了阵势向我们的假想敌进攻，在我们刚预备冲锋的时候，远远地卷着尘土来了一辆灰色的汽车，指挥官说：'现在敌情变了，敌人铁甲来了，快取包剿势！'铁甲车来了，我们伏在地下，用小石头敲大石头算我们攻击打枪了。这天跑的路是非常多的，尤其是抄袭敌人后路的游击队，这一天9点下山直到12点才回去，虽然是在假想敌面前，我们也似乎得了胜利的战果。""现在该讲到夜袭了！夜袭，可说是在七天的生活中，是最紧张，最严肃的一幕。演习的那天早上请了一位善于演讲的施先生，在山谷里和我们说了四五个钟点的话，将目前中国的情势，将中国将来的出路，以纯客观的态度，诚恳而真挚的讲了。这曾打动了每一个青年的心。那早在泉畔，在石头上，在椿树旁边，都闪耀着一双双真挚而发光的眼睛张着嘴入神地听着，几乎连头都不敢动一下的样子，时时如暴雨样的掌声响彻了山谷。在讲演人休息的时候，雄壮的《抗敌歌》和《进行曲》……就连续的唱着，山谷里起了宏亮的回应。演讲的人，微笑地望着这被激动了的一群，于是一挥手又开始了他更透辟的讲话。这天，同学们的态度是严肃得多了。晚上又碰到夜袭演习，这次演习儿戏的成分减少得多，似乎真的山顶有敌人样的……"生动如实地记述了这次露营生活。

纪毓秀作为《清华周刊》社的特约撰述人，常为《周刊》撰写文章。这年，她在《清华周刊》第45卷第4期发表了一篇《中国语文的新生》，对汉字必须改革，使之成为易学易写易于国际化的新文字，作了论述。她由电机工程系转到外语系后，对世界语开始关心起来，参加了清华世界语学会的活动。

"拥护二十九军抗日"

这年11月，在学生抗日救亡运动的推动下，宋哲元将军的二十九军针对日军的侵略演习，在河北固安举行对抗性的军事大演习。清华爱国进步学生闻讯纷纷要求前往慰问参观。纪毓秀作为民先大队负责人率队长途跋涉，来到演习地点。由于来时匆忙，人又多，准备不够，吃住问题一时没有得到解决。纪毓秀便和北平学联代表何礼一同去与县政府交涉，向他们说："我们是宋哲元将军请来参观演习的,待会还要代表学联向宋军长献旗呢!"又讲述了"抗日救国,是每位国民的神圣义务"等道理,然后请其费心协助解决吃住问题,问题很快得到解决。

演习开始后,同学们高呼:"拥护二十九军抗日!"二十九军官兵和同学们一起高呼:"全国民众一致联合起来抗日!"声震山河。演习结束时,清华学生赠给二十九军一面绣着"国家干城"的锦旗,北平学联赠送了一面"拥护二十九军保卫华北"的黄色缎旗。这次活动加强了清华同学与二十九军官兵的了解和友谊,扩大了抗日救亡运动的力量。

不久,清华同学又投入了援绥运动,支援绥东军民抗日,纪毓秀积极参加和组织了这次活动,同学们争先恐后地捐献衣物和现款,还走出学校进行了募捐。为了给前方将士赶制棉衣,办起了一个"被服厂"。许多人自动来到这里,要求分配任务,他们中不仅有男女学生,有教工家属,还有一些教授夫人。为了表达对前方将士的一片心意,他们在棉衣上绣上"抗日英雄""杀尽日寇"等字。

纪毓秀全身心地投入了抗日救亡运动,并在运动中受到锻炼,得到成长。这年年底,西安事变后,一些学生向爱国进步学生寻衅,大打出手,蛮横地捣毁救国会会所,又在大操场放火焚烧了抢去的《清华周刊》等进步书刊,广大同学义愤填膺,一些同学要"跟他们拼!"纪毓秀强抑自己的激愤,语重心长地向大家说:"大家冷静一点,他们实在太无理,但我们不能鲁莽从事,否则学校过问起来,最后吃亏的还是我们啊!我们应该同他们讲道理,揭露他们破坏抗日救亡的行径,让更多的人明白谁对谁非!"说服了大家,避免了事态的进一步扩大。

在"牺盟"

1937年3、4月间,纪毓秀放下书本,别离了可爱的清华园,从北平到了太原，参加了薄一波同志领导的"牺牲救国同盟会"的工作。开始在牺盟总会发起成立的"青年抗敌救亡先锋队"工作。这个动员、组织青年参加抗日救亡的团体，是由董天知同志领导，纪毓秀是其中得力的骨干之一。据当时曾同她一起工作过的清华校友牛荫冠同志回忆："当时她改名纪雨秀，工作得很出色，有一股实干精神，如同她在清华大学担任'民先'大队负责人时一样，经常找一些最苦的工作干。她还给当时集训的新干部讲课，受到大家的欢迎。"当时，有些青年不愿在山西受阎锡山的气，想去延安找共产党。纪毓秀也很想去延安，但她知道留她在山西工作是党的安排，是革命工作的需要，她愉快地接受了党的安排。一天，纪毓秀到薄一波的办公室谈工作，这时她通过观察和接触，已意识到在牺盟会就是薄一波在体现着党的领导。她和薄一波正说着话，忽然进来十几位女战士缠着薄一波请求让她们去延安，薄一波心里明白，她们是要他给开去延安的路条，但他当时的处境不能这样做，便半开玩笑地说："我可不是共产党啊""作为朋友，我可以送给你们十块钱。"纪毓秀在一旁看着，知道薄一波的为难，就插话说："薄先生，她们只是想去延安看看，不是真的要走。"她一面为薄一波解围，一面又婉转地劝止她们不要离队而去。这件事显示了她政治上的成熟。

抗日战争爆发后，纪毓秀接受组织的调动，奔赴抗日前线，来到山西沁县，在抗日决死一纵队政治部工作。1937 年 11 月，部队刚到达沁县时，发生了关押妇女第三分队长张行寰的事件，纪毓秀与政治部的干部一起与旧军官进行了机智巧妙的斗争，使张行寰同志获释。她同战士们朝夕相处，平易近人，深为战士们尊敬。她除了负责为部队起草文件外，还办了个不定期的刊物《战斗》，介绍牺盟和各地抗日军民的战斗事迹；还翻印了《列宁主义概论》《列宁主义问题》等马列著作，供干部学习。此外，还兼任了妇女队的领导工作。

借 粮 斗 争

1938年春，敌人对晋东南发动9路围攻前，妇女队的许多队员要分配到地方或游击队去工作。她对每位队员作了认真负责的安排。然后，带着12名女同志离开沁县到和顺接受新任务。当时中共晋冀特委驻在和顺县石拐镇，为了支援抗日武装斗争，特委决定调一些人开展农民群众工作。由纪毓秀担任指导员的妇女工作队便挑起了这一任务。纪毓秀依靠地方共产党组织，深入群众，发动群众，组织群众，开展借粮和济贫活动。石拐镇附近的阳光占村有一个大地主，叫周家淦，与山西地方旧官吏相勾结，仗势抵制借粮。纪毓秀带领队员发动群众向周家淦借粮，村民们说："周家淦，连官府都不敢碰他，你一个女孩子敢碰？如果能开了周家的仓，借出粮来，那真是开天辟地以来从没见过的事！"可是，纪毓秀明知山有虎，硬要虎山行。她决心同村民一起，冲破这一封建恶势力，以打开借粮的局面。她走家串户，向贫雇农了解、讲述周家的剥削账，经过半个多月的艰苦工作，农民觉悟了，在村民大会上向周家淦进行面对面的说理斗争，迫使周家淦拿出400担（约合8万斤）粮，大大缓解了抗日军民的粮荒问题。由此借粮运动开展了起来。牛荫冠同志说："在这期间，她工作得很有成绩，经常不辞劳苦工作到深夜，是一位硬骨头女英雄。"

妇 女 领 袖

1938年下半年，纪毓秀又调到"牺盟"总会工作，担任"牺盟"总会常委、组织部（也叫组织训练部）部长、总会党组成员，并兼任"民族革命青年团"（简称"民青"）的执委。

由于牺盟会不是一般的抗日群众组织，而是一个"三半"组织，即半群众、半政治、半武装的组织，总会分工由组织部兼管武装。

纪毓秀到任后，即配合牛荫冠同志着手加强牺盟总会和组织部的建设，并努力推动各地牺盟会积极发展抗日游击队，组织部经常统计各地抗日武装力量的发展情况，她还经常为牺盟总会起草各种文件、通知、信函、电文等。各地牺盟会派人到总会来汇报工作，常由纪毓秀接谈，所以晋西地区的干部遇到困难时常说："过（黄）河去总盟找纪雨秀"。在工作中，她热情联系和帮助同志，为扩大抗日武装，建立政权，做了不少工作，当时被誉为"山西三大妇女领袖"之一。

在极端艰危的环境下，她一直坚持不懈地工作，终于积劳成疾。

她的病是在不断外出巡视、开会、下乡中，经常涉水过河时得下的。她在病中给一位女同志写信说："医生说我得了干血痨，……英妹，你以后别学我，例假时别涉水过河，非过河不可时，也要把裤管挽得高高的，别让冷水老捂着……。"尽管病魔长期缠身，但纪毓秀仍然"三更灯火五更鸡"地拼命干。在一次集训团开办期间，她每天几乎只能喝一点小米粥，别的什么都咽不下去，但她还在关心着同顽固派的斗争，关心着牺盟内部的团结，想着统一干部思想、步调的工作。她以极大的毅力支撑着，坚持着，奋力在重重漩涡和逆境中搏斗。

1939年9月间，牛荫冠从晋东南回到了秋林，这时纪毓秀的病情已极端恶化，汤水不进，进入昏迷状态。但她仍强忍病痛，断断续续地向牛荫冠同志详细汇报了工作。这期间，中共中央对秋林地区已有新的指示：为预防不测，我方干部要逐步撤出秋林。纪毓秀鉴于她在秋林地区的使命已完成，曾对照料她的吴儒珍说："小吴，等我的病好了，咱们一块儿离开秋林吧！"她还盼望着为革命为人民作出更大的贡献，但是她的身体已像一盏耗尽了油的灯，没来得及离开秋林，便于1939年10月6日晚与世长辞了，年仅22岁。

位于水木清华北山的
纪毓秀骨灰安放处纪
念碑

纪毓秀逝世后,牺盟会总会为她举行了隆重的追悼会。大会的祭文中说:"雨秀同志,你去了,你虽然死在后方的秋林,可是你是等于死在火线上一样。"《新华日报》(华北版)、《阵中日报》《牺牲救国》等报刊都发了唁讯或专辑,音乐家马可为她谱写了悼歌。1940年3月延安的《中国青年》、太行的《黄河日报》又发表了纪念文章。

"知君无限恨,未得饮黄龙"。这位清华园的优秀学子,抗日救亡的女英雄,为了抗日,为了革命,战斗到生命的最后一息。

参 考 文 献

1.《"一二·九"运动中的英勇女战士纪毓秀》,《清华校史丛书〈人物志〉》,第一辑,北京,清华大学出版社,1984年。

2. 朱红、张仲璧:《纪雨秀生平事略》,《山西文史资料》,第40辑。

3.《战斗在一二·九运动前列》,北京,清华大学出版社,1985年11月。

4. 朱红:《纪雨秀生平事略补叙》,《山西文史资料》,第69辑。

祁延霈

（1901—1939）

李浩然

对于今天新疆大学的学生和熟悉哈密地区教育发展的人来说，祁天民这个名字可能不会陌生。80 多年前，心怀救国的祁延霈来到新疆，以天山之民为名，在这里播撒了自己的青春，并永远献身于此。

青少年时期

祁延霈（又名祁天民），字霈苍，满族，祖籍山东益都县（今山东省青州市），1910 年 8 月生于山东省济南城七家村的一个教师家庭里。他的高祖伊瑺额，在 1842 年中英鸦片战争中因英勇抗敌有功，后驻防山东青州；父亲祁蕴璞，是一位著名的爱国教师、地理学学者，先后在济南高中和师范学校任教，曾是季羡林的老师，季羡林后来曾回忆道，"在山东中学教育界，祁蕴璞先生是鼎鼎大名的人物"。

受到家庭和成长环境的影响，祁延霈小时候聪明过人，且十分勤奋。他先后就读于济南模范小学和济南省立一中,并对祖国的悠久历史、灿烂文化和壮丽的山河十分了解。1925年,上海发生了"五卅"惨案,全国掀起了反帝爱国运动。一向埋头读书、不喜言谈的祁延霈,在省立一中师生举行反帝游行示威时,也积极地加入了游行队伍,昂首挺胸地前进在反帝斗争的洪流之中。

清华大学时期

1928年夏,祁延霈高中毕业后考入北平师范大学地理系。同年国立清华大学成立地理学系,系主任是中国著名的地质学家翁文灏。祁延霈由于慕翁先生之名,又因为清华师资阵容和学习环境比师大强,又重新报考清华大学地理学系并被录取。当时刚刚成立的清华大学地理学系地质组只有祁延霈、程裕淇、张兆瑾3名学生。上述3人外,后来又转来杨遵仪和王植,共5人。这5位于1933年同时毕业的清华地质学的开门弟子日后都为中国地质学界作出了突出的贡献,新中国成立后,他的4名同学都成了我国著名的学者。

在清华大学学习的4年,祁延霈很好地践行了地质学理论与实践相结合的特点。他刻苦学习,重视实践,善于思考,并刻苦攻读外语,积极参加野外作业。在大学期间,他先后参加了1930年春在北平西山、1931年春在河北和山西、1932年在山东的地质考察、地形测量和标本采集工作。这些工作与实物标本,为中国后来的地质考古工作提供了丰富的材料。在校学习时,他承担了实业部北京地质调查所委托的绘制地质图的任务,和同学王植一起填绘了北京郊区二万五千分之一的"八大处"地质图,和赵金科一起填绘了北京郊区二万五千分之一的"斋堂""百花山"等三幅地质图。据后来成为中国科学院院士的同学程裕淇回忆道:"当时的专家们反映,他们所绘制的地质图,质量都很好。"

清华大学地理学会的合影（前左2为祁延霈）

　　与此同时,在大学期间祁延霈还在学校担任地理学会总务股长,也是校学生会民众教育科的成员和平民学校的教员。他们为附近没钱上学的工人、农民、市民及其子女办的免费教育。他讲课非常认真,每一次都用通俗易懂的语言,深入浅出地传授文化知识,受到学生的欢迎和好评。时任清华学生自治会会长的尚传道后来回忆:"他在社会工作中也是踏踏实实干事的人,不出风头,很少出头露面。"与此同时,受到担任地理和历史教员的父亲的影响,祁延霈在清华学习期间,也对西北边疆历史、地理问题进行了研究,是清华中国边疆问题研究会的负责人之一。大学三年级时,他写出了2万余字的论文《帕米尔史地考》,发表在《清华周刊》文史专号上。这篇论文被认为"孕育着爱国的激情",是一篇"有相当分量的论文"。

　　1933年,祁延霈以优异的成绩从清华大学地学系毕业。在当时清华毕业生大多想出国深造的背景下,祁延霈却打算用更多的时间在祖国的大地上"实地考察,探求新知"。经当时的地学系系主任袁复礼推荐,祁延霈受任为南京政府中央研究院历史语言研究所第三组助理员。

中央研究院历史语言研究所时期

祁延霈到历史语言研究所工作后,把大部分时间用于田野考古。从 1934 年到 1936 年,他和同事断断续续在北平待过一些时间,并在此期间先后参与调查了山东沿海古代遗址,益都铜器时代葬地,参加了山东滕县安上村、日照两城镇的发掘工作。1928 年到 1937 年,中央研究院组织考古队对河南安阳殷墟进行了 15 次科学发掘,祁延霈参与了发掘最高峰的第 10 ～ 12 次的发掘工作。在全面负责四座墓地的地质测量工作的同时,祁延霈还直接负责二号墓——这四座墓中规模最大、最完整的一座——的发掘,为殷墟发掘作出了重大贡献。当时,在蒋介石的不抵抗主义下,华北一步步落入日寇之手。祁延霈当时的同事尹达后来回忆道:"霈苍目睹北平的动荡不安,华北的危急,对日本的侵略是极其不满,对当时国民党政府的失去东北、危及华北非常不满。"

1935 年,祁延霈(左 4)在河南安阳袁家花园与史语所同仁合影

祁延霈将自己的工作视为追求的事业。在给爱人的信中，他用"踏遍青山寻宝藏，涉尽万水求真理"来形容自己的考古工作。他还向亲人生动地描绘了他们的野外生活："我们是非人非猴的扮装，披着月光，踏着寒霜，饮清泉，咽干粮，探索沉睡在地下的宝藏，乐在其中，叫你这不知野外风光的人也来品尝！"

1937年，瑞典政府派中国史前考古学家安特生（J.G.Andersson）假借瑞典皇子的名义要求到我国四川西部"考古"。祁延霈被派去与安特生同去川西，一路上安特生四处张望的可疑行为引起了祁延霈的警觉，经过反复细心观察，他断定安特生"是以学者面貌出现的为帝国主义服务的侦探"。于是，当安特生再支起测量仪的时候，就毫不客气地"予以制止"，致使这位"考古学家"的阴谋未能得逞。在那个年代，常常往来祖国南北、长期参与田野考古的祁延霈亲身所见所闻，让他也不由得产生了对国家未来命运深深的担忧。

安阳殷墟的考古发掘是我国历史上最早具有现代考古学意义上的科学发掘之一，祁延霈与其他9位青年在李济先生、梁思永先生指导下，成长为考古学界的青年才俊，常被人称为殷墟"考古十兄弟"。1945年抗战胜利，停刊8年的《中国考古学报》复刊。复刊后的《中国考古学报》（第二册）上，发表了祁延霈（署名祁天民）的遗著和论文，刊登了悼词和他的遗像，悼词称他的考古研究工作"卓著劳绩"。悼文写道："君短小精勤，体力过人，凡所分担工作，案无存留，每调查跋山涉水，辄前侪辈，诚考古界之英俊也。""君年方壮，遽痛殂谢，不仅考古界失一有力分子，国家失一建设长才，哀哉！"。与他共过事的同志们仍深深怀念着他。

走上民族救亡之路

1937年，抗日战争全面爆发，8月19日历史语言研究所从南京迁到长沙。当时和历史语言研究所同住在长沙圣经学校的有长沙临时大学（西南联大前身）、北京图书馆等4个单位,每天早晨,几家单位在一起集合升旗、唱歌。祁延霈在此常听主持国民党湖南党务的赖琏和八路军驻湘办事处代表徐特立的演讲。他从抗战以来的大量事实和两人演讲的对比中得出结论:要抗日救国,只有靠中国共产党。他与好友尹达、杨廷宾等同事以"回家乡,打游击"为名提出离开史语所,实际则决定前往延安。临行前,考古界的前辈们梁思永、李济、董作宾、胡厚宣等同事们在长沙有名的清溪阁饭庄为他们饯行。经过精心准备,祁延霈一行6人出发经西安短暂停留,最终与尹达、杨廷宾三人北上到达了延安。不久,他被分配到陕北公学第二期第九队学习。

在陕北公学这座革命熔炉里,祁延霈如饥似渴地学习各门课程,积极参加政治、文化、体育活动和军事训练。在每星期三的"救亡日",毛泽东和当时在延安的党中央领导同志常来学校做报告。就在这一年年底,祁延霈光荣地加入了中国共产党。陕北公学的学员毕业后,多数上前线。祁延霈也盼望着能上抗日前线,杀敌保国,但组织上考虑新疆需要高素质的科学技术干部,决定祁延霈提前毕业,并分配他到新疆去工作。1938年3月1日,祁延霈、张东月、朱旦华、于村等准备到新疆工作的和准备到新疆或苏联治病休养的党员干部,齐集在延河边等待出发,周恩来赶来送行,他勉励大家到新疆后多为各族人民谋利益,要团结各族人民共同抗日,要为巩固抗日民族统一战线多作贡献,并为他们题写了"学习,学习,再学习"的题词。

1938年4月下旬,祁延霈等一行40多人历经3000多公里的长途跋涉到达新疆首府迪化（今乌鲁木齐）。为了便于工作,来新疆的每个共产党员都要改用化名。祁延霈给自己取名"天民",表达了"永做天山之民"的愿望。1938年七八月间,祁天民和林基路、杨梅生、许亮等4人被分配到新疆学院,他任学院秘书兼教育系主任。当时新疆学院是新疆的最高学府,但3个系的学生一共只有百余人。这些学生大多是官僚、地主和大商人的子弟。学校的各项设施简陋,校容很差,教师数量不足,水平不高,教学质量也达不到要求。当时新疆学院的院长是教育厅长兼任,不在学校办公,也不常过问校务,学院的一切工作都由教务长林基路主持。祁天民是学院秘书,协助林基路处理日常事务,是林基路的有力助手。林基路提出了"团结、紧张、质朴、活泼"八字校训,以整顿不良的校风,并提出"教用合一"的教学方针,以整顿学风。经过共产党人的努力,新疆学院的学习空气、抗日气氛日益浓厚,师生的精神状态也迅速改变,学校的面貌焕然一新,被誉为"抗大第二"。

这期间,祁天民除协助林基路抓好校务工作外,还担负了繁重的教学任务。他给教育系学生讲授教育发展史和中国自然地理,给政经系学生讲授中国经济地理和中国社会史。工作之余他还很关心爱护学生,常深入学生中和他们谈心,鼓励他们好好学习。林基路、祁天民等共产党员在新疆学院的威望愈来愈高,新疆学院在社会上的影响也愈来愈大,然而这却引起了军阀盛世才的警觉。他把林基路、祁天民等共产党员在新疆学院的建树和新疆学院日新月异的巨大变化,看作是对自己统治地位的一种威胁,便以"加强地方工作"为借口,于1939年1月,将4位共产党员全部调离学院,而祁天民被任命为哈密教育局局长。

1939年春,祁天民来到新疆东部的边城哈密。哈密是通往内地的东大门,是联系支援我国抗日战争的重要国际交通线,也是我党从延安派往苏联学习和治病干部途经的要道。但哈密地区的教育很落后,在祁天民任哈密区教育局局长之前,这里名义上有个教育局,但是个摆设,只有两名工作人员,没有具体工作地点;全区各县没有1所中学,小学也只有4所,文盲占整个地区人口的90%以上。在新疆经济落后,财政困难,教育经费少得可怜的现状下,祁天民首先抓紧建立学校,提高学龄儿童的入学率。他领导教育局,千方百计发动各族人民办学,推行学校实施"民办官助"、举办教师训练班等措施,在农牧区办起了27所公立小学。由于城乡小学的建立,不到一年的时间,就使哈密地区的学龄儿童入学率达到60%。祁天民在哈密办教育所取得的显著成绩,深受各族人民的赞扬,多年后哈密的一些各族老人一提起祁天民,仍以尊敬的口吻称他为"我们的祁局长"。祁天民在哈密大办教育的同时,还和其他9位共产党员一起继续从事抗日的宣传工作和组织工作。他向学员们讲授近代史和爱国爱国主义教育,与战友们向各族群众一同宣传八路军、新四军的战绩和中国共产党的抗日民族统一战线政策。

1939年2月,新疆财政厅厅长毛泽民(化名周彬),为整顿新疆财政、稳定物价而改革币制,发行新币,通过新旧货币的兑换,将旧币收回统一销毁。祁天民在哈密,大力宣传币制改革的好处,还参加了销毁旧币的工作。12月下旬的一天,卡车拉着一捆捆的旧钞票到哈密郊外去销毁,祁天民随车前往。旧纸币烧起来火势很大,但钱捆的中心却烧不透。祁天民拿了根棍棒,围绕火堆来回转着翻拨。这样长时间围着火堆用力翻拨,累得他满身大汗,湿透了内衣。完成任务返回时又受寒风吹袭,路途上就着了风寒。但他没顾这些,回到教育局,又主持召开了一个各族各界代表人士座谈会,这就更使他筋疲力尽。

就在这天,他的妻子带着他未满两岁的独子鲁梁,乘坐苏联运送军用物资的卡车,历经千辛万苦从重庆来到哈密。祁天民因公务在身,只好拜托朋友替他去车站迎接亲人。晚上,他回到家中,忘记了一天的疲劳,兴致勃勃地抱着爱子,与久别的妻子畅谈离后的情思。祁延霈的夫人刘晓雯在后来纪念文章中写道:"不料刚相聚又分离,夜里他竟然发高烧达四十度,立即送医院,诊断是感冒,其实是伤寒,由于条件差医不对症,病情恶化,抢救不力,竟于我到哈密的第七天,他就以身殉职,年仅三十岁"。

祁天民病逝的消息一经传出，各族群众无限悲痛。近千名群众冒寒参加为他举行的追悼会。维吾尔族老人按照他们民族的习惯，为祁天民举行了丧葬仪式。最后，祁天民被葬在哈密西坝河原汉族文化促进会的龙王庙墓地，面对天山。各族群众在他的墓碑上，镌刻上8个大字："天山永孝，正气长存"。漫画家鲁少飞为悼念祁天民，送上一幅墨迹悼词："天山碧血痕，光辉耀千古"。

1946年8月6日，党中央在延安中共中央党校召开了追悼大会，追认林基路、乔国祯、祁延霈等9位同志为"新疆死难九烈士"。8月7日，《解放日报》发表《向祁延霈同志致祭》的悼念诗文，深切缅怀这位英年早逝的"红色地质专家"。

1983年，新疆维吾自治区党委、区政府将祁天民烈士的陵墓迁至乌鲁木齐烈士陵园。

参 考 文 献

1.《清华周刊》第37卷第9、10期，1932年5月7日。

2. 中共党史人物研究室：《中共党史人物传（第14卷）》，1984年。

3. 中国中共党史人物研究会：《中共党史少数民族人物传（第2卷）》，北京，民族出版社，2012年。

4. 祁鲁梁，唐汝俊，张汝俊：《旗展复兴路——青州满族祁家传奇》，北京，中国文联出版社，2010年。

5. 尹达：《忆霈苍同志》，载新疆维吾尔自治区纪念陈潭秋、毛泽民、林基路等烈士牺牲四十周年筹委会《碧血洒青山》，乌鲁木齐，新疆人民出版社，1985年。

6. 祁德庸：《家庭与环境对祁延霈的影响》。

7. 程裕淇：《优秀的地质学家祁延霈》（未刊稿），新疆大学马列主义教研室。

8. 胡厚宣：《殷墟发掘贡献大，为了抗日赴延安》（未刊稿），新疆大学马列主义教研室。

9. 刘晓雯:《踏遍青山寻宝藏，涉尽万水求真理》（未刊稿），新疆大学马列主义教研室。

10. 张东月:《忆祁天民同志》（未刊稿），新疆大学马列主义教研室。

11. 李涛:《祁天民同志在哈密》（未刊稿），新疆大学马列主义教研室。

12. 杜家祥:《怀念我的老师祁天民》（未刊稿），新疆大学马列主义教研室。

13. 朱元曙:《考古十兄弟传》，《中国文物报》，2009 年 6 月 3 日。

袁时若

（1910—1939）

凌桂凤

为 人 师 表

　　袁时若，原名袁照高，曾用名袁晓峰，1938 年参军后改名为阮志刚。山东临沂市（原临沂县）马石猴巷人，1910 年出生在一个城市贫民家庭。中学毕业后加入国民党。1929 年经中共沂水县委负责人张希周介绍加入中国共产党。同年 2 月和张希周一起以跨党党员身份去费县组建国民党费县指导委员会党务临时登记处，开展农民运动。成立了以张希周、袁时若等人组成的中共费县小组。袁时若主编《血花报》，以宣传国内外形势，揭露帝国主义、封建主义罪行为主要内容。半年后，国民党山东省党部强行解散费县农民协会，并通缉张希周、袁时若等人，袁与中共党组织失掉了联系。1931 年袁时若考入清华大学外语系，中途曾休学一年，1936 年 6 月毕业。在校时学习刻苦，生活朴素，为人和蔼可亲，同情进步活动。后积极参加"一二·九"学生爱国民主运动，并参加了"中华民族解放先锋队"。清华毕业后，受聘到山东省威海卫公立中学（以下简称"威中")任教。

1936年暑期以后到1938年初,袁时若同志在威海中学担任初中三年级和高中一、二年级的英语教师,他的授课方法新颖,要求严格,他提倡在英语课堂上讲英语,造成语言环境。他要求学生做到:一要学会使用工具书;二要养成手不释卷,目不旁视的读书习惯,要多读书,掌握大量的知识,以期把自己培养成知识丰富,学识渊博的人才。他认为一个学生光靠从课本上学到的那么一点知识是远远不够的,大量的知识还要靠在自学中积累。在他的引导下,同学们便组织起读书小组,成立读书会,掀起了阅读课外书籍的热潮。他自己酷爱读书,嗜书如命。他兴趣广泛,博学多才,不仅精通英语,且通晓德、法、日文。他的学识不仅限于外国语文方面,从物理、化学到哲学、历史等,也有较深的研究。他记忆力很强,谈起问题来头头是道,旁征博引。他还会篆刻技艺,常为同事和自己篆刻图章;还会打桥牌、打乒乓球,且技术水平都不错。他待人坦诚、热情,教学深入浅出,在学生中有很高的威信。

袁时若的到来,给威中的抗日救亡运动带来了新的生机。他不仅教学有方而且更注意向学生宣传革命思想,在他的指导下,不少同学阅读了邹韬奋主编的《大众生活》杂志及艾思奇的《大众哲学》,肖军的《八月的乡村》,苏联文学名著《铁流》《毁灭》和郭沫若根据托尔斯泰原著改编的剧本《复活》等书,既丰富了同学们的知识,又提高了大家的思想觉悟。为了抑制音乐教师在学生中教唱靡靡之音,袁时若又倡导学生唱《义勇军进行曲》《毕业歌》等救亡歌曲。他爱好话剧,并亲自导演了《雷雨》《伪君子》《烙痕》等话剧,并把法国莫泊桑的名剧《伪君子》搬上了威海的民兴大舞台公演,一时轰动了整个威海市。这些活动为后来威海中学"民先"的发展及威海卫地方队部的成立奠定了思想基础。

1936年12月,西安事变发生后,威中师生对此反映强烈。袁时若、赵冶民、张立吾等一些进步师生赞成张学良、杨虎城将军的爱国行动。另一些人大骂张、杨二位将军。更多的人则是忧心忡忡。12月25日,国民党威海卫行政管理公署命令学校停课一天,要学生赶制彩灯参加26日晚全市统一举行的庆祝蒋介石获释游行。游行结束后,校长张宝山在队前讲话,他不点名地指责说:"想不到我校竟有三位教师逃避今天的庆祝活动,这谈何为人师表?"张说此话意在孤立袁时若等三位进步教师,结果反而使他们在广大师生中更受尊敬。

1937年"七七"事变爆发后,全国局势急剧变化,威中内部各派政治力量间的斗争也更加激烈。校长张宝山从庐山受训回来后,其政治立场更加靠近国民党反动派,一些主张读书救国的学生,因面临平津失守、德州危急、家乡难保的时局,陷入了惶惶的境地,而一批进步师生则更强烈地要求以实际行动投入抗日救亡活动中去。袁时若为了帮助同学们懂得更多抗日救亡的道理,每周为同学们讲时事,讲中国共产党和工农红军的主张及其活动,讲共产党的《八一宣言》和红军抗日先遣队东进抗日的情况,极大地鼓舞了同学们的革命热情。

1937年11月,为纪念"一二·九"学生爱国民主运动两周年,袁时若和赵冶民直接领导高二(B)班学生开展了一次走向社会的抗日救亡宣传活动,利用课余和假日到城内和农村宣传共产党的抗日主张。还到农村举办农民夜校,宣传抗日救国的道理,教农民唱救亡歌曲,学习新文字等。这次活动在校内外引起了强烈的反响,劳苦大众热烈欢迎,亲日、恐日分子则横加指责。而校长张宝山竟下令开除积极从事抗日救亡活动的高二(B)班班长车学藻,还订了几条限制学生开展抗日救亡活动的规定。学生们十分气愤,坚决抵制学校当局的决定。这时学校内已分为两大政治派别:一派是以袁时若和学生车学藻为首的进步派;另一派是以军训教官姜北华(国民党军统分子)和天津流亡学生戚志忠(CC分子)为首的反动派。两派之间进行着激烈的斗争,斗争的焦点是反动派要求开除车学藻,进步力量则坚决反对。斗争十分尖锐,学生们有破釜沉舟、硬干到底之势,形势十分紧张。当时进步教师向学校据理力争,使学校有条件的改变开除车学藻的决定。同时,袁时若及时召集学生骨干开会研究,反复说服引导同学们掌握斗争的策略,他指出:我们一定要坚持一面读书,一面开展抗日救亡活动,这是原则,比如我们要出这个门,这是个原则,要坚定不移。可是这个门比较低,而我们的个子又比较高,为了能出门,我们不妨把头低一下,这就是灵活性,就是说在策略上可以灵活。因此,对学校当局开除车学藻同学的决定,我们要坚决反对,但在争取到不开除的原则下,几个条件则可以答应,这是灵活性。在斗争中既要坚持原则性,又要注意掌握灵活的斗争策略。同时他还提醒同学们要注意一部分人的动向,尤其是高三班的戚志忠等人公然组织起"棒子队",妄图用武力阻止高二(B)班学生的抗日救亡活动。由于袁时若的及时引导,使学生的斗争取得了胜利。通过这些活动和斗争的锻炼,袁时若及时发展了钟毓祝(现名章若明)等一批进步学生为"民先"队员。

威 海 起 义

1937年"七七"事变爆发,日本帝国主义发动了全面侵华战争,平津失守,华北告急,上海沦陷,南京受胁,国家存亡,危在旦夕。在此紧急时刻,中国共产党肩负起抗战救国的伟大历史使命,1937年7月8日,中共中央发表了《为日军进攻卢沟桥通电》的抗日宣言,号召全中国人民、政府和军队团结起来,筑成民族统一战线的坚固长城,抵抗日寇侵略。

1937年10月初,日军占领了山东德州,进逼黄河北岸,隔河炮击济南,山东告急。此间,中共山东省委派"中华民族解放先锋队山东队部"的孙明光同志(当时化名为王明光)到威海做其胞兄孙玺凤（威海卫行政管理专员）的工作,争取他与我党合作,共同抗日。当时威海的主要抗日救亡力量是以孙端夫（威海卫地方保安部队政训处主任）、袁时若、赵冶民等人为核心的一批"学联"成员、"民先"队员及进步师生和爱国知识青年。孙明光到威海后很快便与袁时若、孙端夫等接通"民先"关系,并分别与袁时若、孙端夫酝酿,于是年12月25日成立了"中华民族解放先锋队威海卫地方队部",由袁时若任队长,赵冶民任组织干事,毕基初任宣传干事,统一领导威海卫的抗日救亡活动。

1937年12月24日,中共胶东特委成功地领导了威震胶东的天福山起义,建立了"山东人民救国军第三军",领导胶东人民进行抗日战争。胶东特委为了发动威海武装起义,根据威海当时的形势,制定了"利用矛盾,发展统战,壮大自己"的方针。特委把孙明光、孙端夫、袁时若等领导的"民先"作为起义的主要力量（这支队伍在起义过程中对孙玺凤决心起义影响最大）。同年11月胶东特委派宣传部长林一山同志到威海指导起义和开展统战工作,经孙明光介绍与孙端夫、袁时若、赵冶民等民先负责人取得联系。1938年1月初,为了便于在第一线组织和领导武装起义的工作,胶东特委书记理奇发展了孙明光、孙端夫入党,并通过孙明光发展袁时若入党（袁时若为重新入党）,并决定成立特别支部,由孙明光任书记,孙端夫任组委,袁时若任宣委,进行宣传、动员和组织群众。从此,威海的抗日武装起义工作在胶东特委的直接领导下进行。

1938年1月上旬,威海形势日趋紧张,威海管理公署与南京国民政府失去联系,日寇有随时登陆的可能,威海公安局长郑维屏则加紧与反动商会会长刘福堂和常委戚仁亭等人勾结,密谋筹组"治安维持会",准备迎接日寇登陆,并妄图制造无政府状态,裹胁孙玺凤专员妥协投降。郑还在专员公署周围布放暗哨,监视孙玺凤和孙端夫等人的行动。在这关键时刻,胶东特委当机立断,决定按确定的方针于1月15日举行起义。1月14日,特委领导分头通知起义人员,趁 15 日威海集市日之机,到指定地点参加起义。袁时若负责通知"民先"队员参加起义,并要威中学生车学藻组织二三十名学生待命行动。这时威海市内地方反动势力的阴谋活动也日益猖獗,15 日下午,专员公署突遭戚仁亭和郑维屏收买的地痞流氓包围,聚众闹事,制造混乱。在这紧急关头,胶东特委采取了应急措施,要孙明光紧急通知孙端夫、袁时若带领参加起义的"学联"成员、"民先"队员和农民群众迅速直抵专员公署将聚众闹事的地痞流氓驱散。当晚,参加起义的队伍在孙玺凤专员的支持下,打开公署军械库,武装起义人员,胶东特委书记理奇同志当即命令向天鸣枪,宣布起义。1 月 16 日晨,起义部队在专员公署大楼前召开大会,宣布威海武装起义成功,起义部队随即转移到文登县天福山区。19 日胶东特委将威海起义部队和天福山起义部队合编为"山东人民抗日救国军"第三军第一大队,孙端夫任大队长。袁时若则留在大队部工作,并参加了攻占牟平县城的战斗和雷神庙突围战。

尽管部队的生活很艰苦,但他始终保持着革命的乐观精神。他在一次同部队领导的讲话中说:"革命很重要,参军很重要,不仅对思想有好处,对身体也有好处。我在威中当教员时,伙食一月 8 元钱,伙食按说是不错的,但我还是得了胃病。自从参军后,经常行军,过集体生活,吃得并不好,也不过是白薯、玉米饼子的时候多,但是我的胃既能吃又见好了。"不久,他被调到胶东军政学校任教员,为学员讲授马列主义哲学和政治经济学等课程。

辛 勤 耕 耘

1938 年 5 月,胶东特委率"山东人民抗日救国军"第三军主力,经蓬莱进入黄县,相继与三军二路、四路会合,并与八路军鲁东游击队第七、第八支队及胶东抗日游击队第三支队汇合,组成山东抗日联军。同年 9 月 18 日改编为八路军山东纵队第五支队和指挥地方武装的后方司令部,成立中共胶东区党委。初步开辟了蓬、黄、掖、招部分地区的抗日游击根据地,8月间建立了抗日民主政权,开始了各项建设工作。这时《抗战日报》《救亡简报》相继创刊,胶东文化开始活跃,成立了胶东文化联合社,编辑出版马、恩、列、斯和毛主席的著作及其他革命理论、文艺书籍等,袁时若担任联合社的编委会委员。随着抗日战争和抗日民主统一战线新形势的深入发展,胶东特委认为有必要成立统一协作的群众文化领导机构,以便有力地开展新民主主义文化运动,配合军事、政治、经济方面的对敌斗争和抗日根据地的开辟与建设。是年9月9日成立胶东文化界救国协会(以下简称"文协"),袁时若当选为"文协"常委并担任当时胶东唯一的宣传抗日的综合性刊物《文化防线》杂志的主编。1939年秋,"文协"改选,袁时若再次当选为常务委员兼任哲学研究会主任。他对哲学研究很深,经常写理论文章,普及马列主义理论,宣传唯物史观。袁时若对领导胶东地区群众普及哲学思想起了很重要的作用。他是胶东半岛的一个青年文化工作者,在胶东文化界、教育界有很高的威信。

　　1938年初夏,胶东特委为了广泛宣传群众和教育群众,办一个更完善、更充实的大型报纸,袁时若参加了报纸的筹备工作。1938年8月13日,胶东特委的机关报——《大众报》创刊了,这是胶东区党委公开发行的第一张4开铅印的报纸。从它诞生的那天起就具有很强的思想性和战斗性,它揭露了日寇对我中华民族的残酷暴行,宣传我抗日军民的英勇事迹,大胆地与国内一切黑暗势力作斗争,同时又注意针对当时干部群众的思想情况,通俗地宣传马列主义的基本知识和抗战救国的道理,刊登一些政治性、思想性、战斗性都很强的文章,澄清了许多人对抗日民族统一战线和国民党反动本质的模糊认识,扩大了党的影响。

　　1939年2月,袁时若担任《大众报》第三任社长和总编,在当时动荡的战争环境中出刊大型铅印报纸是很艰难的,但袁时若不畏困难，毅然挑起重担，在区党委的领导下，团结全社同志积极投入艰苦的工作中，出色地组织了《大众报》的出报工作。

由于青岛、烟台失守，敌人对沿海进行封锁，机器零件、铅字铅条、纸张、油墨等十分紧缺，都要冒险通过敌占区设法去搞。为了能及早收到党中央新华社的消息，袁时若和电台的同志一起，日夜刻苦钻研，自行试制收发报机，日夜寻找新华社的信号，终于在1939年11月收到了新华社的消息。

袁时若具有较高的政治文化素质和新闻工作水平，在他的精心领导下，《大众报》茁壮成长。1939年的《大众报》开辟有《劳工生活》《抗战青年》等专刊和《马列主义讲话》《哲学讲话》《社会科学讲话》等专栏，向群众宣传革命思想。袁时若改变报纸过去所惯用的半文半白语言，以通俗语言向群众作宣传。如《大众报》刊载的宣传什么是阶级压迫的文章，就用了《王小二看"打渔杀家"——封建社会的地主和农民》的标题，内容深入浅出。经过短短一年的时间，《大众报》的发行量由数百份发展到万余份。在他主持《大众报》的一年中，他对报社内部体制、机构进行了改革和充实，报社工作人员由100余人发展到近300人，使报社从初创走向成长。由于《大众报》坚持每日出刊，袁时若每天都是在深夜审稿，有一次，他已连续几天每日只睡两三个小时，在审稿时看着看着就睡着了，勤务员叫了他5次才把稿件审查完。

他很重视全社干部群众的思想建设，注意提高他们的思想素质和文化水平。他到报社后，强化了救亡室的设置，救亡室是组织全体干部职工政治理论学习、文化学习、文体活动的活动中心。袁时若在百忙中坚持每周给全体干部职工讲一次政治课，讲《社会发展史》《大众哲学》《政治经济学》等有关内容，他让大家讨论"是资本家养活工人？还是工人养活资本家？"他深入浅出地进行启发，引导大家学习，提高大家的阶级觉悟。当年听过他讲课的老同志至今仍不忘他的启蒙教育。

他生活艰苦朴素，常常不知疲倦地在一盏昏暗的煤油灯下翻阅报纸，写文章，审查稿件。由于工作的劳累，他的身体很瘦弱，但他从无特殊要求，吃的、穿的、用的都和工人一样。每次报社转移的行军途中，他也身背二八匣枪、子弹袋、干粮袋、公文包，和同志们一起步行。途中部队吃老百姓送的饭，有好有差，有先有后，他虽有胃病，但每次他总是让别人先吃，吃好的，他最后吃，拣差的吃。有时没有烟吸了，便把烟叶梗、黄豆叶和花生壳搓了混起抽。他学识渊博，享有"大知识分子""胶东大辞典"之称，但却平易近人、和蔼可亲，对同志虚心诚恳。工余时常和工人一起做游戏、讲故事，每次只要他在农民的晒谷场上出现，很快大家就把他围在中间，听他讲革命故事，或是教大家唱歌："你种田，我织布，他盖房子给人住……"。

他性格温和，乐于助人，关心群众，尤其关心青年同志，所以干部群众都愿意同他谈自己的思想。不管他多忙，只要有问题找他谈，他总是有问必答，像慈母般地详细与你谈个透彻，直到你完全了解为止。他有很强的感染力，凡是和他接触过的人，都感到有一种温暖愉快的感觉，好似有一股力量被他所吸引。由于他卓有成效的工作，作风民主，和全体职工联系紧密，所以他在全体职工中享有很高的威望。对于他的不幸牺牲，大家都万分悲痛，他们痛惜党失去一位好党员、好干部，他们失去一位好领导、好导师。

献 出 生 命

1939 年 10 月间，胶东区党委转移到南掖山区一带，《大众报》社则转移到区党委附近的狍猫村。年底临近，日军为了扑灭胶东抗日烈火，反复地对我南掖根据地进行疯狂的扫荡。

12 月 9 日，《大众报》社正在筹备晚上召开纪念"一二·九"4周年大会。传来消息，日寇已逼近区党委驻地。区党委紧急指示，

《大众报》社与胶东区委党校一起转移，合编为一个大队，成立临时指挥部，并指定报社警卫连的龙飞任大队指挥，袁时若和党校校长李辰之任政委。报社紧急埋藏好机器设备材料后，有秩序地连夜转移。由于山路崎岖难走，天黑又下着大雪，看不清道路，走了一夜山路，到第二天拂晓，队伍才走到招远、掖县交界的三元乡河南村。同志们又饿又冷又累，指挥部决定在河

掖县河南村突围战牺牲烈士纪念碑拓片

南村暂时休息。正当村长安排部队休息时，突然发现村子已被敌人包围，一时枪声四起，敌人占领了村南小山头制高点并向村里猛扑过来。报社和党校都是非军事单位，都是文职人员，又缺乏战斗锻炼，几百人的队伍，除少部分同志每人有两枚手榴弹和少量武器（多为土枪）外，大都是赤手空拳，最多有点长矛、棍棒。在这突然遭遇下，袁时若和李辰之身先士卒，沉着应战，一面组织有武器的同志和龙飞指挥的警卫武装分头掩护大家向外突围，一面迅速烧毁文件。在战斗中，他和李辰之爬在房顶上掩护同志们突围，战斗持续了一个上午，同志们顽强奋战，敌人向村里冲了 5 次都进不了村子，最后敌人疯狂了，在枪炮轰击的同时，竟丧尽天良地施放毒气瓦斯，一时浓烟毒雾，使人喘不过气来。袁时若组织多次突围，直到只剩下十几个人时，他才带领身边的工作人员最后突围，不幸胸部中弹，壮烈牺牲，时年仅 29 岁。在这次遭遇战中共牺牲了 61位同志，这就是胶东人民习称的"河南战役"。

当天，附近乡亲就地安葬了死难烈士。次年清明节（1940 年 4月 5 日）中共胶东区党委在河南村为牺牲的烈士立碑纪念，碑文中

指出:"这是民国二十八年十二月十日'河南战役'阮志刚、李辰之等烈士的坟墓,也是他们同日寇残酷搏斗的战场。他们曾经开拓了胶东的文化荒原,他们是胶东思想战线上的英勇斗士。祖国优秀的儿女们不会屈服于炮火毒气和威胁利诱,他们慷慨悲壮的牺牲,正表现了中华民族的浩然正气……"

袁时若同志为了中华民族的解放事业献出宝贵的生命,他虽然牺牲了,但他那高贵的革命精神永垂不朽,永远激励着人们奋勇前进。

参 考 文 献

1.《烟台日报》社刘少白:《阮志刚同志传略》。

2.杭州大学章若明:《忆"民先"威海卫地方部队队长——袁时若老师》。

3.陕西省新闻出版局林理明(从天滋):《我的母校和我的老师》。

4.冶金部孙明光:《威海卫抗日武装起义经过的回忆》。

5.威海市党史办田荣:《威海起义》。

6.中国剧作家协会马少波:《胶东文协十二年》。

7,山东莱州市党史委杨旭东:《血战河南村》。

8.徐州市政府李征夫:《忆阮志刚社长几件事》。

9.外交部工人三同志:《阮志刚同志活在我们的心里》。

10.《烟台日报》社编印的《战火中的胶东报坛》中的有关文章。

11.中共山东省沂水县委党史委提供的材料。

12.中共山东省费县党史委季富强、广东省顾问委员会车学藻、《解放军画报》社李恕、福建省人大常委会刘岳峰、江苏省人大常委会李克、上海《汉语大词典》编纂处陈落、文化部韩力、解放军57303部队李伟等同志提供的材料。

袁永懿

（1911—1940）

唐纪明

积极参加学生运动

袁永懿，亦名于公，1911年出生于一个旧官吏家庭。原籍贵州省修文县。自祖父始，定居北京。他面庞黝黑，双目炯炯有神。小学时爱好锻炼，体格健壮，曾是汇文中学足球队的主力边锋。他兄妹8人，常聚在自家大院内玩耍，都由他领头组织。他足智多谋，敏设机巧，使大家每次都尽兴嬉玩。久之，左邻右舍的孩童们都喜欢与他为伍，拥之为小领袖。永懿天禀聪颖，学习勤奋，爱好广泛，尤精于唐史。其对日、英、法三国外语，均能运用自如。书法、绘画、篆刻亦颇有工力，还曾潜心于《孙子兵法》的研究。

袁永懿1923年就读于北京汇文中学。1930年以优异成绩考入北京辅仁大学，翌年转入清华大学历史系。1931年"九一八"事变后，中华民族已面临存亡绝续的关头。年轻的袁永懿为打倒日本侵略者，誓死报效祖国之志，与日弥坚。1935年，他与二弟袁永熙，积极参加了震动全国的"一二·九"运动。运动期间，他常和北

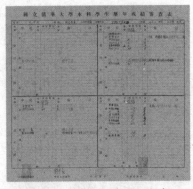
袁永懿在清华大学的成绩单

大、清华的一些同学,在北平西山福寿岭一带,组织许多中学生进行军事训练。永懿是他们的指挥者,这为他后来在抗日战争中从事军事工作奠定了基础。在注重军事训练的同时,他还经常对其兄妹和同学们宣传抗日救国的道理,阐述日本帝国主义蚕食中国,各地军阀卖国求荣,国民党不抵抗和日本帝国主义妄图灭亡中国的狼子野心。他还选购了当时禁读的鲁迅、郭沫若、茅盾、巴金、萧军、艾思奇及美国的斯诺、苏联的肖霍洛夫等进步作家的作品,并订阅了带有革命倾向的杂志《世界知识》《科学画报》等,建立了小型图书室。它们吸引了一些青年来此阅读,受到了抗日救国的形势教育,决心报效祖国,抗日到底。1936年,永懿毕业于清华大学,受聘于天津南开中学任教。同年进入南开大学经济研究所。

成为军事教员

1937年"七七"事变爆发,国难当头,永懿告别研究机关,毅然投笔从戎,于同年9月南下,徒步行至沧州,几经辗转,终于与中共西安办事处取得联系,在此期间参加了抗日民族解放先锋队。并经其介绍,至山西五台山八路军随营学校学习。是年底,学习结业,被派到徐州,参加了"平津流亡学生同学会"的工作。此时中共山东省委巡视员、滕县特支书记王见新,在徐州第五战区联系工作。经郭影秋同志介绍,永懿便随王见新在1938年2月来到山势险峻、层峦叠嶂的滕东。他到滕县时,县城尚在我手,共产党员李乐平、王见新、王右池等同志组织的"善堌农民抗日训练班",正在加紧军事政治训练,永懿便在这里担任军事教员。当时教学条件十分困难,缺乏教材,他克服了种种困难,自编教材,满足了当时的迫切需要。他在课堂上讲"游击战术""化装侦察",还讲以原子核分裂释放大量能量为武器的未来战争,同时又讲战争胜负的决定因素是战争的正义性和非正义性,是人不是物,是人心而不是一两件杀伤力很强的武器。这样就提高了农民训练班的水平,用新的关于现代战争的思想来武装了农民。他在课堂上还插教日语,如"缴枪不杀,优待俘虏"等。他还带领学员打野外,进行爬山、射击、攻防、近战、夜战等活动。在这些活动中,他都身先士卒,冒险犯难,冲杀在前,起表率作用。他鼓励大家说:在白色恐怖下从事革命活动,要杀头,要坐牢,现在打日本,要掉脑袋,革命不付出血的代价是不行的。

战 功 赫 赫

"善堌农民抗日训练班"是一所军政学校,既搞军事训练又搞政治训练。在开办训练班期间,组建了滕县历史上在中国共产党领导下的第一支抗日军队。永懿和王有池同志将这支抗日武装命名为"抗日义勇队",他为队长,王见新为指导员。1938 年 3 月 17日滕县县城沦陷后,这支队伍在永懿、渠玉柏等同志的率领下,在官桥袭击日寇军车;在滕县城北炸铁桥,并袭击日军;在夏镇叶家捉汉奸;在庄里消灭马为民;在峭村收缴韩登丰的枪;在羊庄打土顽申宪武;在东江打申宪武的羽翼刘广田。在这数十次战斗中,永懿经常化装成农民,神出鬼没地出现在敌人的防卫圈旁。在炸城北大铁桥时,他背着粪箕子,拿着镰刀,一直摸到敌人盘踞的大桥附近,周密侦察,并迅速绘好作战图,使这次炸桥取得了很好的效果。每次投入战斗时,他总是身先士卒,冲锋在前,撤退在后。在官桥岗头山伏击日军军车之战,战前他作动员报告时说:"在战斗中,如果我牺牲了,部队由渠玉柏指挥,渠玉柏牺牲了,由一班长李子成指挥。"他的指挥若定和视死如归的精神,大大提高了士气,鼓舞了一定要重创日本鬼子的决心。战斗打响以后,战士们喊声震天,奋勇杀敌,歼敌甚众,圆满地完成了对日军的第一仗。于是这支初建的抗日义勇队声威大震,戳穿了日军不可战胜的神话。

1938年5月徐州失陷前,苏鲁豫皖特委迁来滕峄边;同时沛县的张光中、峄县的朱道南等带来的抗日武装和滕县的抗日义勇队在基山(现在的薛城区)会师,组成"鲁南人民抗日义勇队第一总队"。由于永懿作战英勇,指挥有方,他被任命为第二大队队长,渠玉柏为指导员。当时政治形势极为险恶,日军虎视眈眈,亟欲消灭这支抗日队伍而后快。部队几乎没有经济来源,时有断炊之虞。吃的是发霉的煎饼,有时连豆饼汤也喝不上。战士们饥肠辘辘,靠挖野菜充饥;野菜吃尽,再吃树皮,困难到了极点。由于他们治军严明,秋毫无犯,对群众从不强摊硬派,坚持群众纪律和红军的光荣传统,因而赢得了群众的支持和拥护。广大抗日民众送粮者有之,送草者亦有之,甚至于纷纷把自己的子弟送到抗日义勇队。这样就壮大了抗日武装。

加入中国共产党

1938年8月,滕东在敌伪顽的压力下,形势恶化。14日,来滕的省委部分同志和四支队北撤,义勇总队向抱犊崮转移。当部队行至旱河子时,遭土顽刘宇华数百人拦截。当时永懿罹染重病,仍乘坐在担架上沉着指挥,表现了他非凡的、临危不惧的革命胆略和军事才能。经过激烈战斗,教导员渠玉柏壮烈牺牲,二大队付出了很大代价,但终于突破重围,随总队进入抱犊崮山区。

这次突围战斗后不久,1938年秋,永懿加入了中国共产党。同年11月,为了团结友军的需要,义勇队改为直辖四团,他担任该团二营营长。不久,他奉调省委党校学习。12月,山东纵队建立。由于他对党忠诚,作战英勇,颇具军事素养,为童陆生将军慧眼所识,将他推荐为纵队参谋处作战科科长。1939年春,部队在蒙阴白马关阻击战中和同年8月在对顽固派秦启荣的作战中,都制伏顽敌,屡建奇功。战斗中,永懿足疾复发,却无鞋可穿,只好赤脚草鞋,行军百里,流血不止,他毫不顾及,将全部精力都放在指挥作战上。

永懿虽是军事干部,但极具儒将之风,政论政见,亦见其长。因为当时有与国民党山东省政府主席沈鸿烈和57军军长缪澄流保持统一战线共同抗日的需要,经常需要来文去件,或宣传我党的抗日主张,或驳斥国民党的投降谬论,这个艰巨的任务便由袁永懿来承担。他根据军政首长意图,受命起草文稿,经常写到纸毕墨净,通宵达旦。

永懿是党的一位优秀的军事指挥人才,但当时在群众中却流传一些离奇传闻。他能凭借各种地形地貌,熟练地运用各种战术和技术,指挥我军以少胜多,以弱敌强,神出鬼没地消灭敌人。他还特别精于侦察,有勇有谋。他能化装成各种人物形象以躲过敌人的盘诘检查。又因他是异乡人,通外语,善言词,睿智机敏,富远见卓识,又兼会多种奇巧技艺,人们都崇而敬之,另眼目之。袁世凯本来是一个遭到历史唾弃的人物,可是在偏僻边远的乡民中,他毕竟做过83天的皇上,他那皇帝之名,在乡民头脑中,一时不能尽去。此时好比附者就将袁世凯和袁永懿拉扯在一起(因为同是姓袁),牵强附会,硬说袁永懿是袁世凯的小儿子或孙子。更荒诞的是有一些拥护抗日的会道门的道众们,硬说他是"真龙天子","能掐天地之机巧,会算气运之浮沉",一时成为传奇式的神秘人物。

教育弟妹奔向革命

他虽然身在抗战疆场浴血奋战，却仍然怀念着在日寇铁蹄蹂躏下北平城内的兄弟姐妹们。为了他们政治上的成长，促使他们早日走上革命的道路，他千方百计从战火纷飞的抗日前线，冲破重重困难，将书信寄到北京城，向他们介绍解放区人民的幸福生活和抗日的胜利前景，表明自己将革命进行到底的决心和抗战必胜的信心。并鼓励他们离开敌占区，奔向解放区或就地寻找党为革命贡献力量。有一次他在信中对四妹永敷说："要和剥削阶级家庭彻底决裂，向恶势力作坚决的斗争，一定要走出象牙之塔，奔向十字街头，到火热的抗日前线去，为祖国贡献自己的一切。"还示意三弟袁永宝说："'母亲'或许就在北京，最好能在北京找到组织，否则亦可到延安去。"袁永懿同志是一个普普通通的人，有血有肉有感情，时时怀念着家中亲人。在他牺牲前的一封信中，引用了"烽火连三月，家书抵万金"的名句。但是他所倾诉的绝非一般手足之情，而是为了使自己的亲人奔向革命的大目标。正是在他的积极影响和热情鼓励下，二弟袁永熙早就参加了革命，1938年在昆明加入了中国共产党；三弟袁永宝，1940年投入革命怀抱，1946年加入共产党；四妹袁永敷也于1943年加入了党；表妹陈桐也于1945年在北平参加了地下党组织。他们都昂首阔步地走上了中国共产党所指引的光明大道。

平 反 昭 雪

永懿同志确属难得之才。他文武兼备，忠于人民，忠于革命，忠于党，把自己的青春献给了壮丽的共产主义事业。他以年轻的生命，勤奋学习，孜孜不倦地追求真理，为了中华民族的生存和解放，不畏艰险，排除万难，投入了伟大的抗日民族解放战争。他将他的一切精力都倾注于革命事业，无暇处理个人生活问题。他没有谈过恋爱，更没有过爱人。碧血丹心，日月为证。但不幸在1939年8月，他被山纵保卫部以"托派"罪名逮捕入狱。他尽管蒙受不白之冤，仍对党毫无怨言。数月之后，于1940年4月，在沂南县马牧池被错误处决，时年仅29岁。他在滕县、在鲁南、在山东，虽然只有3年的革命生涯，但他给广大的指战员和老区的人民留下了不可磨灭的印象和永久的怀念。他沉默寡言，长于思考，和蔼可亲，平易近人的优良作风；遇事沉着，处事严谨，英勇善战，指挥若定的卓越才能；严以律己，宽以待人，以身作则，言行一致的优良品德；艰苦奋斗，廉洁奉公，不搞特殊，官兵一致的高尚情操，都为我们树立了榜样。因为他的无辜牺牲，许多革命老人至今仍为之惋惜，为之垂泪。早在1945年，党在延安召开"七大"时，曾任山东省委书记的朱瑞同志说："永懿同志，人才难得，他的牺牲是我对不起山东人民的一件大事。"

永懿英雄般的形象，神奇般的传说，将与山同高，与水同长！他的冤案在1985年1月，得到了平反昭雪。

1985年1月12日，中共山东省委组织部致中共临沂地委组织部公函云：

"中共临沂地委组织部：你部组审字（1984）32号文收悉，同意你们《关于于公（永懿）同志在'肃托'中被错杀情况的调查报告》。于公同志1940年'肃托'时被错杀，实属冤案，应予平反昭雪，恢复名誉。对受株连的亲属，应予消除影响"。

（本文根据中共滕县党史资料征集领导小组材料改编而成）

彭国珩

（1915—1940）

孙敦恒

救 我 中 华

彭国珩，又名彭永年，江西吉安人，生于 1915 年。自幼勤奋好学，顺利地读完了小学和中学，1935 年以优异成绩考入清华大学理学院物理学系。那时，清华物理学系以教学严格载誉全国，系里明确规定学生在第一学年，如普通物理成绩不到 75 分，便不得再继续读物理学系。他到校后，壮志满怀，倍加努力，有心学好功课，将来报效国家。然而当时的形势是："听吧，满耳是大众的嗟伤！看吧，一年年国土的沦丧！"日本帝国主义的步步进逼，南京政府的忍辱退让，国民经济的日趋衰败，同时，由于水灾，北平的大街小巷挤满了缺衣少食的灾民。这一切，引起了他的苦闷与思考："如何救我中华？"他积极参加了北平学生的赈灾募捐和宣传活动。他热心爱国活动，又乐于助人，先后被同学们推选为清华学生自治会监察委员会委员、救国委员会委员，成了同学们开展救国活动的带头人。

1935年底，北平爆发了"一二·九"抗日救亡运动。彭国珩作为清华学生救国委员会委员，积极投入了这场斗争。在"一二·九""一二·一六"两次大游行中，他和清华同学一起，不知疲劳地为了民族的生存而奔走呼号。

1936年2月，"二二九"反逮捕斗争中，他挺身而出，奋勇当前，和爱国同学一起夺回了被捕同学。3月间，河北高中学生郭清惨死狱中的消息传出后，北平各校学生为悼念他举行"三三一"抬棺游行，当场有35人被捕，其中清华学生17人。彭国珩参加了抬棺游行，对政府当局野蛮镇压爱国青年非常气愤，积极进行了营救被捕同学的活动。此后，他被同学们推选为清华学生救国委员会副主席，并加入了中国共产党，成为一名坚定的革命战士。

"师生合作，一致救亡"

这时，刘少奇到了华北，担任中共中央北方局书记，对学生救亡运动作了重要指示，发表了《论北平学生纪念郭清烈士的行动》《肃清立三路线残余——关门主义冒险主义》等文章，批评了救亡运动中的"左"倾现象，结合实际阐述了党的抗日民族统一战线政策。北平学联召集各校学生代表，学习和讨论了在抗日救亡工作中如何扩大抗日民族统一战线问题，并提出了"救国不忘读书，读书不忘救国""师生合作，一致救亡""拥护二十九军抗日"等主张。彭国珩对这些新主张非常赞同，即在学生救国委员会中努力予以贯彻。他积极参加救亡活动，所学功课不但没有荒弃，而且学得很好。此后，他更本着"救国不忘读书，读书不忘救国"，加强了课业的学习。他作为清华学生救国委员会副主席，多次参加和主持救国会组织的"师生恳谈会""师生关系讨论会"和师生联欢会等活动。

这年5月间，天津海河中经常发现为日军修筑军事工程的中国工人被杀害后抛入河中，浮尸于水面。北平学生愤起抗议日军暴行，举行了"六一三"游行。游行后，清华学生救国委员会根据部分学生的要求，召开全体学生大会，通过了罢课3天抗议日军暴行。在罢课过程中，有少数学生"因为过于操切，对师长有不敬的行为"，对去上课的教授言语粗鲁，彼此发生争执。据当时的《清华周刊》记载，彭国珩等救国会的委员们得知后，"一面设法切实制止，一面立即派代表分访各教授，解释道歉致敬"，他们见过的教授"如陈岱孙先生、张子高先生都表示能够谅解"同学们的"苦衷"。学校当局在南京政府的密令下，贴出布告3张，一是开除救国会委员陈元、黄诚、吴承明、刘毓珩（陈其五）等4人的学籍；二是给予其他救国会委员宋士英、华道一、何玉珍、高葆琦（高原）、方左英、彭国珩、郭见恩（郭建）、曹国枢、洪绶曾、王永兴（黄刊），及纠察队长胡光世等12人各记大过两次；三是给予清华民先大队委员钟烈鏳记大过一次。彭国珩等人受处分后，一面向学校当局申辩，一面用自己的切身体验，呼吁"师生合作，一致救亡"。彭国珩在《清华暑期周刊》发表《从被处罚说到师生合作》一文，表达了他的心声，他说："从这次惩办事件，我联想到各校的师生合作问题。我们平心静气地想一想，从去年'一二·九'以来，我们的救亡工作，是不是与教授先生们合作了？无疑问地，我们不但没有要求与先生们合作，相反地，我们是放先生们于救国阵线以外了。"又说："我们要以这次的教训，来纠正我们以往的错误！我在这里大声地向全国各地学校的同学呼喊，我们要与先生们密切地合作起来！我更在这里大声地诚恳地向全国各地学校的先生们呼吁，无论是为个人为国家，请你们马上参加到救亡的阵线里来！只有师生合作，救亡工作才会加速地进展！"他们的呼声得到了同学们的广泛同情和响应，也得到了许多教师的赞同，师生们在救亡的道路上渐渐汇合起来了。

古人有言："有其言，无其行，君子耻之。"彭国珩为人胸襟坦荡,光明磊落,心中怎么想就怎么说,怎么说就怎么做。他为"师生合作,一致救亡"出了不少力。这年9月18日,是"九一八"事变5周年,清华师生在大礼堂举行国耻纪念会。这时,彭国珩已是清华救国会的主席,纪念会由他主持。救国会的《觉报》报道说:"10时正式开会,主席彭国珩君,陪着曾昭抡、冯友兰、雷海宗、潘光旦4位先生,缓步上台。宣布开会以后,主席报告开会意义和今后救国工作的动向,尤其着重的说这次开会具有着此后师生合作救亡的意义。"接着,4位教授先后作了有关抗日救亡的讲演,他们以感人的事例,勉励同学们为收复失地而奋斗。新从东北回来的戴新民女同学,向大家报告了东北同胞的苦难。"大家听了这些讲演和报告,都不自觉地有悲痛的情绪。不论是师长,是同学,谁都感到惟有抗日才能生存。几个月来的师生对立,到今日已熔成一体。"

"拥护二十九军保卫华北"

11月3日,日本侵略军为了震慑中国人民的抗日救亡运动,进行军事大演习,大批日本兵杀气腾腾,携带重炮,开着坦克,在北平城横冲直撞。对此奇耻大辱,清华师生无比悲愤,举行集会抗议。彭国珩和大家一起,庄严宣誓:

中华民国二十五年十一月三日,大批日军演习之余,入北平市游行示威,此等非法军事行动,辱国丧权,忍无可忍。我清华全体师生,愿以至诚,促成全民族大团结,保卫国土,维护主权。此誓!

日军演习后,在各界的推动下,二十九军于7日和12日分别在红山口和固安举行对抗军事大演习。清华学生救国会闻讯后立即组织同学前去慰问和声援,彭国珩和郭建分别代表北平学联和清华学生,在固安演习时发表热情洋溢的讲话。他们在讲话中,热烈希望二十九军的爱国官兵保持当年喜峰口抗日的光荣传统,誓守华北国土,并表示愿与二十九军官兵携起手来,共同为民族解放抛头颅,洒热血。彭国珩还代表北平学联向二十九军赠送了一面"拥护二十九军保卫华北"的黄色锦旗,宋哲元亲接锦旗。这次活动,在二十九军和学生中产生了很大影响,推进了爱国学生和军人的结合,扩大了抗日救亡阵营。

绥 东 前 线

在这期间,日本侵略军指使蒙古伪军大举进犯绥东,当地驻军和各族民众奋起抗战。清华学生救国会领导全校学生开展了多种形式的援绥活动。

11月20日,清华师生举行"国语演讲竞赛",参赛的既有学生,也有教师,讲题自定。彭国珩的讲题是《绥东问题的严重性》,他说:"绥东问题自3个半月前,伪军开始攻击到现在,那一天不是紧张呢?不过,最近的紧张表现得更具体化是了。关于绥东问题,

清华民先赴绥远抗战前线服务团剧照

后排左7彭国珩

我愿分五个方面来讲：一、此次敌人侵扰绥东的意义；二、此次侵扰将发展到什么程度；三、此次侵扰的政治结局；四、政府应如何应付？五、民众应如何应付。"他的讲词生动而感人，句句扣人心弦，催人奋起援绥。《清华副刊》报道这次演讲竞赛说："因讲题范围毫无限制，参加竞赛者又多，从古到今，从最高理论到现实之绥东问题，无所不有。其中尤以彭（国珩）、徐（高阮）、黄（绍湘）三君之绥东问题为最切实际，听来情绪紧张，几乎忘却此身在竞赛会中矣！"竞赛结果，彭国珩荣夺冠军，获奖镜框一面，奖金15元。

此后，彭国珩与高本乐、傅梅芳、吴瀚、王天眷、何玉珍、叶笃廉（叶方）、郭建、魏东明等17人组成"绥远抗战前线服务团"，于29日乘火车赴绥。在他们出发时，清华学生救国会和绥远抗战后援会联合举行欢送会，"由后援会主席洪绥曾君致欢送词，该团由彭国珩君代表致答词，英勇气概，溢于眉际。最后，全体团员高举右手，宣读誓词云："我们认为绥远的抗战是全国对日作战的序幕，是民族解放的先声，我们愿意自动出发前线服务，献身给这个神圣光荣的事业，任何牺牲，在所不惜，此誓！"

他们在绥远前线，和当地军民一起奔波在"北风卷地百草折，胡天八月即飞雪"的塞外荒野，忘我地进行了救护等服务工作。在同驻军官兵的接触中，看到和听到许多英勇杀敌的事迹，增强了为我中华民族抗日图存的信心和决心。他们的爱国行动受到各界的重视，"北平各报皆倍加赞扬，天津《大公报》更称之为'爱国青年的好榜样'！"

决死队抗日

1936年12月，受祖国危亡的召唤，为了抗日救亡，他改名彭永年，离校从军，到山西太原，进"特别军训班"接受训练。1937年春结业后，任山西国民兵军官教导团第八团政训处干事，不久代理政训处长，积极为开展抗日游击战训练民兵。山西青年抗敌决死队（新军）二纵队成立后，彭国珩1938年初调任二纵队司令部秘书长，不久改任五总队一大队政治部主任，是一大队主要领导人。他平易近人，和蔼可亲，机智勇敢。在部队中，严格贯彻官兵一致、军政一致、军民一致的军风，与战士同甘苦，深得官兵的爱戴。1938年4月，受五总队首长之命，率部参加韩信岭伏击战，打得英勇顽强，在兄弟大队的配合下，大败来犯之敌，击毙击伤日军100余人，击毁敌汽车10多辆，打出了部队的神威，得到民众的称赞和拥护。

这年夏秋之交，彭国珩调任决死队二纵队政治部宣传科长。决死队二纵队从建军之初就非常重视宣传工作，他担任宣传科长后，在政治部领导下继承和发扬了这一好传统。他每到一处，都积极向民众开展各种方式的宣传活动，每有集会，都亲自出来指挥大家高唱救亡歌曲。宣传科创办的油印小报《长城》三日刊，以中共晋西南区党委的机关报《五日时事》为榜样，在报道时事政策，宣传党的主张，反映部队的战斗和生活，启发指战员的民族意识、阶级觉悟，坚定抗日战争的胜利信心等方面，起到了良好作用，深受广大基层干部和战士的欢迎和喜爱。

其间，彭国珩还曾负责决死队二纵队军政干部学校的领导工作。该校设特训队和干训队。特训队的任务是轮训在职的连、排干部；干训队的任务是对新招的知识青年和选调的原国民兵军官教导团学员，进行军政训练，为新建各游击团和游击支队输送干部。彭国珩出色地完成了他分担的任务。

反顽军斗争

1939年6月，决死队二纵队进行整编，分编为独立二旅、一九六旅和第六专署保安旅。彭国珩任保安旅政治部主任，是该旅的主要领导者。旅长由第六专署专员张文昂兼任，他们团结共事,既要与山西顽军联合抗日,又要随时警惕防范他们的反共阴谋勾当。这年 12 月初,保安旅截获了陈光斗策动几个旧军人叛变的密电,彭国珩即派人把它送交张文昂旅长,他们迅速采取了紧急应变措施。不久,阎锡山顽军向决死队发起袭击,制造了"晋西事变"。彭国珩和旅长一起,率部进行了英勇顽强的自卫还击。12 月14 日,顽军以 7 个团的兵力,向保安旅发起攻击。保安旅奋起迎战,在八路军晋西支队一团的支援下,激战两昼夜,追敌 40 里,击溃顽军两个团,粉碎了顽军的进犯。后来,保安旅奉命牵制北犯之敌,在旅长张文昂和政治部主任彭国珩的率领下,他们且战且走,由南向北转战数十日,抵达孝义县境,转移到了晋西北。

彭国珩参加新军以来,数年间,为了抗日,为了民族的解放,出生入死转战于山西各地,忠贞报国,无私奉献,深得人们的敬仰。1940 年春,彭国珩奉命由临县去延安学习,行军路上不幸牺牲,时年 25 岁。

参 考 文 献

1.《清华救国会敬告全体同学》,《觉报》第 16 期,1936 年 8 月 10 日。

2.《从被处罚说到师生合作》,《清华暑期周刊》第 6 期,1936 年 8 月20 日。

3.《纪念国耻,众感抗日方生,清华师生熔为一体》,《觉报》第 18 期,1936 年 10 月 8 日。

4.《纪念"一一·三"之耻,全校师生宣誓保国》,《清华副刊》45 卷第2 期,1936 年 11 月 9 日。

5.《国语演讲竞赛,彭国珩荣夺冠军》,《清华副刊》第 45 卷第 7 期,1936 年 12 月 11 日。

6.《绥远抗战前线服务团出发》,《清华副刊》第 45 卷第 7 期,1936 年12 月 11 日。

张凤阁

（1909—1940）

史宗恺

挖真理的人

"现在有许多人要寻求真理，寻求出真理来医治他们的病，医治社会的病。……可是真理到底是什么样儿，有许多人还不知道，真理到底叫什么样名字，到底在哪儿，在他们意识里却是很模糊的，说不很清楚。可是他们却深深地知道，确实有一个真理存在着。……挖真理的人们不死心，一股劲地要挖真理，至死也要挖真理。他们又到别处去挖，到各处去挖，又多招了更多的人去挖，他们决心地一直要到挖出真理来才算完事。"

这是 1933 年《清华周刊》第四十卷第十期上刊登的张凤阁所写的文章《挖掘真理的人们》中的一段话。在那个民族危亡的时代，为了寻求真理，救国救民，无数怀着与张凤阁一样抱负的年轻人，把他们青春的热血，洒在了中华这片美丽的沃土上。

张凤阁，字季苏，河北获鹿人，1909 年出生于一个农民家庭。1925 年夏，在本县高小毕业后，离家外出求学。他先到保定甲种工业学校念书,继而转到正定第八师范,最后到保定第二师范并在那里完成了中学学业。

1931年,张凤阁考入清华大学历史系。当时,正值"九一八"事变,祖国的大好河山被日本侵略者霸占,而国民党政府却采取不抵抗政策,把东北三省拱手让给日本人。这些都激发了张凤阁对日本侵略者的仇恨,也引起了他对祖国前途的深深的思虑。在清华大学,他一面学习,如饥似渴地阅读各种书籍;一面参加各种进步学生活动,并接受了马克思主义理论的熏陶。从他后来发表在《清华周刊》上的文章中,可以看出他对马克思的辩证唯物论和经济理论已有很深入的研究,并且运用这些理论来分析当时的社会现状。

1932年初,张凤阁参加了"反帝大同盟",其间还帮助收集了一大批出版物或书稿,转交给保定师范地下党的出版机构"北方人民出版社"。有一次,他还帮助联系请历史学家吕振羽到清华大学为历史系的同学做了一次关于马克思主义中国史的报告,听者非常踊跃。

1933年,张凤阁加入了中国共产党。当时在清华支部里的党员还有何凤元、牛佩琮、陶瀛孙、陈松龄、陈国良、徐高阮等人。

1933年4月23日,北平的群众为李大钊烈士送葬。当灵柩行至燕园时,张凤阁和曹京平(即端木蕻良)等组织了清华大学的同学参加了郊祭。

1933—1934年,日军进入山海关,学生们对国民党政府加强内战、对日投降的政策十分不满,反对国民党政府、反帝抗日的情绪日渐高涨。为了使由清华学生主办的《清华周刊》成为坚持反帝、进行学术研究的重要工具,对同学和社会宣传革命理论及抗日主张,作为主编的牛佩琮把周刊的编辑发行任务交给了张凤阁和张宗植全力负责。他们动员了"社联"和"读书会"的许多同学协力来办好《清华周刊》。1934年秋到1935年春,张凤阁担任了《清华

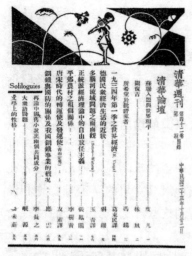

张凤阁在《清华周刊》第四十二卷第一期发表《正统派经济理论中的自由放任主义》

周刊》社会科学栏目的编辑。

张凤阁在 1934—1935 年这段时间里在周刊上以"季荪""张季荪""张凤阁"等署名发表了不少文章，旗帜鲜明地宣扬马克思主义。从这些文章里可以看出，他已成为一名坚定的马克思主义者。他虽然是学历史的，但所著文章涉及哲学、经济、文化等方面，并表现出很深的造诣。在《形式逻辑与辩证法的比较》一文（《清华周刊》第四十一卷第十期）中，他对形式逻辑和辩证逻辑的基本原理进行了清晰的剖析，指出了前者在认识世界、认识社会时的片面性和一成不变性，认为"形式逻辑是一种低级的不完全的认识方法，惟有辩证逻辑才是更高级的思维方法。辩证法是一种单一的正确的世界观"。在《正统派经济理论中的自由放任主义》一文（《清华周刊》第四十二卷第一期）中，他批判了亚当·斯密和李加图的经济理论，认为他们"对资本主义这个社会制度，不但不曾怀疑，而且更以学理、法则把它合理化、永久化、神圣化了。他们都是资本主义制度的辩护者，因为他们都仅只看到了一个生命的发生、成长，而未意料到它还会衰老、死亡"，"直到马克思，他承继了正统派理论中的精华，批判地去接受它，克服它，而且更发挥它，这才完成了一个崭新的学科理论体系。他在肯定上说明了资本主义的诞生、成长和发展，同时在否定上亦说明了资本主义制度的必然衰老和灭亡，以及它向社会主义制度的转变。"在这里，他从社会经济发展的角度明确指出，社会主义是社会经济发展的必然趋势。他在《目前中国文化论战的透视》中对"中国本位"和"全盘西化"进行了批判，指出前者"结果只不过是百分之百的独裁政治建设运动的文化动员而已"，后者"从来不承认有什么帝国主义，更不相信中国的灾难是与资本主义有丝毫关系的"。有的观点对我们现在认识帝国主义的本质仍有很大的帮助。在《清华周刊》第42卷第2期发表的《中国现代文化的冲突和批判》一文中，他从生产关系的角度分析中国社会经济的现阶段"是个半封建的半殖民地的性质。帝国主义的商品侵略，封建军阀的连年混战，帝国主义和土地封建残余势力的联结，土豪劣绅地主这一串历史过程上积累物，阻碍并桎梏着中国经济发展的前路"，指出这就是中国现代文化之背景。对中国文化前途的展望，他充满信心："这个社会主义文化的运动，现在正弥漫于中国的全部思想界，它的势力，它的真理的重心，抓着了思想界的信心。现在我们虽然还时常听到有些人站在快要塌陷的墟底上，来高呼这是邪说，这是异端，但科学的真理，是永不会因人的侮蔑而消灭的。"他还写下了《现代思潮的苦闷》《太平洋之殖民地争夺与民族解放运动》等充满战斗力的文章。

抗日决死队

　　1935年夏，张凤阁从清华大学历史系毕业，到邢台（顺德）第四师范教历史。1936年，张凤阁到了山西，在那里，他参加了山西牺牲救国同盟会。1936年3月，他以"牺盟总会"的名义被派到绥远参加了傅作义组织的抗日战争追悼阵亡将士大会。"七七"事变前后，张凤阁在太原五区与冯基平、黎颖等一起参加牺盟会的工作，组织会议，深入基层，发动群众。1937年冬，组织抗日决死队，张凤阁被任命为山西新军决死一纵队政治部秘书长。1939年夏，任决死三纵队197旅政治部主任。他以极大的政治热情投入到工作中,并表现了出色的才华。

1939年12月,正当抗日战争在战略上由防御转入敌我相持阶段的关键时刻,国民党为了适应侵华日军所谓"和平"诱降的需要,竟在全国范围内掀起了第一次反共高潮。紧步蒋介石的后尘,阎锡山也发动了山西"十二月事变",把在共产党领导下抗日有功的山西"青年抗日决死队",强加以"叛军"的罪名,要"讨伐""消灭决死队、牺盟会"。张凤阁对阎锡山一直保持着警惕,他常对周围的同志说,反动派的那一套,我们认识他们的骨子。他和同志们一起对阎锡山的反共活动进行了坚决的斗争。12月下旬,张凤阁所在的197旅旅长赵世铃叛变,张凤阁在到纵队部开会的途中得知纵队司令部叛变,转至七总队时,被七总队队长张济逮捕,并被押送到阎锡山顽军第八集团军司令兼山西省政府第三行署主任孙楚的岩山监狱。与张凤阁关押在一起的还有17名同志。

由于监房狭小,他们连躺的地方都没有。监狱的窗户也都用砖石堵砌,室内漆黑一片。当时正是数九寒天,地上只有谷草,没有铺盖,加上每人每天吃的是少量半生不熟的玉米粥,又不给水喝,不给盐吃,使人饥寒交迫。恶劣的条件使同狱中的同志都患上了疥疮,溃烂流脓。敌人还对被关押的同志施以各种刑罚,进行残酷的折磨。张凤阁等同志在这样的情况下表现出了共产党员的坚强气概,忠贞不屈。他们大唱《我们在太行山上》《义勇军进行曲》《国际歌》《黄河大合唱》等歌曲,互相鼓舞斗志。

1940年阴历五月初一,孙楚命令宪兵队在阳城县秋川河东、西的山坡和西圪台等处杀害了张凤阁等被捕同志共24人。临刑时,张凤阁等同志高呼:"打倒日本帝国主义""牺盟会万岁""决死队万岁"等口号,英勇就义,时年31岁。

1949年,太原解放后,山西人民为纪念这些死难烈士,在山西阳城县的太岳烈士陵园专门建立了"十二月事变"中殉难烈士纪念碑。1979年,在山西"十二月事变"死难烈士牺牲40周年之际,山西省委和当地人民政府把烈士遗骨迁葬到太岳烈士陵园,并举行了隆重的安葬仪式。

"中国社会正处在一个变革的过程中——一个人类历史上从未经过的变革。"在这个伟大的变革中,张凤阁用生命和热血实践了他对真理的追求。

齐振铎

（1916—1940）

孙敦恒

　　齐振铎，又名何宜之，蒙古族，1916 年 2 月 20 日出生于北京城内。父亲齐之彪，字景班，又字潜斋，当时任职于北洋政府交通部，是一位书法家，宗何子贞，工力颇深。母亲金桐浚，字韵秋，亦善诗画，满族。齐振铎有两兄一姐，他最年幼，在大家庭中与叔辈子女一同排行第八，称为八弟。齐振铎受家教的影响，自幼谦和友爱，用心向学，并能书画，甚得父母的喜爱。

为救亡奔走呼号

　　齐振铎于 1923 年入北京扶轮第一小学，在校中尊敬师长，友善同学，1928 年以品学兼优毕业，后考入北京师范大学附属中学校。1931 年"九一八"事变后，随着国难的日益深重，齐振铎愈加关心国家的存亡、民族的振兴，发奋"读书救国"，各课成绩优异，同时热心同学间的爱国进步活动。他的同班好友田方增回忆说："我与振铎学兄中学同班 6 年，和班中小个儿成群。课余同学们各自娱乐活动,他有时做点素描画反映周围事,或模仿老师讲课写黑板。他比较好静,但常主动向我讲一些关于进步的社会科学事,间或联系到当时环境的时事。"

1934年夏,齐振铎于北师大附中毕业后,考入清华大学理学院地学系地质学组。他是多么希望将来用自己所学知识,"从事地质之调查,矿产之探验,土壤之研究",去为国家之富强尽职尽责呀!

齐振铎到清华大学后,刻苦学习,积极锻炼身体。他们年级是清华十级,他常以《十级级歌》来自勉自励。由朱自清教授创作的《十级级歌》的歌词是:

> 举步荆榛,极目烟尘,请看此好山河。
> 薄冰深渊,持危扶颠,吾侪相勉为其难。
> 同学少年! 同学少年! 一往气无前。
> 极深研几! 赏奇析疑,毋忘弱时子肩。
> 殊途同归,矢志莫违,吾侪所贵者同心。
> 切莫逡巡,切莫浮沉,岁月不待人。

田方增说:"进大学后,我与他专业不同,但继续互相接近。他适应清华环境,也常往体育馆'斗牛'锻炼身体。""斗牛"是那时清华学生中盛行的一种篮球打法。

齐振铎进清华不久,在反"托尸"斗争中与校内的进步爱国同学有了接触,并很快成了他们中间的一员。1935年12月,在北平发生了抗日救亡的"一二·九"运动,齐振铎积极投入了这场爱国运动。他在"一二·九""一二·一六"两次大游行后,又参加了平津学生南下扩大宣传团的活动。他们是南下扩大宣传团第三团,该团由清华、燕京和朝阳等校学生组成。他们于1936年1月4口由西郊蓝靛厂村出发,奔波了一整天,战胜了各种困难,躲过了军警的阻拦,傍晚时分到达了宛平。他们安排好住处,放下行装,便去宣传了,"他们吃的是大饼咸菜,睡的是冰冷的土炕,只铺着薄薄的棉织军用毯,""用刺骨的冷水洗脸。"天寒地冻,却冷不了他们炽热的

爱国心。第二天在宛平城内宣传后,经长辛店到了良乡。6日,他们高唱着《时事打牙牌》歌,又出发了。歌中唱道:

中华民国二十年,
九月十八那一天,
关东起狼烟,
哎咳哎咳哟!
关东起狼烟。

经过十多天的跋涉,历尽千辛万苦,14日到达高碑店。他们每到一处,一边进行抗日救亡宣传,帮助当地民众、学生组织救国团体,一边深入农家做调查访问。当他们走进农家阴暗破旧的小土房,进行访问时,所看到的是难以想象的悲惨景象。在这寒冬腊月,有的农家小女孩只围着一块破布片,一家5口只有一条破棉被。不少人家吃的都是稀薄的糠菜粥,有的连这也吃不上。一个农民悲酸地向他们诉说:牛马般地干了一年,却要"倒二八分粮"。即地主拿去八成,佃农只有二成,再加上数不清的苛捐杂税,还能剩几粒粮食呢!如今"糠菜粥也只能吃到年底了,过了年关就没得吃了!"

在调查访问中,他们"所见所闻"都是人压迫人的景象,于是感到现在的中华民族的解放运动,不只是抽象的为着单纯的民族,而是开社会解放的先河。现实生活是最有说服力的,最能打动人心的。齐振铎通过深入农家的调查访问,逐渐认识到:只有把反帝反封建的斗争结合起来进行,才能取得抗日救亡的胜利。他情不自禁地和同学们一起唱起了:

各处朋友拉起手来,
破坏这个旧世界,
为着光明的新世界,
快把斗争来展开!

他决心走与工农结合的道路,为抗日救亡奋斗不息。第三团被特务和军警阻拦，15日回到北平。南下扩大宣传回来后，齐振铎参加了"中华民族解放先锋队"，简称"民先队"，更加积极自觉地投入了抗日救亡的各项活动。

投笔从军驱日寇

1937年7月7日，日本帝国主义在北平发动了军事侵华的卢沟桥事变，北平沦陷。清华大学奉命南迁长沙，齐振铎没有随校南迁，而是留在了北平，走上了抗日的第一线。田方增说："8月北平沦陷时，我和几个同学曾到他家晤谈，我见到他的整齐朴素优雅的家庭环境，但是他毅然就地走向抗日及革命道路。"当时，他是北平民先队负责人之一，并兼市民大队队长。在敌人的法西斯统治下，开展英勇机警的抗日救亡斗争，不久参加了中国共产党，成为一名无产阶级革命战士。

1938年11月，北平党组织遭到敌特破坏，齐振铎失去了组织关系，在娄平的帮助下，他离平去天津。到天津后，继续从事地下抗日斗争，不久复经娄平、陈铁恒两人介绍重新加入中国共产党。后改名何宜之，与娄平一同去了冀东游击区，参加抗日游击队，进行抗日游击战争。1939年初，担任第一支队政治部宣传科科长。这年秋末冬初，由冀东到平西抗日根据地，从事抗日救亡活动。他每到一处都与当地军民亲如家人，得到了老乡们的热情支持和帮助。据其兄长齐良骥说：这年"严冬时因近视眼镜损坏，进北平配眼镜，曾在家住了12天，回来时扮为煤矿工人，身穿黑布破棉袄棉裤，衣服上生着好多虱子，这次归来是和家人的最后团聚。"

1940年夏，又从平西回到了冀东，担任十二团中共党总支书记。7月间，队伍转移到遵化县的东娘子庄。在一次下连队检查工作时，遇到日寇的袭击。齐振铎率战士奋勇抗击，撤退时因丢失了近视眼镜而迷了路，不幸负伤后牺牲，时年24岁。

位于河北省唐山市的冀东烈士陵园

齐振铎烈士,为了民族的解放,献出了年青的生命,他死得光荣,不愧为党和人民的伟大战士!人们是不会忘记他的。位于唐山的冀东烈士陵园里,齐振铎烈士的墓碑铭刻着如下的碑文:"何宜之,原名齐振铎,男,北京人,原冀东十二团总支书记,1940年7月20日在遵化县娘子庄战斗中牺牲。"

参 考 文 献

1.齐良骥、齐振祎:《齐振铎烈士生平》,《清华十级纪念刊》,1988年。

2.清华大学校史编研组:《战斗在一二·九运动的前列》,北京,清华大学出版社,1985年.

3.田方增:《忆念好友振铎》,《清华十级纪念刊》,1988年。

陈定达

（1902—1940）

陆 军

陈定达（1902—1940），字三才，1902年8月4日出生于江苏昆山锦溪。1916年于江苏省立第二中学毕业，进清华学校学习，1920年毕业，赴美国伍斯特理工学院留学。留学期间曾任留美学生会主席，并担任足球队、网球队队长。1924年毕业得学位并入美国著名的西屋电机公司实习工作。1926年回国后在上海经营北极公司，曾担任清华同学会会长、联青社社长。1931年发起组织中国工程师学会。抗日战争期间，他积极投入，出钱出力，亲赴抗日前线，协助军队构筑工事。后因参与刺杀大汉奸汪精卫未成，被76号特务逮捕，1940年10月2日被杀害于南京雨花台，就义前，视死如归、气壮山河。

一门三"清华"

年少时的陈三才聪敏好学，各科学习成绩名列前茅。英语尤为出色，英语老师陈霆锐很喜欢他。1913年，他以优异的成绩从元和高等小学毕业，升入省立二中。

1914年，三才大哥陈定求的大儿子陈华庚中学毕业后，保送进北平清华学校，这给三才极大的鼓励。陈华庚入学之际，三才与陈定求的二儿子陈华寅约定，也要考入清华。1916年，14岁的陈三才以优异的成绩，进北平清华学校学习。第二年，与陈三才同岁的二侄陈华寅也实现了自己的夙愿，进了清华。

一门三人同入清华园读书，在苏州城里一时传为佳话。

清华成才　留学海外

很早就受新教育思想影响的陈三才，很快适应了清华的教育模式，在清华园读书，如鱼得水，成绩名列前茅。课余时的陈三才积极参加学校活动，体育和文艺方面的才艺也很好。三才是班上篮球队主力，西操体育馆的篮球场，常常有他矫捷的身影。同学们都钦佩他是个文武全才。

1918年，国际形势风起云涌，第一次世界大战结束。1919年，战胜国在巴黎召开"和平会议"，中国代表提出的"收回日本夺去的德国在山东的权利，取消丧权辱国的'二十一条'"被拒绝，而北洋军阀政府代表竟准备在和约上签字。

西郊清华园的青年学生们自发地聚在一起，商议着如何声援城内大学生的示威行动。清华学生代表团正式成立，顾德民任团长，并组织救国团和宣传队准备进城演讲，陈三才踊跃报名，与曾劭恂一起被编入宣传队。

在这震撼中外的五四运动中，陈三才虽然只是一名宣传队的普通学生，但北平学生和全国民众声势浩大的爱国热潮，还是强烈地震撼着陈三才年轻的心灵，更坚定了他报效国家的初衷。他同时也明白了很多道理：民众团结，才不被强虏欺辱；国力强盛，才能自立于世界。

1920年夏，陈三才所在的清华学校庚申级毕业。毕业时，同学们给母校献上一份珍贵的礼品：日晷，一个古代的计时器。日晷的底座上用中文和拉丁文镌刻着庚申级全体同学最珍爱的铭言，"行胜于言"。那座日晷就安放在清华大礼堂前，大草坪的南端。

陈三才毕业后，赴美留学。同船前往美利坚合众国留学的庚申级学生共 79 人，有陈岱孙、曾昭抡、陈可忠、萨本铁、赵学海、张景钺、肖公权等人，都是这级中成绩非常优异的学生。陈三才与萨本铁等同学，来到美国东北部的马萨诸塞州伍斯特理工学院（Worcester Polytechnic Institute）。

三才攻读的是电气工程科。扎实的英语功底和聪颖的天资，使三才很快地适应了美国的学习生活，取得了优异的成绩。学习之余，绿茵场上，陈三才率领的学院足球队，多次在州大学联赛上屡创战绩。同时，陈三才又是学院网球队的实力队员，还曾荣获过学院网球单打冠军。

1924 年 6 月 6 日，伍斯特理工学院第五十四届毕业典礼。毕业典礼上，陈三才以各科优秀成绩，获得了硕士学位。

陈定达喜爱体育运动，曾任伍斯特理工学院足球队队长（前排中）

归国创业

1927年，陈三才回国。经过一段时间的筹备，当时上海滩上第一家也是唯一的冰箱公司开业了。公司设在静安寺路与慕尔鸣路口989号的一幢中国宫殿式的建筑物中，起名为美商北极冰箱公司，专销美国"弗里吉代尔"牌（Frigidaire）制冷产品。陈三才自任总经理、副总裁，并兼任中国通惠机器公司常务董事，两个公司设在同一幢楼里。陈三才关注民生，热心参与社会活动，他与人为善、平易近人，受到了同行的拥戴，被推选为上海青联社社长、上海清华同学会会长。

在频繁的社会活动和亲密的私人交往中，有一位与陈三才同岁，比陈三才早一年进清华，后留学美国麻省理工学院的清华校友顾毓琇，成了陈三才的挚友。陈三才在上海发起组织"中国工程师学会"，并极力推荐顾毓琇出任学会副会长。

刺杀汉奸汪精卫

1932年"一·二八"日军侵犯上海，陈三才联络爱国志士多人，以技术协助军队构筑防御工事，出钱出力，贡献良多。1937年抗日战争全面爆发，上海沦陷，权奸当道，他满腔义愤。通过朋友引荐，陈三才见到了一些从事抗日活动的朋友，他们在上海滩隐姓埋名，从事着秘密的抗战工作。陈三才和他们交流挽救民族、挽救国家的策略，话语中充满着对日寇和汉奸卖国贼的仇视。

陈三才读到1940年1月20日的《大公报》，刊登了高宗武、陶希圣《致大公报信》和《中日新关系调整要纲》及附件（即汪日密约），了解了汪精卫和日寇密谈的经过，以及汪日密约的主要条款，对汪伪政府的丑恶嘴脸和卖国行径有了更深的了解。

陈三才默默地发誓，不杀汪贼，誓不为人。

然而在参与刺杀汪精卫的过程中,一位白俄特务出卖了陈三才。

1940年7月9日上午,陈三才与往日一样正准备去公司的时候,几个汪伪便衣拦住了他的车并用手枪顶着他。

陈三才被捕了,被押进了他曾密谋试图炸掉的那个罪恶的魔巢"76号"。

7月17日,陈三才被秘密押往南京。当天,汪精卫亲自提审陈三才。提审是在汪精卫办公室进行的,四周戒备森严。

汪精卫故作和善地对陈三才说:"陈先生,我深佩先生学识渊博,事业有成,实乃国家之栋梁。我国民政府刚刚成立,非常希望先生能加盟国民政府,我知道你留美是学气电的,电政司很适合你,我可以委你重任。"

陈三才冷冷地说:"你休想我与你同流合污,我绝不会因此遭国人唾骂。"

汪精卫故作姿态道:"我不嫌前嫌,只要你道出同党写一纸悔过书,你便可马上开释。"

陈三才骂道:"汝辈汉奸出卖民族,人人得而诛之,全国同胞皆吾同谋之人,今唯求速死而已。"

汪精卫自知陈三才确是一个难以降服的人,把陈三才打入牢狱。

视死如归　举国悼念

陈三才自知,自己谋杀汪精卫,现在又在汪精卫手中,必死无疑。人静下心来,想的事就多;他认真准备了遗书,交代了后事,给儿女也写了书信。狱中他遇到了清华校友徐文祺,将书信托付于他。

1940年10月2日下午,陈三才被押赴刑场。

在南京雨花台,多位舍身为国的烈士牺牲在那里,陈三才慷慨就义了。时年 39 岁。

在上海静安的万国公墓中，家人为陈三才选定了永远的安身之处。

1942 年，重庆清华同学会、联青社、中国工程师学会等社会团体，由黄炎培、顾毓琇、吴国桢、陈立夫等 41 人于 1 月 28 日发起，2 月 1 日在重庆夫子池新运模范区、忠义堂召集社会各界人士隆重追悼陈三才烈士。追悼会由吴国桢主持，冯玉祥等陪祭。冯玉祥将军上台演讲，盛赞陈三才在民族生死存亡之关头自发的爱国义举。黄炎培先生在会上朗诵了他在追悼会之前发表的悼诗《陈三才》。

时任国民党中央委员会委员长的蒋介石，为顺民意，专为陈三才写了"烈并常山"的挽额，以表彰陈三才的义烈，追悼会上也一并颁布。

此后，悼念陈三才的诗词、文章屡见报刊，悼念活动不断。

1942 年 4 月，陈三才母校清华大学梅贻琦校长著文表彰："校友陈三才君为国牺牲……我校校友于抗战年月内杀身成仁者，以陈君为最著，也以陈为最惨，今后应如何，于文字上及事业上纪念纪念，永垂久远……"

1945 年 10 月 20 日，郑振铎先生在新创刊的《周报》上，发表了散文《记陈三才》，郑振铎先生在散文中大量引用了陈三才的英文遗信，对陈三才的义举的思想根源作了探讨。文中，郑振铎先生盛赞陈三才是上海汪伪统治时期"孤岛"中的"砥柱人物。"

陈三才的生前同级好友曾劲恂先生也著文说："一则纪念故友，而最重要的则在举三才为例，以证中华文化深入人心，虽在匹夫，目击时难，尤能奋发，不惜牺牲个人生命，为国家伸张正义。虽三才之义烈，没见于国史，而其精神足以激励人心，而照耀千古。"

1946 年秋，陈三才的好友顾毓琇在上海衡山路 53 号国际礼拜堂，以清华同学会、中国工程师学会名义，再次主持召集陈三才追悼会。

1947 年 1 月 1 日，陈三才的故乡，昆山县政府在中山堂隆重举行忠烈入祠大典，昆山中学内忠烈祠碑文上刻上了"陈三才"的名字。

陈三才英名事迹由《新华日报》《中央日报》《申报》《旦报》等新闻媒体流传神州。

《中央日报》全文报道如下："陈三才烈士为沪上名工程师，前以谋刺汪逆不幸事泄被害，中国工程师学会、清华同学会等团体，及各界人士，拟联合举行追悼会。按陈烈士江苏吴县人，曾肄业清华大学，后留学梧斯脱大学习电机科。一二八之役，烈士以技术助抗日军种种工事设备，复秘密参加沪上救亡工作。汪贼被河内历史狙击未中，乃集沪上爱国分子，谋在投博浪锥，不幸是泄被逮，贼亲审时，烈士曾曰余与尔无私怨，欲诛国贼耳。遂从容就义，时二十九年十月二日，其地则南京雨花台也，年三十九岁。"

1970 年，年届高龄的顾毓琇教授又作诗悼念三才先生：

> 赫赫精忠事可传，英灵遥望太平洋，
> 美邦负笈身心健，沪海经营事业先，
> 西泠桥边云掩月，雨花台上气冲天，
> 痛除汉贼计谋泄，陈氏三才志节坚。

参 考 文 献

1. 陆宜泰：《赫赫精忠事可传——陈三才、陈华薰烈士图册》，苏州，苏州大学出版社，2019 年 1 月，第一版。

2. 孙月红，陆宜泰，陈三才：《刺杀汪精卫的上海实业家（上）》，《新民晚报》，2017 年 7 月 26 日，第 23 版。

3. 孙月红，陆宜泰，陈三才：《刺杀汪精卫的上海实业家（下）》，《新民晚报》，2017 年 7 月 28 日，第 24 版。

钱昌淦

（1904—1940）

韦庆嫒

钱昌淦（英文名 Chien Chang-Kan）字少平，1904 年 11 月 7 日出生于上海崇明岛，1940 年 10 月 29 日，在因公乘坐飞机途中遭到日军袭击，不幸牺牲。

异 国 情 愫

1916 年钱昌淦考入清华学校，同学有冀朝鼎、饶孟侃、梅汝璈、周培源、朱湘、王造时等。1920 年毕业，赴美留学。

钱昌淦赴美后，1920—1921 年就读马萨诸塞州飞利浦安弗高中（Philips Andover Academy），1921—1922 年就读北卡罗来纳州戴维森学院（Davidson College），1925 年毕业于纽约特洛伊（Troy）伦斯勒理工学院（Rensselaer Polytechnic Institute）土木工程专业，专攻桥梁工程，成为桥梁工程专业工程师。学习期间，钱昌淦是美国学习成绩优异的大学生组织西格玛荣誉协会（Sigma Xi Honor Society）和美国中国工程师学会（Chinese Institute of

Engineers)的会员,毕业时获得该校麦克唐纳奖,这是全班的最高荣誉。

大学毕业后,钱昌淦到美国一家工程公司工作,曾参与从纽约州布法罗到加拿大安大略省伊利堡的和平大桥设计工作,不久回国参加建设。1927年在上海江湾谈家宅建立大南制生牛皮革厂,资产12万元,机器14件,有工人25人,主要出品底皮、鞋面皮等。

在美国读书期间,钱昌淦遇到了美丽的美国女孩爱丽丝·莱德(Alice Blanche Ryder,中文名钱蔼棣,1983年去世),她的家在距离钱昌淦读书的特洛伊伦斯勒理工学院以西80公里的科布斯基尔(Cobleskill)小镇。当时钱昌淦所在学校的中国组织有一个文化项目,让中国学生到美国家庭参观访问,爱丽丝·莱德的父母邀请钱昌淦来到家中。在相处的过程中,钱昌淦与莱德渐生情愫,钱昌淦回校后,邀请莱德参加学校的舞会,莱德的父母接纳了这位中国青年。1929年钱昌淦再次赴美,2月14日在美国与莱德结婚。婚后育有三子,大儿子艾伦(Alan),中文名钱祖美,二儿子飞利浦(Philip,1982年去世),1934年三子乔治·钱(George Chien)出生,此时钱昌淦正在参加钱塘江大桥的建设,为儿子取中文名钱祖杭。抗战爆发后,钱昌淦把妻子、孩子送往美国,全身心投入建桥事业,这竟成为他与家人的永诀。

建设钱塘江大桥

钱昌淦与莱德在美国结婚后不久,就带着妻子回到了急需建设的祖国。1929年任上海远东工程公司总经理,兼任上海交通大学土木工程学院讲师,同时担任该校工务委员会委员。

"九一八"事变后,日军加紧了侵略中国的步伐,为了打通钱塘江两岸的运输线,1933年7月,浙江省建设厅成立"钱塘江桥工委员会",8月茅以升任主任委员,组织考察研究,拟定桥建方案。最

钱昌淦（中）在测量现场

终，由茅以升主持制订的建桥方案获得国民政府采纳，项目总投资510万银元。1934年8月8日钱塘江大桥开工建设，这是中国自行设计和建造的第一座铁路、公路两用双层钢铁桁架桥，桁架由上弦杆、下弦杆及腹杆组成，由杆件主要承受大桥的拉力和压力。

钱塘江大桥全长1453米，分引桥和正桥两部分。钱昌淦带领远东工程公司承接建造288公尺的北引桥全部工程。北引桥西邻六和塔，北接虎跑山谷，上部为钢拱，材料主要使用炭钢制造的桁架。

1937年9月26日钱塘江铁路桥建成通车，11月17日公路桥建成通车。钱昌淦与远东工程公司同仁一起，为建设大桥作出了重要贡献。茅以升在《钱塘江桥工程记》中记载："东亚工程公司钱昌淦、夏彦儒，无假期，无昼夜，悉力奔赴，艰危不辞，始终其事，各有贡献，遭遇万难，而卒底于成。公司监工王贤良、机匠袁明祥，工人王德元、陆才明四人，因公忘身，遇难殉职。"

钱塘江大桥建成后，当第一辆汽车从大桥上驶过时，两岸数十万群众掌声雷动，此时正是抗战初期的关键时刻。1937年8月13日，日军进攻上海，11月5日，新增日军在杭州湾登陆，严重威胁中国军队侧翼，战局对中国极为不利，军队开始撤退，民众也开始南撤。钱塘江大桥从早到晚挤得水泄不通，成为南渡大潮的重要通道。

11月12日，上海落入敌手，12月，日军攻克武康，杭州危在旦夕，为了阻止日军南下，国民政府决定炸掉刚刚修好的钱塘江大桥。12月23日下午一点钟，炸桥的命令终于下达，钱塘江大桥完成了短暂而重要的历史使命。1948年5月该桥成功修复。

修建昌淦桥

抗战全面爆发后,日军封锁了沿海的运输线,切断了西南的滇越铁路,中国接受外援的路径全部断绝。为了解决困境,1937年12月至1938年8月,云南省动员20余万民众投入轰轰烈烈的筑路工程之中,仅用了9个月就完成了修建滇缅公路中国境内路段的奇迹。

修筑滇缅公路,最艰巨的任务是架设跨越澜沧江的桥梁。横跨澜沧江的桥梁最终选址在功果村,该桥为柔性钢索公路吊桥,建成后命名为功果桥。由于要尽快打通滇缅公路,为了赶进度,功果桥设计承重小,运输能力低,通车后成为滇缅公路的瓶颈。因此,在功果桥完工后,交通部技术厅桥梁技术处决定在功果桥上游700米处,新建一座备用桥,称新功果桥。

1939年1月,滇缅公路运输管理局奉令组建"功果备桥工程处"。2月23日新桥建设任务移交交通部技术厅桥梁设计处,由处长钱昌淦,副处长唐文悌接办,成立"澜沧江桥工队",赵遂章为队长,负责施工。

新功果桥于1939年3月13日开工建设,1940年11月4日建成通车,主跨度135米,桥面净宽为4.2米,运力10万吨。该桥是一座悬索桥,在钱塘江大桥采用钢铁桁架技术的基础上,新功果桥采用钢铁桁架加劲梁的技术,用钢桁架作为主要承重构件,并加劲梁起支承和传递荷载的作用,这是当时最先进的建桥技术。建桥所用材料全部从美国桥梁公司定购,由于中国东部运输路线被日军阻断,建筑材料均由缅甸运入,钱昌淦在缅甸仰光等待建筑材料到达时,潜心工作,足不出户,竟没有逛过一次街,直到离开仰光时,连住地旁的商店都未进过,更不要说浏览仰光街景了,全心扑在工作上。

建造中的新功果桥,经常遭到日机的空袭,轰炸过后,钱昌淦马上组织抢修。1940年10月29日,钱昌淦乘"重庆号"客机飞昆明公干。他本计划次日返回工地,但接到桥梁又被日机炸坏的消息后,决定当天赶回工地抢修。1940年10月29日14时30分,在飞机飞抵云南曲靖沾益上空时,遭到日军战斗机袭击,"重庆号"中弹焚毁,美籍正驾驶肯特(W.E.Kent)、随机服务员鲁美音、机航组办事员黄琦、著名桥梁专家钱昌淦等9人遇难。

为了纪念钱昌淦为抗战做出的贡献,国民政府交通部将新功果桥命名为"昌淦桥"。2015年7月7日,在中国全面抗战78周年之际,钱昌淦的10位后人从美国来到昌淦桥头,悼念他们亲爱的父亲、爷爷钱昌淦,纪念与桥同在的英灵。

参 考 文 献

1.《清华学校中四级九十三名学生名单》,《清华周刊增刊》第16期,1920年。

2.苏子良主编:《19世纪20年代江湾工厂概况》,《上海城区史》(下).上海:学林出版社,2011:1256.

3.钱昌淦简历(英文),家人提供。

4.《上海交通大学工务委员会》,交通大学一览,1936年。

5.姚玲森、李富文主编:《桁架梁桥》,《中国土木建筑百科辞典·桥梁工程》,北京,中国建筑工业出版社,1999:99.

6.北京茅以升科技教育基金会主编:《钱塘江工程记》,《茅以升全集》(1),天津,天津教育出版社,2015:92.

7.云龙昌淦桥迁移保护工程2019-10-31,www.ynkgs.cn/html/heritage/20160201153906.htm.

8.云南省课题组:《日军在曲靖的主要罪行》,《云南省抗战时期人口伤亡和财产损失调研成果选辑》,2010:47,转引自云南省档案馆档案,档案号:44-4-435-208.

凌松如

（1913—1940）

孙敦恒

清华大学 1938 级校友李鼎声（李伟）在《怀念凌松如烈士》一文中，写了一首七言律诗对其级友加战友凌松如烈士寄以缅怀之情，诗曰：

> 百团大战振军威，正太同蒲贼阵摧。
> 日寇回师急扫荡，英雄浴血舍安危。
> 太行飒飒金风劲，烈士铮铮铁骨辉。
> 级友行将庆五十，凌兄可得梦魂归。

在"一二·九"运动中

凌松如，本名凌家增，字季虞，在清华大学读书时名凌松如，从军后改名凌则之，四川省屏山县人，1913 年生。

凌松如少年时代即抱定救国之志向，勤奋好学。1925 年以优异成绩考入四川宜宾叙属联中，在班上学习成绩常常名列前三名，又为人和蔼可亲，热心公益，甚得老师和同学的喜爱。1930 年转学

1936年南下宣传自行车队成员在清华校内合影

前排左5凌松如、左7钱伟长

成都联中,其时正是四川军阀内讧,大打内战的年代,他对只顾争权夺利、不管百姓死活的封建军阀,十分憎恨。在校中带头反对学校当局奉行军阀之命推行"军训"。

1934年8月,他考入北平清华大学物理学系,后转入社会学系。他关心同学,乐于助人,到校不久便被同学们推选为学生会代表。1935年12月,"一二·九"运动爆发,他积极热情地投入了伟大的抗日救亡洪流。

在"一二·九""一二·一六"两次大游行示威后,他和高葆琦(高原)、裴昆山(彭平)、郝威(罗青)、钱伟长、曹国枢等20多人,出于爱国热忱,组织了一个清华自行车队,于12月25日拂晓由清华园出发,骑上自行车奔赴南京了。他们沿途在天津、沧县、德州等地进行了抗日救亡宣传,到达济南后住在齐鲁大学,受到了济南各校学生的热情接待。他们与济南学生举行了联欢活动,介绍了北平学生抗日救亡运动开展的情况,在济南撒下了抗日救亡的种子。他们走后,齐鲁大学等济南各校学生便行动起来,组织宣传队下乡宣传,一队由济南北上,一队南下。其间,他们在同北平学联代表商谈后,接受了去南京反对"聆训"的任务。所谓"聆训",就是蒋介石为欺骗学生和全国人民,软化抗日救亡运动,要各校学生派代表到南京去听他训话。他们由济南继续南下,在徐州、宿县、滁县等地进行宣传,一路上忍饥受饿,吃了不少苦头。一位队员在寄给朋友的信中写道:"沿着津浦线我们顺利地走着,不过路上很难找着合适的食宿的地方。我们吃的是烧饼,喝的是白水,住的呢,朋友,是两间大的茅店——真是童叟无欺的茅店,用泥土做的墙,上面覆盖着茅草。——记得有一次,在一个'客店'里,只有两间房子,两个土炕。我们怎么睡呢?只有用新发明的'侧面纵队式'的睡觉方式。"为了开展抗日救亡运动,在凌松如他们看来,这点苦算得了什么呢?他们在炽热的抗日救亡心愿的推动下,战胜了种种困难,于 1936 年 1 月 13 日到达了南京,第二天即到金陵大学、中央大学等校进行了联络和宣传,接连 3 天的奔走呼号,受到了各界的热烈欢迎。1 月 16 日,在反对"聆训"宣传时,被军警武装押上火车送回了北平。这件事深深教育了正直的凌松如,使他参加抗日救亡的决心更加坚定了。

从南京回校后,他参加了"中华民族解放先锋队",不久相继任"民先队清华大队"大队委、大队长,成为清华学生抗日救亡运动的带头人。此后,他在抗日救亡运动的各项活动中,积极主动,言行又比较激进,被称为清华爱国学生运动中的"少壮派"。

学生抗日救亡运动的蓬勃开展,吓坏了国民党亲日派。1936年 2 月 29 日拂晓,400 多反动军警闯进清华校园,横冲直闯,照着手里的"黑名单"抓捕爱国学生。凌松如、吴承明、高宝琦、黄秋云、董凌云等同学得知后,怒火中烧,他们说:"堂堂高等学府,岂能容忍军警如此无理!"他们冲出宿舍,同军警搏斗起来。在他们把一支军警追赶到西校门时,发现军警正在把捆绑着的当时的中共清华地下支部书记蒋南翔、北平学联秘书长姚克广(姚依林)和学生纠察队长方左英往警车上推,要把他们带走。"同学们!冲上去!

夺回我们的同学！"一声高喊，大家蜂拥而土，奋力夺回了蒋南翔、姚克广和方左英。夺回被捕同学后，愤怒的人群、七手八脚捣毁了军警的汽车。在同学们同军警搏斗中，凌松如一直奋勇在前，他的手背被汽车玻璃刺破，不顾手痛血流，仍和大家一齐奋战，直到军警狼狈而去。

3月31日，凌松如在北大三院参加了悼念爱国学生郭清的活动。郭清原是河北高中学生，因积极参加救亡运动被捕入狱，遭到严刑拷打，惨死狱中。北平各校学生于这天以极其悲愤的心情，为他举行追悼会。大会通过决议，要求国民党当局立即停止内战，实行对日抗战，并决定会后游行示威。同学们不顾大批军警的严密封锁，冲上大街，进行抬棺游行。凌松如和杨学诚、赵德尊、李鼎声等清华同学，抬着棺材走在队伍的最前头，表现了为救我中华而勇往直前、无所畏惧的爱国精神。

在爱国运动的锻炼下，凌松如由一位爱国青年成长为自觉的无产阶级革命战士，于1936年5月光荣地加入了中国共产党。他在抗日救亡运动中更加积极活跃，是一位深为同学拥护的学生领袖。

青 年 模 范

1936年冬，日本侵略军进犯绥远和察东，山西成为抗日前线。凌松如遵照党组织的指示，率领一批平津青年奔赴山西抗日。他化名凌则之，到太原参加了山西军政训练班，编入第十连，他工作学习都很积极，成绩突出，又作风简朴，是训练班里一位优秀学员。

1937年初，军政训练班改组为山西抗敌救亡先锋队，凌松如被委为总队长。这年7月，抗日战争爆发，在"牺盟"领导下成立了山西青年抗敌决死队，薄一波同志为政委。凌松如参加了抗敌决死队，在第一总队第三大队第九中队担任指导员，从事政治工作。他工作热情，平易近人，密切联系广大战士，同他们谈心交朋友，在战士中威信很高。后来被调到决死一纵队三总队三大队担任指导员，转战于山西太谷、榆次、寿阳一带。

1939年春，随着抗日战争中进展和山西抗敌决死队的扩大发展，根据工作的需要，凌松如又被调任决死第一纵队办公室秘书，很好地完成了各项任务。同年夏，奉命到决死第一纵三总队，担任总队政治主任。这年9月，日本侵略军疯狂进犯我太岳抗日根据地，抗敌决死三总队在山西沁源县洪镇附近与敌军遭遇，凌松如率部激战竟日，终因部队伤亡过重，防线被敌突破，不幸被俘，被押解到太原，关进监狱。凌松如在狱中，受尽酷刑，坚贞不屈，始终没有暴露自己的共产党员身份。后来，他英勇机智地越狱逃出虎口，于10月间返回部队，继续担任政治主任工作。

1939年12月1日，国民党顽固派发动第一次反共高潮，山西阎锡山军大举进攻各地抗日决死队。决死队奋起自卫，粉碎了敌人进攻，摆脱了阎锡山的束缚。"十二月事变"后，抗敌决死三总队和游击一团合编为决死一纵队第二十五团，凌松如担任团政治委员。几年来，他身经百战，已成长为抗日战场上的一位智勇双全的猛将。1940年5月间，阎锡山的61军大举进犯决死队驻防的太岳区根据地，凌松如和25团指战员一起坚守安泽县梯子堰，浴血奋战7昼夜，得到了八路军386旅的救援，击退了顽军的袭击。

反"扫荡"

1940年8月底，我八路军对日本侵略军发动了著名的"百团大战"。25团奉命开赴太行区参加正太路破袭战，担负攻克马首等车站和破袭铁路的任务。8月20日晚，凌松如指挥25团一营，仅用了半个小时就攻下了马首车站两侧的敌人碉堡，与守敌形成对峙局面，经过激烈的争夺战，第二天凌晨便攻下了马首车站，毙敌

20余人，其间，25团指挥所遭到日军登木小队40多人的袭击，凌松如闻讯即赶回指挥所，率领警卫战士与敌人展开了白刃战，击退了来犯之敌。在这一战役中，25团和36团协同作战，连续破路13昼夜，将马首以西至段廷的铁路以及沿线桥梁、隧道全都破坏掉，切断了敌军的运输线。

9月底，25团奉命强攻沿线敌军据点。敌人碉堡在一高地，周围筑有工事，壕沟外设有铁丝网，守敌配有迫击炮、掷弹筒和轻重机枪等武器。凌松如对此强敌和即将进行的这场硬仗毫无所惧，同团部其他领导一起分析了敌情，作出了作战计划。他率领突击队员，冒着敌人的火力封锁，勇猛地突破了三道铁丝网，直扑到壕沟前沿。守敌放出毒气，妄想阻止我军的进攻。凌松如率领突击队员冒着枪林弹雨和毒气，连续冲锋7次，终于攻破敌人据点，全歼守敌。

我军的胜利，使日寇胆战心惊，急忙调集重兵对太行区进行报复性的"大扫荡"，实行惨绝人寰的"三光政策"——杀光、抢光、烧光，妄图消灭我八路军和抗敌决死队，摧毁我抗日根据地。凌松如率25团奉命担任阻击战，在36团的配合下击退了敌人的扫荡。

在历次战斗中，凌松如都身先士卒，英勇顽强战斗，每次他都在最危险的岗位，指挥战士作战，同时进行思想鼓动工作，表现了大无畏的革命精神。他为人和蔼可亲，对干部和战士都极关心和爱护。在一次战斗中，一位战友受了伤，身上穿得很单薄，凌松如立即脱下自己的大衣给他披上。当时部队供应十分困难，他常为战士们寒冬穿不上棉衣，愁得长夜失眠；一旦棉衣得到解决，他又高兴得像小孩子一样雀跃起来。在25团里，无论是干部还是战士大家都亲切地称呼他"凌政委"，大家都非常信任和爱戴他。

1940年12月，日军对我太行根据地进行第二次大扫荡，敌人在陆空配合下向我军大举进犯，凌松如率领25团在武乡县温庄村担任阻击任务，掩护八路军野战总部转移。他亲临前线指挥作战，打退了敌人的进攻。敌人稍为喘息后，在强大火力掩护下又疯狂扑来,凌松如一声号令率领战士冲向敌群,勇猛地拼杀起来,激战数小时,完成了掩护任务。在这次战斗中,凌松如于12月22日不幸中弹,壮烈殉国,为中华民族的解放献出了年轻生命,时年仅27岁。

凌松如烈士永垂青史。1940年12月29日的《新华日报》(华北版)上刊登了智敏写的《悼凌则之同志》一文,报道了烈士的英勇殉国事迹,称赞他是"革命青年最好的模范"。

郎维田

（1912—1940）

甘泽霖　罗熙临　张艺璇

武清，原为河北辖地，古书有载："潞水绕其左，浑河衍其西，北拱神京而层峦迭障，南窥潭海而万物朝宗。当水路之冲衢，洵畿辅之咽喉。"毗邻京郊，山水环抱，使得武清自古以来便是兵家必争之地。民国元年，郎维田出生于武清，父辈就职于天津亚细亚火油公司。

据县志载，民国元年（1912年），英、法、德、日、美等国政府分别向京奉路、京榆路沿线派驻军队；民国七年（1918年），奉军陆续入关，驻武清一带；民国十一年（1922年）奉系将领孙烈臣、张作相、张学良、张景惠等人在落垡召集会议，部署战事；民国十一年至十七年（1928年），直军、奉军、国民军五度在武清一带激战，村民遭殃，屡受残军骚扰打劫。时势造英雄，武清在民国时期战乱不止，而郎维田也在这样的环境下成长，心中栽下以革命守卫家园的种子。

1933年，郎维田从位于北平灯市口的北京市育英中学毕业。随后，同年9月郎维田被清华大学工学院录取，步入北平之西的清华园。1934年,由于专业兴趣上的变化,郎维田弃工从文,转到文学院哲学系就读,所在班级为哲40。

此时,学校中广大师生的爱国热情非常高涨,哲学教授张申府先生在课堂上公开讨论时事,启发同学们自强不息、救亡图存。同学们之间也常常交流国家形势,表达时事见解。

1935年的冬天里,继"一二·九"之后,"一二·一六"学生运动,又以雷霆万钧之势,向全世界宣告爆发了。这天下午正在上课的时候,郎维田来到课堂上,向同学们大声疾呼,为了挽救民族的危亡,为了祖国能够独立,大家要马上参加示威游行,要求国民党当局停滞内战,进行抗日。

"七七"事变后,清华大学、北京大学、南开大学三校在长沙合并组成长沙临时大学,郎维田也随校南迁。1937年10月,长沙临时大学开学,此时郎维田就读于文学院哲学系四年级。由于抗日局势的迅速恶化,在1937至1938学年度上半学期结束之后,郎维田继续随校西迁至昆明。

但在抗日战争的背景下,"两耳不闻窗外事,一心只读圣贤书"难以实现,许多同学毅然走上了从军的道路。彼时清华学生

长沙临时大学校舍

们参与国防工作,有直接参军、参加战地服务团、到敌后参战三种从军去向,郎维田是第一种。1939 年,郎维田从西南联合大学哲学心理学系毕业,之后进入到中央陆军军官学校第 16 期接受军事训练。

从中央军校 16 期毕业后,郎维田一直在军旅工作。1938 年到 1944 年,日军前后对昆明军民进行了 50 多次惨无人道的大轰炸,郎维田在 1940 年的一次昆明空袭中遇难,时年 28 岁。

参 考 文 献

1. 西南联合大学 .1944 级:《国立西南联合大学八百学子从军回忆》,非正式出版物, 2003 年。

2. 西南联合大学北京校友会:《国立西南联合大学校史》,北京,北京大学出版社, 2006 年。

3. 政协甘肃省酒泉市委员会编:《酒泉文史资料》第 5 辑。

解树魁

（1913—1941）

陈双全

少年求学　善于思考

解树魁,后改名解占柏,1913 年出生于原堂邑县凤凰集（现属聊城）一个地主家中。6 岁后,到聊城念小学,最初在东临道立模范小学,后又入山东省立第三师范附属小学。小学时代的解树魁其任教老师程继增是这样描述的:"他面貌红黑,两只大眼睛,黑亮发光,炯炯有神;他举止稳重,喜欢静坐,善于思考,不爱和同学们吵闹玩笑;他处事谨慎,凡事三思而后行,不滥于发言;他对人友善,亲切热情,因此在附小时代,结识了不少契友。"

追求进步　走上革命

1928 年夏天,解树魁考入聊城山东省立第二中学。那时国民党反动势力统治聊城,对共产党员实行血腥镇压,时任中共东昌县委代理书记的赵以政,由于叛徒的出卖,于 6 月 8 日被捕,在敌人的严刑拷打和利诱面前,威武不屈,忠贞不渝。6月19日拂晓敌人将24岁的共产党员赵以政绑赴刑场,一路上,赵以政昂首阔步,从容镇定,高呼"共产党万岁"就义于聊城南门外桥头。当时解树魁目睹了这一壮烈场景,深受感染,同时还亲眼看到了国民党政府逮捕了山东省第三师范学校的革命学生。那年5月3日,发生了日本侵略军强占济南的"济南惨案",使他目睹了日本侵略者残杀中国无辜同胞的暴行。少年时代的解占柏,从反抗日本帝国主义者的压迫和对敌斗争的事例中,受到深刻难忘的教育。

1931年秋天,解树魁考入了北平市立第二中学高中部。不久就发生了日本强盗侵占我东北的"九一八"事变。他积极参加北平学生反日示威游行和到南京向蒋介石政府请愿出兵抗日的政治运动。1935年他考入国立清华大学理学院地学系。1935年冬,他积极参加了由清华大学等校学生发起的"一二·九"反帝爱国运动,在游行时头部被反动警察打伤,仍然走在游行队伍的前面。在斗争中,他进一步认清了国民党反动派的嘴脸和只有中国共产党才能救中国的真理。1936年夏天,解树魁光荣地加入了中国共产党。

发动群众　抗日救亡

1937年"七七"事变爆发后,国民党反动当局节节南退,中共中央即通电全国号召抗日。当时,解树魁在北平热情地参加了爱国学生们组织的慰劳二十九军抗日战士的宣传工作。由于国民党的不抵抗,平津相继沦陷。9月间,他和在日本东京帝国大学读书的哥哥解彭年同时回到济南,参加了由共产党人领导的第三集团军政训处政治人员训练所。10月间和部分平津同学一同回到聊城,参加由中共鲁西北特委徐运北领导的抗战宣传工作,并在自己的家乡凤凰集一带组织抗日游击队。为了壮大抗日力量,他首先动员自己的家人参加游击队,在他的影响下,他的几个侄子都参加了抗日游击大队。

解树魁对党的事业无限忠诚,在艰苦恶劣的环境中,不顾个人安危。他作风民主、平易近人,生活上艰苦朴素。因此,党组织委以重任,把他派往中共鲁西北特委的办事机关——聊城政治部所属博平政训处工作。到博平后,他积极组织和训练当地人民群众,组建抗日武装,开展游击战,出其不意地打击日本侵略者。

1938年11月,日寇占领聊城,聊城人民陷入了水深火热之中。根据党的指示,解树魁担负起开辟堂邑、聊城以北抗日根据地的重任。这年冬天,他在聊城、博平、堂邑三县边境一带,积极发动群众,组建了八路军先遣纵队第五大队,有力地鼓舞了当地群众的抗日斗志。这时,来往于他家的战友很多,他的家实际上已成了党的联络站。1939年,中共鲁西区委成立,同年秋天建立了中共鲁西第四地方委员会(四地委)。四地委由谢鑫鹤任书记,邵子言任副书记兼组织部长,郭少英任宣传部长,解树魁任民运部长。他在担任民运部长时,经常接受侦察敌情、为主力部队提供情况及当向导的任务。之后他又到聊城、东阿、在平一带开展革命工作,每到一处深受广大群众的欢迎和拥护。

坚持斗争　不幸牺牲

根据工作需要,解树魁于1941年初调鲁西军区武装部任科长,后又因布置扩军任务,回到了地委。同年3月,他被任命为茌平县政府县长,兼县大队长,全面负责茌平县的抗日工作。当时茌平是鲁西地区日寇、伪顽部队数量最多,占据面积最大的县份。全县敌伪军大小据点60多个,大据点有6个,如陈苑庄、袁庄、小马庄等大据点的日伪军都在千人以上,全县日伪军经常驻有一万多人。日伪军经常烧杀抢掠,给全县人民带来深重的灾难。他广

解占柏同志传略

武训县委会

一三八

占柏同志原名解树魁，年二十八岁，堂邑县凤凰集人，地主出身，六岁时便在聊城上学，后累学至北平清华大学。事变后，他便停止了学校生活，同平津流亡学生一同到鲁西北，与徐运北同志在堂邑办宣传队，训练与组织民团和群众，开展救亡运动，二十七年秋调西一地委组织武装，成立聊博临堂运动纵队第五大队，兼任运动委会主任，发动群众抗日。冬天即开始二十八年秋又调任四军区武装部充任科长，开辟莘（平）阿（东）聊（城）一带工作，因布置扩军任务又回四分区，误入齐匪窝等遭驻村，被扣留，杀害包围，壮烈牺牲（单身与敌搏斗至最后一粒子弹时，自尽而终）。噩耗传出后，全县人民莫不悲痛。

三十年调至鲁西军区武装部充任科长，开辟莘（平）阿（东）聊（城）一带工作，很受群众爱戴。二

占柏同志性格温和，工作踏实而有毅力，对党对同志皆甚忠实，与之相处，无不感觉体贴之。在外匪数年，很少提念家庭。齐匪因其抗战，曾将其家中房子几十间拆开，并罚款数次，土烈牺牲，当我军发动小马庄战役时，「粒子弹时，自尽而终」。

泛发动群众，积极组织本县的抗日武装，同敌人展开了不懈的斗争，深得人民群众的爱戴。1941年7月5日至7日，我八路军主力部队一一五师三四三旅七、八两团，在茌平城南30里的小马庄，围歼了伪顽部队多1000人。这一仗，大长了人民的志气，大灭了敌人的威风，使驻在茌平的日伪军大为丧胆。两天之后，茌平城南20多个据点的日伪军全都撤走。这时，解树魁及时发动二、三两区党政干部，全力动员两个区的广大群众，迅速拆除敌伪所修筑的好寨、据点、炮楼。月26日，他随中共茌平县委、抗日县政府和县大队，在拂晓之前进驻了茌平西南边境的辘轳吊

1946年冀南抗战史料编纂委员会编辑的《冀南烈士传》（1982年再版重印）中，收录了武训县委会撰写的《解占柏同志传略》

庄，准备发动群众拆除敌人在前姜庄修筑的圩墙误入埋伏，经过顽强战斗，寡不敌众，壮烈牺牲，时年28岁。

解树魁牺牲后，当地人民群众怀着万分悲痛的心情，自发为烈士举行了追悼会，将他的忠骸葬于王鄂庄东北角的一大棵大枣树下。半年之后，茌平抗日县政府又将他的忠骸改葬到我革命根据地所属迟桥庄西，为他立了"茌平县长解占柏烈士之墓"的墓碑。解放后，他的忠骸再次移葬于凤凰集庄北的烈士陵园。

参 考 文 献

1.《冀南烈士传》，第138~139页，冀南抗战史料编纂委员会1946年编

印，中共邢台地委党史资料征集小组1982年再版。

2.《东昌人物》，第189~190页，中共聊城地委组织部、中共聊城地委党史办公室编，1990年12月第一版，1990年12月第一次印刷。

3.中共聊城市委党史研究室：《聊城重要历史人物》，北京，中国文史出版社，2005，第839~841页。

4.山东省中共党史人物研究会编：《山东党史人物传·第三集》，济南，山东人民出版社，1994：120-123.

5.中共茌平县委党史研究室编：《信仰的力量——茌平烈士专辑》，北京，新世界出版社，2013年。

6.《山东省著名革命烈士英名录第七卷聊城地区》45-（5）山东省民政厅编，1984年。

7.聊城人物大辞典编纂委员会：《聊城人物大辞典》，济南，山东人民出版社，1998：249.

8.谢玉琳主编：《鲁西英烈》，济南，山东人民出版社，1988年。

吴新之

（1913—1942）

王 媛

　　吴新之，原名吴振民，曾用名吴新芝，山东栖霞人，1913 年生于山东省栖霞市苏家店镇集东沟村，父亲是吴克章（字又伯）为小学教师。吴新之 1924 年考入霞山小学（即县立第一完小），后入读栖霞县立职业学校（第四班），1931 年县立中学毕业（见注 1），曾留校担任教员，1932 年，因支持学生抗日运动被辞退；1934 年，吴新之以备取生身份自"平大农院附中"考入清华大学土木工程系，曾参加"一二·九""一二·一六"等抗日救亡运动；1936 年，加入中国共产党。"七七"事变后流亡济南，1937 年 9 月，受党组织派遣，参加国民革命军第三集团军"政训人员训练班"，10 月到聊城参加抗战工作，历任连指导员、营教导员、团政治处主任等职。1940 年赴中共北方局党校学习，1941 年任 129 师新编第 8 旅第 22 团政治处主任，曾参加百团大战；1942 年 1 月 24 日，在曲周县吕洞固"反合围"战斗中壮烈牺牲。时年 29 岁。

幼承家教　追求进步

吴新之出身中农家庭,祖父吴忠道,勤劳忠厚,治家严谨,教子有方。父亲吴克章,读私塾 6 年后考入县师范讲习所,初为小学教师,1930 年左右曾任县立中学庶务主任,县教育科视导员。吴新之幼承家教,聪明精细,刻苦好学,1931 年县立中学毕业后,由于学业成绩优异,被推荐留校担任教员。

"九一八"事变后,抗日救国运动日趋高涨。1932 年春,莱阳乡师学生、中共地下党员周树谱被学校开除,转学到栖霞县中开展党的工作。在吴新之等进步教师支持下,周树谱、隋之灿发动同学揭露国民党县党部压制学生抗日活动。同年,在栖霞城隍庙举行"五三"国耻纪念大会上,时任县党部执委马琅斋借演说污蔑学生宣传抗日是行为不轨,遭到县中校长王培滋和进步学生的反驳,双方撕打起来,会场一片混乱。被激怒的学生遂即进行罢课。不久,县中学生周树谱等 7 人被开除学籍。吴新之也被以莫须有的罪名辞退。

他回到农村后,重新思考未来,决计继续升学。1934 年,吴新之以备取生身份自"平大农院附中"考入清华大学土木工程系,学号是 2708。

北平大学是北平几所专科学校联合的称号,下辖有农、工、医、法、商、女子文理等学院,似联邦制,校长对各学院没有直接管理权。北平大学附属高中更像一所大学的预科,学风比较宽容,有百家争鸣的风气。该校存在的历史并不长,只办了 4 年,毕业了 6 个班。1956 年国民党空军中第一个驾飞机起义的刘善本是北平大学附属高中第二届的学生。吴新之在这里进一步接受了马克思主义启蒙。

求学清华　加入组织

清华大学档案馆收藏的《国立清华大学学生历年修习学程成绩记载表》记录了吴新之1934年至1937年修读课程和成绩情况。1934年到1935年第一学年，他修读了"国文""第一年英文""普通物理""高级算学""制模实习""体育""军事训练"等课程；1935年至1936年第二学年，上半学期他修读的是"机件学""金工实习""工程材料学""微积分"等课程，下半学期则修读的是"哲学概论""西洋现代史""中国乡村社会问题"等6门课程，此时他已从土木工程系转入历史系。1936年至1937年第三学年的成绩只有上半学期，修读的是"日文""中国哲学史""中国通史""欧洲近代史初期""日本通史"等课程。此后，成绩卡片无记录。

在清华大学，吴新之遇到了在中学时的同乡好友宫尚行（原名宫曰健），吴新之曾就读的栖霞县立职业（蚕科）学校就是宫曰健的父亲宫焕文创建的。宫尚行先后两次任清华大学党支部书记。在宫尚行的影响下，吴新之积极参加学生救国会的活动，广泛阅读进步书刊，加入中国共产党，积极传播进步思想。1936年1月吴新之参加了"南下扩大宣传团"，沿津浦铁路深入河北农村工厂进行抗日宣传。2月，"中华民族解放先锋队"（简称"民先"）成立，吴新之出席了在北平大学召开的"民先"第一次代表大会，被选入"民先"总队部工作。暑假回栖霞时，他带回《我们的队伍》（民先总部队刊）、《少年漂泊者》《新青年》《独秀文存》等进步书刊，嘱外甥范罗宾阅读。

在学生时期，吴新之常穿一件阴丹士林布大褂，一双农民布鞋，没有什么洋学生的派头，言行表情像一个乡村教师，像一个农村的庄稼孩子。而他也热心民众教育，1936年3月，在清华大学学生自治会干事会第三次会议上，他当选为学生自治会民众教育科干事，任民众学校校长。1936年暑假，因操劳过度生了病，无法继续工作，民众学校工作由李冠英接任。

政治工作能手"本地打"

1937年卢沟桥事变后,北平沦陷。吴新之在平津党组织领导下,与"平津流亡同学会"同伴一起经天津渡海来到烟台,之后转赴济南。离开清华后,吴新之开始了他不平凡的革命生涯。

在济南,吴新之参加了国民党第三集团军"政训人员训练班",1937年10月,结业后根据组织的安排到聊城范筑先部参加抗战工作。抵聊城时,适值国民党政府实行不抵抗主义,黄河以北政府官吏、军队人员纷纷撤退,吴新之等42位热血青年坚守聊城,誓死抗日。撤出聊城以后,决定留下来打游击的28人中又有吴新之。到聊城不久,吴新之与其它14名政训服务员一起来到堂邑县办事处与地方共产党的组织一起动员爱国青年参加游击队,发展抗日武装。1937年11月,由吴新之参与建立、由共产党领导的鲁西北第一支抗日游击第一大队在堂邑正式成立,吴新之任一中队指导员。

在抗日战争前线,吴新之主要从事政治思想工作。他政治态度和工作作风好,善于团结同志,能深入群众和群众在一起。他言不惊人,语不压众,不引人注意,从不拍桌子、瞪眼睛,不恶语伤人,不仗势欺人,说话总是满面笑容,不急不躁,循循善诱地给人讲道理。抗战初期一些刚脱下西装、长袍大褂的青年学生和群众说起话来,满嘴名词术语,老百姓听不懂,不解其意。吴新之从农村长大,对农民熟悉,他非常会做思想政治工作,群众和他有共同语言。农民、老百姓也喜欢找他拉拉家常。找他的群众多,一天到晚忙个不得开交。在工作中,他不发牢骚,没有怨言。不计较个人生活,地瓜、小米饭,吃得蛮香。在组织部队时,有的拎上了盒子枪(驳壳枪),有的带上枪牌的橹子(手枪),有的背上了汉阳造、水连珠(步枪),吴新之还是扛着一支"本地打"(土枪)。他的相貌、衣着、表情再加上这支土枪,人们就给他一个绰号叫"本地打",又叫"老千万"。吴新之的布背包里,装满了书籍和笔记本,他一坐下来,就拿出书来学习,常在油灯下学习和工作到深夜。在笔记本上密密麻麻地记载了他在部队和人民群众中调查了解的情况和问题,学习的心得和体会。

"艰苦工作都要他来做,困难地方都要他去。因为他和群众、干部声息相关,血肉相连,他信任群众,依靠群众,群众也信赖他。"

1939年,党组织派吴新之到馆陶郝国藩的独立团工作。郝国藩出身于地主家庭,国民党统治时期,郝同藩曾任馆陶县第八区区长。卢沟桥事变后,郝国藩就地组织民团。党组织为了争取这支队伍先后派一些干部去工作。在党组织领导下,经过吴新之等同志的帮助,郝国藩进步很快。为了打破这支队伍的家乡地域观念,吴新之和卫西指挥部政治部主任张潭商量,把这支队伍带到临清、馆陶、堂邑的三县交界的地区活动,又到邱县、大名、曲周一带打游击。1939年到1940年,独立团参加了讨伐石友三的战役,使这支队伍受到了锻炼。1940年6月,八路军129师新8旅成立,郝国藩的独立团编入新8旅,组建为新8旅的23团,郝国藩任团长。对于争取和改造这支部队,建设党所领导的武装,吴新之做出了重大的贡献。

1941年,吴新之在太行山辽县桐峪附近的北方局党校学习时,被选为支部委员,学习和工作很忙,只要有空暇时间,就和同志们在漳河边谈学习心得,交换意见。他对抗日战争、游击战术、党的建设、发动群众等均有一些独到的见解。北方局曾想留下他,因为前方坚决不放才未被留下。

1941年,吴新之结束在北方局党校的学习,回到新8旅,调任22团政治处主任。吴新之是这个团最早的发起人之一,对22团部队的团结和建设发挥了重要作用。22团在百团大战的对敌斗争中打了很多胜仗。在抗日战争最艰苦的年代,吴新之与人民群众同生死共患难,英勇顽强地粉碎了日军一次次"扫荡"、合围,歼灭了大量的日、伪军,保卫和扩大了抗日根据地。

掩护突围　中弹牺牲

自 1941 年下半年开始,日寇对我华北根据地发起了大规模的、全方位的、连续不断的、更加疯狂的进攻,兵力一次比一次多,范围一次比一次大,时间一次比一次长,连续不断地进行"围剿"、"扫荡",目的只有一个:肃清我华北八路军和抗日力量。1941 年 12 月 8 日,日军突袭了美国在太平洋上的海军基地珍珠港,接着又入侵美、英、荷兰等国在太平洋地区的一些殖民地,发动了太平洋战争。12 月中旬,日军华北方面军根据大本营的战略意图,进一步加强其军事、政治的进攻和经济的掠夺,妄图尽快摧毁中国人民的抗战意志,推行所谓"总力战",消灭中国的抗日力量,"实行积极的不间断的作战讨伐",以巩固占领区。

太平洋战争爆发后,根据国际国内形势的变化,党中央及时部署了敌后各抗日根据地的工作。1941 年 12 月 17 日,党中央发出《关于太平洋战争爆发后敌后抗日根据地工作的指示》强调指出,敌后抗战的"总的方针应当仍旧是长期坚持游击战争,准备将来的反攻。"1942 年初,129 师首长指示:"野战军也主要是分遣成连或营,强化游击战争。"22 团在政委于笑虹、政治处主任吴新之和代理团长徐国富的领导下展开英勇的反"扫荡"斗争。

1942 年 1 月 23 日夜,我 22 团刚刚转移到广平县北下堡村宿营。24 日凌晨,吴新之等几位指挥同志几乎同时发现敌人从平固店地区向东南移动。敌独立混成第 1 旅团长铃木纠集了 5000 多日伪军在大炮 10 余门、坦克 6 辆和十几辆汽车的配合下,合击我冀南三分区,妄图歼灭我冀南第三军分区的主力部队及八路军 129 师新八旅 22 团。为避开敌人的"扫荡",22 团立刻向东北方向转移。部队转移到东西张孟村时从东北方向合围过来的敌人已赶到,封锁了我军前进的路沟,转移受阻。于是,部队由东西张孟村向崔庄方向转移。不料敌人在崔庄一带也集结了重兵。22 团到达

吴新之同志传略

新之同志，山东栖霞人，二十九岁，清华大学学生，曾参加过"一二·九"、"一二·一六"等学生运动。"七七"事变后流亡济南，一九三七年十一月到聊城参加抗战工作。正值蒋军南退之际，新之同志与其他二十七个青年坚守聊城，后至堂邑工作。部队扩大后，新之同志历任连指导员、营教导员、营主任等职。先查纵队与筑先纵队合编新八旅后，任二十三团总支书记，四一年间来任二十二团政治处主任。曲周吕洞固战斗中新之同志牺率一排人在最前方掩护部队转移，不幸就在这次战斗中牺牲了。一九四〇年赴冀南北局党校受训，他不怕艰苦，勤奋好学，吃苦深入。新之同志虽是大学生，但工作表现上没有官僚主义。他的家庭是中农成份，上中学时，便是半耕半读。中学后教书二年又上大学，他是考上的官费生。他还教夜校。他研究过工程、史地。一生学习努力，艰苦朴素，政治作风非常好，对人诚恳。他的死真是我党我军的一大损失。

崔庄一带时，与敌之主力遭遇。敌人以机枪、大炮组成密集的火力，疯狂向我射击。我军奋力冲杀，打开了一个缺口，到达侯村。从侯村向西转移时，于杨固村又遭敌人拦截，突围未成。于是，又转向侯村南边的高固村方向，边走边打，最后到达吕洞固。然而，各路合围之敌跟踪从四面八方包围过来，将第22团层层包围在吕洞固。我军英勇顽强团结奋战，敌几次进攻，均被我打退。战斗异常惨烈。吴新之率一排人在前冲锋，掩护部队转移。他隐身在沟道里，正抬起身来，带领部队冲杀时，敌寇的子弹打中了他的头部，不幸光荣牺牲。经过艰苦奋战，我军冲出了敌人包围圈。1月24日的

1946年冀南抗战史料编纂委员会编辑的《冀南烈士传》（1982年再版重印）中，收录了武训县委会撰写的《吴新之同志传略》

这次突围战，22团共有98人牺牲、139人负伤。吴新之是牺牲的烈士中职务最高的一位。

吴新之，一个从胶东半岛走出来的优秀青年，像千千万万进步青年一样，为中华民族解放事业奉献了宝贵的生命，永远地留在了冀鲁交界的华北平原上。1969年，河北省曲周县侯村公社吕洞固大队在此地建立了吕洞固烈士公墓，建有烈士纪念碑一座。吴新之和牺牲的90多名烈士一起埋葬在这里，后来吴新之被迁往邯郸的晋冀鲁豫烈士陵园安葬。

正所谓：

抗日烽火烟正浓，

濒亡敌寇愈狂疯。

刀光血色映高地，

火海硝烟染碧空。

数百健儿齐蹈厉，

五千鹰犬徒逞凶。

英雄骸骨葬斯处，

芳魄遗香飘国中。

2020 年，为隆重纪念中国人民抗日战争暨世界反法西斯战争胜利 75 周年，经党中央、国务院批准，退役军人事务部公布了《第三批 185 名著名抗日英烈、英雄群体名录》，吴新之烈士位列其中。

注 1：又一说吴新之曾考入位于青州的山东省立第十中学。此处采信范罗宾文。

参 考 文 献

1. 郝雪廷编著：《抗战英魂录——八路军为国捐躯的将领下团职英烈》，西安，陕西人民出版社，2015 年。

2. 张潭：《一个质朴难忘的好同志——忆吴新之》，本书编写组：《光岳春秋（下）》.济南，山东人民出版社，2014：398-402.

3. 张潭，许法：《悼念吴新之同志》，冀鲁豫边区党史资料征集研究工作小组办公室：《冀鲁豫边区党史资料 内部稿 第三号》，1984：229-230.

4. 范罗宾：《怀念舅父吴新之》，烟台市政协文史资料委员会、烟台文史资料编辑部：《烟台文史资料 第 16 辑》，1992：88-96.

5. 冀南军区战史编辑委员会编：《晋冀鲁豫军区冀南军区战史》，北京，蓝天出版社，1993 年。

6. 徐国夫：《大漠风声疾》，沈阳，白山出版社，1998 年。

杨光泩

（1900—1942）

杨立林

危 难 受 命

杨光泩，浙江吴兴县（今湖州市）人，1900 年 7 月 14 日出生于上海。祖父辈经营蚕丝发家致富，丝号杨万丰。父亲杨文濂（字仲候）就读于上海圣约翰大学，1906 年受新学潮影响，剪辫明志，坚决要求去美留学深造，1912 年回国，不愿再随父经商，举家迁居北京，就任北洋政府审计院审计官。杨光泩随父母迁北京，入北京崇德中学求学。

杨光泩 1916 年考入清华学校高等科。他是同年级同学中最活跃、最年轻的一个。勤奋好学，成绩优良，热心社会活动，曾任校刊总编辑，善演讲、辩论，打网球、演话剧无不积极参加。1920 年清华毕业后，由庚子赔款保送留美，先入科罗拉多（Colorado）大学，一年后得学士学位，再入普林斯顿（Princeton）大学攻读政治经济学得硕士学位，1924 年得国际公法哲学博士学位。随后，出任中国驻美公使馆三等秘书，乔治城大学中文教授兼任华盛顿大学远东历史教授。在美读书时他也热心社会活动。1923—1924 年曾任《中国学生月刊》总编辑及美国东部中国学生联合会主席,以及清华大学留美校友会会长。还曾获纽约大学生网球赛冠军,洛杉矶学生校际辩论会冠军。

1927 年杨光洰应清华大学聘请,回北京母校任政治学、国际公法教授。1928 年 2 月去南京任外交部情报司副司长。1929 年与严幼韵女士在上海结婚。1930 年出任中国驻伦敦总领事及驻欧洲中国特派员。1934 年回国任上海《大陆报》(英文版)总编辑、总经理。1937 年春曾随中国代表团赴伦敦参加英皇乔治六世加冕典礼。

抗日战争爆发以后,他受命于危难之秋,出任中国驻菲律宾马尼拉总领事。当时正值日本帝国主义发动侵华战争,他满怀民族自豪感,对日寇暴行切齿痛恨。为维护民族自尊置酷暑于不顾,每日四处演讲,奔走于当地爱国侨胞和海外同情中国的友好人士之间,宣传祖国人民抗敌御侮形势,募集捐款,连续几个月,博得广大华侨的尊敬。仅 1941 年 4 月至年底的 9 个月中,马尼拉总领事馆就募集了 1200 万菲币和大量物资,有力地支援了祖国的抗战。其中有一部分经同情中国抗日的德藉友好人士王安娜女士的安排,辗转运到延安和八路军后方基地。但这些活动也引起了日方的极大注意。

坚 守 岗 位

1941 年世界战争的风云日趋紧张。野心勃勃的日本军国主义妄图在"共荣共存"的幌子下,建立一个包括中国、朝鲜、印度支那、缅甸、泰国、马来亚、菲律宾、印度尼西亚等亚洲国家和太平洋广大地区在内的日本殖民大帝国。为达此目的,蓄谋已久的太平洋战争爆发了。

1941 年 12 月 7 日凌晨,日军发动了震惊世界的偷袭珍珠港事件,揭开了太平洋战争的序幕。与此同时,按照既定的侵略计划,大举进犯东南亚。12月8日日军猛炸吕宋岛各主要口岸及美军在马尼拉附近的空军基地。12月10日日本海军大小舰艇进袭菲律宾各海岸后,旋即于12月15日开始在菲律宾登陆。马尼拉陷于大包围之中,形势异常紧张。这时,马尼拉华侨界人士曾劝杨光泩总领事率领馆人员撤离此地。驻菲美军司令部在撤退时,也特意在专机上保留座位,派人劝说杨光泩等人同机离开。杨光泩谢绝了他们的好意。他集合领事馆领事莫介恩、朱少屏,随习领事姚竹修、萧东明、杨庆寿,主事卢秉枢和学习员工王恭玮等人宣布:"身为外交官员,应负保侨重责,未奉命令之前,绝不擅离职守。"他们留在马尼拉做各种应变的准备,组织了战时服务队,设法安排文教人员疏散,指挥烧毁各种爱国捐款存据、救国公债登记表及其他重要文件。当时,中国政府委托美国印制了一船钞票正滞留在马尼拉,总领事馆的全体人员及家属便一齐行动,先用刀具砍去钞票的一角,以防止流通。后因数量太多,一时砍不完,大家便断然焚烧了整船钞票,使国家避免了一次可能蒙受的重大经济损失。

宁 死 不 屈

1942年1月2日,即马尼拉沦陷的当天,日本驻马尼拉副领事本原太次郎与杨光泩总领事在瑞士领事馆面晤,要求中国驻马尼拉总领馆承认汪精卫伪政权,否则领事馆人员将被剥夺豁免权。日本政府不承认重庆政权,所以,他们不再具有外交官身份,人身安全亦不受保障。还要求杨光泩通知华侨领袖集中到一个地方。日方的蛮横无理的要求,当即遭到杨光泩总领事的严词拒绝。

1月4日,日本宪兵悍然逮捕了中国总领事馆杨光泩等8名外交官员,将他们关押在菲律宾大学的美术学院。胁迫他们接受3个条件:一、宣布拥护南京汪伪政府;二、在3个月内在华侨中为占领当局募捐 2400 万菲币（相当于 1937—1941 年给重庆政府捐款 1200 万菲币的两倍）；三、组织新华侨协会，与占领当局合作。接受这些条件，即可获释。限两日内做出答复。杨光泩对敌人的要求，予以严词拒绝。敌人对他施以酷刑，迫其屈服。他大义凛然，坚贞不屈。

　　不久，日方探知中国总领事馆人员在马尼拉沦陷前焚烧了一船法币，还参与领导过马尼拉华侨为中国抗战捐款的活动，因而对他们更加恨之入骨。日寇威逼利诱失败以后，继而露出法西斯狰狞面目，准备对中国外交官下毒手。3 月 19 日将杨光泩等 8 名外交官移押到圣地亚哥炮台监狱。杨光泩等虽身遭百般凌辱，严刑折磨，反复审讯，但是，对祖国忠贞不屈的中华儿女始终表现出崇高的民族气节，誓不屈服。敌人恼羞成怒，罗列罪名，对我外交使节加以残害。日本宪兵司令大田悍然不顾国际公法，于 1942 年 4 月 17 日宣布了杨光泩等 8 位外交使节的"罪状"：抗日活动；军事协助重庆政府；扰乱治安；抵制日货。之后，便宣判将杨光泩等 8 人处以死刑。下午 1 时半日本宪兵将 8 人秘密押赴华侨义山公墓执行枪决。集体枪杀了 8 位使节。这是一起历史上罕见的集体枪杀外交人员惨案，一时震惊了东南亚及世界。

　　这一壮烈悲剧，当时的目击者——看守华侨义山的吴玉赐老人叙述说："那是 1942 年 4 月 17 日的下午 1 时半，日本宪兵押解杨光泩等八烈士到义山，途中和现场戒备森严，我在崇福堂的后楼上偷看，看到杨烈士昂首而行，义无反顾，其他馆员也都泰然随行其后，走到东南草丛的空地，在预先掘好的土坑前站了一排。一声令下，排枪并发，杨光泩等八烈士就纷纷跌入坑中，一群日本兵接着又用刺刀向 8 位烈士的遗体乱刺，以后才用土草草掩盖了事。我曾特别默志烈士们死难的地方，以备将来抗日胜利后再重新改葬。"

浩 气 长 存

历史上一切反动派总是自掘坟墓的,疯狂屠杀400万和平人民和8位烈士的日本法西斯终于战败,不得不投降。蹂躏菲律宾、杀害八烈士的日寇元凶大田,被押往马尼拉,经过公开审判,于1946年6月在烈士们流过鲜血的土地上伏法。菲律宾华侨在烈士殉难处建立了一高大纪念碑和纪念祠堂,岁时祭奠,以垂久远。

位于马尼拉的杨光泩烈士纪念碑

位于南京中华门外菊花台烈士陵园的杨光泩墓

1947年7月7日，杨光泩等八烈士的忠骸和驻北婆罗洲山打根卓还来领事的忠骸由专机运回南京，旅菲华侨万余人在机场洒泪相送。同年9月3日，九烈士忠骸安葬于南京中华门外菊花台烈士陵园。九烈士的鲜血，为民族尊严、世界和平而洒，祖国没有忘记他们，人民没有忘记他们。1982年，人民政府拨专款重新修建了菊花台陵墓，砌起了半圆形护壁，9座烈士墓呈扇形排列，苍松翠柏，庄严肃穆，地面上铺了鹅卵石，每座墓前都有献花台。青山有幸埋忠骨，在异国为国捐躯的九烈士，终于长眠、安息在祖国的大地上。1987年11月17日南京市各界隆重举行九烈士归葬40周年公祭典礼。会场摆满了各界敬献的花篮、花圈。清华校友总会赠送了"碧血宁洒异域地 浩气长存神州天"的题词。

黄 诚

（1914—1942）

孙敦恒

　　1944年9月，新四军军长陈毅将军在延安得悉新四军政治部秘书长黄诚遇害的消息，以沉痛而敬佩的心情赞誉道："黄被俘不屈，志量可佩。"并赋诗以志哀思：

> 松冈明月魂如在，
> 记取铁窗仍多情；
> 临难铮铮风骨好，
> 皖山不负夜台行。

读 书 救 国

　　黄诚，号动山，1914年5月16日生于河北省安次县调河头村。6岁丧父，由母亲和祖父抚养成人。自幼聪明过人，深得祖父的疼爱。稍长即送私塾读书，他勤奋好学，受到较好的启蒙教育。1928年，14岁时，考入邻县永清存实中学。1930年秋，转学北平第四中学，为初中三年级插班生。黄诚怀着一颗"读书救国"的热诚愿望,如饥似渴地博览群书,立志将来以自己所学知识报效国家。

1931年"九一八"事变爆发后,黄诚同广大青年爱国学生一样,积极投入了爱国运动,走上街头,散发传单,张贴标语,呼吁民众奋起抗日,多次受到学校当局的警告,1932年暑假因参加爱国活动被学校开除。

他高中刚读一年,就被迫离开了中学。但这年秋天,却以优异的成绩考取了天津北洋工学院预科,跨进了大学的校门,可见他平日用功之勤,各课学习成绩之扎实。1933年年初,他同魏东明等同学一起组织了"荒火社"读书会,一块阅读进步书刊,探讨救国道路。2月间,又与吴承明等同学合力开办了"北洋大学工友补习学校",向校中职工及其子弟传授文化知识和宣传爱国主义思想。这期间,黄诚还参加了"世界语学会"等进步团体的活动,还经常以"煌煌""成成"等笔名,给校刊《北洋周刊》撰稿,抨击时弊,宣传爱国。他的这些活动,赢得了同学们的信任,被推选为年级级会主席,并代表本年级参加全校级代表联席会。

1933年冬,学校当局宣布取消学生的书籍、仪器补贴费,引起学生们的公愤。学生级代表联席会根据同学们的要求,宣布罢课,并委派黄诚等人作为代表与学校当局交涉,要求收回成命。哪知学校当局不仅拒绝了学生们的请求,反而以"煽动学潮"的罪名,将学生代表们开除学籍。黄诚又被迫离开了北洋工学院。

接连的打击,并没有削弱他的爱国斗志和远大抱负。离开北洋工学院后,他一面坚持爱国活动,一面抓紧学业的复习,经过几个月的努力,于1934年夏考取了北平清华大学地学系。黄诚怀着无比喜悦的心情,来到了清华园,开始了新的学习生活。

当时,在清华学生中既有认真读书等优良传统,也有一些不好的习气,如"托尸"便是其中的一种,这是美国大学传来的高年级学生欺负一年级学生的一种恶作剧。每当新生进校,老同学为给新同学来个"下马威",对不顺眼的小弟弟,不管三七二十一,抓过来架起向空中抛举,或劈头盖脸浇冷水,甚而举起来扔入校河或游泳池中。一向见义勇为、正直无畏的黄诚,对此等不平事,怎能容忍。他义愤填膺,便同姚克广(姚依林)、杨学诚、吴承明等新同学一起组织起来,贴出《反托尸宣言》,并对这种有辱人格的恶作剧进行了抵制和斗争。他们的正义行动,得到了师生们的支持。从此,"托尸"陋习在清华园销声匿迹了。经过反"托尸"斗争,姚克广、黄诚等一批积极分子就把一年级学生团结和组织起来了。1934年年底,经周小舟介绍黄诚参加了"中华民族武装自卫会"。参加"中华民族武装自卫会"的清华学生,还有蒋南翔、姚依林、吴承明、杨学诚等人。后来他又参加了世界语学会清华分会的活动,成为该会的积极分子。这两个组织都是在中共地下党组织领导下进行活动的半公开的爱国进步团体。从此,黄诚同中共地下党组织有了接触,并经常得到党组织的教育与指导,对抗日救亡的认识不断提高,行动也愈加坚决了。1935年春,黄诚又同杨德基(杨述)等同学一起组织了"东方既白社",编辑出版《东方既白》杂志,向广大青年宣传爱国主义,介绍辩证唯物论和国际国内的政治形势。该杂志极受青年学生的喜爱。

在《八一宣言》的感召下

1935年6月,"何梅协定"出笼后,整个华北处在"国亡无日"的惊恐之中,广大学生都在为国家民族的命运苦恼着,焦急着。身为学生领袖的黄诚更是日夜思考着:同学们的抗日救国活动如何才能更好地开展起来。他的爱国行动和热心公益的品德,赢得了同学们的爱戴与支持,这年9月24日清华学生自治会举行代表会议,会上黄诚被推选为学生会干事会主席,后来又改任救国会主席,挑起了领导同学们开展抗日救国活动的重担。

这年深秋,中国共产党著名的《八一宣言》传到了清华园,地

清华学生会抗日救国委员会合影（左1为黄诚）

下党组织在一天夜晚把它贴到了布告栏，同学们发现后喜出望外，奔走相告。宣言中那激动人心的字句："同胞们起来，为祖国生存而战！为民族生存而战！为国家独立而战！"深深地打动了同学们。宣言中"组织全国统一的国防政府""组织全国统一的抗日联军""集中一切国力（人力、物力、财力、武力等）去为抗日救国的神圣事业而奋斗！"的号召，使黄诚多日的苦闷顿时冰消，党的《八一宣言》给了他希望与方向，从此他不顾个人的安危，更积极地投入了抗日救亡运动。

这年11月27日，清华学生自治会救国委员会召开全体学生大会讨论面对日本帝国主义的侵略、华北的危机，青年学生应如何办等问题。黄诚、吴承明等救国会委员提议联络各校举行抗日救国请愿游行，由于事前在同学中酝酿还不成熟，再加上少数学生的破坏阻挠，未获通过。第二天黄诚接到一封匿名信，向他们挑衅说："你们失败了，你们有何面目见马克思列宁于地下呢？"对此，黄诚等人非常气愤，并没有畏缩不前，而是更坚定了斗志。他们进行了认真的研究，接受了失败的教训，分头深入到同学中进行酝酿,讲清了游行请愿的必要,于12月3日再次召开全体学生大会。这次会上,经过激烈的争辩,通过了"通电全国反对一切伪组织、伪自治"的决议,并决定联络各校同学向政府请愿。同一天,北平学联也召开了各校代表大会,通过了反对伪"自治运动"和联络各校于12月9日游行请愿的决议。以黄诚为主席的清华学生救国会根据北平学联和清华全体学生大会的决议,积极进行了游行请愿的准备工作,组织同学写标语、印传单。中共地下党支部书记蒋南翔执笔拟写了《清华救国会告全国民众书》,发表在清华救国会刊物《怒吼吧》上,同时,又油印成单页,以备游行时散发、张贴。清华救国会《告全国民众书》喊出了华北学生的共同呼声:"华北之大,已经安放不得一张平静的书桌了!"

12月9日,划时代的"一二·九"运动爆发了。这一天清晨,清华学生在大操场集合好队伍,原计划乘坐校车进城,可是校车被警方扣留在城内了,于是改为步行进城。救国会主席黄诚为总领队,他率领着浩浩荡荡的队伍,沿平绥铁路奔向西直门。队伍行至高梁桥时,遇到了军警的阻拦。黄诚等人率领同学与军警进行了搏斗,冲破了阻拦,队伍继续前进,到达西直门时,城门早已关闭,全副武装的军警站在城门楼上,不准学生进城,多次交涉也无济于事,领队们商量后决定在西直门外就地召开群众大会,向市民宣传抗日救亡的道理。在市民大会上,黄诚手持用硬纸做的话筒,站在一个土墩上激昂慷慨讲述日本帝国主义对我国的野蛮侵略,东北民众的苦难,华北的危机,以及国民党南京政府的屈辱卖国政策。他的演讲话音刚落,又有人站出来,继续讲演。在演讲的同时,同学们还将头天准备好的《告全国民众书》,向群众散发。"中国是全国民众的中国,全国民众,人人都应负起保卫中国民族的责任!起来吧!水深火热中的关东同胞和登俎就割的华北大众,我们已是被遗弃了的无依无靠的难民,只有抗争是我们死里逃生的唯一出路。""起来吧!亡国奴前夕的全国同胞!中国没有几个华北和东北,是经不起几回'退让'和'屈服'的!"我们"要以血肉头颅换取我们的自由!",他们如泣如诉的话语,深深打动着听众的心,不少人为之泪下。

"一二·九"游行进城不行,黄诚等清华救国会的成员在地下党组织的领导和影响下,即着手准备酝酿下一次更大规模的游行示威。12月14日,黄诚代表清华救国会邀请了"五四"运动的参加者北大教授许德珩,到校给全体学生作了关于发扬"五四"革命传统的演讲,进一步激发了同学们的爱国热情。在这期间,清华救国会还根据北平学联的决定,派出了韦毓梅(孙兰)等同学分赴上海、南京、武汉等地,介绍北平学生的抗日爱国运动,并加强与各地学生的联络。

经过北平学联及各校的积极准备,12月16日又爆发了第二次大示威——"一二·一六"游行示威。清华学生在救国会的组织下,一部分同学作为先遣队于头天傍晚进城,大队于当天清晨由学校出发,黄诚仍为领队,他们高擎着校旗和"全国人民自动武装起来!""反对冀察政务委员会!"的大字横幅,向西直门进发!队伍到达西直门时见城门紧闭,便奔向西便门,西便门也同样早已关闭。愤怒的人群汇集在西便门外,等待着领队们的决定。黄诚等人商量后,决定一部分同学留在这里,一部分同学去永定门。留在西便门的400多清华学生与燕大学生一起,以血肉之躯冲开了西便门南边的铁路城门,进了城,赶到天桥参加了正在那里召开的市民大会。

经过抗日救亡运动的锻炼,黄诚提高了觉悟,树立了为共产主义奋斗的理想,1936年1月间加入了中国共产主义青年团。在此之前,黄诚于1935年12月底还曾代表清华大学救国会参加了"平津学生联合会"成立大会,并被选为平津学联领导成员。

"永为救亡而奋斗"

在平津学生组织南下扩大宣传团,深入农村宣传的日子里,黄诚遵照地下党组织的安排,没有南下宣传,而是留在学校里负责领导留校同学的爱国活动。南下宣传同学返校后,"中华民族解放先锋队"应运而生,黄诚是清华第一批民先队中的一员。

抗日救亡运动的蓬勃发展,打击了日本帝国主义侵略中国的凶焰,国民党亲日派又恨又怕,加紧了对爱国学生运动的镇压与破坏。

1936年2月29日拂晓,400余名武装军警闯入清华园,手持黑名单搜捕爱国学生。黄诚等抗日救亡运动积极分子均被列入黑名单,北平学联负责人姚依林,中共地下党支部书记蒋南翔,清华学生纠察队长方左英被军警逮捕到西校门,正要带走时,同学们蜂拥而上,英勇搏斗,夺回了自己的被捕同学。

当天傍晚,又有5000多军警来清华园抓人,但是,同学们在救国会的组织下早已有了戒备,名列黑名单的学生均有组织地躲避起来,其他学生大都集中躲进了体育馆。这天夜里,黄诚和姚依林一起隐蔽在冯友兰教授家中,面对黑云密布的漫漫长夜,他们深信光明就在前头,最终的胜利一定属于中国人民。黄诚在一首诗中叙述了他当时的心情:

> 茫茫长夜欲何之?
> 银汉低垂曙尚迟;
> 搔首徘徊增愧感,
> 抚心坚毅决迟疑。
> 安危非复今朝计,
> 血泪拼将此地糜;
> 莫谓途艰时日远,
> 鸡鸣林角现晨曦。

这首诗表达了他坚定不移、决心献身革命的情操。此后不久，黄诚光荣地加入了中国共产党，成为一名自觉的无产阶级战士！

"二二九"反逮捕斗争之后，黄诚同清华救国会的其他成员一起，又组织清华学生参加了"三三一"和"六一三"游行示威。他在申述为什么要参加"六一三"游行时说："日本兵一批一批的开到华北，战车大炮在这古城的大街上随意行走，海河天天有被害的尸身浮出，火车一包一包的私货输运……，这个血腥的时代，这个吃人的时代，能容许我去休息吗？逃避工作同拒绝大家的意愿全是罪恶！"

"六一三"游行示威之后，清华学生的抗日救亡运动又活跃起来。这时，黄诚不顾警察局要"传讯"他的威胁，住在城内负责北平学联的工作，但他仍继续关心着清华同学的抗日救亡运动。6月18日，学校当局宣布"照常考试"因少数学生对教授不恭而发生了冲突。黄诚闻讯后，立即从城内赶回学校，"希望不因此影响了救亡工作"。在他的主持下发出了《清华救国委员会敬告全体同学》书，并"一面设法切实制止冲突，一面立即派代表分访各教授解释道歉"。凡是救国会代表见过的教授，大都已"表示能够谅解"同学们的"苦衷"。事件本已平息，不料学校当局在国民党政府策划大批开除全国各地爱国学生的指令下，竟贴出布告，以"违反校规，不知改悔"的罪名将黄诚等4位救国会委员开除学籍，另有13人受到记大过处分。黄诚等被处分同学在压迫面前，毫不畏缩，他们一面向学校当局进行坚决的说理抗争；一面用自己的切实体验，呼吁"师生合作，一致救亡"。他在《让我们做最末一次被开除的学生吧！》一文中，以铿锵感人的词句写道："我是被开除了，我不留恋，我不懊悔，一切都是为了救亡，我要永为救亡而奋斗！可爱的朋友们，我是离开了，不过我相信，在同一方向的斗争中，共同工作的基础上，我们是永远相聚着。""我爱护救亡，也爱护学校，我希望清华今后风平浪静，不因此事而泛滥；不过为了救亡，我们是应该不顾一切的！让我们做最末一次的被开除的学生吧！"

一位好友在纪念册土给他写了如下的临别赠言："我相信,我们做的事,我们说的话,永远不会离开。我们艰苦的同行在这漫漫长夜里,没有光,虽是拉着手,而彼此看不见;但这绝不能说是离开!"蒋南翔同志后来回忆黄诚时说:"黄诚曾在担任清华学生救国会主席时被学校开除学籍,但我们不把他看作应当开除的学生,而是把他看作清华的骄傲。"

在北平学联主席岗位上

这年 9 月,在地下党组织帮助和进步教授吴承仕先生等人的协助下,黄诚转学到中国大学,就读于国文系。10 月 10 日北平学联在燕京大学召开代表会,确定了学联今后工作的 4 项原则:"一、建立广泛的抗日民族统一战线;二、拥护政府抗日;三、师生合作;四、救亡不忘读书,读书不忘救亡。"黄诚被推选继续担任北平学联主席,同时还担任了中共学联党团书记,同王文彬、孙世实等人一起担负起了北平学联的领导工作。会后,10 月中旬,黄诚同杨蕴青、何凤元、敖白枫一起作为北平学联和民先总队的代表赴西安进行联络工作,受到西安学生和各界爱国人士的欢迎。他们在《给西北各界同胞的一封公开信》中说:"北平学联、民先总队部特派遣我们来到这里,希望面谒张副司令、杨主任、邵主席,表达华北民众的敬仰爱戴的深意,并请求立即领导我们,动员抗战;更希望同这里的社会人士、青年学生密切的拉起手来,把华北、西北救亡的力量结成一个强大的队伍。"他们热情地呼吁:"亲爱的西北各界人士、青年同学们,我们已经伸出手来,热烈地等待着你们的提携与团结,共同参与这神圣的中华民族解放运动。"他们在西安与各校学生、各界爱国人士进行了广泛接触,宣传了北平学生的抗日救亡主张,特别是北平学联今后工作的 4 项原则;还拜谒张学良将军、杨虎城将军和陕西省主席邵力子先生等军政要人。张学良和杨虎城分别捐赠1000元和500元,支持北平学生的抗日救亡运动。他们的活动,在西安各界中产生了良好的影响,推动了西安的抗日救亡运动。

在抗日民族统一战线政策的指引下,北平学联在加强学生内部工作的同时,开展了争取"师生合作,一致救亡"和争取二十九军官兵的工作。11月22日,全国救国会领袖沈钧儒等7人被捕,北平学联在黄诚主持下召开各校代表会,议决罢课两天以示抗议,接着又于12月12日举行了大规模的示威游行。

1937年1月下旬,黄诚等爱国学生领袖被捕入狱,他在狱中一面保持同中共北平学委和北平学联的联系,一面组织被捕同学进行了机智勇敢的狱中斗争。在被提审时义正词严地质问道:"我们学生爱国救国犯了什么罪?"问得审问者哑口结舌,狼狈不堪。经过地下党组织和社会各界人士的营救,黄诚等人于3月中旬获释。出狱后,他更积极地投入了抗日救亡运动。

1937年春,北平学联利用春假组织各校学生到西山春游,指挥部临时决定演出揭露国民党南京政府非法审判全国救国会领袖"七君子"罪行的《开庭》。事前并没有剧本,临时决定由黄敬担任导演和化装,李昌担任编剧和提台词,王文彬演沈钧儒,黄诚扮邹韬奋,朱亦均演史良……他们一边分派角色,一边编剧本和台词,准备约一小时就开戏了。演出结束后,各校学生一致决定通电全国,要求释放"七君子"和一切政治犯,团结抗日。

这年6月,北平学联利用各校学生去西苑兵营进行军训的机会,开展了争取二十九军迎接抗战的活动。黄诚参加了这次军训。在军训中,他不怕苦,不怕累,虚心学习军事知识,苦练杀敌本领,利用一切机会同二十九军官兵交朋友,向官兵们宣传抗日救国是每一个中国人的天职。有一位姓曹的中队长,一天接到家信后放声大哭了起来,原来家中欠了地主的债,无力偿还,要卖掉他的妹妹去还债。黄诚得知这一情况后,一面劝慰他,一面在同学中进行了募捐,凑了200多元,寄给曹中队长家中,让他家还了债。这件事被广大二十九军官兵传为佳话,称为"义举",那位曹中队长对黄诚等学生更是感激不尽。

军训还没结束,"七七"卢沟桥事变爆发,伟大的全民抗日战争开始了。黄诚和北平学联的同志们一起发动组织了战地服务团,率领各校学生开展了募捐、慰劳等各种支援前线的工作。

走上了民族解放的战场

北平沦陷后,中共北京市委指定由蒋南翔、杨学诚、黄诚等负责接收各校学生中党员的组织关系,李昌等负责民先队员的关系,并共同负责组织北平各校学生的撤离工作。他们进行研究后,决定以"平津流亡同学会"的名义组织各校学生撤离北平。8月28日,黄诚和许多青年学生一起登上平津恢复通车后的第一趟火车离开了古都北平。从此他结束了学生生活,投笔从戎,走上了民族解放的战场。

黄诚经天津、济南、南京,于10月初至武汉与中共中央长江局取得联系后,同谢云晖、刘烈人、朱光等一同以全国救国会代表的名义去刘湘部队作抗日救亡的统战工作。他率领着一支20多人的宣传队,活跃在皖南歙县一带,并在川军中建立了一个秘密的中共特别支部,由黄诚担任书记,谢云晖和魏今非为支部委员。特支在川军中积极开展抗日民族统一战线工作,还在地方上开展抗日救亡宣传和发动民众的工作。他们在歙县黄岩寺小学办了两期"青年训练班",黄诚亲自为学员们讲课,宣传抗日民族统一战线政策,分析国内外形势及每个国民对抗日救亡的责任,青训班为抗日救亡培养了一批骨干力量。

1938年春,黄诚按照党的指示到了新四军,先在陈毅指挥的一支队工作,同陈毅将军朝夕相处,建立了深厚的革命友谊,不久便调到军部，担任军政治部秘书长。他在艰苦的战斗生活中，和战士们同甘共苦，"无时无刻不求上进"，1940年7月他在写给其姐夫的信中说，"在此除工作外，努力读书，加强学习，为上下互勉之急务。弟虽迟钝，亦感到在此进步甚大。""此地如一学校，如入家庭，朋友相处完全待以至诚。"又说："弟今已许身于从事之事业，愧未能侍奉慈亲晚景。但除此外，实亦毫无牵挂也。"

在这几年里，黄诚把自己的全部心血倾注于民族解放事业，随军转战江南敌后，身历百战，锻炼成长为一名智勇双全的抗日将领。他既是军政治部秘书长，又兼着秘书处处长，领导着军直属单位，管理科、文书班、运输班、警卫排等部门，军部机要材料都由他负责，一些重要文件也多由他草拟。他出色地完成这些任务。他还经常给部队干部讲政治课，讲政策和理想教育。新四军政治部主任袁国平在去重庆向周恩来副主席汇报工作时，称赞黄诚是他的"好帮手"。军长叶挺也曾说黄诚是"我们新四军的交际家"。黄诚在做好军中诸事的同时，也很注意做好驻地民众的宣传教育工作，争取团结更多的人，共同抗日。1939年春，周恩来副主席到皖南视察，太平县北乡小学校长刘寅与他谈话时，以感佩心情讲述了黄诚向他宣讲抗日民族统一战线政策，给他看《新华日报》的情谊，在黄诚的帮助下，他提高了抗日爱国的觉悟，走上了革命道路。周恩来同志听后，对此事极为称赞。

大义凛然 宁死不屈

1941年1月，国民党反动派背信弃义制造了震惊中外的"皖南事变"。新四军为顾全大局遵令由皖南转移北上，行军途中，遭到国民党顽军7万多人的重重围歼，我军9000官兵浴血奋战7昼夜，死伤不计其数，军长叶挺下山与他们谈判被扣。黄诚临变不惊，两手各持一支手枪，率领一支队伍杀出了重围，隐蔽在一处山林里。在敌人大部队搜山时，他们因弹尽粮绝，不幸被俘，身陷囹圄。最初，他和近百名战友一起被关押在一间大民房内，敌人百般拷打追问谁是共产党员，黄诚看到同志受此酷刑，十分难过，为了让其他同志免遭皮肉之苦，他挺身而出，厉声痛斥国民党顽固派空喊抗日，实在反共，策划此次事变的罪行，承认自己是共产党员，并正告敌人"不要想在共产党人身上打什么主意！要杀就杀，随你们的便"。义正辞严的话语，既压下了敌人的嚣张气焰，又鼓舞了自己同志的斗志。黄诚在狱中和所有的革命志士一样，大义凛然，宁死不屈，同敌人进行了英勇斗争。

1941年7月，黄诚等10人被关押在上饶集中营的石底监狱。他们10人都是共产党员，被分开关押在两个囚室里。为了有领导地开展狱中斗争，经过暗中联系和酝酿，建立了党的秘密支部，由原政治部组织部长李子芳担任支部书记，黄诚为副书记，还分别兼任所在囚室的党小组长。秘密党支部建立后，经常带领大家分析形势，研究斗争策略，还组织难友学习文化，由黄诚当教员，讲历史、数学、英语等课，表现了革命的乐观主义。黄诚的讲课连看守他们的宪兵都听得入了迷，他们暗中称赞说："共产党、新四军里真有人才啊！"

狱中特务常用惨不忍睹的酷刑审讯他们，黄诚置个人生死于度外，进行了坚决机智的斗争。有一次敌人在问他时，公然诬蔑新四军"叛乱"，要他"反省""自新"。黄诚立即愤怒地高声斥责说："我已经听够了你们的这一套，你们一再用叛乱的罪名诬蔑我们，根本不符合事实。究竟是谁在叛乱呢？全国人民和全世界人民都看得很清！你们一再制造摩擦，煽动反共，破坏抗战，我们为了顾全抗日救国大局，按照你们指定的路线渡江北上，而你们却悍然发动皖南事变，暗害我军。使日本侵略者高兴，全国人民无比悲愤。请问你们的这种行为，不正是对祖国人民的背叛吗？"质问得敌人目瞪口呆。接着黄诚理直气壮地质问敌人："我们新四军是抗日的队伍,几年来转战大江南北,战绩辉煌,有目共睹,我们一不投降日本,二不掠夺百姓,一心只为抗战救国,不惜流血牺牲,这难道有什么罪吗?难道有什么过可悔吗?"

黄诚,自从入党以来,早已将个人的生死置之度外,他说:"革命是我们的权利,牺牲是我们的义务。"在上饶集中营里,他曾设法托人带出来一张字迹模糊的信,上面写道:"军败被拘,生死莫卜。几年来从事于抗战,无愧于心。我绝不因斧钺在前而变初衷。假如就这样死了,则求仁得仁复何怨。"这种革命精神,永远是我们学习的榜样!

1942年4月23日,黄诚等被押解离开上饶去福建,途中被特务杀害。特务把毒药放到饭菜里,要毒死他们,由于药力不足黄诚没有被毒死,狠毒的特务把绳子套在他的脖子上,活活地把他勒死了。时年仅28岁。

黄诚烈士的一生,是革命的一生,为了民族的解放,为了国家的富强,为了共产主义理想,献出了他年轻的生命。他生的光荣,死的伟大!人们将永远怀念他。

参 考 文 献

1.《战斗在一二·九运动的前列》,北京,清华大学出版社,1985年11月。

2. 杨述:《悼黄诚》,《记一二·九》,北京,北京出版社,1960年。

3. 王聿先:《忆李子芳、黄诚烈士》,《忆上饶集中营的斗争》,南昌,江西人民出版社,1979年。

4. 张铭洽、蔡水泉:《黄诚烈士传略》,打印件。

5. 清华大学校史资料汇编。

阎裕昌

（1896—1942）

孙敦恒

吕正操同志在《冀中回忆录》一书中写道:"门本中是爆破队研究室的主要负责人,他原是清华大学的技术员, ……门本中同志在敌人面前坚贞不屈,是中国知识分子的一个典型人物。他为冀中军区和晋察冀边区的军工生产贡献出了自己的一切。"这里的"门本中"就是阎裕昌同志。

优秀仪器管理员

阎裕昌,又名门本中,号锡五,北京人,1896 年出生在一个贫苦家庭中,仅在私塾里读过几年书,没有进过"洋学堂"。1919 年经人介绍来清华学校当工友。那时的清华学校,是一所留美学校。校中各项制度十分严格,教师辛勤执教,学生刻苦学习,有着良好的学风。阎裕昌为能来这里干活,甚感幸运。他热爱自己的工作,又乐于帮助别人,勤勤恳恳,任劳任怨,得到教师和学生的称赞。在师生们的影响下,他越来越加感到,在当今的世界上没有文化知识是不行的。因而,他一面努力完成自己的本职工作;一面克服种种困难,参加了"工友夜校"的学习。他如饥似渴地学文化、学技术,不懂就问,不会就学。他觉得自己过去没能进学校读书,现在在这里干活,接触的人都是有学问的,人人是我的老师,要随时随地主动向人学习,向人请教。有一次,梅贻琦教授在给自己汽车的电池充电,他站在一旁仔细观看,把充电线路的接法记在心里,事后还画出了一个草图。后来,梅贻琦因忙无暇充电时,不等他说话,阎裕昌便代他把电池充好了。梅教授对此很高兴,认为他爱学肯干,有培养前途。1928年,清华学校发展为国立清华大学。阎裕昌到物理学系实验室工作,从此愈加努力钻研工作中遇到的诸多技术问题。当时物理学系设在科学馆,在建设系馆内第一层到第三层的各实验室的过程中,他边学边干,积极出主意想办法,进行规划和设计,为解决各实验室不同需要的直流供电线路问题出

二十世纪三十年代,清华大学物理系部分同仁合影
一排左2梅贻琦、左3叶企孙,二排左2阎裕昌、左4赵忠尧

力,作出了贡献,得到了理学院院长叶企孙教授的赏识。根据他业务能力上的进步,1931年夏被提升为仪器管理员,成为物理学系一位负有专责的教学辅助人员。清华大学物理学系重视实验,是全国有名的。"普通物理"一课,由萨本栋和吴有训等名师讲授,他们都非常重视实验,萨本栋的《普通物理》教科书《编辑大意》中明文规定:"采用本书作课本时,必须作相当之实验表演","以收实验与讲演相辅而行之效,庶几学者遇难于领悟之处得具体的实验之资助而获了然。"而这些实验表演,便多由仪器管理员阎裕昌操作。每堂课,阎裕昌都要在课前把仪器准备齐全,上课时配合教授所讲内容进行实验表演。对这一工作,他认真准备,细心操作,从不马虎从事,遇有学生咨询,他都和蔼耐心地解答,或再表演一遍。他熟练的表演,使学生对所讲问题加深了理解,受到了教益。他自强不息的进取精神,和兢兢业业的工作态度,使他在技术上不断跨上新台阶,且得到了师生们的敬佩。大家都说:"他是一位难得的优秀仪器管理员。"

当年清华物理学系的毕业生、著名物理学家王淦昌回忆说:"阎裕昌先生是我在清华时的物理学系技术员,是由叶企孙老师一手提拔起来的。主要是因为阎先生为人忠直,工作勤恳,手艺高超,思想敏捷,我们学生都从他那里得益不少,尤其是我在校5年,受他教益不少。在毕业后一年里当助教时,在吴有训老师的指导下做'北京地区大气放射性'的研究工作,受阎先生的帮助很多。"每年新同学到校后,上第一堂物理课时,授课教授常要介绍他的贡献和成就。

阎裕昌在出色地完成实验表演的同时,还为不断改进完善已有仪器,筹划制作新的表演仪器,日夜操劳。他听说北平城里某银器作坊有位姓丁的老工人,做的银质小火车头很精致,以酒精为燃料还能运行呢!在征得校方和系里同意后,就登门拜访,把他请到物理学系,专门制作修理仪器设备。他在蓝旗火器营村访到一位能制造土火箭的,也积极向系里推荐,把他请进实验室,帮助进行有关火箭的研究。虽然受到大家的称赞,但阎裕昌对自己取得的成绩从不满足,也从不夸耀,总觉得有许多东西还不懂,还不会,须要努力学习。事实上,他在工作中从未放松过自己的学习。

  1937年"七七"事变后,清华大学南迁长沙,与北京大学、南开大学合组临时大学。为保护北平校产,成立了"清华平校保管委员会",由毕正宣任委员会主席,下属有40位保管员,实际在校留守的仅10多人,阎裕昌便是其中的一员。他同美籍教授温德等人一起挑起了保护校产的重责。不久,北平沦陷,清华校园被日军占据,万恶的侵略军在校内,耀武扬威,肆意劫掠,任意破坏,保管人员经常遭到他们的辱骂、殴打与凌辱。留守人员汪健君在《日寇的暴行》一文中说:"寇军初来时和校方留守人员原划有区域的界线,临界它们驻有岗兵,我校员工如有必要须从岗兵左近经过时,必须脱帽行九十度的鞠躬礼,否则帽子被扯掉丢到很远或穿在刺刀上毁裂,同时少不了挨耳光、枪托,受脚端或罚跪。但是我们同人中宁愿受凌辱鞭挞,而坚持不致礼的也有。"阎裕昌便是这样一位有骨气的留守人员。对敌人的野蛮暴行,他都看在眼里,记在心里,激起了无比的民族义愤和爱国激情。有一次,日本兵在校园里滋扰、肆虐,想霸占物理学系的仪器等设备,威逼阎裕昌交出各房间的钥匙。阎裕昌据理抗争,没有听从鬼子的"命令"。敌人恼羞成怒,对他拳打脚踢,打得他头破血流,满身伤痕。他回到家中,愤恨地对家人说:"一定要打日本鬼子,将这些强盗赶出中国去!"那时鬼子兵俨然是清华园的主人,园中的一切只许他们随意霸占,不准中国人动用,留校保管人出入都要受其"检查"。物理学系实验室里存有极贵重的稀有金属"镭",阎裕昌深知此物的珍贵,也知其有放射性伤害人身,但为了不让它落入敌手,竟冒着生命危险,在工人的配合下把它取出,转移到家中,又设法送往天津,交予叶企孙教授,使它完璧回到学校,在西南联大的教学科研中发挥了作用。

坚贞不屈的战士

1938年初春，阎裕昌经叶企孙教授的指引，与中国共产党的地下工作人员取得了联系，走上了革命道路。北平沦陷后，叶企孙教授滞留天津，在清华天津办事处负责清华善后，协助清华师生及物资仪器向西南转移。他面对全国抗日救亡的熊熊烈火，热血沸腾，挺身而出，不顾个人安危，与中国共产党的地下工作者携手合作，用清华的钱资助一批清华学生和教职员，有的秘密去了抗日根据地，有的在天津为冀中抗日游击队制造炸药、购买武器。阎裕昌便是他们中间最活跃的一位。他先是在天津帮助叶企孙办理清华师生南撤的事，继之参加了支援抗日游击队的秘密工作。8月间，经保定去了抗日根据地，改名门本中，参加了抗日部队。到冀中后，和清华物理学系毕业生熊大缜一同工作。熊大缜当时是冀中军区供给部长兼技术研究社社长，阎裕昌是技师，是技术研究社的主要成员之一。他们和从平津等城市去的大学生一起，克服了物资上的极端短缺，因陋就简，研究生产炸药，制造手榴弹、地雷等武器，武装冀中军民。阎裕昌为了帮助清华大学、燕京大学等校人员来根据地参加抗日工作，置个人生死于度外，经常来往于平津保之间，穿越敌人的封锁线。有时深夜回到家中，第二天一早便出去"访友"了。他常常把写有被访人姓名和地址的纸条，小心地隐藏在家中不易被人发现的地方，还再三叮嘱妻子："这些纸条，在有什么不利情况下，对任何人都不要说出来，千万记住！"据他儿子阎魁元兄弟三人说：后来纸条上的人在他父亲的联系帮助之下，纷纷到达了京汉路西侧的太行山抗日根据地，参加了抗日战争。我们学校的很多单位，如校医院、生物系、物理系和工厂的很多有爱国心的职工，在他的帮助下去了抗日根据他。校医院的赵祥（赵子光）便是跟随他由北平秘密经保定去根据地的。

清华物理学系毕业生、著名物理学家葛庭燧，抗战之初在燕京大学物理学系当助教,他回忆说:"1938年秋天的一个晚上,阎裕昌同志忽然来到我的宿舍,他曾与我一起养过肺病,所以很熟,彼此比较了解,我问他这一年到哪里去了,他说:'参加了游击队,叶先生知道这事,我是奉命来要求你利用燕京大学作掩护为游击队做一些事:①搞一些关键器材,如雷管和无线电元件;②查阅一些资料,提供一些技术书刊;③介绍科技人员去游击区工作。'这些要求我当然义不容辞,于是彼此约定单线联系的办法。他说希望我去游击区看看,了解游击区的情况和要求。当时他告诉我,这个游击区在保定以东天津以西,去的时候会有领路的人。"后来葛庭燧在阎裕昌的帮助下,由北平化装成天主教司铎去了保定,又由保定到了冀中抗日根据地,还在熊大缜领导的军区供给部工作了一个时期,后回到燕京大学,为抗日根据地作了不少事。

吕正操同志撰写的《冀中回忆录》一书中记述了熊大缜、阎裕昌他们出生入死、无私奉献的英雄事迹:那时冀中军区对他们的要求是:第一是教会根据地做雷管;第二是做烈性炸药;第三是做地雷。他们首先在城市试制出炸药TNT,装入木箱或纸箱里,上边写上"肥皂"运到冀中来。他们利用冀中遍地都有的硝盐制造火药,并进行了几次自制炸药的爆炸试验,效果很好。20多斤炸药就把火车头炸坏了,40多斤就能把车头炸得粉碎。军区组织了爆破队,在铁路工人的密切配合下,用他们制造的炸药对平汉路进行了爆破。有一次炸日本鬼子的军车,一下子就炸死了四五十个鬼子兵。吕正操称赞说,这些"知识分子确实在冀中军工生产中起了很大作用"。后来,他到了晋察冀边区河北唐县安北地区一带,建立了生产硫酸、炸药、炮弹、雷管等工厂,为民族解放事业做出了重大贡献。

以后,因冀中急需抗战物资,他又奉命往冀中安平县武莫营村,在一庙内生产炸药,直至牺牲。吕正操在《冀中回忆录》中写道:"门本中是爆破队研究室的主要负责人,他原是清华大学的技术员,到根据地后有人叫他门技师,有人叫他工程师。他胆子大,整天穿着军装。他说鬼子来了就给他一枪,那么胆小干什么!一次敌人进了村,他把器材坚壁好就藏在大街上的一条大船底下,敌人走时到处抓鸡,一只鸡钻到船下,结果他被搜了出来。敌人问他是干什么的,他说是个小兵,不是小兵哪能穿军装呢!敌人对他用刑,他就大骂。他说顶多是死,毫不在乎。敌人用铁丝穿着他的锁子骨在街上转,问老百姓谁认识他。老乡都说认识他,但没有一个人揭发他是制造炸药、雷管的,没有一个人不为他哭泣的。他高呼:日本鬼子一定失败,日本鬼子是中国人民的死敌!最后,敌人把他残杀了。……"

阎裕昌烈士是 1942 年 5 月 8 日,在河北省安平县武莫营村被敌人杀害的,时年 46 岁。他热爱国家,忠于人民,宁死不屈,铮铮铁骨,表现了头可断、志不可侮的凛然正气,保全了党的秘密,对党对人民鞠躬尽瘁,死而后已,实践了革命到底的誓言。他牺牲后,晋察冀军区的同志们怀着沉痛的哀伤把他安葬,找出了他隐藏起来的器材和火药,恢复了军工生产。他为抗日战争作出了最后的奉献。

1946 年 8 月 2 日,晋察某军区供给部长封永顺等在给张家口市长的信中说:"阎裕昌同志于 1938 年 8 月参加部队,在冀中军区制药厂工作,功绩卓著。他不幸在 1942 年被敌俘去,经过严刑拷打、利诱,而阎裕昌同志表现了高度的民族气节,意志非常坚决,敌人用各种方法未获得半点效果。阎裕昌同志未吐露半点秘密,堪称民族英雄,革命军人的模范。"

参 考 文 献

1. 吕正操:《冀中回忆录》,北京,解放军出版社,1984 年。

2. 阎魁元等:《怀念我们的父亲》,《清华校友通讯》复 16 期。

3. 葛庭燧:《叶企孙老师培养了我的爱国主义思想》,回忆文章手稿。

李冠英

（1911—1942）

孙敦恒

热心民众教育

李冠英，又名李松霄，河北省武邑县南场村人，1911年生。1924年到武邑县城读高等小学，1926年考入设在冀县的河北省立第十四中学，在这里读了4年。1930年来到北平，进入河北省立第十七中学，继续读高中。他勤奋好学，各课成绩优良，深得老师们的器重。1931年"九一八"事变后，面对日本帝国主义的武装侵略和祖国大片土地的沦丧，他万分悲愤。在他的积极倡导下，几位武邑同学组织起"武邑县旅平同学会"，互助互砺，共同进步。他们创办了一个刊物《纯泉》，在北平编辑印刷，送往武邑及其邻县散发。该刊以短小生动的文章，宣传爱国思想和评议县政，对武邑等县的腐败政治给予了大胆的抨击，甚为本县民众特别是青年学生和知识界所喜爱。

1932年，李冠英以优异成绩在河北省立第十七中学高中毕业，考取了清华大学工学院土木工程系。他满怀激情，抱着"科学救

"一二·九"学生游行

国"和"学好本领服务于社会"的心愿,来到了美丽的清华园。进校后,他勤奋学习,但他们针砭时弊的《纯泉》仍利用课余继续刊行,而且越办越受欢迎,以至武邑县的青年学生都知道这个刊物是李冠英等人在北平办的,大家争相传阅,在当时对开导民智起了很好的作用。直到现今人们在回忆《纯泉》时,还众口一词地说:《纯泉》"当时在武邑一带起了重要的启蒙作用"。

李冠英在清华大学读书期间,"读书不忘救国,救国不忘读书"。他努力攻读所学课程,同时积极参加爱国活动,热心公益,被同学们推选为学生会干事会干事。在"一二·九"抗日救亡运动中,他和广大清华同学一起参加了"一二·九""一二·一六"游行示威,为抗日救亡奔走呼号,接着又参加了南下扩大宣传,深入农村,接受了实际的锻炼与考验,成为一名出色的中华民族解放先锋队队员。1936年夏初,经曹桂馥(曹言行)介绍加入中国共产党,成长为坚强的无产阶级革命战士。

在清华大学学生会中,李冠英分工负责民众教育工作。这项工作,一直是清华学生会和许多学生非常重视和热心从事的一项重要的社会工作。许多爱国进步学生，在"开导民智，提高民众文化水准"的热切愿望推动下，组织起来为清华园内贫穷职工的子女和附近农村的农工子弟开办各种形式的民众学校。为了更好地开展这一工作，清华学生会专门设立了民众教育科负责其事。1936年暑假，原民众学校校长吴新之因操劳过度生了病，无法继续工作，一向急公好义的李冠英，便主动挑起了这副沉重的担子。这时清华学生会主办的民众学校，有初级识字班、初级补习班、英文夜校班、工友夜校班、妇女班等十几个班，学生200多人。李冠英认为："我国之所以走到这民族危亡、国势岌岌的今日，固然是因为受到了各帝国主义的侵略，可是我们内在的弱点，教育不普及，民智愚塞，文盲众多，大众文化水准太低落，也是主要的因素。"因此，他对民众学校这项工作极为重视，尽一切可能参加各种活动。在他接任校长后，更是全力以赴，忘我工作。为了改进、提高民众学校的教学质量，他采取了公开招聘教师的办法，聘请"愿牺牲个人之闲游时间，在民校担任数小时课程"者，来担任民校教师；还成立了"民众教育会"，经常研讨教学内容和教学方法，组织教员自编课本；为了适应抗战的需要，各班还加强了"国难教育"。

在李冠英的主持下，民众学校所聘教师"全是急公好义，热心教育的同学担任"。他们"虽然完全是白尽义务"，不取分文，"可是，他们全能感到，在这国难奇重的非常时期，为教育大众的重任而尽到了自己应尽的责任"。他们在学好自己的大学课程的余暇时间选教材，编讲义，教学生学文化，每周为民众学校的学生授课二三小时，有时是五六小时。"为了养成学生的独立人格，促成他们的做事能力，对课外活动极其重视"。带领学生开展文体活动，打球、游泳和唱歌等各种课外活动。正如李冠英介绍民众学校时所说："然而，那质诚天真的孩子们心感的微笑，愉快的欢呼，也只有他们才有特权去享受，那就是他们用血汗获得的安慰啊！"

妇女识字班的教学，是由高景芝、王次蘅、吴瀚和蒋金涛4位女同学担任的。经过她们的辛勤耕耘，学生们既学了文化，识了字，也懂得了不少抗日救亡的道理。在她们要离开识字班时，学生们赶绣了 4 只枕头，送给 4 位老师，枕套上绣着 4 只将要飞去的大鸟，后边站着几只恋恋不舍的小鸟。学生们说："4 只大鸟飞去了，我们这些小鸟没人带了！"

开辟冀南根据地

1937 年 6 月，李冠英在清华大学工学院土木工程系毕业，要去山西到同蒲路从事铁路工程技术工作。他尚未到职，爆发了"七七"事变。清华爱国学生在北平学联的发动下，立即组织了战地服务团，开展了捐献、慰劳等支前活动。李冠英作为清华学生代表和燕京大学等校代表一起，携带慰劳品，奔赴宛平慰劳二十九军抗日将士。此后，李冠英目睹华北大片国土相继沦陷，怀着满腔悲愤回到了家乡河北武邑。

这时，河北各地民众纷纷拿起刀枪，组织起了各种抗日武装。李冠英积极联络本县回乡青年学生，与大家商量如何组织起来一同抗日救亡，适有段海洲率领的一支由附近民众组成的"青年抗敌义勇军团"进驻邻县武强，他们便决定前去参加这支部队。李冠英被委为宣传处长。他将对敌人的仇恨和对人民的爱心熔铸成无比的战斗意志，率领宣传处的人员冲破种种困难，动员附近几县的爱国青年 50 余人分别组成了宣传队、剧团和报社，用当地民众喜闻乐见的方式开展抗日救亡宣传，及向部队士兵进行政治思想教育工作。他们每到一处，便向民众讲演、演戏，或教孩子们唱救亡歌曲，这些活动很得老乡的欢迎，宣传了群众，组织了群众。一些民众经他们宣传，要求参加抗日队伍，从而扩大了部队，并加强了军纪。随着工作的开展，该部队中建立了政治部，李冠英担任了政治部主任。

1938年春，八路军129师来到了冀南地区，成为当地的一支抗日主力部队。当时这一带有好几支大部队，有八路军129师的部队，有人民自卫军，又有国民党顽军张荫梧部，还有一支国民党别动队。李冠英所在的这支刚组织起来的"青年抗敌义勇军团"，要存在下去，并有所作为，就要同某一支大部队联合，接受其领导。为了正确解决这一问题，共产党员李冠英、陈元龙等人在官兵中进行了艰巨的说服酝酿工作，说服了"司令"段海洲，得到了广大士兵的支持与拥护，决定接受八路军的改编，接受共产党的领导。李冠英曾两次陪同段海洲去129师师部，拜会邓小平、徐向前、宋任穷等同志，商讨改编事宜。这年6月，"青年抗敌义勇军团"正式改编为"八路军青年游击纵队"，划归129师建制。此时，李冠英已改名李松霄，被委任为青纵二团政治处主任。不久，青年游击纵队又改编为八路军129师新四旅，成为我八路军战斗在冀南平原和华北各地的一支抗日主力部队。

　　当年与李冠英一同参加青年抗敌义勇军团，又同在青年游击纵队，解放后任职水电部的国伯刚同志回忆说："我与松霄同志朝夕相处，最长的一段时间，是'七七'抗战回老家后，经参加义勇军、改编为八路军，至1938年他离开部队调回武邑，大约一年多，时间虽不长，但由于朝夕与共，一同开辟工作，同生共死，艰苦良多。在共同战斗中，深知他革命立场坚定，旗帜鲜明，艰苦朴素，平易近人，善于做群众工作，并有相当强的工作能力。因此，以他的模范行动团结了广大干部，我们受他的影响和教益良多。在参加义勇军以前，半年左右的时间里，他很自然的成为我们回乡学生的核心。在参加义勇军到改编八路军，这段时间里，我们更是战斗在一起，生活在一起。在宣传处和政治部，他是我们的直接领导人，他经常带领我们高唱革命歌曲，他最爱唱'五月的鲜花，开遍了原野，……'那首歌。他亲自同我们一起撰写文章，宣传抗日救亡；一起参加民众集会和战士的会，发表讲演；还经常一起学习马列著作,改造非无产阶级思想,'克服小资产阶级劣根性'及树立革命人生观。"

部队改编不久,李冠英遵从党的委派,出任武邑县战委会主任,领导全县民众开展抗日斗争,为创建武邑县民主政权、开辟冀南抗日根据地作出了贡献。1939年2月,被全县民众公推为武邑县的第一任民主政府县长,他领导全县军民艰苦奋斗,出色地完成了抗日和生产各项任务。1940年春,升任冀南五专署专员,又挑起了领导创建冀南抗日根据地的任务。1941年夏,赴太行中共北方局党校学习。

1942年5月,在反击日寇大扫荡的战斗中,英勇牺牲于太行山下,时年31岁。

李冠英烈士的遗骨究竟落在何处,直到今天仍不得而知,但他永远活在人们心中。

2014年9月1日,经党中央、国务院批准,民政部公布了第一批在抗日战争中顽强奋战、为国捐躯的300名著名抗日英烈和英雄群体名录,李松霄(李冠英)名列其中。

参 考 文 献

李冠英:《民众学校》,载《清华暑期周刊》1936年第7、8期。

姚名达

（1905—1942）

童庆钧

幼 年 时 光

姚名达，字达人，乳名侠生，号显微，1905 年 3 月 16 日出生于江西省兴国县城南竹坝村（见注 1）。父亲姚舜生，是一位前清秀才，做过中小学教员和县政府秘书、科长。母亲徐才琳，勤劳善良，治家有方。家里只有几亩薄田，但有几千部古书。

姚名达 6 岁时开始识字读书，8 岁入私塾。先后就读于南魁小学堂、兴国达德小学堂，1913 年肄业于第三小学校。姚名达幼年很喜欢看小说，对历史特别感兴趣。10 岁时，父亲买了一本《纲鉴易知录》给他，他看得津津有味，爱不释手。阅读该书时，姚名达就发觉其思想不对，在书眉上随意批驳。姚名达研究历史的兴趣和基础，在那时就已奠定。

1923 年，姚名达在江西省立赣县中学毕业后，由于家境清贫，遵从父命学医，内心却郁郁不乐。1924 年秋，父亲卖了田土，姚名达考入上海南洋公学国学专修科。次年，姚名达买了一本胡适的

《章实斋先生年谱》，重新提起研究历史的兴趣。听何炳松讲《文史通义》，姚名达才知道除了历史值得研究以外，史学的理论和方法也值得研究。

史学家与目录学家

1925年7月，清华国学研究院举行第一次招生考试，姚名达参加考试并被正式录取。在国学研究院，姚名达就教于王国维、梁启超，立志用十年工夫，专门研究中国史学史，并开始研究章实斋的史学。梁启超命姚名达、吴其昌、周传儒等三人负责记录课堂讲词。梁启超《饮冰室合集》晚年半数著作，即为三人笔记。当时梁启超也在燕京大学兼课，三人便往返步行于清华燕京之间。

1926年6月，姚名达从国学研究院毕业，毕业论文题目是《邵念鲁年谱》与《章实斋之史学》。毕业后，他不愿离开良师，不忍放弃史学，申请留校继续研究，在梁启超指导下，以"历史研究法"专修学科的"章实斋之史学"为题开展研究。他还整理梁启超授课《中国历史研究法补编》讲义，编成"年谱及其做法""专传的做法"两章。

1927年5月12日，姚名达有感于中国史范围过大，材料特丰，大家通力合作才有成功的希望。国学研究院有梁启超、王国维、陈寅恪、李济等良师，又有大学部史学系师生，若能联络组织，分工合作，再扩大到北京乃至全国，不出十年，中国史学必定有很大改观。因此，姚名达发起组织了史学会。

1927年6月，国学研究院第二届学生毕业，姚名达留校继续研究，整理梁启超《中国历史研究法补编》授课讲义，编成"孔子传的做法"以后诸篇。1928年6月，姚名达在国学研究院三年期满毕业后，继续留在国学研究院研究《中国史学史》专题，并为梁启超整理史籍。他做《章实斋著述考》，并赴章学诚生长、生活的江浙一带实地访查。

1929 年 1 月梁启超去世后,姚名达感觉失去了明灯,不得不自行摸索前进。3 月,姚名达离校,南下上海,入商务印书馆编译所供职。除了办公时间以外,他仍旧于清晨深夜,继续史学史的研究。前后数年,陆续发表了一些论文和专著。姚名达还整理了许多零零碎碎的小纸片,纸片上有不少前人未发现的史料,记录了他关于史学史的独到思想。

1929 年 10 月,胡适著、姚名达增补的《章实斋先生年谱》由商务印书馆出版发行。11 月,姚名达开始著作《目录学》。12 月,姚名达《邵念鲁年谱》列入何炳松主编之《中国史学丛书》,由上海商务印书馆初版发行。

唤 起 民 众

1932 年"一·二八"事变,上海商务印书馆总厂被日本飞机炸毁,东方图书馆除极少数善本已先期转移他处外,其馆藏书籍均为日军战火所毁。姚名达住所的几千部藏书、十几部文稿也被焚毁,那些零碎的小纸片也付之一炬。姚名达这才觉悟到个人与社会、国家有着最密切的关系。国家的安危,社会的治乱,直接影响到个人。要想个人安乐,就不能不参加保卫国家、安定社会的工作。12 月,姚名达从商务印书馆辞职,后在暨南大学、复旦大学、中国公学、正始中学等学校教授历史。

姚名达一向很留意妇女的生活和历史,也很同情她们的遭遇。1932 年 3 月,姚名达、黄心勉等创办《女子月刊》,以倡导妇女解放,宣传抗日救国。后来又创办了女子书店,以代理发行《女子月刊》。

1935 年 5 月,姚名达与上海 150 余名文化界人士联名发表"我们对于文化运动的意见",反对埋头读经,反对复古运动,唤起民众,完成民族解放的功业。11 月,姚名达又与上海 300 多名文化界人士一起联名发表《上海文化界救国运动宣言》。宣言指出,文化界负有指导社会的使命,应当立即奋起,站在民众的前面领导救国运动;中华民族应该进一步觉醒,早日奋起,更有效地保存民族正气,争取民族解放。

1936年1月1日,姚名达在《国难的由来和现状》一文中指出,谁造成我国的国难、国难的现状怎样、如何才可消除国难,这是国民人人必须知道的问题。姚名达认为,国难的加深,不纯粹是政府的责任,民众每一个人也要负相当的责任。正所谓"天下兴亡,匹夫有责"。

1938年,姚名达《中国目录学史》由长沙商务印书馆初版印行,列为王云五、傅纬平主编的《中国文化史丛书》第二辑第一种。1940年,姚名达《中国目录学年表》由长沙商务印书馆初版印行,列为王云五主编的《国学小丛书》本。

以 身 殉 国

1940年8月,姚名达受泰和国立中正大学校长胡先骕聘请,就任该校文法学院副教授兼导师,讲授《中国通史》。1941年8月,姚名达继续受国立中正大学校长胡先骕之聘,改任研究部研究教授。

1942年5、6月间,日军发动浙赣会战,企图打通浙赣线,侧击粤汉线。为了动员民众,激励士气,姚名达联合学生数人,发起组织国立中正大学战地服务团。在6月12日的成立大会上,胡先骕任名誉团长,姚名达被选为团长,王纶为副团长,并通过王纶起稿的《战地服务团宣言》,还有团歌、团章、团员公约等。当晚,姚名达挥笔写下《怎样打击东战场的倭寇》,发表于6月25日江西《民国日报》。

战地服务团成立后,还编写《国立中正大学战地服务团特刊》

和《战地通讯》,登载在江西《民国日报》,宣传成立战地服务团的意义,报道前方服务军民的活动消息。

6月24日,战地服务团举行授旗及团员宣誓典礼。25日,团员38人斗志昂扬,冒雨自国立中正大学大礼堂出发,奔赴战地前线。他们乘坐小火轮船,沿赣江而下,先抵吉安,29日到达前方重镇樟树,立即分头到医院慰问,看护伤病员,发放慰问金、代写家信等。

7月7日,遇日寇夜袭,战地服务团师生赤手空拳与敌搏斗,毙敌一人后,姚名达、吴昌达不幸中弹,殉难于抗日前线的江西省新干石口村。姚、吴二位烈士殉国后,王纶副团长代行团长责权,化悲痛为力量,继续坚持在前方服务军民两个月,受到广大伤病士兵和流离难民的赞扬和爱戴。

1943年3月25日,国民政府颁布褒扬令,称姚名达和吴昌达"均属见危授命,深湛嘉许,应予明令褒扬"。国立中正大学校长胡先骕赞扬姚名达"绝学有遗著,千秋有定评""一死堂堂在,临危气

位于南昌江西师大西湖畔的姚名达烈士纪念亭——显微亭

不降"。1987年10月1日,民政部正式追认姚名达为革命烈士。2002年3月纪念姚名达殉国60周年,原全国人大副委员长雷洁琼题词"抗战捐躯教授第一人"。

注1:关于姚名达的出生日期,有四种说法:(1)3月16日。据1927年《清华学校研究院同学录》中由其原配黄心勉所撰之介绍。(2)3月17日。据1934年5月《女子月刊》第二卷第四期姚名达撰文《我为的是什么》。(3)3月23日。据1937年姚名达所作《生辰有感兼怀漱泉》诗(原载《女子月刊》第五卷第四期),1942年其继配巴怡南所撰《先夫姚显微事略》也沿用此说。(4)农历二月十一。据1996年编成的《兴国坝南姚氏四修族谱》中的世系所载。而1905年3月16日与1937年3月23日,均为农历二月十一。另姚果源在主编《浩气壮山河》一书过程中整理上述巴怡南的回忆文集时,"近年才发现巴怡南保存的原文复件上,亲笔补写了'生于一九〇五年阴历二月十一',换算公历1905年3月16日"。由此可推断其出生日期为公历的3月16日。

参 考 文 献

1. 清华大学国学研究院主编:《姚名达文存》,南京,江苏人民出版社,2012年。

2. 夏晓虹,吴令华编:《清华同学与学术薪传》,2009年。

3. 王咨臣:《爱国学者姚名达生平及其史学思想》,《文献》,1985(4):149-161.

4. 张丽著:《历史不能忘记系列:抗日英烈民族魂》,北京,中国民主法制出版社,2015年。

5. 中正大学校友会海峡两岸校友联合组编:《浩气壮山河:原国立中正大学抗日战地服务团纪实》,南昌,江西高校出版社,2010年。

黄　维

（1918—1942）

张博晋　魏子顺

国立西南联合大学抗战从军学生题名碑上，刻在首位的名字是"黄维"，下方还有两个小字"殉职"。黄维，男，北平人，是西南联合大学在抗日战争中牺牲的英烈。

联 大 生 涯

抗日战争时期，教育部通令各省收容战区失学青年。在这一政策下，不少战区大学的学生转入联大借读，一学期或一学年之

黄维的国立西南联合大学学生注册片

后,通过联大的转学考试,则可成为联大的正式学生。这一举措既在特殊环境下保证了广大学子能够就学,同时也将全国众多成绩优异的学生吸引至联大。1939 年 9 月,21 岁的黄维由辅仁大学转入西南联大外国语文学系二年级学习,学号为 L830。

在外文系,黄维积极热心,与教授吴宓交游颇多,深得吴宓的喜爱。1940 年 2 月,外文系组织茶话会,黄维担任主持,为茶话会出力最多。黄维时常到吴宓处,或与之交流研究《石头记》,或与之讨论时事。1940 年 5 月,联大内成立"石社",以研究《石头记》为主要目的,吴、黄二人都是"石社"的核心人物。吴宓在 1940 年 5 月 12 日的日记中记录到:"顾良、黄维来,同赴朱宝昌请宴于曲园。畅叙,并行红楼梦酒令。石社成立,以研究《石头记》为职志。顾良任总干事。众同步归。惟独送宓至舍,且立谈久久。"是年,西北大学欲聘请吴宓担任文学院长兼外文系主任,黄维就此事曾多次劝吴宓留在联大,欲继续师从吴宓受学。8 月,吴宓带领黄维前往农校拜访李澍校长,向李校长推荐黄维担任英文教员。后吴宓欲前往浙大就职,黄维协助其办理诸多事务。吴宓到浙大前,时常宿于农校,与黄维交流颇多,黄维也曾表示愿从吴宓赴浙大,一路伴送。9 月 16 日,黄维邀请吴宓共度中秋,与顾良、陈毓善四人赏月叙谈,直至深宵。

1941 年 8 月 1 日,中国空军美国志愿援华航空队(即"飞虎队")在昆明正式成立。美国志愿者来昆明后需要大量翻译人员,但从社会招聘渠道录取的人员无论数量、质量都不甚理想。9 月,教育部下令从内迁各大学外文三、四年级男生中征调人员参加"战地服务团译训班",规定充任译员者工作一年后返校复学。译训班设在昆华农校东楼二层,由联大教授实际负责。联大外文系陈福田(系主任)、温德,中文系闻一多等教授及美方专职教师负责语言训练,吴泽霖(社会学系)、赵九章(气象学系)、皮名举、姚从吾(历史系)、罗常培(中文系)、查良钊(教育学系)等教授讲授气象、史地、美国社交等相关课程。10 月 22 日,四年级的黄维同查富准、许渊冲、吴琼、万兆凤、罗宗明等三十几位联大同学一起报名参加了第二期译训班,11 月 3 日开始上课。

许渊冲回忆说,陈福田先生曾要求学员们轮流用英语作时事报告,第一个就挑中了黄维。黄维讲得极有趣味,把枯燥的新闻讲得生动,连昆明上演的电影也讲到了。

入 缅 作 战

当地时间 12 月 7 日早晨,珍珠港事变爆发,美国太平洋舰队遭受重创,日军大举进攻东南亚,迅速占领了香港、新加坡、菲律宾等地。美国正式参战,译训班也因此提前结业。22 日译训班结业时,陈福田告诉学员们,远征军即将开赴缅甸协同盟军作战,需要空军支援和对空联络翻译。黄维听闻后表示不去美志愿航空队机场,要求随远征军赴缅甸作战。12 月 26 日晚,黄维前去拜访吴宓,向其辞行,后随其所在的第 6 军第 49 师入缅作战。黄维在部队中与众人关系极好,精神活泼,体魄比以前更为强健。

1941 年 12 月 26 日,中英两国政府在重庆签订《中英共同防御滇缅路协定》,建立军事同盟,同日中国远征军正式成立。1942 年 2 月 16 日,入缅作战命令下达。3 月 1 日蒋介石亲赴缅甸前线视察时,第 6 军前锋已进入缅甸景东地区。21 日,远征军总指挥史迪威将军签发同古会战命令,第 6 军之暂 55 师归第 5 军军长杜聿明指挥,军主力准备拒止泰国方面来敌;然而由于指挥权不确定等问题,同古会战期间第 6 军主力始终远在景东、毛奇一线,远征军无法迅速集中兵力对付来势汹汹的日军 4 个师团。30 日凌晨,孤军坚守同古城的第 200 师在精疲力竭中突围撤退,同古会战失利。此后缅甸战场形成了中路、东路、西路三条相对独立战线的格局,第 6 军居于东路。

4 月初,第 6 军已全部入缅,黄维所在的第 49 师到达木迈。7

日，蒋介石亲自在前线部署第二次决战（即平满纳会战），第6军主力在东路侧翼配合，暂55师仍随第5军行动。然而日军认为第6军战力疲弱（实际上远征军总指挥史迪威将军也在担心这一点）且战线过广，决定以主攻的第56师团突破其防线，席卷远征军后方，最终"切断华军归国之路，全歼华军于缅甸境内"。5日，暂55师毛奇前线发生前哨战，随后敌增兵突破我一线阵地；16日，偷越正面防线的第56师团重锤打击在暂55师师部所在的罗衣考阵地，暂55师被一举击溃，当天即丢失罗衣考，且与军部失去联系，远征军全线震动。随后第6军与达成突破的精锐第56师团苦战。22日，第56师团第113联队攻取棠吉，守军第49师一部一触即溃，远征军后方受到严重威胁。此后负责掩护后方的第6军又连遭打击，3个师皆已残缺不全，仓促向东北方向败退。29日，滇缅公路重镇腊戌陷落，次日第6军奉命向景东转移，日军换由第18师团追歼；第6军击退来犯的泰军，沿途砍树埋雷竭力迟缓追兵，终于5月8日渡过萨尔温江（怒江）。全军逃出生天回国者仅6000余人。

5月中旬，黄维与同为联大外文系，后参加暂55师赴缅作战的甄露茜于某地会面，后又分道扬镳，临别前相约同返昆明。6月17日早晨7时黄维乘竹筏渡澜沧江，竹筏载了8个人和5匹马，过重，江水湍急，而坐马由于未蒙眼，受惊跳动，导致竹筏倾翻，人马皆落入水中。黄维的坐马及勤务兵都游到了对岸。起初，江中还能看见头戴白帽的黄维，用手扳住竹筏，将要浮起，却又落下水去，就再也没有见到其人。军中之人无不为之哀悼惋惜。

师 友 纪 念

7月18日，吴宓听闻爱徒黄维殉职的噩耗，深感痛伤。8月20日，吴宓至联大外文系撰写黄维讣告及追悼会启事。23日，吴宓出席黄维追悼会并致辞，讲到黄维对于文学的高深见解、为人处世外

圆内方,对其牺牲表示哀悼。吴宓还为爱徒撰写挽联:

大勇见真仁,历劫两间存正气。

亲贤兼爱众,同堂三载醉春风。

丁则良于1938年毕业于西南联大历史系,后留校担任历史系助教,与吴宓、王佐良交往甚密。丁则良在获知黄维遇难的消息后,亦作挽联以抒心中哀思:"壮志长存,烟瘴山川悲永逝。诗魂不死,波涛风雨听孤吟。"

参 考 文 献

1. 庄秋水:《1941外文系他们,分担了中国的命运》,《看历史》,2011(4):50-59.

2. 徐心坦主编:《国立西南联合大学史料5学生卷》,昆明,云南教育出版社,1998年。

3. 吴宓著:《吴宓日记(第7册)1939—1940》,北京,生活·读书·新知三联书店,1998年。

4. 卢静:《悼念黄维》《西南联大北京校友会简讯第十一期》,1992:45-46.

5. 刘宜庆编著:《大师之大西南联大与士人精神》,南京,江苏文艺出版社,2013年。

6. 余斌:《西南联大的背影》,北京,生活·读书·新知三联书店,2017年。

7. 许渊冲:《联大人九歌》,昆明,云南人民出版社,2008年。

8. 闻黎明:《抗日战争与中国知识分子西南联合大学的抗战轨迹》,北京,社会科学文献出版社,2009年。

9. 陈立人:《国殇(第五部):中国远征军缅甸、滇西抗战秘录》,北京,团结出版社,2013年。

10. 周琇环,吴淑凤,萧李居编:《中华民国抗日战争史料汇编:中国远征军》,台北,国史馆,2015年。

11. 吴宓著:《吴宓日记(第8册)1939—1940》,北京,生活·读书·新知三联书店,1998年。

朱 谌

（1918—1942）

丁欣然　岳　颖　刘羿佟

1918 年，朱谌出生于河南安阳，后进入北平育英中学读书。1938 年从高中毕业后加入杜聿明第五军，负责通讯工作。1940 年，考入西南联合大学的朱谌前往云南叙永攻读物理学系，仅一年后朱谌再次入伍，加入远征军赴缅作战。1942 年，随军撤退的朱谌在行军路上身染瘴疠，将粮食分给其他士兵后于野人山牺牲。

24 岁，两度入伍，为数不多的照片里那个身材高挑、一本正经、头发梳的有模有样的少年，最终成为了诸多赴缅远征年轻士兵中的一个小小缩影。尽管不曾在历史上留下太多的文字痕迹，但当我们拼接起历史的碎片时，仍能看到一颗以祖国命运为己任的赤诚爱国心，在永恒地搏动。

说相声的大师

人们回忆起朱谌时，都认为他是个为人热忱、乐于助人的青年。他经常为同学修表，在同学有难之时主动垫钱出力。除此以外，他还是一个多才多艺的青年。在一次叙永分校招待地方人士的晚会上，朱谌因为其音色洪亮，被众人动员唱京剧《四郎探母》。朱谌从没唱过京剧，只得现学现卖，没想到却一唱惊人，从此成为了文艺晚会的常驻表演者。

朱谌最拿手的本事是说相声。相声说得好并不稀奇，朱谌的本事在于他会自己编。他的相声多取材于现实生活，有时用国文，有时用英文，往往编排巧妙，说法诙谐，引得全场欢笑。在他的中学学弟李桂华看来，若是朱谌没有早早牺牲，定能继承侯宝林大师的衣钵，发挥自己的特长。

两 次 入 伍

1938年，朱谌高中毕业后入伍，加入了杜聿明的第五军机械化部队，担任通讯工作，应属通讯营。从此，他的命运和这个传奇的军团紧紧相连起来。

1939年夏，日本侵略军集结兵力，准备开辟华南战场。由于华南有诸多国际交通要道，杜聿明在分析局势后，决定"乘敌孤军深入后援未济之时，集结优势兵力，配合地方民众，迅速反攻，以击破侵敌而恢复国际之重要交通"。就这样，彼时年仅21岁的朱谌随军一同奔赴南宁昆仑关，向当地据守日军发起了进攻。

这场持续了18天的战役最终以中国获得重大胜利而告终。在"要塞式攻击法"的战略指导下，杜聿明命令第二百师副师长彭璧生率部从邕宾路左侧越过昆仑关，形成包围之势；邱清泉师把战车埋伏在公路两旁的丛林地带；郑洞国师则加强右翼攻势，再度进入昆仑关内敌军纵深阵地，将敌指挥部及炮兵阵地摧毁，史称"昆仑关大捷"。

这场惊心动魄的战役让朱谌从少尉升成了中尉。更令其喜悦的是，他顺利考取了西南联大物理学系。于是，入伍两年的朱谌决定继续学业,他请了假,来到了四川叙永（当时西南联大分校所在地）。

但朱谌并未能在联大待上多久。1941 年 12 月 7 日,珍珠港事件爆发。次日,美英等国对日宣战,中国与美英结为同盟国家。日军也于太平洋战争爆发后,实行南进战略,进攻东南亚。缅甸告急,英国请求中国出兵援缅。中国应要求组建了十万远征军赴缅作战。故而原属于第五军的朱谌又再度回到了部队。

1941 年年底何宇曾在昆明的文林街上遇到朱谌,听闻了他二度入伍的消息。但他没想到,这竟是他最后一次听到这个曾在中学时期与他逗弄、玩耍的学长的消息。

魂落野人山

这一次的入伍相对于第一次更加惊心动魄。担任翻译官的朱谌跟随军队一同参加了同古、棠吉、曼德等战役,且屡立战功,很快晋升为少校。

在国内的何宇虽然没能再收到学长的消息,但总能在报纸上看到赴缅作战的第五军节节胜利、英军如何在各方面作战实力上均无法与中国军队抗衡的报道。看到老牌帝国主义不如中国部队,包括何宇在内的中国民众纷纷感到振奋昂扬。中国老百姓对这支军队充满了期待与厚望。

消息在 1942 年的 4 月突然变得稀少。何宇几乎再难获取有关第五军的战报和朱谌的消息。直到秋冬之际,文林街上的文林堂贴出了通告,办起了追悼会,何宇才知道,朱谌牺牲了,死在了更南方的野人山。

后来,何宇了解到,1942 年 4 月,日军一个师团猛冲北进,冲垮了远征军 5 个师,占领腊戍,直抵怒江,惠通桥被迫炸断,远征军归国之路就此截断。西路的英军立刻就近向西回到印度。但中路的远征军却一时间左右两难。远征军司令长官罗卓英命令第五军司令长官杜聿明跟随北退的三师西退印度，但杜聿明拒绝执行。他直接请示了蒋介石，并在蒋介石的授意下向北进发，准备绕过最北端的日军，向东回国。

朱谌就命丧在这个毫不理智的莽撞决定上。率军北上，意味着要在雨季深入原始丛林。部队上无飞机空投，下无推土机开路，后无后勤支援，只能在丛林中用砍刀开路前进，十分艰难困苦。

据朱谌的营长回忆，在撤退的过程中，每个人都饥饿疲惫，随时会暴毙在路上。原始丛林中，人烟绝迹，雨季中大雨常至，药尽粮绝。朱谌随身保存的一些药物和粮食，也都救济给了他人。不久，朱谌不幸身染瘴疬。走到野人山时，朱谌将自己最后仅存的粮食分给了其他官兵，背靠着一棵大树坐了下去，便再也没有站起来。

事实上，朱谌只是众多牺牲者中的一个小小缩影。据战后统计，穿越野人山的部队 4 万人进山，有 3 万余人葬身原始森林，仅 8 千人出山生还；大多数士兵死于迷路、饥饿、瘴气、蟒蛇口腹、吸血蚂蟥、食人鼠及蚊叮热病。有些士兵不堪忍受，选择了跳崖或是持械自尽。

相反，按照罗卓英指令向西前往印度的三十八师在孙立人将军的带领下，于半个月内穿山越岭，在雨季到达之前赶到了印度。史迪威百余人的步行小组更是无一减员。

尽管未留下多少身后资料，但历史从未忘记朱谌。在西南联大旧址上，至今仍完好保留

西南联合大学纪念碑

有 1946 年 5 月西南联大修建的"国立西南联合大学抗战以来从军学生题名"碑,上面镌刻着西南联大从军抗日学生的名字共计 834个。其中,便有朱谌的名字。

英雄已逝,不论是晚会舞台上说着相声的快意少年,还是昆仑关战役中年轻的通讯营员,抑或者是将粮药分给战友牺牲于异乡的伟大烈士,朱谌象征的是那一代西南联合大学学子"以天下为己任"的赤诚与勇敢。

1942 年在野人山的大雨纵然会冲刷掉战争的血腥,但他的灵魂会永远飘荡在他所坚守的热土上方,真诚地守卫着心系的祖国。

参 考 文 献

1. 国立西南联合大学 1944 级:《国立西南联合大学八百学子从军回忆》,非正式出版物,2003 年。

2. 西南联合大学北京校友会:《国立西南联合大学校史》,北京,北京大学出版社,2006 年。

3. 吴宝璋:《西南联大从军"八百壮士"题名碑》,《教育史研究》,2015第 3 期:32-42.

崔明川

（1918—1943）

秦　仆

走 向 革 命

崔明川，1918 年出生，山东省潍县（今潍坊市）高里人。潍县人民素来具有反帝、反封建、反压迫的光荣革命传统，潍县也是山东省共产党组织建立最早的地区之一，1925 年以来党的活动十分活跃，大革命时期有"共产党的潍县"之说。崔明川天资聪颖，勤奋好学，于高里小学毕业后，就读于广文中学。广文中学的前身是1883 年美国基督教牧师狄乐创立的"乐道院"，内设文化馆，后又创设专收女生的文美院及培基小学；1931 年文化、文美、培基三校合并，改名为"广文中学"。在众多教会学校中，广文中学坚持以中文教学，发展中国文化教育事业，传播进步思想以反对封建统治文化。革命时期，广文中学结集了山东大批的知识青年和进步人士。1925 年潍县早期共产党员庄龙甲根据党的指示来潍从事革命活动时，就把广文中学作为开展地下活动，传播共产主义革命思想的基地。1927 年春中共潍县文美中学支部成立，1927 年 9 月文美中学爆发反帝爱国主义的罢课斗争。当时的广文中学不仅是传播新知识的摇篮,更是孕育革命新思想的阵地,许多热血青年、革命志士正是从这里树立起救国之志,崔明川即是其中的一员。

崔明川在少年时代就受到良好的反帝国主义、反封建主义压迫的思想启蒙,他不受礼教束缚,敢于跟旧势力作斗争。1936 年,18 岁的崔明川在家里长辈的安排下结婚,面对这场包办婚姻,已经受到新思潮洗礼的崔明川十分抵触,结婚后不久,崔明川便离开潍坊,辗转青岛、香港、越南等地,1940 年前往昆明,考入西南联大。

弃学从军

西南联大诞生于抗日战争的战火纷飞之中,是全国著名的高等学府和民主运动的坚强堡垒。1940 年初,日本侵略者为切断援华物资的西南国际交通通道,对缅甸、越南等地发起进攻,9 月,日军攻陷越南,切断滇越铁路并企图沿线入侵云南,时局愈加严峻。1940 年 11 月,经西南联合大学常委会讨论,决定在四川成立国立西南联合大学叙永分校。崔明川便于 1941 年 1 月入读叙永分校工学院机械工程学系。同年底,怀着舍我其谁的家国情怀和胜利在望的坚强信心,西南联大结束在叙永分校的办学转而返迁昆明,崔明川由此随校迁回战争前线的昆明。此后,尽管仍有日军窥伺滇西南以及直驱桂黔的紧张战况,西南联大不畏惧、不退缩,依然坚持办学,国难当前,联大师生共赴外辱。

崔明川就读的机械工程学系是工学院中规模最大、学生人数最多的系所,除开设机械制造工程的基础课程外,根据国防建设的需要,另开设兵器学、兵器制造等课程,直接为抗日战争服务。在校期间,崔明川认真学习专业知识,但国难深重、社会动荡,日益紧张的战争局势常常使其陷入困苦的情绪中,崔明川日夜盼望着抗日救国之志能得到更大的施展。1939 年至 1942 年,日军凭借空军优势,在中国领空肆意袭扰、轰炸,我方空军飞行员牺牲惨重。1941年国民政府决定在大学生中招考飞行员,几番思考后,崔明川怀揣英勇报国的雄心壮志,毅然决定报考空军飞行学院。经过严格的检查和考验,崔明川从百分之一的录取率中脱颖而出,被昆明巫家坝空军航校录取,成为首批大学生空军飞行学员。当崔明川走进空军航校时,大门两侧"升官发财请走别路,贪生怕死莫入此门"的对联深深地触动了他,他清楚地意识到,这将是他英勇报国新的起点。

碧 血 丹 心

在巫家坝空军航校经过短期飞行训练后,1943年,崔明川前往美国继续接受各种飞行训练,在美训练期间为"43-I班空军学员",所属期别为"空校航炸15期",学习7个月,见习3个月,前后时间不足一年,学习内容包括初、中、高级的教练机飞行训练及毕业后的作战飞机训练。夜航、长途飞行、盲目飞行、编队飞行……在高强度的训练压力下,崔明川咬牙坚持,只为能早日回国参战,痛击日寇陆空军队,实现心中的救国梦想。

噩耗,却转瞬间传来。1943年7月9日早上9点,结业在即的崔明川在美军少尉教官赖特·洛厄尔(Wright, Lowell V)的带领下,从亚利桑那州马拉纳(Avra Field, Marana, Arizona)军用机场四号辅助跑道起飞,驾驶编号42-1395的BT-13A训练机进行双人使用仪表飞行训练,原本预计当天上午10点返回机场,而飞机却在训练过程中突然失踪。从7月9日下午开始,机场组织行动小组在周边展开搜索,直至7月11日下午3时20分,才在距离机场往东约30英里的崎岖山脉中发现飞机残骸,整架飞机完全损毁!根据现场情况推测,事发时指导飞行的教官在前座舱睡着了,仅凭还是学员的崔明川在封闭的飞行舱内使用仪器盲飞,当教官惊醒

美国布利斯堡国家军人
陵园的墓碑

后猛烈旋转操纵杆时，转弯的飞机撞向峡谷底部一棵高大的松树，飞机转而急速下坠至谷底，机毁人亡。

出师未捷身先死，即将结业回国参与战斗的崔明川不幸失事殉国，后埋葬于美国得克萨斯州埃尔帕索县布利斯堡国家军人陵园（FortBliss National Cemetery），墓碑号 8F。肃穆的墓碑静默无声，却诉说着西南联大青年学子的家国情怀，见证了一代中国军人保家卫国的宏愿。

参 考 资 料

1. 西南联合大学北京校友会编：《国立西南联合大学校史》，北京，北京大学出版社，1996：604.

2. 程国栋主编：《张咸恭教授八十华诞暨从事地质工作六十年庆贺文集山的呼唤：工程地质学与可持续发展》，北京，地震出版社，1999：17-19.

3. 国立西南联合大学 1944 级：《国立西南联合大学八百学子从军回忆》，非正式出版物，2003：11.

李忍涛

（1904—1943）

袁 帆

在中国人民抗日战争史上，曾经出现过一位被誉为"中国防化兵之父"的将军。这位将军带领当时中国仅有的化学兵力量与敌抗衡，不仅增加了日本的军费负担，而且令侵华日军极为忌惮。这位将军无可替代的威慑力量使其成为敌人必欲除之的"眼中钉、肉中刺"，最终血洒长空，英勇殉国。这位将军因其传奇经历被海峡两岸的抗战英烈纪念单位同时祭拜，受到特别尊重。他，就是清华学校 1926 年（丙寅级）毕业生李忍涛。

清华求学立志

李忍涛出生于 1904 年 8 月 26 日（农历甲辰年七月十六），云南鹤庆县人。根据《鹤庆李氏家谱》记载，李氏家族远祖可上溯至万历年代，列祖列宗的行业，多为修武、行医、经商。到李忍涛祖父这一支虽然不是富裕的大户人家，但举全家之力供其父李实（1880—1953）一人读书，李实不负众望，学习成绩斐然。1904 年，李实在中国历史上最后一次"甲辰科举"考试中考中举人。而这一年恰是李忍涛降生,科举上榜又喜得贵子,可谓"双喜临门"。

但随着延续几千年的封建科举制度被废除,也断了这位清朝末代举人继续考取功名之路,而此时的中国读书人很多都投入到"戊戌变法"之后兴起的"留学潮"中,李实也赴京赶考,取得了留学日本的名额,并进入早稻田大学政治系学习。李实归国后曾在民国政坛沉浮,具有官宦经历。李实这种"学而优则仕"的典型经历无疑给其后代带来了良性影响。据称,李忍涛幼年即显露出聪颖过人的天资,初进塾馆读"四书五经"即过目不忘。后进昆明国民小学,考试常得满分,作文下笔成章。一时成为佳话。这些表述与李忍涛后来各个阶段优异的学习表现相互印证,应属不虚。在一张他与母亲和两个弟弟拍摄于1915年的老照片上,11岁的少年李忍涛眉宇间显露出超出年龄的不凡气度,似乎预示着他是一位能以"精忠报国"为己任的有用之才。

李忍涛于1920年在云南省立师范学校毕业后,考进清华学校丙寅级插班就学。其时,清华校园文化正在经历五四运动之后的重大变化。随着新文化运动的兴起,各类政治、经济、文化社团竞相成立,反映各种思潮的文化书刊屡见不鲜,学生思想活跃度明显提升。李忍涛在这个时候进入清华学校学习,其成长经历不可避免地受到很大影响。李忍涛在校期间表现活跃,清华早期档案资料中就留下多处关于他的活动记载。

根据现有资料,李忍涛在校期间活跃且坚韧,得绰号"拿破仑",还被推举为学生会干事部主席。他参加过的社团组织至少有:基督教青年会、级际国语辩论队、辞令研究会、军事学会等。最为重要的是,他还是由清华早期共产党员施滉(1900—1934)等人组织的"唯真学会"会员。而这一组织宗旨是"本互助和奋斗的精神,研究学术,改良社会,以求人类底真幸福",代表了当时清华学校内主张社会改造的左派力量,强调会员的个人道德修养和操守,要求会员实行"八不主义"：不抽烟、不酗酒、不赌、不嫖、不讲伪话、不贪污、不做军阀爪牙、舍私为公。唯真学会显然是一个具有"真理所在，即趋附之"理想的组织，在特定的阶段中对清华学生有一定影响力，对其会员之后一生的政治倾向和理想抱负更有着直接导引作用。李忍涛虽然不是"唯真学会"的核心成员，但在他后来人生中表现出来的道德素养则可以看出有着强烈的自我约束色彩，这恐怕与他在清华求学时参加"唯真学会"不无关联。

李忍涛在清华学校求学时间长达6年，完成影响其一生的知识储备和社会阅历的重要积累。在此之后的赴美留学以及再后来的军旅生涯，一切皆以清华所学为基础。清华在1911年至1924年招收的1500名学生中间，能够学成毕业的只有636人，占比只有42.4%，这足以说明，在上个世纪初，能够取得清华的毕业证书是一件非常不容易的事情，而李忍涛就是其中能学成毕业的佼佼者之一。因此，他获得的"毕业证书"弥足珍贵！

美德习武储能

李忍涛从清华学校毕业之后，就开始了一段长达6年的海外留学经历。他先后在美国和德国就读过4所院校，而其中3所是军事院校，并由此决定了之后"从军习武、报效祖国"的壮烈人生。1926年，他先是赴美国维吉尼亚军校（Virginia Military Institute）就读。维吉尼亚军校位于美国南方的莱克星顿市，创建于1839年11月11日，是美国几所历史悠久的军校之一，与北方的"西点军校"齐名。该校素来以训练严厉著称，且校风一直略有种族歧视的味道，并有着由老生管理新生的所谓"虐新"传统文化。

维吉尼亚军校本身是一所具有军地双重性的州立军事学校，接受外国非军事人员留学。在这里就读过的清华早期军事学人中，最知名的就是孙立人（1900—1990）将军。据孙立人回忆维吉尼亚军校的经历时说，他受到的最好教育就是一个"忍"字，养成了忍受挫折的毅力。"任何横逆之事，都能忍受。所谓忍受，并不是被环境征服，而是抱定自己的志愿去忍受横逆之来侵。所谓'逆来顺受'，即强忍到底"。事有凑巧，李忍涛名字中就有一个"忍"字，这或许也成为一种心理暗示和无形动力，帮助他在这所军校中完成了艰苦、隐忍的基础学习过程，实现"由民到兵"的艰难转变，也为日后训练部队积累了直接的经验。

在维吉尼亚军校之后，李忍涛又去位于佐治亚州本宁堡（Fort Benning）的美国陆军步兵学校（United States Army Infantry School）接受短期步兵训练。这所军校也是美国陆军设立较早的学校之一。根据有关资料介绍，著名的美国陆军五星上将马歇尔（George Catlett Marshall, 1880—1959）曾在 1927 年至 1932 年担任该校副校长，并对该校的教学进行了一定的改革，取得一定成效，而李忍涛受训的时间恰好在此期间。从两所军校学习结束后，李忍涛还到芝加哥大学（University of Chicago）进修历史课程，进一步完善知识结构，拓展视野，具备了更加全面的文化素质与能力。

在美国的留学结束之后，因学习成绩名列前茅，李忍涛再受国民政府委派，于 1930 年赴德国学习军事参谋业务。他去学习的军事教育机构位于柏林，前身是著名的普鲁士军事学院（Preußische Kriegsakademie）。当时德国是"一战"的战败国，受凡尔赛条约所限，该学院名义上被关闭，而实际上继续开设了参谋培训班（Führergehilfenausbildung）以及军官教育班（Offizierslehrgang）来代替军事学院的功能。李忍涛就读于两年制的参谋培训班，是仅有的少数外籍学员之一。在此期间，主要研习参谋业务以及陆军各兵种联合战斗与指挥。这为他全面了解德国陆军的兵种构成以及各个兵种的作战模式提供了最好的途径。据有关资料记载，他特别注重中国陆军此前不曾有过的兵种知识研习，"在理化科学和军事化学方面，颇有心得，着重研究化学兵方面的学术"。

在德国的两年期间，有两件事情对李忍涛来说影响至深。一件是著名的六君子"滴血结盟"。那是 1931 年"九一八"事变后，在德国的中国军事人员和留学生义愤填膺，他们中间的李忍涛和徐培根、俞大维、桂永清、陈介生、胡靖安等 6 人态度特别坚决，成为"结拜抗日六兄弟"，他们还登报宣传，立誓要回国抗击日本侵略者，表现出一腔爱国热情。虽然最终 6 人并未成行，但此事却给李忍涛后来坚决抗日的行为带来动力。另外一件，就是他在柏林结识了后来成为他妻子的德国女青年爱娜（Erna Becher，1909—2001）。在他毕业回国之后，爱娜也于 1932 年 7 月毅然来到中国与李忍涛成婚，取中文名为李佩秀（Erna Li-Becher），先后与他育有长子定一（1933—2002）、次子定国（1937—），并伴随他度过了一段艰难战争岁月。

创建新军抗敌

1932 年，李忍涛从海外学成归国。回国后，他受到国民政府的器重，被破格授予少校军衔，于当年 6 月被派到南京中央军校工作，从此真正开始了他的军旅生涯。他曾担任中央军校军官教育总队中校区队长（1932 年 6 月）、担任留德预备班上校（1932 年 8月）副主任兼教官。在此期间，李忍涛以其留学时获得的世界军事发展信息，一直向最高当局建议在中国建立一个前所未有的新兵种，这就是"化学兵"。

在 20 世纪上半叶进行的两次世界大战中，人类遭受了巨大的灾难。其中由化学武器造成的伤害因其具有"反人道主义"性质而遭到强烈反对。日本在 1931 年"九一八"事件之前，就已经展开了对化学武器的深入研究，并一直鼓吹在战争中使用化学武器，以达到大量杀伤中国抗日军民，加快侵华战争进程的目的。日寇不仅大量研制生产芥子气、光气等毒剂，而且在对华战场上频频使用，中国军民深受其害,而彼时中国军队的防化能力几乎为零。

为应对来自日军的化学战威胁,经国民政府最高领导人批准,于1933年2月8日在南京正式创建了中国历史上第一支化学兵部队。当时为对外保密,将"化"字去掉,对外称其为"军政部学兵队",由此揭开了中国化学兵发展的序幕。李忍涛被委任为学兵队上校队长,成为中国化学兵部队的创建者和领军人。在此之后,李忍涛还被聘任为"国防军备专门委员",具有了建言献策的资格与机会。而此时他仅年将三十。其时,李忍涛还是中国童军总会设计委员会委员。

由于化学兵是一支技术型很强的兵种,所以在学兵队成立初期,实际上就是一个化学兵干部训练班,每期学制两年半。据统计,至全面抗战爆发前,学兵队共招收四期学员,培养了千余名军官,成为抗战期间中国军队防化力量的骨干。李忍涛从进入清华学校开始,一直到海外学成归来,共有12年的时间连续在几所中外名校中学习。"丰富的学习经历,完备的知识结构,扎实的军事基础,良好的个人修养"构成了他得天独厚的条件,使他成为训练中国第一支化学兵部队最好的"校长"。

1930年代的中国士兵普遍文化水平不高,综合素质低下,要将他们训练成掌握现代化学兵战斗能力的特种兵,这其中的难度可想而知!在这个过程中,李忍涛需要进行系统编制、挑选教员、制定教程、编撰教材等一系列具体工作,必须投入巨大精力,才能使得中国的化学兵部队走过艰难的初创奠基阶段,并让第一批化学兵骨干具备了基本的实战能力。虽然我们今天无法得知李忍涛在训练这样一批学生时的心路历程,但从他实施的具体训练中却完全可以看出他的练兵思路。

针对传统旧军队中普遍存在的军人陋习,李忍涛认为最主要的是先要让学兵队队员养成现代军人的良好品格与素质,这样才能保证他们具备"精忠报国"的精神境界,在与侵略者的战斗中勇往直前,战胜一切困难和敌人。他时常勉励部属,强调做军人要有"阳刚、诚实、乐观"的哲学,对待困难要有"我到、我见、我克服"的精神,并将这两条警句定为学兵队"队训"。"阳刚、诚实、乐观"是按中国传统文化强调素质品格的自我修炼,"我见、我到、我克服"则完全是复制罗马恺撒大帝(Julius Caesar)"Veni Vidi Vici"的名句,倡导的是军人在履行使命时应有的奋不顾身。这条包含了中西不同文化理念却在追求"修身励志"目标上达到一致的队训,既让学兵们有了明确的行动指南,成为座右铭,也让他们对李忍涛的"练兵之道"理解至深,努力践行。

　　经过李忍涛训练出来的学兵队队员在精神面貌和军人素质上都比一般部队高出一筹。据亲历者回忆:当学兵队首届学员在1935年毕业前夕,李忍涛曾亲自率领其中一百余人前往南昌,接受国民政府最高长官的检阅。经过三个多小时的多种科目演练,学兵队以"操练熟练、射击准确"而备受称赞,并得到了"军政部学兵队毕业学兵取得同中央军校学籍,毕业后以准尉见习一年,由少尉起叙"的特殊待遇。这不仅是对学兵训练效果的肯定和嘉许,也是对李忍涛"带兵有方"的认可与嘉奖。1935年12月,当时中国军队在南京附近地区模拟抗击日军进攻举行了一次大规模军事演习。演习分为"东军"和"西军"进行,学兵队在两军中各派一个中队参战,李忍涛则作为东军司令部的高级参谋参加演习。学兵队在此次演习中的公开亮相,帮助各界认识到化学兵在现代战争中不可替代的作用。由此也就可以想见,正是由于中国有这样一支特殊部队的存在,才让日本侵略者在后来发动全面战争中对中国的化学兵有所忌惮,并在一定程度上迟滞了其军事行动。作为领军人物的李忍涛也成为他们的心头大患,必欲除之。

　　1937年7月7日,日本发动全面侵华战争,战火很快就烧到中国最富庶的长三角地区。8月13日开始,中日两国在上海附近投入重兵进行了长达三个月的决战,这就是著名的"淞沪会战"。在这个战役的最初阶段,根据国民政府军政部的指令,李忍涛带领学兵队的部分官兵也组成参战分队,来到上海前线参加了局部战斗。他们的任务是使用能够抛射黄磷燃烧弹的"李文斯抛射炮"(Livens Projector)轰击敌军。其中最重要的目标是位于上海虹口公园附近的日本海军陆战队司令部。

该日军司令部驻扎在一栋如城堡般的四层钢筋混凝土大楼内,是日本侵略军在上海的大本营。这座建筑占地6000多平方米,远观如一艘航行在海上的军舰,非常坚固,易守难攻。8月18日,参战分队突然开炮,发射的大威力炮弹准确击中日军司令部,压制了日军火力,为中国步兵进攻创造了条件。李忍涛率部与日军的战斗持续了三昼夜,整场战斗对日军造成严重损失。

1937年8月19日的上海《申报》在头版显著位置,以《日司令部残破》为题,对战况做了目击报道,"……遥望江湾路上日海军陆战队司令部,已残破不全,屋顶太阳旗早已撤除,第四层大楼因遭我方猛烈炮击,早已一片瓦砾,不能应用。而各层楼之玻璃,完全震碎,宛如蜂房……"。《申报》8月21日报道称,虹口一带日军阵地被"巨炮"击中起火,"烈焰高飞,黑烟蔽天……形成一绝大之烟幕,上接云霄,下临浦江,火势之烈较之'一二八'时闸北之大火尤过之,实为沪上空前所未有……"。这些当年的战场报道从一个侧面记录了李忍涛和中国"特种兵"在抗日战场上的战斗场面,亦是弥足珍贵。

为了保存这支特种部队,学兵队根据上级命令很快就撤出战斗。随着之后的南京陷落,学兵队开始向内地转移,先在湖南桃源短暂停留,开设短期训练班,最后于1939年转移到四川泸州纳溪县长期驻扎,开始进行战时部队扩充整编,以及开展对中国军队的防化防毒训练工作。此后,经过不断的整合调整,中国军队逐步建立了化学兵干部训练班、学兵总队和防毒处"三位一体"的防化作战体系。其中化学兵干部训练班后来改为国民党中央军校"特科干部教育班"，纳入黄埔军校序列（即化学兵科），专门进行化学兵军官的教育培养。至抗战胜利时，共培养化学兵军官 3000 余人，成为组织部队防毒和建设化学兵部队的骨干力量。

由于适逢国共合作时期，防毒训练班集训期间，国民政府军政部亦要求八路军、新四军派人参加培训。据此，八路军总部从抗日军政大学学员中选调文化程度较高的罗钰如、刘运夫、欧阳挺、章廉葵、黄磷、周永光等 6 人前往。其中的罗钰如（1915—1999）也曾是清华大学化学系学生，他与欧阳挺（1918—2001）等人经过培训后成为组织八路军实施防化防毒作战的主要骨干，为后来人民解放军防化兵种的创立积累了实战经验。这也从另外一个角度证明了李忍涛为中国军队防化兵建立与发展作出的历史功绩。

而在此过程中，晋升少将（1939 年 1 月）的李忍涛一直是作为核心人物参加了所有运作，他相继出任了学兵总队队长、防毒处处长和特科干部教育班的主任这三个重要职务，并且亲自参与在抗日军民中普及防化防毒知识的基础性工作。1939 年 3 月，国民党中央训练团成立，国民政府最高领导人亲任团长。其中每月一期的"党政训练班"规定有三小时的"防毒课程"，由防毒处长进行"防毒讲话"。李忍涛亲自授课共 24 期。如今，在重庆市图书馆还藏有李忍涛的《防毒常识》（1941 年）和《防毒讲话》（1942 年）原稿。

纵观 20 世纪 30 年代中国军队化学兵种以及防化作战体系的整个创建过程，可以确定地说，李忍涛发挥了核心领导作用，因此他得到"中国防化兵之父"的赞誉顺理成章，实至名归。

血洒长空遗恨

1941 年 12 月"太平洋战争"爆发之后，第二次世界大战的形势发生根本改变。世界反法西斯同盟出现，中国作为在东方抗击日本军队的主要力量，在最后击败法西斯阵营的战斗中发挥了重要作用。为抗击日本法西斯侵略，保障中国战略物资运输，中美两国在"二战"后期共同在中国西南至印度东北开辟了空中通道，这就是全长约 500 英里的"驼峰航线"。由于这条航线跨越崇山峻岭，气候常年恶劣，又要受到占据缅甸的日军飞机袭扰，因此危险重重，飞机失事率极高，是世界战争空运史上持续时间最长、条件最艰苦、付出代价最大的一条悲壮的"死亡航线"。

在这条航线上，也留下了李忍涛和中国化学兵部队的航迹。1943 年 2 月，国民政府实施与美军合作打通中印公路的战略行动，同时命令学兵总队将所属的炮一团和炮二团派到印度参战。参战部队就是由运输机从"驼峰航线"上运送到印度阿萨姆邦（Assam）贾布瓦（Chabua）东北约 7 英里的汀江机场（Dinjan Airfield），再转运到位于贾姆德邦（Jharkhand）兰姆伽（Ramgarh）的中国远征军训练基地。同年 10 月，李忍涛也是通过"驼峰航线"去印度参加"中缅印战区"军事会议，与司令史迪威（Joseph Stilwell，1883—1946）将军进行沟通，协调解决中国远征军的相关问题，并视察学兵队参战部队。

炮一团和炮二团在兰姆伽训练基地经过培训和重新武装后，参加了后来反攻缅甸的战役行动，炮一团改为中国驻印军重炮一团后，分别配属中国远征军的不同部队，使用美制装备，在打通胡康、孟拱两河谷、围攻密支那、拿下巴莫等战斗中做出重大贡献。炮二团与美军、英军各一个团合编为东南亚盟军总司令部直属旅，该旅在进攻曼德勒以牵制敌人的战斗中，打得很出色。

作为指挥官的李忍涛，一定清楚飞越"驼峰航线"的艰难与危险，然而他仍然义无反顾地一次次登上飞机，前去迎接随时可能发生的危难。据其胞弟李忍济（1914—2004）回忆，在最后一次去印度之前，李忍涛曾与他话别，特别强调"学兵队即使在抗战中牺牲殆尽，亦在所不惜"。不幸的是，最终的危险还是降临了！ 1943 年10 月 28 日，当他从印度汀江乘飞机回国复命时，在"驼峰航线"的缅甸北部区域被预先埋伏的日军战机击落而殉国罹难。

为了表彰李忍涛将军为抗击日寇侵略英勇殉国的不朽功绩，国民政府于 1946 年 2 月 21 日追赠李忍涛为陆军中将军衔。在他牺牲 40 年后的 1984 年 3 月 27 日，台湾当局为李忍涛颁发"旌忠状"。1995 年，在纪念中国人民抗日战争暨世界反法西斯战争胜利 50 周年之际，位于北京的中国人民抗日战争纪念馆将李忍涛列为"抗日英烈"，收录宣传他的事迹。2020 年 9 月 2 日，在纪念中国人民抗日战争暨世界反法西斯战争胜利 75 周年之际，经党中央、国务院批准，公布第三批 185 名著名抗日英烈名单，李忍涛名列其中，以此表彰他为抗战胜利做出的杰出贡献。

作为一名军人，如果他被敌方列为必欲除之的对象，那既是他的悲哀，更是他的光荣，说明他无可替代的作用给敌人造成了巨大压力，他的存在本身就是巨大的战斗力！而当年只有 39 岁的李忍涛就是这样一位让日寇心存忌惮、必欲除之的中国军人。李忍涛是早期清华毕业生中在抗战中为国捐躯的两名将军之一，也是在"驼峰航线"上牺牲的唯一中国抗战将领！今天，每当人们想起在驼峰航线上依然散落着的、依然闪烁银光的无数飞机铝片，仿佛就可以看到一只只由英雄灵魂化作的蝴蝶在飞舞，而在这些美丽的"化蝶"之中，就有一只属于李忍涛将军！

魂归清华永生

1943 年 10 月 28 日，李忍涛将军为了抗击日本法西斯的侵略壮烈殉国，表现出他在那个艰难岁月中为实现美好愿景与社会担当不惜献身的崇高精神。自那时起的 78 年来，中国和世界都发生了翻天覆地巨变，然而不论世界形势如何演变，对所有精忠报国的英雄表示崇敬之心不能变，对人类和平发展的渴望不能变，为探索人类共同利益和共同价值的追求不能变！

可以告慰李忍涛将军的是,作为他的母校,清华大学今天以更加自信和更加开放的态度,积极投身于建设"世界一流大学"的奋斗中,积极参与到建设"人类命运共同体"的实践中,取得了前所未有的发展成就。而这种承载着"自强不息、厚德载物"精神的良性发展,正是与李忍涛那一代清华学子孜孜追求的目标表现出高度契合。

当清华大学在中国"改革开放"的大背景下步入发展正轨之后,就对所有在争取中华民族解放和人民民主革命斗争中,为实现崇高理想英勇捐躯的清华英烈表现出极大的尊敬,并在校园内建立了"清华英烈纪念碑",上面镶嵌着"祖国儿女清华英烈"八个金光闪闪的大字。经过不断的搜集和研究,到目前为止已经确认了四批共65位"清华英烈",这其中就包括了李忍涛。这些清华英烈将与日月同辉,与清华同在!

李忍涛自1926年从清华毕业后,至今已经过去了95个年头,虽然他生前再也没有回过清华园,然而他与清华的情缘却从未中断过。在美国维吉尼亚军校留学时,同他一起的清华同学就有黄恭寿、梁思忠、谢明旦、戴昭然、王稜等。回国后创建学兵队,训练新兵时也是依赖于诸多清华学兄学弟的共事和努力。当年曾先后与他共事的清华学子就包括姚楷、杨昌龄、李道煊、汪殿华、郭庆棻、梅敏祺、任春华、汪逢栗、安立绥、王之珍、张光世、李法寰、武崇豫、高梓、聂瑛、王之珍、祝新民、时钧、胡光世、黄新民、高少敏等二十几人。

特别值得一提的是,李忍涛与清华校长梅贻琦(1889—1962)有着很深的交往。李忍涛在清华的七年求学之时,恰是梅贻琦在清华学校担任教务长的阶段。此外,作为唯真学会会员的李忍涛,也一定与担任过唯真学会顾问的梅贻琦有过更直接的关系。他们在清华学校时期建立的这种师生之谊一直延续到西南联大时期。1941年6月梅校长从昆明去川、渝出差期间,曾视察西南联大(四川)

叙永分校,李忍涛的学兵总队为其提供了"舟车之便"。李忍涛等还与梅校长多次会面交流,除了在纳溪为其举行清华学子的欢迎会外,还请梅校长视察了学兵队。这些在《梅贻琦西南联大日记》中均有记载。更令人难忘的是,在李忍涛殉国后,梅校长曾于1944年9月20日在昆明亲自看望抚慰了将军遗孀,代表母校向这位杰出的清华学子致敬。这段史实也成为百年清华历史不可磨灭的一部分。

2019年3月,就在清华大学迎接108年校庆到来之际,一件印证李忍涛清华岁月的珍贵文物——1926年清华学校颁发的"毕业证书"回到了清华园。原来,这份毕业证书是由李忍涛次子李定国先生在德国杜塞尔多夫(Duesseldorf)向清华大学捐赠的。毋庸置疑,经历了战争年月的颠沛流离,经历了离开祖国的万里远行,李忍涛遗属手中保存的将军遗物寥寥可数,而这份存世将近百年的清华学校毕业证书一定是他们最珍爱的物品!尽管心中多有不舍,但在专门召开家庭会议之后,李定国先生最后仍然决定将这件宝物捐赠给清华大学。

其实,这个捐赠行动非同寻常,不仅集中体现了李忍涛后人对清华的高度信任,更体现了越来越多海外人士对中国发展的信心。这件曾经两度离开祖国,又两度回归祖国的文物虽然不是清华大学收藏年代最早的"清华学校毕业证书",但却是众多清华英烈唯一留存的毕业证书,其珍贵程度不言而喻! 78年前,李忍涛将军血洒长空,英雄化蝶。如今,这份早已和英魂融为一体的毕业证书,终于又"飞回"令他魂牵梦萦的清华园,并且永远再不分离。这本身就是一段不

李忍涛的清华学校毕业证书(由其亲属于2019年捐赠给清华大学档案馆收藏)

可复制的传奇！我们完全可以相信,如果将军在天之灵有知,一定会感到无比欣慰！这正是:

> 早年求真清华园,海外学武意志坚;
>
> 创建新军成先锋,抗击日寇挽狂澜。
>
> 血洒长空痛扼腕,英雄化蝶心不甘;
>
> 华夏强盛慰先烈,魂归故国续夙愿!

参 考 文 献

1. 李忍济:《李忍涛生平事略》,中国人民政治协商会议云南省昆明市委员会文史资料委员会编:《昆明文史资料选辑》第17辑,昆明,昆明市政协印刷厂,1991:8.

2. 李定国:《怀念父亲李忍涛和母亲李佩秀》,《扫荡丑虏 播我荣光》,北京,团结出版社,2020年12月,第465页。

3. 李忍涛:《送别之言》,《清华周刊》增刊第11期,北京,清华周刊社,1925年6月18日,第25页。

4. 李忍涛:《清华年刊1925—1926》,北京,清华周刊社,1926年,第57页。

5. 学生会方面:《清华周刊》第337期,北京,清华周刊社,1925年2月27日,第50页。

6. 徐庆来:《徐永煐纪年》,北京:中央文献出版社,2011:53.

7.《清华周刊》增刊第6期,北京,清华周刊社,1920年,第64页。

8. 清华大学校史馆:《清华大学图史》,北京:清华大学出版社,2019:11.

9. 孙立人:《我的学生时代》,唐杰:《校友文稿资料选编》第22辑,北京:清华大学出版社,2017:18.

10. 姜廷玉:《外军名校与名将》,北京,解放军出版社,2007:357.

11. 刘嘉福:《抗日战争中牺牲的李忍涛将军及其创建的防化兵部队》,中国人民政治协商会议云南省昆明市委员会文史资料研究委员会编:《昆明文史资料选辑》第六辑，昆明，昆明市政协印刷厂，1985 年，第 79 页。

12. 李元平：《俞大维传》，台北，台湾日版社，1992：38.

13.《李忍涛官佐履历表》，台湾档案资料。

14.《中国童军总会设计委员会会议》，《申报》[N]，1933 年 4 月 16 日。

15. 参谋本部：《民国二十四年秋季大演习纪事附录（第二卷）》，附表第十、第十一。

16. 王良勇等：《败退台湾前国民党军化学兵的体制编制》，《军事历史》，2011 年第 6 期，第 67 页。

17.《国府命令》，《申报》，1946 年 2 月 22 日，第一版。

18.《抗战英烈事迹》（1943：李忍涛），中国人民抗日战争纪念馆官网，[EB/OL].http://www.1937china.com/kzls/kzylsj/。

19. 退役军人事务部：《关于公布第三批著名抗日英烈、英雄群体名录的公告》，2020 年 9 月 2 日.

20. 清华大学校史研究室：《清华革命先驱（上）》.北京：清华大学出版社，2004：91-92.

21. 刘伟华等：《扫荡丑虏 播我荣光》，北京，团结出版社，2020：109.

22. 黄延复等：《梅贻琦西南联大日记》，北京，中华书局，2018：50.

23. 侯祥麟：《我与石油有缘》，北京，石油工业出版社，2001：24.

24.《梅贻琦：西南联大之魂》，《云南日报》2012 年 9 月 28 日。转引自清华大学新闻 [EB/OL].http://news.tsinghua.edu.cn/publish/thunews/10303/2012/20120928144545055291573/ 20120928144545055291573_.html。

杨学诚

（1915—1944）

唐纪明

杨学诚同志是伟大的"一二·九"运动所锻炼出来的千百个优秀革命干部之一。他从一个不问政治的好学生到成长为一个学生运动的青年领袖，到成为抗战时期鄂中抗日根据地独当一面的优秀领导者，把短促的一生，奉献给了中华民族的解放事业。人们对他怀着无尽的思念。

寒 门 秀 士

1915 年 8 月 8 日，杨学诚出生于湖北省黄陂县研子岗杨堡益湾一贫苦农户。父母之外，尚有弟妹各一。尊父有薄田数亩，养家活口不够，常给地主打短工，以换取微薄工银。尊母黄氏，苦撑着家，晨炊夜绩，养育着学诚兄妹。一家五口，含辛茹苦，挨年度月。

杨学诚自幼天资聪慧，勤奋好学。七八岁上，见同村小伙伴都上学读书，自己家贫，无力与往，便到附近一处私塾学堂，侧听老师诵读教课。没有纸笔，则折断树枝在地上习字。父母见他如此好学,便将几亩薄田变卖,换得些许银钞,供他入塾就读。他熟读诗文,过目能诵,在众童之中,出类拔萃。伯父在汉口经商,见他有出众之才,决计资助他到汉口上学。学诚乃离乡赴汉,至蔡家巷新民小学学习。数年之中,均以品学皆优而获学校嘉奖。1926年卒业于该校。1927年考入武汉一中,越3年进入湖北省立高中,复又转入武昌职业中学就读,直到1934年卒业。在整个中、小学阶段,他埋头读书,不问政治,对学业孜孜不倦。他热爱自然科学。做一个自然科学家,是他对未来的憧憬。

铁蹄下的觉醒

1934年夏,杨学诚以优异的成绩考入清华大学物理系。水木清华,校园幽丽,正是读书的好所在;加上物理系教授阵容整齐(有叶企孙、吴有训、周培源等),仪器设备精良,科研成果也已初露端倪;这些,对他的吸引,是可想而知的。所以他一入清华,便一头扎入书本。那时人们常见他挟着课本,规规矩矩地按时到图书馆用功;平时罕言寡语,绝少锋芒,也几乎未见他参加课外活动,国事与政治,他更是了无兴趣,可以说完全是一个安分守己的"正统派"好学生。

然而,到1935年暑假,情形就有些不同了。在阅报室内,人们经常可以看见他在聚精会神地阅览每天的报纸,他显然对时局问题关心起来了。原来那时正在丧权辱国的《何梅协定》之后,国民党政府俯首帖耳地接受了日本军部的要求,取消了河北省和平津两市的国民党党部,撤退了河北省内中央军、东北军和宪兵第三团,撤换了河北省主席和平津两市市长。当时人们怀着极沉痛的心情描绘了那个情景:"爱国有罪,冤狱遍于国中;卖国有赏,汉奸弹冠相庆"。这股强劲的时代逆流,使素来埋头用功的杨学诚,也不能不卷进这剧烈动荡的政治激流之中,再也不能毫无感应地"安心读

"一二·九"爱国学生运动遭到当局镇压，图为学生在和军警搏斗

书"了。日军铁蹄，踏碎了祖国河山，也踏碎了杨学诚的心。覆巢之下，安有完卵；大厦将倾，何来个人的光明前途。他觉醒了！

数月之后，北平爆发了伟大的"一二·九"运动。杨学诚对于政治就更加热心了。他热烈地参加了"一二·九""一二·一六"两次示威运动。1936年初他参加了南下扩大宣传团第三团（由清华、燕京、辅仁等校组成）。在出发之前，他同参加南下宣传的全体清华同学一起，在体育馆前举行了宣誓。誓词说："我们下了最大决心，出发下乡，宣传民众，组织民众，不怕任何阻碍，不惜任何牺牲，不达目的，誓不返校。谨誓！"他被委为先遣大队的队员，和清华的李昌、于光远，燕京大学的梁思懿等一起，负责侦察情况，选好路线和交涉食宿。他们每天天不亮就起身赶路。北方原野，风沙满天，酷寒刺骨，他们却置之度外，一路有说有笑，边走边观察情况，做好路标。他没有自行车，常常是徒步跟着其他骑自行车的先遣队员一同赶路，因此他一路上就特别的紧张辛苦。一个多星期之后，宣传队到了固安，他由于过度劳顿而病倒。这是他正式参加救亡工作的开始，而他对工作极端认真负责的精神，已流露无遗了。

"少壮派"的美誉

抗日救亡运动也锻炼了他的性情，使他由一个儒雅风流的书生变成了一个疾恶勇斗的战士。他对于恶劣倾向的反对，如像眼睛对砂子一样的不能容忍，一见到有对工作拆烂污的事情，他就会首先发起急来，疾言厉色地批评指责，毫不顾情面。同反动军警的搏斗，他更是攘臂怒呼，一马当先。

1936年2月29日宋哲元出动5000人的军队包围清华大学的事件，是"一二·九"运动规模最大、斗争最激烈的逮捕与反逮捕的斗争。这一天是清华大学期终考试的第一天。拂晓，400多名警察、宪兵、保安队对清华实行突然袭击，侵入校园搜捕共产党员。地下党支部书记蒋南翔首先被捕，并被押送到清华西门警卫室，绑在床头木框架上。俄顷，民先队纠察队长方左英也被反绑着手推进来了。紧随其后，北平学联负责人姚克广（即姚依林）也被推了进来。这时杨学诚动员了民先队员和爱国同学三四十人，率先冲了上去。吴承明一脚踢开了警卫室的门。几个看守的宪警急忙站起举枪威胁，一眼看到大群学生蜂拥上来，势不可当，就变计拖枪而逃。陆璀急忙拔出小刀，为蒋南翔割断绳索。三位同学被夺回来了。然后杨学诚即带领同学赶到西校门外同军警展开了搏斗，击败了军警，并把停在那里等候载送被捕同学的8辆军车砸烂。几百名宪警、保安队一无所获，灰溜溜地被驱出学校。他们回去造谣说：数百名共产党在清华园暴动啦！当晚，宋哲元正式出动5000人的军队，武装包围了清华大学。那些已经暴露的民先队员和共产党员，都已分别躲开，有的藏在教授家里，大部分同学则躲进了体育馆。那天晚上杨学诚和何礼负责值守。他们鹄立在离体育馆不远的地方，监视军警的活动。直到天明时军警发现体育馆有人，向体育馆走去的时候，他们才后撤至同学中。军警当场捕去的人，没有一个是黑名单上的，他们只是胡乱抓了一些人，交上去应差。

这时蒋南翔必须离校暂避。他在交接工作离开清华之前，杨学诚将他秘藏在自己的房里，为他掩护，探听消息，最后帮他转移地点。在那些风声鹤唳的日子里，杨学诚只是关切着蒋南翔的安全，毫不顾及自己的危险。蒋南翔后来曾说："他这种侠情义肠，第一次在我心目中留下了不能磨灭的印象。"

"二二九"大逮捕后，清华学运暂时沉寂下来。某些清华民先大队的负责人情绪消沉,放弃工作不管。经过队内积极分子的酝酿,召开了队员大会,改选了大队部。已孚众望的杨学诚和凌松如、纪毓秀、李昌等人膺选,组成了新的大队部。清华民先队又生龙活虎般地活跃起来,成为当时整个民先队中最坚强的一个组织。

在1936年3月31日进行抬棺游行的那次著名的行动中,杨学诚也是最为激昂。会前背着一口空棺材跑到北大三院会场去开会的是他,会后抬着棺材在景山大街上领头冲锋陷阵的也是他。

在"一二·九"运动的初期,杨学诚的以上种种表现,使他荣膺了"清华少壮派"的美誉。他参加救亡运动,是如此积极热情,最有力地支持着他的,可说是一腔沸腾的爱国热情。这种热情便是他接受共产主义的基础。

最有威信的学生领袖

1936年5月或6月,杨学诚加入了中国共产党。在他的政治生活中,这是一件值得大书特书的事。当时清华进步同学把入团叫做"入中学",入党叫做"入大学"。有一天杨学诚和李昌、凌松如等在宿舍闲谈。杨学诚经过多时的观察,机敏地发现李昌似已是在党的人了,因此当时他说:"老李,看样子你入了'大学'了,你不能一个人'入大学',把我们丢在外边呀!"李昌直率地答道:"好吧,我就作你们的入党介绍人。"杨学诚入党前后,其政治和思想上的进步,有了一个鲜明的对比。入党之前,他在救亡运动中所扮演的角色,还只是一位怒目挥拳、见义勇为的斗士;入党以后,经过党的教育,他就逐渐地习惯于考虑问题,分析是非,以智取人,以理服人。1936年秋季以后,他便出任清华大学地下党支部书记。

当时的清华,是"一二·九"运动中斗争得最为激烈的一个阵地。在学生会中存在着组织上的对抗,在党内和民先队中,还存在着思想上的分歧。每一新的事态发生,在校内总要发生各种激烈的争论；在各种会议上，常常是各种意见纷然杂陈，各不相下。必须首先在各种会议上战胜各种不正确的意见，才能把党的方针在实际工作中贯彻下去并取得胜利。这一严重的任务，这时首先就落在杨学诚的肩上，而他确也是不负众望，屡战屡胜。正如蒋南翔在1944年发表在延安《解放日报》上纪念杨学诚的文章所描述的那样："在大会的讲坛上，在各种讨论会的论战中，他成了一个最富有鼓动性和说服力的出色的雄辩家；在一二百人的民先大会上，他常常能以一篇热烈的讲话，一下子转变整个会场的空气，把所有的人都激动和振奋起来。""他过人的天禀和在实际工作当中的卓越成绩，使他成为清华学生中最有威信的政治上的领袖。"

1937年4月，杨学诚被选为北平学生的代表，和北平市委书记黄敬、民先队总队长李昌，北师大党支部书记林一山，随少奇同志和彭真同志等，到延安参加党的一次有历史意义的大会——1937年5月苏区党代表大会。会上他聆听了毛泽东同志所作的《中国共产党在抗日时期的任务》的报告和对抗日民族统一战线的论述，增强了他对党的任务、路线、方针和政策的领会。会议期间，毛泽东同志和刘少奇同志去看望了白区代表；毛泽东同志还特别向代表们介绍了刘少奇是党中央分管白区工作的同志。这时杨学诚等才恍然大悟，原来在北方局秘密油印刊物《火线》上发表重要指导性文章的作者"K.V. 先生"，就是刘少奇同志。

在这次大会上，杨学诚和李昌也发了言，反映了北方革命学生的思想情绪，从不同的角度上提出了一些意见和考虑。后来毛泽东同志在《为争取千百万群众进入抗日民族统一战线而斗争》的结论中，详细解答了他们提出的问题。

杨学诚回到北平后，正式参加了北平学生运动的领导机关——北平学委的工作，担任了中共北平学委委员、城西区委书记。

不久，"七七"抗战爆发，平津失陷。杨学诚作为平津流亡学生工作的一个主要领导者，先后建立和领导了济南和南京的平津同学会工作，最后于9月初旬到达武汉，担任中共长江局青委委员，通过武汉华北同学会组织，开展了群众工作。以后湖北省委成立，他参加省委，担任省委青委书记，负责创立和领导了湖北的青年救国团。青年救国团团结了武汉和湖北各界的爱国青年，开展了轰轰烈烈的青年抗日爱国运动。

革命生涯中最辉煌的篇章

1937年12月，南京失守，中原告急，武汉岌岌可危。为了准备游击战争，中共湖北省委根据周恩来、董必武同志的指示，通过湖北国民党内进步人士的统战关系，派遣了一些青年骨干由陶铸同志率领到鄂中农村，举办训练班，积极培训一批青年骨干，为日后鄂中发动抗日游击战争打下了初步基础。1938年8月陶铸同志由于国民党反动派的迫害无法工作时，省委又派杨学诚同志到鄂中，担任鄂中特委书记。不久，武汉沦陷，抗日战争进人了敌我相持的极其艰苦的阶段，共产党领导的敌后抗日游击战争和敌后根据地的建设，逐渐成为抗击日寇的主要力量。杨学诚同志在党的领导下，也于此时走上了敌后抗日战场，谱写了他革命生涯中最辉煌的篇章。

他在新的战斗岗位上，先后担任过中共鄂中特委书记，中共鄂中区党委组织部长、代书记，中共豫鄂边区党委常委、组织部长兼社会部长，新四军鄂豫挺进纵队（平汉）路西指挥部政治委员，新四军第五师鄂皖兵团政治委员以及豫鄂边区行署副主席、党团书记等职，对五师和鄂豫皖抗日民主根据地的创建、发展和巩固，作出了多方面的重要贡献。他的优秀品质和卓越才能，也日益充分显示出来。

学诚同志对党无限忠诚，具有坚强的党性。这首先表现在他坚定地执行党中央、毛主席的革命路线，抵制王明右倾投降路线的干扰，独立自主地发动抗日游击战争。他一到鄂中，就与鄂中特委成员一起，全力以赴地领导鄂中党组织，抓住了武汉沦陷前的瞬息时间，切实地进行了游击战争的准备工作。1939年中秋前夕，日军溯长江而上，越大别山，紧逼武汉。学诚同志紧急召开特委扩大会议，根据董必武同志的指示，要求鄂中党组织千方百计掌握枪杆子，发动抗日游击战争，并作了具体部署。他在会上说："我就是讨饭也要讨来一支枪，投入战斗！"会后，特委分头深入基层，紧急进行组织武装的工作。当武汉与鄂中相继沦陷时，学诚同志亲自赶到应城矿区，率领共产党员蔡松云同志所掌握的8条枪组成抗日武装，首先进入大洪山丁家冲。这时，陶铸同志从宜昌赶回。在陶铸同志和学诚同志领导下，迅速汇集和组建了鄂中各地我们党掌握的近百人枪的抗日游击武装，点燃了鄂中敌后抗日游击战争的烽火。复经艰苦经营，终于组成了应城抗日游击区（简称应抗），开辟了以应城、京山为基地的鄂中游击区，会同豫南鄂东两地党组织发动的游击武装，为新四军第五师和豫鄂边区抗日民主根据地的创建提供了重要的战略支撑点。

1939年6月，李先念、陈少敏同志到了鄂中，同杨学诚和鄂中区党委的同志汇合，在京山养马畈召开了一次重要会议。会议分析了边区的抗战形势，研究如何创立一支由党直接领导的主力部队，进一步贯彻党的独立自主方针，以及公开树起新四军的旗帜问题。当时豫鄂边区的形势已十分严峻，正面战场战局相持，敌人已开始扫荡；国民党五中全会制定的"消极抗战、积极反共"政策已开始付诸实施；第五战区桂系势力屈服于蒋介石集团的压力，反共事件迭起；鄂中国民党顽固派正阴谋吞并和瓦解"应抗"。敌、伪、匪横行，广大同胞呻吟于水深火热之中。形势迫切要求我们党迅速统一处于分散的武装力量，公开树起具有巨大凝聚力的新四军旗帜，独立自主地团结和依靠广大人民群众，坚持中原敌后抗战。学诚同志以对党的无限忠诚和对形势的敏锐洞察力，在会议上积极拥护党的独立自主方针,旗帜鲜明地赞成立即统一党的武装,公开树起新四军旗帜。他说:"我们'应抗'是党的儿子。党叫我们打出新四军的旗帜,我们就首先站出来,打出新四军的旗帜进行战斗。"会议统一思想后,鄂中区党委根据中原局刘少奇同志的指示,决定马上把鄂中、豫南两地所掌握的利用各种名义组成的抗日游击队,整编为新四军豫鄂游击支队。那时鄂中的应城、京山、钟祥、汉川等地迅速组成了近4个团的兵力。这支由我们党直接领导的主力部队的诞生,立即成为中原敌后人民抗日救亡斗争和团结友军抗战的核心。它对于开辟中原敌后抗日根据地起了奠基性的历史作用。杨学诚同志在这关键的时刻和关键的问题上起了关键的作用。

建设抗日根据地

养马畈会议以后,学诚同志担任区党委组织部长。在区党委集体领导下,他首先抓了党的干部队伍的建设。1940年,豫南、鄂中、鄂东党的组织和武装实现了全面统一。干部来自四面八方:有工农干部、知识分子干部;有红军老干部、"一二·九"运动涌现出来的新干部;有来自外省市的外来干部,还有土生土长的当地干部——绝大部分是新干部。如何适应根据地初创和急剧发展的胜利形势,建设一支无限忠于党和密切联系人民群众的干部队伍是当务之急。学诚同志就在这一情况下,突出地抓了党组织的思想建设,提出了要在干部中进行一次教育,开展反不良倾向斗争,以保持和发扬党的无产阶级先锋队性质。他尖锐地提出:在党员干部中,必须警惕和防止出现把剥削阶级的思想和恶劣作风带到党内的"新贵",并把它作为反不良倾向斗争的重点。在党的建设工作中,他还集中精力研究了农村党支部的建设问题。他在戎马倥偬之中,亲自找支部书记、党员谈话,参加他们的支部会议,深入了解情况,发现农民中的党员有不少在思想上存在着狭隘保守和私心较重的现象,及时提出加强农村党员教育的意见。要求通过群众斗争,逐步提高他们的阶级觉悟,反对党员中的小农思想,把农村党支部真正建设成为团结群众的战斗堡垒。并明确要求党的组织工作,要以健全党支部为中心任务。1941年,他发表在中共中央党刊《共产党人》上的《给各地组织工作者的一封信》中,再一次提出了密切党群关系的重要性,强调指出:"凡是党的一切工作没有如愿的开展,其关键乃在于党与群众的联系太差"。学诚同志这些建党思路,至今仍十分重要。

学诚同志遵循根据地的地方工作必须以武装斗争为中心的方针,强调一切工作必须服从抗日战争的需要,一切工作必须为了战争的胜利。当战争形势发展需要他直接参与军事斗争的领导工作时,他就义无反顾地勇挑重担,服从党委对他的工作分配。1940年,边区主力部队东进鄂东时,要求他留在鄂中,他就和陶铸同志一起胜利地坚持了鄂中根据地的斗争。后来,在宜昌沦陷时,又和刘少卿同志一起组织了(平汉)路西指挥部,趁机向西作战略展开,一举击溃了盘踞在天门的反共土顽潘氏父子,开辟了天(门)京(山)潜(江)根据地,为日后开辟襄西、襄南提供了前沿阵地。1942年,他又与刘少卿同志奉命率部南渡长江,开辟以大幕山为中心的鄂南根据地。当初战告捷后,由于敌情恶化,主力两次被迫撤回江北,学诚同志率领两个营的兵力,坚持鄂南敌后斗争。在频繁的征战中,他还挤出时间,对敌我力量对比、鄂南的地理与社会情况,进行了深入的调查研究,提出了依托江北,坚持鄂南沿江根据地,逐步向山区发展,主力骑江跳跃作战的战略方针,从而把开展鄂南的战略意义,置于切实可行的基础之上。他的正确建议,很快被李先念同志为首的区党委和五师师部所采纳。1943年初,世界反法西斯战争开始从战略防御转向战略进攻,德、意、日全面失败已指日可待。这一形势向我们提出了一个紧迫任务,必须加紧积蓄反攻力量,准备夺取抗日战争的最后胜利。尤其是豫鄂边区地处中原前线,更须加紧准备。在这一历史转折关头,区党委1943年1月在大悟山蒋家楼子召开了扩大会议,确定了加强军事工作的方针。学诚同志积极拥护"战争第一、胜利第一"的口号,并在会上作了系统发言,强调提出"强化政权"的意见,要求把地方群众工作、政权工作和军事斗争紧密结合起来,为军事斗争与军事建设服务。会后,他还勇敢地挑起了强化民主政权的重担,欣然接受了区党委的决定,担任了边区行署副主席、党团书记的职务,为边区根据地的建设作出了新的贡献。杨学诚在鄂中和边区根据地的工作,曾受到好些同志的称道,刘少奇同志曾经说过:"杨学诚同志在鄂中是受了很好的锻炼,他虽年轻,但处理问题却能深思熟虑,冷静沉着,不再有一般青年人的火气。"

鞠 躬 尽 瘁

学诚同志勤于学习、善于学习,勤于思考、善于思考,把理论学习和实践斗争紧密结合越来,这是学诚同志飞速进步的智慧源泉。他的刻苦学习精神令人叹服。在那战斗频繁的动荡环境里,经常伴随他的是两只满装书籍、文件的铁皮木箱。每当深夜,人们经常看到他在一盏油灯的昏暗灯光下,手不释卷地努力学习。有几本得来不易的马列著作,他更是反复阅读。他对中央文件除及时认真学习外,每到年终还要重新翻阅,对照一年来的斗争实践认真思考。他还注意博览群书,汲取养料,开阔视野。他起草文件、撰写文章或工作总结时,总要反复思考,从内容到文字,都要仔细推敲。他常对同志们说:"写文章好像蜜蜂酿蜜,只有经过认真酝酿,才能酿出好蜜。"他真是文如其人,文章和工作,都同样严谨。

学诚同志为了民族和人民的解放事业,一心扑在工作上,真正达到"国而忘家""公而忘私"的境地。他家境贫寒,父亲早故,家中只有贫苦的寡母和年幼的弟妹,一家人经常绝粮断炊,挣扎在饥饿线上。学诚在边区工作，虽离家不远，但只有过一次回家探望，更无钱接济母亲。有一次母亲赶来看望儿子，诉说生活的困窘。学诚安慰母亲说："我们的同志都很困难，家中生活只有苦熬，等待天亮。等武汉解放了，我接母亲去住几天。"母亲只好带着儿子许下的美愿，回到家里含辛茹苦地度日。学诚同志对自己的身体健康，也无暇顾及。连年敌后的艰苦斗争，使他积劳成疾。1943年初，他从鄂南敌后返回江北，已经身患多种疾病，但仍抱病坚持工作。战友何曾多次劝他休息一段时间，他却说："我这支蜡烛，不要求点得时间长，只要求点得亮。"他终于病倒了，得了严重的肺病，卧床不起。那时边区正进行整风，他躺在病床上也要求参加整风。他的母亲和弟妹闻讯赶来看他，他则要他们赶快回家，说组织上困难，不能让组织花钱。母亲临走时，连组织上给一点路费，他也坚持不让母亲接受，说要将每个铜板用在打日本鬼子身上。这些事实，都极好地表明他是一位绝少私心的人，甚至连他个人的婚姻问题，直到他去世也未去解决。

正当他在大悟山中养病时，1944年3月6日，平汉线各据点日军出扰大悟山南北地区，3月7日杨学诚同志随军转移，越过高岭到大悟山以北，他病情极重，发烧在39℃以上，在5小时内打了6针，仍不见效。终于在7日下午7时40分，在大悟山北麓高家洼被病魔夺走了他年轻的生命，时年仅29岁。

参 考 文 献

1. 蒋南翔：《纪念"一二·九"运动的战士杨学诚同志》，《激流》，北京，中国青年出版社，1981年。

2. 李昌：《回忆民先队》，《"一二·九"回忆录》，北京，中国青年出版社，1961年。

3. 任质斌，郑绍文，顾大椿：《宁要点得亮 不求点得长（怀念杨学诚同志）》，《人民日报》，1991年3月17日。

戴荣钜

（1918—1944）

张梦晗

求学联大　投考空军

　　戴荣钜，1918 年出生，江苏镇江人，出生于当地名门。父亲戴棣龄曾赴日深造，时任镇江私立弘仁医院院长；次兄戴荣钤毕业于军医学校，亦服役于空军。1939 年自贵州铜仁国立第三中学毕业，考入西南联大地质地理气象学系。

　　戴荣钜进入联大学习的头两年里，昆明三天两头就会有空袭警报响起，"跑警报"成为联大师生的家常便饭。外文系学生赵瑞蕻在《一九四零年春：昆明一画像》中描述说："轰炸！轰炸！/敌机飞临头上了！——/昆明在颤抖，在燃烧……"彼时的春城，浓烟弥漫，哀号声不绝于耳，黑暗可怖。为摧残我高等学府，日军屡次对西南联大作有计划之轰炸，校舍、图书、仪器等损失惨重，师生安全亦饱受威胁，"环学校四周，落弹甚多，故损毁特巨"。

　　面对此等情境，联大人义愤填膺，反侵略、靖国难的报国之情被充分激发，"从天上来的，从天上打回去"，于是 1939 年至 1942 年间,联大学子中掀起一股报考飞行员的热潮。抗战初期,中国空军实力远不能同日军相匹敌,因而装备被毁、人员伤亡十分惨重,培养飞行人员成为头等大事。1941年首次在全国大学生中招考飞行员,爱国青年们争先恐后、踊跃报名,而检查录取之严格,可谓"百里挑一"。戴荣钜怀满腔热血毅然弃学从军,誓要报效祖国,为国尽忠。离开联大投考空军,戴荣钜被录取为空军军官学校第15期驱逐科学员,迈入了昆明巫家坝空军航校的大门,开始了他的航空报国之路。

赴美受训,"事业的开始"

1941年12月8日,太平洋战争爆发,美国正式向日本宣战。中国政府积极寻求外交力量的支援以改变战局,与美国展开洽谈与协商,最终达成协议。根据美国《租借法案》,中美双方建立租借援助的关系,美国向中国援助作战飞机等军事物资,武装中国空军,提升其战斗力;并帮助培训中国飞行员,空军军官学校的毕业生,可分批赴美接受训练。

经过短期飞行训练后,戴荣钜于1943年年初前往美国亚利桑那州凤凰城的美国空军学校受训。同其他中国飞行学员一起,分别在雷鸟(Thunderbird)基地、马拉纳(Marana)基地、威廉斯(Williams)基地进行初、中、高级的教练机飞行训练,学习美国空军的标准课程,随后进行最终的作战训练。

戴荣钜留美受训时的家书,较全面地记录了其受训期间的经历、见闻与感悟。戴荣钜直言赴美所见可谓"触目惊心",惊讶与愤慨于中国落后程度之高,深切感受到自己肩上的重担,"发育在美国机翼底下的中国空军,还能不卧薪尝胆,闻鸡起舞"。加之中国飞行员赴美受训的教育费用不菲,失事还需赔偿,戴荣钜不禁感叹"如此数万万美金的贷借,需要多少桶桐油、钨砂、生丝、茶叶来抵还哪"，更觉责任重大，誓要努力奋发。他们所接受的严格高强度的飞行训练，总是存在一定的风险，其兄弟通信时也时常忧心他的安危，嘱咐他多加小心，一次飞行时一同学撞到戴荣钜的飞机发动机上而不幸身亡，戴荣钜的发动机也被撞弯，"数秒之差，亦云险矣"。即便如此，戴荣钜依旧一往无前，追求卓越，在7个月的学习和3个月的准尉见习中，他训练勤奋，表现勇敢，收获颇丰，对P-40（一种新型驱逐机）一类大马力的飞机也能飞行自如，颇受长官同学重视。

身处异国他乡的戴荣钜，勤勉训练之余，一颗赤子之心却始终担忧、牵挂着祖国，"三月见习完了，希望能尽快回国……在美国虽物质享受较佳，然精神终不愉也"。1943年10月1日早晨，中、英、美不同国籍的毕业学生，一同在Williams机场受检阅，观众数千，盛况一时。戴荣钜在家书中写道，"从今以后便是我事业的开始，现在可以说是打定了立业的基础"。

浴血长空，壮烈殉国

1944年，戴荣钜结束了在美国的飞行训练返回国内，被分配到驻防于湖南芷江的空军第五大队，担任第五大队第十七中队少尉三级飞行员。戴荣钜爱国热忱，性情刚毅，作战勇猛，在湖南各战役中出动频繁，以同仇敌忾之精神，屡歼气焰嚣张之顽寇。

在中美空军的成功联合下，中国空军实力突飞猛进。进入抗战后期，中美空军逐步掌握了战场的制空权，我国空军部队的作战重点逐步转移到支援陆军作战和打击敌方二线重要目标上来。

1944年，为打通"大陆交通线"同时减轻其在缅甸战场的压力，日军发动"一号作战"（豫湘桂战役）。5月27日，"一号作战"的第二阶段——长衡会战爆发，日军集结20余万兵力，分三路由北向南推进，向湖南的长沙、衡阳等地发起大规模攻势。中国空军第四、十一大队,中美混合联队(辖第一、三、五大队,属于中国空军序列)以及美国第十四航空队,参与作战,支援陆军全力抵抗和打击来势汹汹的日本侵略军。

然而,在日军全力以赴、志在必得之际,中方的抵抗却遭遇了联盟内部的阻碍。国民党"消极抗日、积极反共",严重冲击了湖南的抗战力量,陆军屡屡出现不战溃逃的情况,加大了空军的压力。另一方面,美方本就优先保证轰炸日本本土的空军的物资需求,加之国民党政府的腐败和消极造成美对其抗战决心和能力的怀疑,更造成了中美空军的补给不足。第十四航空队和中国空军的飞机都缺乏零部件、弹药、燃料,作战物资储备匮乏。由于作战任务重,中美空军只得加大出击力度,受频繁出动的影响,飞机的损耗加大,多数飞机只能带伤上阵,顽强抵抗,防止敌方突破过快造成我方防线全线崩溃。空军物资与器材之缺乏,可见一斑。

长衡会战中,中美空军延续其"战斗机护航,轰炸机轰炸,各司其职,协同作战"的战术。6月中旬,敌军向长沙守军发起猛攻,17日,戴荣钜所在的第五大队出动 12 架 P-40N 战斗机,掩护 4 架 B-25 轰炸机出击长沙外围敌炮兵阵地,在长沙上空遭遇敌方零式机,发生激烈空战,击落敌机 3 架。戴荣钜的座机在战斗中受创,他爱惜军用器材,不肯跳伞,冀能返航维修。在勉强飞行半小时后,不幸坠于长沙以西安化县丛山中,机毁人亡,

2014 年戴荣钜牺牲 70 周年之际,家乡镇江的《京江晚报》对他的事迹做了整版报道

壮烈牺牲,追赠中尉,时年 25 岁。

戴荣钜的名字镌刻在了张爱萍将军题名的南京航空烈士公墓纪念碑上,烈士遗体于 1946 年初移葬在了重庆区空军烈士公墓128 号墓穴中。

"得遂凌云愿,空际任回旋。报国怀壮志,正好乘风飞。长空万里复我旧河山。努力,努力,莫偷闲苟安,民族兴亡责任待吾肩,须具有牺牲精神,凭展双翼,一冲天。"这是空军军官学校的校歌,亦是包括戴荣钜烈士在内的抗战时期浴血长空的飞行员们爱国奉献精神的写照。英烈碧血洒长空,赤胆忠魂照汗青。

参 考 文 献

1. 陈旭,贺美英,张再兴:《清华大学志:1911—2010》,北京,清华大学出版社,2018 年。

2. 钟启河,周锦涛:《湖南抗战阵亡将士事略》,湘潭,湘潭大学出版社,2011 年。

3. 徐霞梅:《陨落——682 位空军英烈的生死档案》,北京,团结出版社,2016 年。

4. 刘宜庆:《大师之大:西南联大与士人精神》,南京,江苏文艺出版社,2013 年。

5. 卢少忱:国立西南联合大学一九四四级通讯(终篇),马豫:《缅怀在抗日空战中牺牲的联大人》,非正式出版物,2006.8 编印。

6. 陈应明,廖新华:《浴血长空:中国空军抗日战史》,北京,航空工业出版社,2006 年。

7. 戴蓉:《戴荣钜牺牲在 1944 年的长沙空战中》,《京江晚报》,2014-8-4(B15).

8. 祁雪春:《中美空军在长衡会战中联合作战述评》,《中共桂林市委党校学报》,2016,(16).

9. 闻黎明:《"跑警报":西南联合大学战时生活研究之一》,《史学月刊》,2007,(07).

王　文

（1922—1944）

熊成帅

　　王文,河北深泽县人,1922 年生于一个普通的农民家庭。其父王陆亭很重视王文的教育,时常督促王文潜心求学。王文曾在国立北平师大附中就读,学习刻苦,成绩优异。1937 年,日本制造了卢沟桥事件,大举侵华,占领了北平城。只有 15 岁的王文,心中燃起了抗战报国的强烈愿望。

求学西南联大

　　卢沟桥事变后,清华大学按照教育部的要求,与北京大学、南开大学一道迁往长沙,组建长沙临时大学。不久之后,长沙临时大学迁往云南,建立了西南联合大学。1940 年,由于英国封锁滇缅公路,云南形势一时紧张。西南联大未雨绸缪,在四川叙永县城成立叙永分校,由杨振声担任分校主任。

　　就在这一年,王文报考西南联合大学,以优异的成绩被西南联大机械工程学系录取。西南联大要求 1940 年考入的 616 名新生,

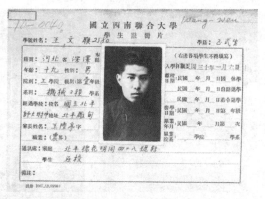

王文的西南联合大学学生注册片

及时到叙永分校报到上课。然而，由于战事频繁，交通困难，新生大多不能如期到达叙永。叙永分校只好推迟到 1941 年 1 月 2 日注册。王文于 1 月 6 日到达叙永，注册成为西南联大学生。

入学后不久，便是春节。叙永县城一位姓赵的士绅，给联大新生送来两只半猪，几十坛子的黄酒，为联大新生接风洗尘。西南人民的热情招待，让初来乍到的王文十分感动。

叙永县城位于川、滇、黔三省交界，偏僻闭塞，一条永宁河将其分为东西两城。叙永分校的教室、宿舍和食堂均利用城内庙宇，东城文庙用作教室，西城城隍庙则是学生食堂。王文住在西城春秋祠（即关帝庙）的南华宫，每天早上起床后，便从西城的南华宫，走到东城文庙上课。

在叙永的学习生活紧张而充实。机械工程学系的课程任务量大，几乎每天上课，星期日也用于考试或是做实验，很少休息。一位联大的同学就说："工学院同学天天考试，算尺绘图仪器不离身，那是出了名的。"虽然学习任务很重，但王文始终牵挂着沦陷了的河北故土和正在受难的中国。他常常阅读新闻，了解前线战况，一心想要学好本领，早日参与到抗日救亡的运动中。

为了支援抗战，国民政府发起了献金运动。听闻可以捐钱给前线，王文十分激动。他不仅自己捐了钱，还发挥专长，与朱湛、张奚之等平津一带的同学一道组织了京剧义演。叙永的学生们演出了《女起解》《四郎探母》《捉放曹》《打城隍》《贺后骂殿》等剧目。王文饰演《女起解》中的苏三，唱腔凄凉悲愤，感人至深，给同学们留下了深刻印象。京剧义演也在校内引起了一阵轰动，共募得七八千元。当时的新闻报道称："西南联大叙永分校劳军献金运动大会近集款一千九百九十余元，汇交重庆大公报转全国慰劳总会。"

1941年，叙永县城的抗日情绪十分高涨。有人在土地庙的庙门贴了一副对联，上联是"我二老也要抗日"，下联是"众百姓切勿偷安"，横批"抗战到底"。叙永县还成立了"叙永县抗敌后援会"，成立大会上，县长王作宾慷慨演说："谁无父母，谁无儿妻，我是一个有心肝的青年人，国难当头，寝食难安，若省府允准请缨杀敌，当离职戍边，血战疆场，马革裹尸，以报祖国，在所不惜。"

抗日救国的责任感和使命感，王文早已有之。在叙永人民抗日情绪的鼓舞下，王文更加渴望参与抗战。此时，恰逢空军首次在大学生中招收飞行员。王文当然不愿错过这一机会。因此，仅入学一年后，王文毅然选择了从军报国。

苦练飞行技能

对日作战初期，日本凭借空军优势，掌握了中国大部分地区的制空权。就连大后方的成都、重庆、昆明等地，也时常遭日机轰炸。其中，昆明就先后遭遇日机轰炸59次。中国军队必须与日军争夺制空权，才能在战场上取得优势。为此，国民党政府开始加强中国空军建设，制造和购买战机，大批训练飞行员。不过，飞行员的培养并非易事。当时的报纸就说："我国因千年之积习，国民多数都是文质彬彬，弱不禁风，在生理上能适合于受空军教育的，已是百不及一,在科学知识方面,具有科学头脑的,更是为数寥寥!"因此,在西南联大招收学生加入空军,对加强空军抗日力量,具有重要意义。

考虑到国家的需要和报国的理想,王文选择了暂停学业,报考空军。要通过空军的考试十分不易,除了体质测试,体格检查,还要笔试国文、英文、历史、地理等科目。与王文一起报考空军的马豫回忆说:"投考空军,要通过最严格的检查,录取率约为百分之一。"另一位空军学员陈炳靖也说:"我们这一期(十二期),全国各地共有4万多名投考空军,一共才录取300人,但真正能够飞出来,没有被淘汰毕业的只有107人。"体魄强健的王文,最终通过了空军考试,顺利被空军航校录取。

被空军录取后,王文来到了昆明巫家坝空军航校接受短期飞行训练。巫家坝机场位于当时的昆明市区东南4公里处。在民国初年,这里既是空军的机场,也是陆军的练兵场。卢沟桥事变后,中央航校迁到昆明,为此出动劳工10多万人,扩建了巫家坝机场。由于昆明航校培养的飞行员对日军产生了很大威胁,抗战期间日机一共轰炸了这里15次。在航校的大门两侧,张贴着一副著名的对联:升官发财请往别处,贪生怕死莫入此门。

美国人陈纳德主管昆明航校的学员训练工作,他要求每位学员必须接受不少于75小时的课程学习和另外60小时的特殊飞行训练。王文在这里接受了严格的短期训练,掌握了基本的飞行技能。

在昆明航校受训一年后,王文因表现出色,被派往美国,成为留美空军军官学校第十五期驱逐组学员。抵达美国后,王文主要在亚利桑那州(Arizona)的首府菲尼克斯(Phoenix)受训。菲尼克斯附近有很多飞机机场,既有民营的,也有美国政府主办的。当时,菲尼克斯与得克萨斯州(State of Texas)的圣安东尼奥(San Antonio)同有"空军城"之称。菲尼克斯为盟军训练了许多飞行员。

在美期间,王文在菲尼克斯的雷鸟机场(Thunderbird Field)、威廉机场（William Field）和鹿克机场（Luke Field）等机场受训，学习训练十分刻苦。他在一年内完成了初、中、高级的教练机飞行训练和毕业后的作战飞机训练。其中，初中高三级训练，每级各10个星期，共计30个星期。训练结束后，王文的飞行和实战能力已经达到了较高水平。

衡阳会战血洒长空

大约在1943年年末，王文正式结束在美国的飞行训练，和部分学员一道回国。此时，中国空军在对日作战中的重要性正日益凸显，空军力量正在壮大，急需飞行员。因此，归国后，王文马上被编入空军第五大队，任第五大队第二十六中队少尉三级飞行员，参加战斗序列。空军第五大队与第一、第三大队一同编为中美混合团，被时人称为飞虎队，在多次战斗中给予日军有力打击。编入第五大队后，王文先后驾驶P-40战机前往陕西、湖南等地，圆满完成了飞行任务。

1944年春，豫湘桂战役爆发。这场战役是日军为"占领并确保湘桂、粤汉及京汉铁路南部要冲，摧毁敌空军之主要基地，制止敌军空袭帝国本土及破坏海上交通等企图，同时摧毁重庆政权继续抗日的意图"，对正面战场发起的一次大规模进攻（日方称之为"一号作战"）。日军在华北方面调集三个师团和一个坦克师团，约15万人，实施了湖南战役。

1944年5月份，武汉地区的日军集结了约17万兵力，于5月27日发起了对长沙的进攻。中国守军调集了16个军，在宁乡、益阳、浏阳一带阻击日军，反复打了多场战斗，双方都损失惨重。中国军队终究未能阻止日军前进，6月中旬，长沙被日军包围。6月18日，长沙陷落。中国军队主力撤退至衡阳，并调集新部队加入战斗，与日军展开决战。

6 月 28 日,日军以大部队包围衡阳,发起猛攻。中国守军殊死抵抗,日军久攻不下,战斗演变为拉锯血战。其间日军先后三次组织大规模进攻,并施放毒气,衡阳全城燃起大火,几乎化为废墟。

在衡阳保卫战中,第五大队派出多名飞行员参战,王文就是其中之一。王文,这个年仅 22 岁的西南联大学生,在浓烟滚滚的衡阳上空,与日军展开了殊死搏斗。战斗一直进行到 8 月初,王文在一次激战中,不幸中弹,血洒长空,壮烈牺牲。此时,距离他离开西南联大叙永分校报考空军,仅过去不到三年。三年间,王文从一个初入大学、懵懵懂懂的工科学生,变成了保家卫国、痛击日寇的铁血军人。他的学籍卡,还保存在西南联大的档案室,等待着他复学、毕业。

衡阳保卫战持续到 8 月 8 日。担负守城指挥的第十军军长向日军投降,衡阳失守。在衡阳保卫战中,中美空军出动战机 4000 多架次,控制了制空权,击毁了日军飞机 120 多架,取得了不俗的战绩。这其中,便有王文的一份功劳。

王文牺牲后,第五大队追授他中尉身份。如今,在南京市紫金山北麓,坐落着抗日航空烈士的公墓。张爱萍将军题名的南京航空烈士公墓纪念碑上,铭刻着王文的名字。这位年轻的西南联大学生,为抗日救国,贡献了宝贵的青春和生命。

参 考 文 献

1. 陈明章:《国立西南联合大学》,台北,南京出版有限公司,1981:211-215.

2. 孙官生:《威震敌胆的昆明航校》,昆明,云南教育出版社,2012:44-66.

3. 中国人民政治协商会议四川省叙永县委员会文史资料委员会:《叙永县文史资料选辑第 13 辑:西南联大在叙永》,1990:25.

4. 国立西南联合大学 1944 级:《国立西南联合大学八百学子从军回忆》,

2003：11.

5. 徐霞梅：《陨落：682 位空军英烈的生死档案》，北京，团结出版社，2016：212、523.

6. 蒋鸿熙等：《1944 衡阳会战亲历记：从中日两军史料解读 47 天》，北京，西苑出版社，2012：11-35.

7.《西南联大叙永分校劳军献金运动大会近集款》，《教与学》，1941，（11-12）：68.

8. 喻言：《一年来空军建设之成就》，《明耻》，1942，（8-9）：35-38.

9. 淬中：《中国空军学生在美国（二）》，《时与潮副刊》，第 3 卷，（4）：9-21.

朱悔吾

（1920—1944）

李　玓

朱悔吾，1920 年出生于江苏省海门市，中学时期就读于湖北省立武昌高中。

1941 年 1 月，朱悔悟进入西南联合大学学习，就读于文学院外文系。入学后不久，朱悔吾便因病申请休学一年，直到 1942 年才返校继续学业。

1942 年，日军在占领缅甸之后入侵中国云南怒江以西，滇缅公路由此被完全截断。此后将近三年的时间里，驼峰航线成为了援华物资到达中国的唯一途径。"驼峰"位于喜马拉雅山脉南麓一个形似骆驼背脊凹处的山口，驼峰航线全长 500 英里，横跨喜马拉雅山脉、高黎贡山、横断山、萨尔温江、怒江、澜沧江、金沙江，地势海拔都在 4500 米至 5500 米左右，最高处可达 7000 米。驼峰航线途经地区跨越了高山雪峰、峡谷冰川以及日军占领区，一方面自然气候十分恶劣，强气流、低气压、冰雹、霜冻，使飞机在行驶中随时面临坠毁和撞山的危险；另一方面，驼峰航线的部分航段距离日军建在密支那、八莫等地的空军基地比较近，很容易遭到敌机的截击袭扰。险要的地形、恶劣的气候以及这一区域频繁出没的日军战斗机，使驼峰航线成为"二战"中最危险的空中航线。

1943年，世界反法西斯战争进入战略进攻的重要转折时期，11月，中国战区中美空军混合大队成立，在昆明建立了中美空军混合作战司令部。为了满足作战需要，西南联大等学校纷纷面向学生征调步兵、炮兵、翻译员、飞行员。此时还未毕业的朱悔悟积极响应号召，报名参加空军，并于1944年考入了中国航空公司学习飞机驾驶。经过一系列严格训练之后，朱悔吾通过了考核，以副驾驶员的身份参与驼峰飞行任务，所驾驶机型为中国航空公司C-47型97号飞机。

当时由于日军已占领缅北密支那，并有可能从缅北机场起飞截击，朱悔吾驾驶飞行的驼峰航线不得不远离无线电导航台，向北移至横断山脉北部，所经过地区大部分为一望无际的原始森林区，整条航线间既没有无线电定向台也没有明显的地标，飞行难度极大。

5月至8月正是季风盛行的时节，恶劣环境对驼峰飞行也是巨大考验。1944年8月31日，朱悔吾接到飞行任务，驾驶C-47型97号飞机由四川省宜宾市飞往汀江。期间，飞机在飞行途中经停云南驿加油补给，再度起飞后机上的两台发

朱悔吾的家乡江苏海门市委收到清华大学请求协助搜集英烈事迹的致函后，在当地报纸上刊登报道，征集相关资料

动机突发故障,最终飞机在新会洋地方坠毁。朱悔吾不幸牺牲,时年仅 24 岁。

1942 年 5 月至 1945 年 8 月,驼峰航线上平均每天要起降一百多架各种型号的运输机,将援助物资源源不断地输送到中国境内,为抗日战争提供了有力的物质支援,同时保障了反法西斯战争在亚洲战场上的军备物资。在气候恶劣,环境险要,飞行高度高达 25000 英尺的驼峰航线上,许多优秀的飞行员与朱悔吾一样壮烈牺牲,将青春奉献给保卫祖国的事业,将生命定格在驼峰航线上。

("朱悔吾"的名字,本文所引用的相关资料中均为"朱晦吾",但其学籍卡上的名字为"朱悔吾"。)

参 考 文 献

1. 林千,邓有池:《中国民航大博览(上)》,北京,京华出版社,2000:159.

2. 国立西南联合大学 1944 级:《国立西南联合大学八百学子从军回忆》,2003:198.

3. 刘小童:《驼峰航线:抗战中国的一条生命通道》,桂林,广西师范大学出版社,2010:400.

4. 王晓华,徐霞梅:《国殇:国民党正面战场空军抗战纪实(第三部)》,北京,团结出版社,2011:312,388.

5.《丰碑上的中国抗日航空烈士》,《航空史研究》,1996(01):73-75.

6. 闻黎明:《关于西南联合大学战时从军运动的考察》,《抗日战争研究》,2010(03):5-18.

李嘉禾

（1919—1944）

郑小惠

辅 仁 求 学

李嘉禾，1919 年 8 月 7 日出生于北京，家住景山东街大学校夹道 14 号，出生于书香之家。父亲李续祖，任教于北京大学化学系，1937 年 7 月 27 日日军进攻北平前后，随北大师生携各系物资一起撤离北平抵达昆明。李续祖在西南联大期间继续负责出版组，并兼任注册组主任一职。1941 年前后离开联大，到中央机器厂工作。1938 年李嘉禾由北平辅仁中学考入北平辅仁大学数理学系物理组。"七七"事变后，华北沦陷，国立大学纷纷迁往内地。当时沦陷的北平，只有辅仁大学这种教会学校与其他日伪掌管的大学不同。在陈垣校长的带领及德美教会的协助下，辅仁大学在局势风云变幻、错综复杂的情形中，得以持续开办，并得到师资力量的扩大。李嘉禾就读辅仁大学数理学系两年期间，辅仁大学数理学系开始扩大招收规模，并建立了理化实验室。教学管理严格有序，课程设置要求学生修满微积分、微分方程、高等微积分等数学课程。教学全部使用英语教材,笔记、习题、毕业论文均用英文。

从西南联大入伍成为空校学生

在辅仁学习两年之后,李嘉禾南下寻找家人,一路流离辗转,抵达昆明,于 1940 年转学进入西南联大物理系二年级就读。联大虽然校舍非常简陋,经常有警报鸣响,外界环境干扰着学校正常教学秩序,但三校物理系大师云集。来自清华的教授有叶企孙、吴有训、周培源、赵忠尧等,饶毓泰、郑华炽、吴大猷等名师则来自北大,南开聘请了张文裕教授等人。李嘉禾的数理功底很强,所以学习并不吃力。作为一名青年学生,在国家民族面临危亡之际,究竟怎样抉择自己的前途,是直接参加抗战还是继续读书,这是一个艰难的选择,对于家庭来说,支持还是反对更是一种困扰。李嘉禾在昆明期间经常去看望在中央机器厂工作的父亲。抗战期间,资源委员会在昆明投资创办多所工厂,昆明成为工业重镇之一,设在茨坝的中央机器厂最为著名,也成为日机袭击的重要目标。目睹机器厂新建成排厂房被日机投弹炸毁,有感于桑梓被躏,李嘉禾毅然决定投笔从戎,父亲尊重了他的选择。1941 年到 1942 年期间,空军军官学校在各校招收第十五期理科学生,联大学生涌现报考飞行员的热潮,经过严格的体能测试及文化课考试之后,李嘉禾成为第十五期学生。同年,被录取的联大学生有 11 人,其中 5 人不幸先后殉国。分别为崔明川、李嘉禾、戴荣钜、王文、吴坚。

空军军官学校的前身是位于杭州笕桥的中央航空学校,抗战爆发后,中央航空学校先后西迁柳州、昆明,并于 1938 年更名为空军军官学校。但由于我国制空权的逐渐丧失和内地汽油供应的日益紧缺,学校的飞行训练难以顺利进行,连校门竟也遭日机炸毁。随着 1941 年美国国会制定的《租借法案》生效,两国建立租借援助关系,美国援助中国所需军事物资,并加大对中国飞行员的培训力度。空军军官学校自第十二期开始,学生在国内完成飞行训练后,即前往美国受训。战事日促,政府当局访问印度达成协议,学生不仅可以继续在美国接受高级培训,初级训练场地也迁至印度。自1943年2月起,十六期之后初级班教官与学生全部空运,飞跃驼峰抵达印度北部旁遮普省腊河接受训练,然后经美方考核合格后赴美接受中高级训练。

赴 美 经 历

空军军官学校第十五期学生分为三个班,分别在云南驿、宜宾等地受训,并于1942年5月、8月完成初级训练,随后在昆明待命。学校安排了英语课程,为前往美国继续受训做准备。之后,十五期三个班分三批赴美(批次依次是第四、五、六批),李嘉禾是第五批赴美同学。据同船赴美的张恩福日记记载:1942年10月,同学们搭乘美军运输机C-47,飞越喜马拉雅山到达印度汀江(Dibrugarh)。停留一小时,下午五点到加尔各答(Calcutta)。下飞机在旅馆住一个星期,然后搭火车路过德里(Delhi),拉合尔(Lahore),卡拉奇(Karachi),三天三夜后到孟买(Bombay)。受到驻地美军及外交官的接待,集体乘坐英国运兵船 Stirling Castle(25550吨)经印度洋,到达南非 Durban,几天后,又换乘另一艘姐妹船 Athlone Castle(28000吨)于1943年1月到达美国纽约。之后转乘火车到达亚利桑那机场受训。

位于亚利桑那州梅萨(Mesa)的威廉姆斯机场(Williams Field)是空军入伍生报到首训之地,学生先要进行两个月的地面训练,然后转往凤凰城的雷鸟机场(Thunderbird Field),进行PT-17机型的飞行训练。60小时的训练结束后,可以进入中级班,转往马拉纳机场(Marana Field)进行BT-13机型的训练。这两类机型都属于单翼教练机,训练过程艰辛危险,淘汰率高,几期赴美学生中,不断有学生发生事故,联大同时参军的崔明川就在此过程中不

位于美国布利斯堡国家军人陵园的
李嘉禾之墓

幸机毁人亡。进入高级班后,开始分科受训,分为轰炸科和驱逐科。高级班毕业后下一阶段进入 OTU（Operation Training Unit）作战训练科训练,练习 P-40 机型。1943 年 11 月,空军为了重新建立侦察机部队,加大对侦查机飞行员的培养,李嘉禾被选派在卢克机场（Luke Field）继续 AT-6 机型训练,此机型曾在"二战"中被广泛使用。之后与刚葆璞、杨力耕、陈冠群等 12 位学生一同接受 B-25 及之后预计的闪电 P-38 等侦查课程训练。但不幸之事在此期间发生,1944 年 9 月 30 日,星期六,晚 10 点 46 分,李嘉禾乘坐 TB25-D 飞机从亚特兰大（Atlanta）陆军航空基地起飞,预定飞往俄克拉何马州的威尔罗杰斯（Will Rogers）机场。机上有 9 位乘员,其中 3 位为中国空军军人,6 位是美国陆军航空队成员。3 位中国空军军人分别为:李嘉禾少尉、陈冠群准尉和杨力耕准尉。深夜,飞机遇上恶劣天气,空中不稳定气流导致飞机突然坠落,自动驾驶仪未及时检测到前方高山,撞山而毁。除一位负责通讯的美国军人重伤幸存,其余 8 人全部遇难。李嘉禾不幸以身殉职,时年 25 岁。

参 考 文 献

1. 北京辅仁大学校友会编:《北京辅仁大学校史》,北京,中国社会出版社,2005.8.

2. 中华民国的空军. http://www.flyingtiger-cacw.com/gb_650.htm.

3. 唐飞:《乾坤一镜—空军照相侦察机部队史》,台湾,中华战史文献学会,2016 年 4 月:P130-131.

4. 李安. 寻找尘封的记忆. http://www.flyingtiger-cacw.com/new_page_791.htm.

沈宗进

（1923—1945）

扶　威　莫家楠　黄思南

　　沈宗进，1923 年出生在浙江吴兴（今属浙江省湖州市）。湖州人杰地灵、人才辈出，被誉为"丝绸天府国，名列笔中冠"，近代史上的文学大家俞平伯、钱玄同等人均来自湖州。在这种底蕴厚重的文化哺育中，身为湖州名门望族的沈氏家族走出了一代又一代栋梁之才。根据《竹墩村沈氏家乘》记载，沈宗进的父亲是沈祖伟，祖父是民国时期著名外交家沈瑞麟，曾祖父是晚清时期两江总督沈秉成，而其外祖父则为中国国民党元老、孙中山临时总统府内阁代理参谋总长钮永建。"谈笑有鸿儒，往来无白丁"的家庭背景，似乎已经注定了沈宗进的人生不平凡。

　　其父沈祖伟（1892—1931），字奎侯，1910 年 8 月考取第二庚子赔款批赴美留学，获密西根大学土木工程学士学位。回国后，先后任河海工程专门学校（今河海大学）校长、中央大学土木工程系主任等职，1922 年获得全国水利局五等嘉禾章表彰。1931 年在考察内地铁路桥梁建筑时罹病去世。

　　父亲去世时，沈宗进只是一个 8 岁孩童，由母亲钮媺华抚养长大。沈宗进是家中次子，长兄沈申甫生于 1921 年，三弟沈宗瀛生于 1924 年,兄弟三人年纪相仿,在父亲早逝后相互扶持,情谊深厚。按照"长兄如父"的伦理观,家中长子要担当起父母的责任,对弟妹尽扶养、教育之责。所以即使长兄沈申甫只大沈宗进两岁,但沈宗进的人生还是在冥冥之中受到了长兄的指导和影响。1937 年,沈申甫考入重庆中央大学航空工程系,1941 年毕业后在成都航空设计院任助理员,后升任副研究员,并于 1943 年考取第五届清华大学庚款赴美留学生。1941 年,当沈申甫在四川致力于航空事业时,沈宗进也来到中国的西南部,考入位于云南昆明的西南联合大学工学院电机工程学系。

当时抗日战争已经进入到战略相持阶段,战势胶着。在空军方面,日寇占尽优势,我国空军飞行员牺牲者甚重,国民党当局决定在大学生中招考飞行员。于是,西南联大掀起一股报考空军飞行员的热潮。1944 年,中国航空公司招考飞行员,时年 21 岁的沈宗进与其他 10 名西南联大学生被录取。沈宗进选择当飞行员投身革命似乎是一件意料之中的事:于国,中国正处在救亡图存的关键时期;于校,西南联大提倡学子们"多难殷忧新国运,动心忍性希前哲";于家,沈宗进的长辈都是国民党的威望人士,而且长兄还服务于航空工程事业。

经短期训练后,沈宗进成为中国航空公司 74 号机的副驾驶员,驾驶飞机穿梭来往于中印之间,参加飞越驼峰航线的运输任务。所谓"驼峰"就是喜马拉雅山脉南麓的一个山口,是中国至印度航线的必经之处。驼峰航线则为滇缅公路被切断后,为了运送援华物资而新开辟的国际运输线。中国航空公司的主驾驶员多为原"飞虎队"的美籍飞行员,所以这支航空队被称为驼峰航线上的"飞虎队"。沈宗进的任务,就是通过驼峰航线,向印度运送派往缅甸对日作战的远征军士兵,再从印度运回汽油、器械等战争物资。

驼峰航线运输线沿线气候条件恶劣,且为避开缅北日寇飞机的袭击,飞行员不得不在没有无线电导航台和明显地标的航线上进行夜间飞行,因此飞机常常失事。据不完全统计,1942—1944年仅两年多的时间里,便有 34 名飞行员牺牲于驼峰航线上,这似乎预示了沈宗进的结局。"捐躯赴国难,视死忽如归。"1945 年 1 月6 日,沈宗进在航线上遇难牺牲,年仅 22 岁。他用他自己的行动践行了西南联大"刚毅坚卓"的校训。

沈宗进为国捐躯后,其兄沈申甫继续在航空方面深耕,于 1949年获麻省理工学院航空工程博士学位,先后任教于麻省理工学院、马里兰大学、康奈尔大学,2007 年 1 月 22 日在美国逝世。其弟沈宗瀛入俄亥俄州立大学、麻省理工学院做博士后研究,曾获美国新泽西州专利奖、意大利比萨大学伽利略奖章、法国巴黎大学 Rene Descartes 奖章、西班牙医疗化学会荣誉奖、美国化学会首届 Abred Burger 医药化学奖等。

参 考 文 献

1. 闻黎明:《关于西南联合大学战时从军运动的考察》,《抗日战争研究》,2010(03):5-18.

2. 刘小童:《驼峰航线:抗战中国的一条生命通道》,桂林:广西师范大学出版社,2010:400.

3. 《丰碑上的中国抗日航空烈士》,《航空史研究》,1996(01):73-75.

齐学启

（1900—1945）

孙敦恒

淞 沪 抗 战

齐学启，字梦赉，1900年生，湖南省宁乡人。1915年考入北京清华学校，编入1923级。在校8年勤奋学习，各科成绩优良，长于英文数理等课，文史造诣尤佳。1919年5月，北京爆发了划时代的五四运动，齐学启和广大同学一起积极投入了这场"外抗强权，内除国贼"的爱国运动。从此，他立下救国之志。他平时沉默寡言，但每论及国际形势及国家民族前途，则慷慨激昂，不能自已。他曾多次进城"劝用国货，抵制日货"。幼时体弱多病，来清华后积极参加体育锻炼，尤爱好篮球，"斗牛"场上经常可以看到他的身影。他是篮球队员，常参加级际比赛。也曾代表清华参加校际赛。1923年5月在清华学校毕业，7月赴美留学，本打算进军事学校，但当年美国各公立军校都不收外籍学生，只好改变主意。他听说得克萨斯州立理工及农业学校，按军事方式管理学校，便到该校就读。一年后，考入诺维琪军校，学习骑兵。齐学启入校后，勤学苦练，不仅所学各课均为同学中佼佼者,且常在课余时间求教于军事教官,研习军事战术,深得师友们的称赞。

1929年初,父亲病逝,母亲年迈无人奉养,乃束装回国。回国后,先在清华大学担任军训教官一学期。他到职后《清华周刊》报道说:"军事训练部新聘教官齐学启先生到校业已多日,齐先生系本校1923年毕业,与王化成、施嘉炀二先生同级,在美专攻陆军。""今春开学,校中当局以军事讲演乏人担任,电聘到校。""齐先生谈吐和蔼,无军人习气,而眉目间隐有英武之气。据云,彼之来此,系专任军事讲演职务,操场教练仍由其他教官负责。"在谈及他在美的情形时,他说:在美"其苦不在肉体,乃在精神。美国人轻视华人,无人不知,在陆军大学更甚。美人不与华人共餐共宿,谓华人为 Inferior People。"有一次彼因事赴餐稍迟,室中已无座位,见左有一空位,乃趋就之,对面美人见齐来,遂把手中盘子一挥,桌一踢,盛气而去。记者说:"齐君言时,忿怒之色,溢于言表,望而知为一富有血性之男儿也。"齐学启给学生作的第一次军事讲演,题为《泛论军事训练》,生动地讲述了进行军训的重要意义。最后引用太平天国著名将领李秀成的诗句,宣示了他作为军人的抱负:

万里江山多筑垒,
百年身世独登楼;
匹夫自有兴国责,
肯把功名付水流。

这年9月转任教于湖南大学,迎母亲到长沙居住。不到一年改入军界,任团长之职。1931年"九一八"事变爆发,日本帝国主义武装侵占了我国东北三省。对此,他深以为耻,常向人说:军人"应为民族尽孝,为国家尽忠,个人之一切在所不计"。他常以爱国主义及军人守土有责激励部属。

1932年1月,日本侵略军侵袭上海,驻沪第十九路军在全国人民要求抗日的影响下,奋起抵抗。齐学启团长率部协助十九路军与来犯之敌英勇拼杀,命两营据守南市,亲率一营绕道进击闸北之敌军,一度夺回火车北站。沪战结束后,齐学启对十九路军上海抗战遭到最高当局的刁难,有所不解和不满。不久奉命改任上海保安处第二团团长。1934年夏,离开军队,接受浙江大学之聘,去杭州执教。1937年"七七"事变后,齐学启眼见抗日战争兴起,又回到了军队,仍担任团长。几年间,他随军转往于鄂湘黔各地,其抗日救国之志总不得施展,甚为失望。

远 征 缅 甸

1942年,日本帝国主义以凶猛的攻势侵入缅甸,想切断盟国与中国的补给线滇缅公路,并扬言要与德国纳粹会师中东。此时,中国应盟国的要求和迫于形势,仓促组织起了一支远征军,进入缅甸,配合英军与日军作战。中国远征军共有3军8个师的兵力,他们是:第5军,辖200师、新22师和96师;第6军,辖49师、93师和暂55师;第66军,所辖新38师和新28师。齐学启是这支部队中新编38师的少将副师长,师长便是他在清华学校和留学美国学习军事时的老同学孙立人将军。他们二人,情同手足,长期共事,协力合作,率全师官兵于3月27日由安宁县出国,进入缅甸。在誓师会上,齐学启副师长列举古今中外远征的壮烈的事迹,勖勉官兵要以班固、霍去病自励,最后高声朗诵道:"男儿生兮不成名,死当葬尸蛮夷域中。"全师官兵激昂慷慨,声泪俱下。4月,全师进入缅甸战场。

4月16日,在缅甸仁安羌北面的英国军队第1师及战车营,被日军包围已两昼夜,粮尽弹缺,水源也被断绝,该师师长斯高特将军一再向中国远征军告急求援。齐学启将军奉命驰援,率部于第二天傍晚赶到,立即向敌军发起了猛烈攻击。激战三昼夜,敌军被击溃,丢下 1200 多具尸体狼狈遁去,被围困的 7000 多英军转危为安。新 38 师官兵,在齐学启副师长指挥下,取得了入缅远征的第一次大捷——仁安羌大捷。

仁安羌大捷后,齐学启奉命转进卡萨、温早之间,掩护第 5 军等中国远征军的转进。5 月 9 日,卡萨告急,齐学启奉命赶赴前线指挥,并负责与第 5 军联络。当晚 11 时,齐学启到达卡萨前线,率领所属 113 团官兵迎头痛击了日军一个联队的第二次进攻。11 日,齐将军接到师长孙立人要他迅速返回师部的电话。他接到命令后,即赶往第 5 军军部所在地曼西,请求中国远征军副司令长官兼第 5 军军长杜聿明将军派车辆运送新 38 师受伤官兵回师部,得到了同意,但当时换调车辆十分困难,而延误了时间,迟迟未来。他想到还有十几名负伤官兵留在第 5 军野战医院里,放心不下,便前去看望他们。这些人见到齐副师长,有如见到父母一般,悲喜交集,异口同声要求随他行动。齐学启看到他们的凄情惨状,听到他们的请求,热泪夺眶而出,慨然答应了他们。这时敌军大力增援后,猛攻 113 团阵地。在激烈战斗中,齐学启与师长孙立人和 113 团均失去联络,情况万分紧迫,他果断决定同伤病员一起由山林中觅路西进,去追寻转进的师部。起初,重伤员还可勉强跟随着走,后来渐渐支持不住了。齐学启为了不让他们掉队,在村里买了几头牛,要重伤员骑牛前进;他自己则不顾多年的心脏痛,而同轻伤者一起徒步跋涉。他们这样艰难地走了八九天,到了乌有河畔,一些重伤员创口发炎,连骑在牛背上也不能再走了。齐学启又设法买来一些竹子,编成竹筏,让全体官兵乘坐在上面,打算顺流而下去荷马林。不料顺水漂流了 5 天,在到达目的地上游 20 英里处,突有日寇追来。齐学启临危不惧,向大家嘱咐说:"昔日成功,今日成仁,此其时矣! 弹尽各自裁!"语声铿锵而动人。在日军的轻重机枪疯狂扫射下他们拼死抵抗,最后 18 人仅 1 人落水逃生,其余均壮烈牺牲。齐学启头部中了弹,身负 4 伤,倒卧在血泊中,完全失去了知觉，敌人得其符号，知他是一将官，遂为其医伤。他在苏醒后，始知其重伤未死被俘。

宁 死 不 屈

齐学启伤势稍轻，即被囚于仰光。其时，南京汪伪政权正在招降纳叛，侵缅日军把齐学启将军被俘事转告了他们。南京汪伪政权得信后非常重视，立即派伪陆军部长汉奸叶蓬，带领着过去与齐将军曾相识的伪军官一行 12 人，赶到仰光劝降。威逼利诱，无所不用。齐学启怒声训斥他们说："尔等靦颜事仇，认贼作父，不知人间有羞耻事，夫复何言！""速去！"汉奸叶蓬等人又以个人名义馈送名贵物品，多次设宴相招，都遭到齐学启的坚决拒绝。叶蓬诸汉奸只得悻悻而去。叶蓬恼羞成怒，临走时向其他远征军被俘官兵煽动说："汝等不得去南京享受高官厚禄，皆因齐某人'顽固不化'之故。"被俘官兵中一些动摇者，如蔡宗夫、杜学统和章吉祥等，听信了叶的胡言乱语，对齐学启怀恨在心，常向他寻衅。

齐学启他们被囚的处所，在仰光附近森林中数次迁移，所居屋室均是自己搭的草棚。他们每日白天开荒耕种等，已够劳累，还要遭受敌人的恶意折磨。齐学启对其悲惨遭遇怡然处之，大有文天祥"当其贯日月，生死安足论"的气概。夜晚，他主动向一同被囚的士兵教英语、算术，以及理化等文化知识。对他的乐观精神和服务热情，同囚数百人莫不钦佩感动。

1945 年 2 月，缅甸北部日军节节败退，日本侵略者的败象已露。蔡宗夫、章吉祥等变节者，害怕齐学启回国后揭发他们的丑行，遂萌发杀害齐的恶念。他们曾企图用毒药把他毒死，被齐学启觉察。3 月 9 日，章吉祥乘齐学启上厕所的时候，突然以利刃由背后猛刺其腰部，齐学启回头看到行刺的是章吉祥，叹息地说："君一误再误矣！"由于伤及内脏，日军又未积极救护，伤口发炎溃烂，病情恶化。同囚的一位英国上校军医，想尽办法找来一些药品，请为齐将军施行手术，竟遭日军制止。在他弥留之际，300多盟军被俘官兵环绕草栅跪下为他祈祷。于3月13日晚去世，时年45岁。

齐学启将军牺牲在缅甸仰光附近森林中。抗日战争胜利后，其遗体自缅运回云南沾益，后又运至长沙。1947年春，安葬于岳麓山下原长沙临时大学校园内的"南国清华"。1989年春，孙立人将军在台命人携款来湖南商议为齐学启修复茔墓事，当年即动工修复。竣工后，

孙立人为齐学启题写的墓志铭。孙立人与齐学启是清华学校同学，后同在中国远征军新38师，任正、副师长

1990年1月7日，在墓前举行了隆重典礼，中共湖南省委统战部佟英部长在会上致辞，详细介绍了齐学启将军英勇抗日的事迹。正如长沙清华校友会副会长旷璧城学长所说："齐学启学长宁死不屈的精神，足为后人楷模，亦是清华精英。"其浩然之气，岂仅荡漾乎麓山湘水之间哉！

参 考 文 献

1. 李安庆：《宁死不屈丁一中国远征军齐学启将军》，见《校友文稿资料选编协第一辑。

2. 萍苏：《齐学启将军忠登修复竣工典礼纪实》，同上。

3. 王之：《齐学启烈士传略》，打印稿。

4. 《清华周刊》第455期、456期。

吴　坚

（1921—1945）

吴宇潇

南粤赤子　家国碎梦

吴坚，广东宝安人。出生于 1921 年 5 月 7 日，高中就读于北平私立崇德中学，与杨振宁、马启伟同班。据他北平崇德中学低一级的师弟卢少忱回忆，吴坚"为人开朗、坦诚、涵默而沉思"。他喜爱打桥牌和踢足球，曾被选拔为高中足球校队队员。

高中短暂的平静生活却在日本铁蹄下被碾碎殆尽，1937 年 7 月 29 日，北平被日本侵略者占领，怀有一颗强烈爱国心的吴坚为此常常愤郁不乐，借酒消愁，而胸中之块垒却难被酒浇熄，他暗下决心，要到祖国需要他的地方去，为国家的存亡抛头颅，洒热血。等到 1938 年高中毕业，吴坚已然不愿苟安于日寇占领的北平，而毅然选择与同学一道自塘沽乘船经上海、香港及越南辗转至昆明。

国难当头　投笔从戎

1941 年,正值抗日战争最艰苦的时期,日本对中国发动了多次进攻。吴坚在祖国正处于生死存亡的关头长居昆明,进入联大先修班学习。日本和美国先进的空军力量让孱弱的中国见识到了空军对于现代战争的非凡意义。在日本侵华战争中,日本空军的快速反应、高速机动和猛烈突击的能力大大掣肘了中国陆军作战的布防,造就了中日之间实力的严重不平衡,中国甚至只能寄希望于外国帮助中国夺回中国战场的领空权。1938 年 9 月 28 日,日军对昆明进行空袭,联大租来用做宿舍的昆华师范学校被轰炸。这些残酷的现实沉重地打击着作为青年学生的吴坚,救国心切的他醒悟到,中国的空军人才极度缺乏,只有成为一名合格的空军战士才能切实地为抗日救国事业献上一己之力。在这样的思想指导下,吴坚于 1941 年 1 月 15 日入学国立西南联合大学航空工程系。在 1939 年至 1942 年,西南联大掀起报考空军飞行员的热潮。许多联大学生勇赴国难,踊跃报考,吴坚也身居其中。1941 年 3 月 11 日,美国通过《租借法案》,美国同意为中华民国在内的同盟国提供战争援助,所以中国空军学校的学生拥有赴美国接受飞行训练的机会。民国政府为改变中国制空权丧失的被动局面,亦于 1941 年 8

吴坚的国立西南联合大学学生注册片

月 1 日发布命令,正式成立中国空军美国志愿航空大队,任命陈纳德为大队指挥员。中国亟需能够对日作战的本土空军人才。这个难得之机吴坚当然不会浪费,但是当时投考留美空军军校需通过最严格的检查,据吴坚同学马豫回忆"录取率约为百分之一",入学后的飞行训练更是"淘汰率约为百分之五十以上"。1942 年,抗日心切的吴坚决定投笔从戎,考入留美空军军官学校,成为第六批留美第十五期学员。由于第七批以后空军军官学校已经在印度拉河成立了初级训练班,留美学员并不直接赴美接受训练,而改为赴印训练,吴坚也成为最后一批留美空军学员。

于是,在经过国内的飞行训练后,吴坚于 1943 年 4 月由昆明送至美国亚利桑那州的路克和雷鸟基地,开始接受美国陆军航空队的驾驶战斗机的训练。因为太平洋战争已经爆发,先前从昆明出发,经由香港、菲律宾和夏威夷,最后抵达旧金山的航线有被日军袭击的危险,所以吴坚他们这一批赴美学员踏上了一条新的路线,先从昆明搭乘飞机飞越喜马拉雅山脉到印度加尔各答,再转搭火车到孟买,在那里等了三个多月才改乘坐邮轮。这趟旅程不仅漫长还很危险,孟买出发经过南非开普敦,从开普敦起就不能直航,必须以之字路蛇行前进,为了躲避德国潜艇曾在百慕大停留数日,直等到护航舰及飞机护航下,才到达美国纽约登陆。1944 年,经过一年的训练后吴坚终于从空军军官学校第十五期毕业,回到心心念念的祖国抗击日本对华侵略。回国后吴坚如愿以偿,被编入中美空军混合联队(团)(Chinese American Composite Wing,CACW),曾多次驾机对日作战,共立战绩 5 次。除了对日作战外,吴坚还历任空军军官学校初级班飞行教官,中美空军混合联队(团)第三大队驱逐机大队二十八中队飞行员,及第八中队分队长,少尉三级飞行员,可谓学有所成,身体力行地为抗日战争倾其所有地奉献着自己。

金书铁券　百世流芳

不幸的是，当时中国飞机的硬件设备并无完备，反倒是频出差错，这对于飞行员的生命安危有着非同小可的潜在威胁。据他的同学卢少忱回忆，吴坚就曾遇到过两次机件故障，其中第二次故障甚至直接导致了他的牺牲。其中，第一次发生机件故障时，他选择迫降在陕甘宁边区，好在有八路军战士和当地农民的救护，最后被平安送回国统区，并无大碍。但是第二次机件故障就没有那么幸运了。1945 年 5 月 16 日，吴坚在西安安康机场驾机起飞，准备出击日军。飞机起飞后不久就发现飞机的机件失灵，于机场上空失事坠地，重伤不治。正是恨血千年土中碧，一寸山河一寸血，吴坚在陕西为抗日救国牺牲，年仅 24 岁。

1995 年 8 月 18 日，抗日航空烈士纪念碑在南京紫金山北麓落成，纪念为国捐躯的烈士英灵。至此，民国时期这座空军公墓得到了全面的恢复和修葺，象征着对抗日英雄们舍生取义精神的致敬。吴坚烈士的英名姓名、出生年月和牺牲地点被镌刻在抗日航空烈士纪念碑上，供人们凭吊和缅怀。"英名万古传飞将，正气千秋壮园魂。"吴坚烈士心怀祖国，投笔从戎为抗日救国牺牲，其高尚的品德如同黑暗中的星光，微弱之中却能坚韧地划破长夜，散发着清华人"自强不息、厚德载物"的动人光芒。

参 考 文 献

1. 张闻博，何宇：《西南联合大学叙永分校建校五十周年纪念集 1940—1990》，四川，四川省叙永县印刷厂，1993：137.

2. 西南联合大学北京校友会编：《国立西南联合大学校史——一九三七年至一九四六年的北大、清华、南开》，北京，北京大学出版社，1996：64，607.

3. 程国栋主编：《张咸恭教授八十华诞暨从事地质工作六十年庆贺文集山

的呼唤：工程地质学与可持续发展》，北京，地震出版社，1999：27.

4. 国立西南联合大学 1944 级：《国立西南联合大学八百学子从军回忆》，北京，国立西南联合大学 1944 级，2003：11-12.

5. 《丰碑上的中国抗日航空烈士》，《航空史研究》，1996，（1）：73-75.

6. 闻黎明：《关于西南联合大学战时从军运动的考察》，《抗日战争研究》，2010，（3）：5-18.

雷本端

（1920—1945）

彭广业　夏　清

雷本端，湖南桂阳人，家在桂阳州高亭司庙下村雷家（今湖南桂阳县洋市镇庙下村）。雷本端的父亲雷洪，字容海，按字辈"敦仁裕嗣英，本龙枝叶茂"，谱名英洞。雷洪早年参加同盟会，辛亥革命时为驻鄂陆军第三中学堂学生军领袖，曾参与武昌起义筹划。初任鄂军政府交通部次长，旋任黄兴副元帅府指挥官。起义胜利后任南京义勇军司令、黎元洪副总统参议。护国战争后晋升陆军中将，曾赴日本振武学堂学习，1925年牺牲于北伐战争中。

雷洪牺牲时，雷本端年仅五岁，此后由其伯父抚养。雷本端小时，伯父经常给讲述其父亲参加武昌起义和留学日本振武学堂的故事。武昌起义爆发，雷洪等人领导的武昌陆军第三中学堂同学同时起事，大呼革命，吓得总办、监督以及所有教职员、队长、排长闻风逃匿。同学们撕白被单裹脚为号，黎明攻入武昌保安门，夺取楚望台军火库，补充弹械后，进至汉阳门城墙上，与其他起义部队会合。每当听到父亲带领学生军攻入武昌保安门的事迹，小时的雷本端心里敬慕不已，立志以父亲为榜样，以振兴中华为己任。

雷本端的伯父雷澂,号静海,生于1888年,毕业于两湖总师范仁斋第四堂第四年级第七学期。曾留学于日本,接受过革命思想,归国后曾任鄂军政府军务秘书、湖南都督府顾问。二次革命时,桂阳曾为袁世凯势力控制,雷澂曾于民国三年、四年两次回县组织队伍反袁,最后率40余人捣毁县署,反对袁世凯复辟。年幼的雷本端自小就继承了父辈的革命基因。

雷本端少年就读于本村的文龙阁书院。文龙阁书院的对联"剑阁钟灵,瑞气冲凌霄汉外;讲经吐秀,文光直射斗牛边"即是他勤学苦读的座右铭。雷本端目睹动乱时期生活贫穷的乡亲,曾劝其伯父接济乡亲,并写下了"普天率土莫不尊亲,任万事纷纭,何如务本;照幽激明日维礼乐,原九州敬爱,只此行端"的对联以明志。

稍长,雷本端进入湖南衡山的岳云中学学习。在岳云中学学习期间,他加入了战时服务团,曾多次回乡开展抗日募捐支前活动。1941年1月9日,他进入西南联大学习。入校时就读文学系,第二年转入经济系。1943年,23岁的雷本端从西南联大法商学院经济系应征入伍。

抗日战争期间,因战时需要,长沙临大、西南联大学生多次响应国家号召,曾有三次较大规模的参军潮,参加抗战离校的学生共1100人,约占总就学人数的14%。1944年,雷本端和其他经济系61位同学毕业正式入伍。同学们经过培训后担任随军翻译,分配工作范围相当广泛。部分被派往昆明的航委会,部分被派往协助美军培训地面部队学习新式武器,一些同学开始了军旅生涯。"十万青年十万军",西南联大的学子与当时众多从军学生一起,扛起保家卫国的重担,共同谱写了第二次世界大战历史上可歌可泣的篇章。

当时,雷本端被派往航空基地,因语言功底深厚,兼任随军翻译。雷本端抗日保国的观念十分强烈,他更名"保汉",取保

位于湖南的芷江空军机场是中美空军混合团的总部，在抗战中发挥了重要作用

卫汉邦、捍卫中华之意。当在学校决定投笔从戎之时，他给妻子王贞德女士写了一封长信，信中写道"国即是家，国之不存，家将焉附。"

1945年，雷本端在位于湖南的芷江机场指挥塔服务电台。1945年4月到6月，日本发动了最后一场大规模的进攻，此次作战的关键目的便是争夺芷江空军基地，因此又称"芷江攻略战"。战役打响之后，芷江空军奉令密切配合地面部队协同作战，其间发挥了最大威力，重创日军。日军将这一空军基地视为"眼中钉"，欲全力将其拔除，因此频繁地轰炸芷江。这一时期，空军活动十分紧张，往往拂晓出动，黄昏归队，有时晚上起飞截击敌机或驾机疏散，平均每日出动8次以上。期间，芷江机场上空几乎布满飞机，从早至晚都有飞机起降，芷江城也整天在强大的飞机马达轰鸣声中震荡。繁重的工作任务下，机场的空勤人员只能轮流休息。雷本端与另一名同学包威日夜轮值传递电信，24小时"全天候"作业，劳瘁而死，为国殉职，年仅25岁。

雷本端逝世后，其遗体被安葬在西南联大校园内的一座小山上，位于闻一多烈士墓旁。时在云南昆明部队服役的庙下村人雷嗣波代家乡人祭奠过,并带去了一副挽联——"生于桂邑香不绝;死傍闻师泪亦多"。雷本端在国难之时,毅然投笔从戎,以自己所学服务抗战,直至牺牲,这种为国牺牲的精神永远激励着后人。

参 考 文 献

1. 金富军,王向田:《抗战烽火中的清华》,《新清华》,2015 年 8 月 28 日,第 2002 期。

2.《1944 级应征毕业学生名录(1943 年度毕业)》,清华大学校史研究室:《清华大学史料选稿 第 3 卷(下)——西南联合大学与清华大学(1937—1946)》,北京,清华大学出版社,1994:495.

3. 王冠俊:《警卫芷江机场时所知空军参与湘西会战回忆》,中国人民政治协商会议芷江侗族自治县委员会文史资料研究委员会:《芷江文史 第 4 辑》,1991 年,第 22 页。

4. 杨树勋:《卅年往事说从头》,《学府纪闻:国立西南联合大学》,台湾,南京出版有限公司,1981 年,第 233 页。

5. 彭广业:《抗日战争中的拼命三郎雷本端》,《桂阳民间文化》(未公开发行),2016 年。

缪　弘

（1926—1945）

陈天翼　杜文斐

> 自由的大地是该用血来灌溉的。
>
> 你，我谁都不曾忘记。
>
> ——缪弘《血的灌溉》

父子殊途：叛逃家庭的儿子

1926 年 12 月，缪弘出生于江苏无锡，是家中次子。冬日阴冷，而这种阴冷的气氛几乎一直氤氲在他的童年岁月中。4 岁时，缪弘的母亲去世，继母项绣锦抚养他长大。1932 年，南门城门口一幢美轮美奂的花园洋房建成，这里是缪弘的新家，也是"北伐军第一军副党代表"缪斌的府邸"缪公馆"。1937 年，全面抗战爆发，11 岁的缪弘还在上小学，父亲缪斌却投靠了日本，沦为汉奸。同年，无锡沦陷，缪家住宅也被日本特务机关征用。尽管这里依然高墙肃穆，绿树环抱，却再也不可能营造出正直威严的气派。

经历了一番变故，缪家迁往上海，缪弘在上海继续读初中，不久又随父迁往北平。当时缪斌在北平担任亲日政权"中华民国临时政府"新民会的中央指挥部部长，家里有佣人，进出有汽车。但是，缪弘始终无法安心享受战火中的这方"安逸"，国耻、家耻似两座大山始终压在心头。缪斌再三约束两个儿子，除了上学，平时不准外出。但看管再严，也束缚不住兄弟俩的爱国之心。1942年5月，在爱国抗日人士的帮助下，16岁的缪弘和哥哥缪中一起离家出逃，并于1942年8月底进入重庆南开中学读高中。他的中学同学张肃文后来回忆道："有一次我们笑谈他是汉奸的儿子，所以吃得好，身体棒。他立刻满面通红，眼泪盈眶地说：'我可不是汉奸！'"

缪弘在脱离了叛国的父亲之后，写下了《挣脱》："振一振久缚的双翅，/抖一抖才长成的羽毛，/我挣脱了沉重的锁链，冲出黑暗的笼牢。/我欢笑，我长啸。/前面，有山、有水，/有森林和湖沼，/有自由的天空，/可供我任意逍遥。"缪家父子终究成为殊途，血浓于水，却敌不过民族兴亡的召唤。

进入联大：满怀壮志的学生

怀着一腔才情与热血，缪弘发愤苦读，于1943年夏考入了西南联大外国语文学系。秉承了北大、清华、南开三所著名高校优良传统和办学理念的联大，精英荟萃，充溢着"爱国、民主、科学"的氛围。师生们恪守"刚毅坚卓"的西南联大精神，在"千秋耻，终当雪；中兴业，须人杰"的激昂歌声中，在艰苦的条件下，结茅立舍，弦歌不辍，迸发出誓死不当亡国奴的崇高民族气节。缪弘也不甘落后，潜心苦学，加入了西南联大文艺社，时常写作诗歌，抒发内心感慨。他的同学王景山后来回忆道："（缪弘）是个面貌清秀的小伙子，性格比较文静，经常穿一件黑色的皮夹克。他既写诗，也写散文，很有才华。"

当时的中国正遭受外敌侵略，家园遭受铁蹄践踏，自己也只能流浪远方，缪弘以诗言志，慨叹道："梁间檐下不是你的住处，/······

雨过后,已就去找你的惊涛骇浪。"(《燕子》)他的目标是"惊涛骇浪",也将这种理想延伸至生活的各个角落。当他看到水波中的一群鸭子,也会生发联想,写道:"希望这些鸭子是战舰,/但我更希望所有的战舰都是鸭子。"(《鸭子》)。缪弘的雄心壮志不仅仅是空想,更是实际生活中的行动。西南联大曾多次动员师生献血,支援前线抗战,缪弘积极踊跃参加,在第五次献血后,写就了《血的灌溉》:"没有足够的食粮,/且使我们的鲜血去;/没有热情的安慰,/且拿我们的热血去;/热血,/是我们唯一的剩余。/你们的血已经浇遍了大地,/也该让我们的血,/来注入你们的身体;/自由的大地是该用血来灌溉的。/你,我,/谁都不曾忘记。"

奔赴前线:投笔从戎的战士

怀着这样的英雄豪气,缪弘毅然决然地加入了抗日行列。1944年9月16日,蒋介石在国民政府参政会上发表演讲,号召全国知识青年参军抗日,发出"一寸山河一寸血,十万青年十万军"的口号。当时还是联大外文系二年级学生的缪弘,本不在征兵的范围之列,但他不肯放弃难得的奋战机会,在保留学籍的情况下,和哥哥缪中同时投军,随后报考了第七期翻译人员培训班并被录取。1945年4月9日,在入译训班的前一日,缪弘兴奋地留下了这样的句子:"折一朵蔷薇,/来追念,/背后的流年,/摘一叶花瓣,/来纪念,/我一生中的今天。"(《蔷薇》)

经过六周训练后,缪弘被编入降落伞兵第八队第二分队任翻译员,先后在岗头村、宜良等地服务。不久,他又进入空军陆战队(又名中美联合突击队),接受跳伞训练,这是一个以鸿翔部队为基础的中美混合组织,每队有二三十名美国官兵和8名译员。7月,缪弘随伞兵部队空降到广西柳州。8月2日,缪弘所在的空军陆战队配合第十三军某师作战。3日,为收复丹竹机场,缪弘随伞兵队降落到南平附近的蒲阳岩,向丹竹机场发起冲锋。在这场战争中,作为翻译官,缪弘原本也可跟随先前的士兵一起下山,但是他仍然选择与战士们一起冲锋,手持卡宾枪进入阵地前列。当军队进抵蒲阳岩时,缪弘被日军步枪击中,子弹穿过左颈,当即无法发声。当地游击队员将他抬到山脚急救站进行抢救,然而伤势过重,无力回天,未满19周岁的缪弘不幸离世,甚至没有来得及看到抗战胜利的曙光。

经此一击,敌军防线崩溃并撤退。8月5日我军进驻丹竹机场。15日,日本宣布无条件投降。

遗诗编纂: 隐于战火的诗人

缪弘牺牲的噩耗传来,联大同学们十分哀恸和惋惜。1945年8月18日,西南联大文艺社出版了第31期《文艺》壁报,名为"缪弘专号"。次日,联大学生自治会、外文系1947级级会和文艺社联合成立了"殉国译员缪弘同学追悼筹备委员会"。8月19日上午9时,追悼会在联大新校舍南区第八教室举行。

同学们从其自己整理的集子中选辑了22首,由师长和同学集资编印出版作为纪念,即为《缪弘遗诗》。新中国成立后曾任清华大学中文系主任、副教务长,时在联大任教的李广田先生为《缪弘遗诗》题写书名并作序。序言开篇即言:"读过这些诗,我们认识了一个人,也认识了这个时代。……但愿我们有更清楚的认识与更确定的方向,有绝对的肯定与绝对的否定,然后才能善用我们的生命,去克服矛盾,胜过痛苦,在痛苦中创造更高的希望,并实现这些希望。"作为缪弘的老师与诗坛的前辈,李广田先生携着满心的关爱、惋惜与希望之情,哀悼为民族解放而牺牲生命的战士,哀悼一位隐没于战火之中的诗人。

10月,从军的学子们回联大复学,而年轻的缪弘却在胜利前夕,长眠在了他挥洒热血的山脚之下。但或许正如他生前所写的:

不吝啬于我的尸体腐烂成泥，
　　也不对逝去的往昔，
　　　再作无聊的悲泣。
　　我只幻想：
　　　　明年
　　会有个勤劳的农夫，
　　　挖我去肥田，
　　　有金黄的谷粒，
　　　　会因我的滋养
　　　　　而成长。
　　正义与胜利的光辉，将永远笼罩着他奋战过的土地。

参 考 文 献

国立西南联大纪念碑刻录了抗战以来学生从军名单，缪弘名列殉职者中

1. 徐霞梅：《陨落682位空军英烈的生死档案》，北京，团结出版社，2016年。

2. 国立西南联合大学1944级：《国立西南联合大学八百学子从军回忆》，非正式出版物，2003年。

3. 汪新：《烽火忆抗战》，北京，华文出版社，2016年。

4. 西南联合大学北京校友会编：《箫吹弦诵情弥切——国立西南联合大学五十周年纪念文集》，北京，中国文史出版社，1988年。

5. 李岫：《行者·记者·思想者》，北京，文化艺术出版社，2012年。

6. （美）孙康宜，（美）宇文所安主编：《剑桥中国文学史》，北京，生活·读书·新知三联书店，2013年。

7. 李光荣：《西南联大文学社团研究》，北京，中华书局，2018年。

8. 张月：《无锡籍空烈缪弘亲属现身》，《江南晚报》，2012-07-12.

9. 《父子殊途说缪弘》，《无锡日报》，2012-08-26.

曾 仪

（1916—？）

倪博闻

在今云南师范大学老校区内，伫立着一块"国立西南联合大学纪念碑"，碑的阴面题写的是"西南联合大学抗战以来从军学生提名录"，上面记载了 800 多位抗战期间从军的西南联合大学学生的姓名，排在前列的是 5 位在抗战中因公殉职的学生，其中第三位是来自西南联合大学师范学院的曾仪。

初 入 联 大

曾仪，1916 年出生，江苏泰兴人，家住泰兴县城内东大街复兴盛号。1939 年 10 月，23 岁的曾仪以优异的成绩考入西南联合大学，进入师范学院理化系就读。

此时的师范学院还仅仅是第二年招生。此前一年的 8 月底，遵照教育部的命令，西南联合大学增设了师范学院，下设教育学系、国文学系、英语学系、数学系、理化系、史地系等系所。由于需要进行为期一年的教育实习，因此师范学院的学制为 5 年，相比于

其他学院的学制要多一年。师
范学院的培养目标是健全合格
的中学教员，因此系科的设置
便是从中学课程的实际需要出
发的。如曾仪就读的理化系，
由于以培养物理、化学教师为
任，因此既需要必修普通基本
课程和教育学科课程，也要必

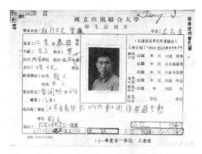

曾仪的国立西南联合大学学生注册片

修物理学、化学、力学、热学等课程。平日里，作为师范学院学生的
曾仪与理学院的学生一起上课，也一起参加新校舍的学生社团活
动和壁报活动。

　　不过，在生活方面，师范学院的要求就较为严格，需要执行作
息制度，按时起床、按时就寝，每天上课之前举行升旗典礼，并由院
长或主任导师讲话，在品德修养方面也要求应当"衣着整齐而不华
丽，仪表端庄而不放荡，口不出秽语，行不习恶人"。师范学院最初
建立时借用的是昆华中学北院的校舍，1940 年 10 月 13 日，日军
轰炸昆明，径直以西南联大和云南大学为目标，使得师范学院的男
生宿舍全部被毁，办公处及教员宿舍也多处毁坏。在此次被炸之
后，师范学院不得不搬到了龙翔街昆华工校的东部"文昌宫"的旧
址。这是一处两进二层楼房，前面楼上是女生宿舍，楼下是办公室
和教室；后面楼上是男生宿舍，楼下是饭厅兼代会堂；东西厢都是
平房，共有 4 间教室，此外还有实验室、阅览室，曾仪就在这里度过
了 4 年艰苦而又美好的时光。

应 征 入 伍

　　曾仪的大学生活随着抗战形势的急剧变化而发生了转变。
1941 年年初，为了抗击日军，美国政府批准向中国派遣了由飞机、志愿飞行员和机械师组成的空中力量,以担负空防与飞跃高山的运输任务;同时还批准了美国陆军协助中国远征军巩固滇缅路、开拓中印公路,以打破日本对中国的封锁。1941 年 8 月 1 日,美国方面成立了以陈纳德上校为首的志愿队,1942 年 7 月改称为美国空军第 14 航空队,通常又被称为飞虎队。飞虎队有约 100 名空军军官,配备了 P-40 飞机,并在昆明西郊营建了基地,巫家坝修建了机场。太平洋战争爆发后,战争日益扩大,一方面是来华美军日益增多,另一方面是中国军队承担了越来越多的对外作战任务,这两方面使得中国军队与美军的交往日渐频繁,因此培养大批军事翻译人员的任务就摆在了眼前。

自 1941 年开始,当时的国民政府教育部就下令,内迁各大学外文系三、四年级的男生都应当应征入伍,参加为期一年的翻译工作,不过,这种规模显然无法应对战事日繁的需要。1943 年 10 月,教育部又下令,1943—1944 学年度春季学期将征调几所大学所有应届四年级身体合格的男生为美军翻译员。11 月 10 日,西南联合大学常委、清华大学校长梅贻琦亲自在新校舍和工学院发表演说,动员学生应征,并承诺将在四年级同学的服役期满之后颁发毕业证书。在国家的号召和学校的鼓励之下,曾仪也应征入伍,并领取了由学校颁发的肄业证明,随后和其他 400 余位同学一道加入到了对日作战的队伍中来。

曾仪和其他同学承担的主要工作是军事翻译。为了培训这批军事翻译员,国民政府军事委员会在昆明设立了译员训练班,对这些准译员们进行语言、军事知识和社会知识方面的训练以及基础的军事训练,当然具体的培训工作仍然是由西南联合大学的老师们负责的。在培训班毕业之后,这批翻译官有的被派去了各地的美军招待所,有的则到飞机场附近为空军工作,有的则进入部队的指挥机关或作战机关,无论在何种岗位上,他们都出色地完成了翻译工作,其工作成效也得到了美军方面的认可,一部分联大学生就因为担任翻译官工作而被美国总统授予了铜质自由勋章,以奖励他们对美国抗敌战争的援助。而在所有的工作中,最辛苦的当属被派往中缅印战场的各个战区的随军翻译们,他们一方面要忍受恶劣的自然环境,另一方面要在枪林弹雨中出生入死,随时都有可能牺牲。曾仪就在这个过程中不幸牺牲,为国捐躯,为中国的抗日战争及世界反法西斯战争作出了自己的贡献,用生命践行了校歌中所唱的"待驱逐仇寇,复神京、还燕碣"的诺言。

立 碑 纪 念

1945年8月15日,日本宣布无条件投降。消息传回西南联合大学,师生们载歌载舞,喜极而泣,此时他们内心所想的就是尽快回到阔别多年的校园,为此学校专门成立了迁移委员会,负责返校工作。在北返前夕,为了纪念这段时光,也为了警示教育后人,学校决定修建西南联大纪念碑,碑文由文学院院长冯友兰先生亲笔撰写并作序,叙述了联大的历程和历史。碑的背面则铭刻着联大那些投笔从戎、奔赴前线的学生的名单,以缅怀他们为抗战事业献出自己宝贵学习时光乃至生命的丰功伟绩。

参 考 文 献

1. 西南联合大学北京校友会:《国立西南联合大学校史》,北京,北京大学出版社,1996年。

2. 赵新林,张国龙:《西南联大:战火的洗礼》,上海,上海教育出版社,2000年。

3. 闻黎明:《抗日战争与中国知识分子——西南联合大学的抗战轨迹》,北京,社会科学文献出版社,2009年。

4. 西南联大《除夕副刊》:《联大八年》,北京,新星出版社,2013年。

吴若冲

（1913—？）

王博伟

广东潮安城，历史悠久，人文荟萃。20世纪初，这里聚集了大量传统手工业者，作坊店铺遍布大街小巷，各式行当一应俱全，氤氲着匠人的烟火气。城内有一条著名的打银街，沿街银店林立，熠熠生辉，吴氏家族在此世代传承着银器加工的技艺。

由于父亲是学界人士，虽身居市井巷陌，吴若冲却能饱读诗书，潜心向学。然而，20世纪30年代，日军的进犯打破了打银街的繁荣与宁静。

时局多艰　辗转求学

1937年，"七七"事变爆发，日本帝国主义的魔手伸至了全国范围，广东也开始不时遭遇敌军飞机的轰炸。在救亡的大背景下，吴若冲丝毫不敢懈怠，日复一日地刻苦学习。1939年，他以优异的成绩考入国立中山大学。

因战火频仍，当时的中山大学已经西迁至云南澄江办学，条件十分艰苦。战事之中，如同《国立中山大学日报》当年刊登的《邹校长告同事同学书》所描述的那样，"米价高涨，百物腾贵，一般同事同学，依然埋头教学，日则节膳忍饿，面多菜色，夜仍焚膏继晷，目注芸编，苦斗精神，始终不懈。"吴若冲便是在这样的环境中完成了大学第一年的学业。

在日军的猖狂侵略之下，各地学校办学艰难，难以为继，教育部下令各省各校收容战区失学青年，学生在各个学校之间辗转的情况并不稀见。1940年，吴若冲转学来到昆明，在西南联合大学文学院外国语文学系继续求学攻读。

1941年，昆明屡遭日军空袭，"跑警报"对于联大师生而言，渐成家常便饭。为此，学校修改了师生每日的作息时间，上课时间改为上午7时至10时，下午15时至18时，师生分别在10时和18时吃午饭和晚饭。然而，有时还未到七点，师生尚在睡梦之中，刺耳的警报声便已响起，直至天黑，终日不停；偶尔敌军夜间骚扰，半夜朦胧时分也得爬起来，奔至后山躲避。到了8、9月，学校遭到猛烈轰炸，图书馆、食堂、教室、寝室均有损坏，遇到雨天时房顶总会漏雨，联大学生在图书馆看书、在寝室睡觉也要撑伞。

国难当头，时局多艰，不论条件多么艰苦，吴若冲始终夜以继日地勤恳求学，对祖国、对救亡的深沉情感也在他的心中一点一滴地沉淀。

西南联大校景

满腔热血 应征从军

1941 年 4 月，美国政府准许其飞行人员志愿赴华助战。为了解决来华志愿军的生活问题，国民政府军委会特成立战地服务团。自此，来华美军日益增多，对军事翻译员的需求也不断增大。9 月，教育部向内迁大学发布征调外文系三、四年级学生为译员的命令。11 月，"战地服务团译训班"第一期在昆明正式开班。12 月，日军偷袭珍珠港，美国正式对日宣战，世界范围内的反法西斯战争进入新阶段。

时局的变化也深刻影响着联大校园。教育部征召译员的训令下达后，西南联大校委、清华校长梅贻琦率先响应，创议校内在校四年级男生一律应征。他召集了外文系高年级学生训话，以拳拳爱国心感召学子，希望同学们不惧艰险，响应号召，为国贡献。他的话语像铁锤一般，震撼着吴若冲在内的同学们的内心。

在梅先生慷慨激昂的演说之感染下，1941 年底，吴若冲和同窗好友一道，放下书本，加入了第三期战地服务团译训班，计划三个月结业后分配至军中，服务战事。

当时译训班的班址设在昆明西站附近的昆华农校的美空军第一招待所，不少西南联大的著名教授也兼职在其中主持班务、担任教员、开设讲座。国民党高级将领黄仁霖担任译训班的主任，西南联大社会学系教授吴泽霖担任副主任，实际主持各项工作。译训班实施军事化管理，吴若冲和他的同学们每天除了要参加军事训练，还要上各式各样和战事相关的课程，如英语训练、时事讲座、缅甸印度的历史地理等。

求学十余载，儒雅的文人墨客，有朝一日竟也披上戎装，壮起武胆。满腔热血之中，是对国家前途的关怀，对民族兴亡的忧虑构成了他们的勇气。从梅校长，到吴若冲，都在那个动荡的年代，用一言一行书写着可歌可泣的联大精神。

缅甸作战　魂断丛林

抗战爆发后，东南沿海地区相继沦陷，到了 1941 年下半年，中国的对外交通要道只剩下西南方向的滇缅公路，这是中国唯一能够从外界得到援助物资的交通线。太平洋战争爆发后，日军在东南亚作战的一大要务，便是占领缅甸，切断滇缅公路这条至关重要的生命线。

1942 年 1 月，缅甸战事吃紧，英军节节败退，英国政府要求中国政府出兵缅甸支援前线。情势危急之下，中国政府同意派遣远征军赴缅抗日。远征军出国作战，需要译员相助，于是译训班便优中选优，从第三期学员中选拔了约 10 人提前结业，分配到中国远征军第五军。吴若冲便在入选译员其列。

2 月，译员一行人乘坐第五军军部派来的汽车，从昆明出发，沿着滇缅公路，一路西行。当车辆徐徐驶离熟悉的家园，来到陌生的国度，吴若冲和他的同学们，准会想起在西南联大的时光。校歌所唱"雪耻""中兴""人杰"，校训所言"刚毅坚卓"，师长往日的教诲，同学之间的畅谈，都将成为他们在异国他乡的精神支柱。

4 月，由于盟军方面的战略指挥出现失误，缅甸作战基本宣告失败。5 月初，日军攻占云南腾冲，彻底封闭了中国远征军回国的退路。无奈之下，远征军只能改道缅甸北部的野人山撤退回国。

野人山是一片未被开发的原始森林，瘴疠横行。时值雨季，气候闷热，丛林之中更是寸步难行。吃人的蚊虫、吸血的蚂蟥、可怖的蟒蛇、凶猛的山洪……行军的每一里、每一步都充满着危险。雨昼夜不停地下着，山洪之中，不少战士、马匹、物资被冲走，几乎到了山穷水尽的地步。饥饿、疾病在军中蔓延，官兵们靠着顽强的意志在丛林中涉险前行。没有粮吃，他们就寻觅野菜、树根，捕猎飞禽、走兽，拾拣鱼贝、鸟蛋。在无边的密林之中，祖国便是唯一的念想与希望。

在这样的环境下，吴若冲不幸染上重疾，久难改善，以至病入膏肓。一日，他和昔日同窗盛渊在行军途中相逢，在这绝境之中不期而遇，二人悲喜交加。盛渊回忆道，当晚两人便索性露宿路边，畅谈入缅作战后的种种遭遇，又念及联大生活的酸甜苦辣，感慨颇多。未曾想，翌晨一去，便是诀别。

盛夏将去，斯人未还。吴若冲在异国他乡的战场上壮烈牺牲，但他的名字被镌刻在英烈碑上，他的故事被记叙在功劳簿中，他的英魂将被世人代代铭记。直到今天，他所热爱的、为之奉献了一生的这片土地，这个民族，这群人民，也无时无刻不在饱含深情地思念着他的英勇。

注：从现有材料来看，吴若冲的牺牲时间有较大可能为1942年，当时他跟随远征军从缅甸撤退，染上疟疾，没能从野人山撤回。

参 考 文 献

1.《邹校长告同事同学书》，《国立中山大学日报》，1940年5月10日。

2. 光远：《片段的回忆》，《联大八年》，北京：新星出版社，2010：80-84.

3. 吴泽霖：《记教育家梅月涵先生》，《清华校友通讯》，1989（复19）：87-93.

4. 盛渊：《印缅战区远征抗日记——印缅战场见闻琐忆》，《楚雄师专学报（社会科学版）》，1991，（1）：1-25.

5. 盛渊：《从军记——印缅战区见闻杂忆》，中国人民政治协商会议云南省楚雄彝族自治州委员会教文卫体文史资料委员会编：《楚雄州文史资料选辑第12辑：纪念中国人民抗日战争胜利五十周年专辑》，楚雄，楚雄师专印刷厂，1995：122-138.

潘　琰

（1915—1945）

孙敦恒

暴徒横行天地昏，
热血满腔洒校门。
壮士牺牲堪悼惋，
英名万古常留存。

这首诗是一位西南联大校友为悼念"一二·一"惨案中的"四烈士"而写的。1945 年 12 月 1 日，在昆明发生了震惊中外的"一二·一"惨案，有 4 位爱国青年为争取民主、反对内战惨遭国民党反动派的杀害。人们称他们为"一二·一"四烈士，年轻的女共产党员潘琰就是其中的一位。

幼小心灵播下"反抗"的种子

潘琰，1915 年 10 月 17 日出生在苏北名城徐州，她的家在徐州是一个封建大家庭，在当地颇有名望。童年时代，她看到兄弟们都进学校读书，非常羡慕，也希望自己能像兄弟们一样，可是封建家庭不许她念书。生母出身贫苦人家,嫁到潘家作偏房。封建礼教使潘琰在家中遭到了不平等待遇,在她幼小的心灵中播下了"反抗"的种子。经过多次奋争,17岁那年,才得到家庭的同意,考入了徐州私立立达女子中学,好不容易争得了读书的机会,到校后如饥似渴地汲取各种知识。但她并不死读书,课余,她有两项"癖好",一是到操场去运动,一是到图书馆去阅览书报。在课堂上,她用心听讲;下课后,便和一些同学一起去运动场,进行各种体育活动。有一天,她在运动场上被同学撞倒,跌破了头,血流不止。学校忙把她送到医院包扎,一些同学吓得惊慌失措,她却谈笑自若反而安慰大家"放心吧!放心吧!没什么关系!"对于撞倒她的同学也毫无芥蒂,同学们都很钦佩她硬朗、豁达的性格。

潘琰在私立立达女中读了两年初中,1934年父亲病逝,家庭经济顿生困难。她凭靠着平时学习成绩好,跳级考取了江苏省立徐州女子师范学校。到校后,她立志将来作一名优秀教师,为发展祖国的教育事业尽职尽责。她勤奋学习,各门功课成绩优秀。课余,博览群书,新文学作品和爱国进步书籍尤为爱读。鲁迅的《呐喊》《彷徨》,茅盾的《虹》,以及"左翼作家联盟"出版的《萌芽》等刊物,她都手不释卷地一本接一本地阅读。从这些书刊中,她受到了爱国主义的启迪。

1935年,日本帝国主义加紧了对我国的侵略。报刊上日寇步步进逼和各地学生爱国运动兴起的消息吸引着她,唤起了她强烈的爱国热情。她崇敬岳飞、秋瑾等民族英雄,经常唱起岳飞的《满江红》,以表达其报国之志。也常常背诵秋瑾的诗句:"不惜千金买宝刀,貂裘换酒也堪豪;一腔热血勤珍重,洒去犹能化碧涛。"还爱唱古乐府《木兰词》和聂耳的《大路歌》。她自己做了把木剑,每当月夜,在院中大槐树下学秋瑾,一面背诵着诗词,一面拔剑起舞,颇有一点男子气概。她常对人说"天下兴亡,匹夫有责",表达其已抱定以身许国的志向。

走上抗日救亡的战场

1935年12月，由于日本帝国主义的加紧侵略，和国民党政府的步步退让，爆发了"一二·九"抗日救亡运动。运动很快由北平传到徐州城，各校学生立即行动起来。他们成立了"徐州学生联合会"，负责组织领导各学校的抗日救亡活动，潘琰被推选为徐州女子师范的学生代表参加徐州学联，是核心成员之一，曾积极组织女师学生开展各种形式的抗日救亡活动。她对学生的爱国行动受到反动当局的压制和迫害，极为气愤。

1937年"七七"事变爆发，潘琰看到祖国大好河山遭受日寇铁蹄践踏，我同胞任人屠杀与欺辱，义愤填膺，毅然离开学校参加看护训练，以便直接去为抗战效力。后来，她到军医院做救护工作。1937年底，又离开医院和一批平津学生一起，参加了第五战区的"抗战青年干部训练团"。12月27日随团开往安徽寿县，潘琰和男同学一样全副武装，雄赳赳气昂昂，高唱着："我们万众一心，冒着敌人的炮火，前进！前进！前进进！"来到火车站，登上南行列车，在与送行的堂弟分手时，抱定献身民族解放事业，不打跑日本侵略者誓不归的决心，在弟弟的纪念册上写下了如下两句话："今日请得长缨去，哪管他日几人归！"作为临别赠言。

在寿县经过两个月的训练后，潘琰作为第五战区第十一集团军学生军的一员，随队参加了津浦南段的保卫战：他们深入农村组织训练民众，开展抗日宣传等。其时，日军长驱直入，国民党军队节节败退。潘琰随着部队由江苏而安徽，而河南，吃尽了军旅之苦，但其抗日之志却愈加坚定不移。在台儿庄战役危急之时，潘琰和9位女生报名前去支援。她们到达徐州时，战局急转直下，台儿庄失守，徐州已为敌军包围。在万分紧急的情况下，她们奉命随军突围，经过3天3夜的战斗才冲出敌人的包围圈。许多战友在突围战斗中牺牲了，她含着热泪发誓要为她们报仇。突围后，又辗转到了河南,进入大别山。他们的任务是发动群众参加抗战。这时已是国共合作共同抗日,在同当地群众的接触中,她常听到有关红军、八路军和共产党的讲述。在湖北罗田县组织民众学习战地救护时,她读到了《共产党宣言》《唯物论辩证法》等马克思主义书籍,还在一位队友处看到延安出版的抗日刊物《反攻》。她参加了"抗日民族解放先锋队"。

这一年多来,她经常为自己满腔爱国热情无处用而苦恼。抗日战争的现实使她意识到:跟着国民党是没有出路的,只有共产党才是抗日的希望。1938年10月,她随部队来到武汉,曾想去找"八路军办事处"和《新华日报》社的同志,希望能得到他们的指点和帮助。当时武汉各机关正在撤退,"八路军办事处"和《新华日报》社都已撤离,其愿望没能实现。但在她心中却埋下了寻找共产党的思念。

找到了共产党

1939年初,潘琰从武汉随原部队撤到湖北宜昌,不久学生军奉命解散。一天,她正为前途而忧心忡忡的时候,得知疏散在建始县的湖北省立第一女子师范招生的信息,该校免收学膳费,便决定前去报考,而以优异成绩被录取。当时国民党反动派正掀起第一次反共高潮,明目张胆地违反国共合作协议,公然压制共产党,大肆逮捕爱国进步学生。潘琰到校不久,就被学校当局注意起来,说她是五战区来的,是共产党,不让同学们与她接近。潘琰不顾周围的环境怎样恶劣,还是依然故我,一面刻苦读书,一面努力去做她认为一个爱国青年应做的事。她觉得不必掩饰自己的来历,干脆穿上在五战区的旧军装,让学校当局瞧瞧。由于她功课学得好,又肯帮助同学,对人热情,为人正直,深得同学们的敬重,大家都愿意与她接近,并亲热地叫她"大姐",学校当局也无可奈何。

潘琰在校中的表现,为中国共产党地下支部的同志看在眼里,认为她是一个光明磊落、有理想的爱国青年,可以培养,便吸收她参加了地下党领导的抗日宣传等爱国进步活动。此时,潘琰也正在怀着一颗纯洁赤诚的心,热切地盼望着能找到共产党,就很自然地在爱国进步活动中与地下党员有了接触。在党组织的帮助和教育下,很快地成长为一位自觉的无产阶级革命战士。在夏天的一个星期日,潘琰躲过人们的注意,来到学校后山的树林里,在支部书记主持下举行了入党宣誓,加入了中国共产党。她入党后,积极参加各种爱国活动,出色地完成支部交给的各项任务。不久,她被选为支部宣传委员。潘琰的爱国活动,引起了国民党反动派的注意,成了该校的一个重要监视目标,被列入"黑名单"的前10名。1940年夏天,党组织为了保存革命力量,让潘琰转移到了恩施。

"蜀北家家忆潘虹"

潘琰到恩施,没有接上组织关系,也没有找到工作。1940年冬天,来到了重庆,改名潘虹,考入农本局办的"手工业纺织人员训练班",该训练班学员多半是从沦陷区逃亡出来的青年,远离家乡,无依无靠,深受国破家亡的痛苦。她在班中,团结同学,广为接触进步爱国人士,积极参加进步活动。有一次周恩来同志在重庆向各界民众作报告,讲演共产党的抗日主张。她闻讯后,便不顾个人安危,带领几个伙伴去听讲演。她经常向周围同学宣传抗日救亡的道理,还通过教唱抗日歌曲,激发他们对日寇的仇恨,增强抗日必胜的信心。同她一起参加该训练班的古兆珍在《忆潘琰》一文中说:"当时我年纪很小,离开家时只有15岁,在重庆举目无亲,潘琰比我大几岁,她对我十分同情和爱护,就像姐姐对亲妹妹一样,处处关心和照顾我,帮助我学习政治和业务,经常向我介绍一些进步书籍,启发我认识革命的道理。在生活上,她对我关怀备至,使我感到无比温暖。"

1941年3月,潘琰在"手工业纺织人员训练班"结业,被分派到川北乐志县高寺乡办事处工作,具体任务是发放棉花教农民纺纱,按质付给报酬。高寺乡是一个贫穷落后的山区,村民生活极苦。在一年多的时日里,她同穷苦乡民生活在一起,热心为他们服务,在完成本份工作之外,还利用一切机会教农家孩子念书识字、唱歌,和当地群众建立了深厚的感情。古兆珍回忆说:"潘琰为了方便贫苦农民领取棉花去纺纱,经常不辞辛苦地步行几十里路把棉花和工钱送到他们手里。每逢赶集时,一些贫苦的老大娘送来棉纱过秤,潘琰总是心向她们,评工钱时决不让她们吃亏。因此,潘琰在高寺乡工作一年间,成了广大贫苦农民的贴心人。有一次,一位双目失明的老大娘让她的孙女搀扶着走到办事处,亲切地抚摸潘琰的手,表达她内心对这位姑娘的无限深情。"烈士牺牲后,一位西南联合大学同学写的《潘琰曲》中唱道:"春来濯足嘉陵水,匝月山城习织工;辛勤走教村姑织,蜀北家家忆潘虹。"

1942年春,潘琰从高寺乡调到重庆市手纺办事处工作。在这里,她以半工半读就读于白沙大学先修班,准备投考大学。

"忧国忧民朱颜改"

1943年夏,潘琰考入了被人们称为"民主堡垒"的昆明西南联合大学的师范学院文史地专修科,打算将来致力于教育事业。她到校后,一面努力学习,一面投入了如火如荼的爱国民主运动。当时她虽然失去了组织关系,但没有忘记作为一名共产党员的责任,积极参加进步同学的各种运动,同党的外围组织——民青保持着密切联系,主动配合工作。她和一些要好同学一起组织了读书会,利用课余学习《新民主主义论》等著作，同她们讲时事，谈志向，鼓励大家树立妇女解放思想，深得周围同学的爱戴。"引臂扶危类似痴，英姿卓卓柔情蔼。侠骨义肠日益坚，忧国忧民朱颜改。"（《潘琰曲》）

1945年，抗日战争胜利了。潘琰为此而欢呼，雀跃。她母亲来信要她回家看看，她也很想回去看看久别的故乡和母亲等亲人，便给母亲回信说："八年了，使您终日终夜的想念，我应该回来，也想回来……。"并劝母亲"把心放宽点吧！"哪知这一愿望竟成千古遗恨！

潘琰考进西南联大，她身着短衣草鞋和同学留影（1943年秋）

在全国人民庆祝抗战胜利的欢乐声中，国民党反动派却不顾民意加紧准备内战。潘琰对此形势，忧心忡忡，她在一次和同学们座谈时说："八年了，真够苦呀！我也想回家看看我的母亲。日本投降是全国人民的胜利，人民应该过好日子。可是，国是问题并没有解决，国民党、蒋介石不会轻易地还政于民，民主不能一下子到手的，将来还要有斗争，还要有激烈的战斗！"她一席话，引起大家的认真思考，都觉得她说得很有道理。

1945年11月5日，中国共产党中央发出号召："全国人民动员起来，用一切方法制止内战！"全国人民争先响应。11月25日，昆明西南联合大学、云南大学、中法大学和英语专科学校等校学生在联大民主草坪联合举行时事报告会，费孝通、钱端升、伍启元、潘大逵4位教授先后讲演，呼吁和平，反对内战。国民党云南省党部的一位自称"王老百姓"的人上台讲话,说什么拥护政府戡平内乱,一派胡言。愤怒的听众把他赶出了校园。报告会遭到反动军队和特务的袭击,对此,群情激愤,高呼反内战口号,要求各校学生行动起来,一致主张用罢课来回击反动派破坏民主、压迫爱国学生的暴行。在罢课的日子里,潘琰有时奔波在昆明街头,为民主而呼号;有时出现在兄弟学校,为联络战友而尽力。

12月1日中午,联大师院同学正在吃午饭,50多名国民党军人和便衣特务,突然闯进学校,向同学们大打出手。这时,潘琰和一些同学出外宣传刚刚回校,她眼见暴徒们在向同学下毒手,大喝一声:"打狗特务!"便带领同学们冲了过去,隔壁昆华工校同学闻讯也赶来支援,共同把暴徒赶出了学校。穷凶极恶的敌人;竟然扔进两颗手榴弹,一颗在潘琰附近爆炸了,她胸部受了伤,血流不止,但仍奋不顾身抢救其他同学。敌人又用石头向她头部击来。她被击昏倒地,待同学们赶来救她时,已是奄奄一息,后经抢救无效,当天下午死于云大医院。临终时还用微弱的呼声喊着:"同学们,团结呀!"牺牲时年仅30岁。

虽 死 犹 生

"一二·一"惨案中,有4位烈士牺牲,他们是:西南联合大学学生潘琰、李鲁连,南菁中学教师于再,昆华工校学生张华昌。"豺狼当道,误国殃民;殉难烈士,虽死犹生。"惨案发生后,全国震惊。12月9日,周恩来同志在延安青年纪念"一二·九"10周年大会上指出:"昆明惨案……是中国从'三一八'以来最残暴的大惨案,我们应向全中国全世界提出控诉。"《新华日报》以《昆明惨案》为题发表社论,揭露国民党反动派的罪行,郭沫若、冯至、田间等人和一些团体为四烈士写的几百件悼诗、祭词、哀歌和挽联汇成了一个控诉、声讨国民党反动派暴行的怒潮。一个人倒下去,千百人站起来。四烈士的鲜血唤起了全国民众的觉醒。沈钧儒先生《献给死者和生者》的诗写道：

> 血洒昆明市，心伤反战年。
>
> 座谈讵有罪，飞祸竟从天。
>
> 魑魅食人日，鸱枭毁室篇。
>
> 防川终必溃，决胜在民权。

参 考 文 献

1.《"一二·一"惨案死难四烈士荣哀录》，昆明学生联合会编印，1945 年。

2.《一二·一运动史》编写组编：《一二·一运动史》，昆明，云南大学出版社，1989 年。

3. 古兆珍：《忆潘琰》，《笳吹弦诵在春城——回忆西南联大》，昆明，云南人民出版社，1986 年。

李鲁连

（1927—1945）

凌桂凤

　　1945 年 12 月 1 日，昆明发生了震惊中外的国民党武装暴徒毒打学生，杀害 4 名爱国青年学生的"一二·一"惨案，西南联合大学师范学院一年级学生李鲁连就是在这一惨案中的第一个牺牲者，时年仅 18 岁。

　　李鲁连，原籍浙江省嵊县，1927 年生于山东青岛。他自幼聪明好学，学习成绩很好，小学一直名列前茅，年年得到"品学兼优"的奖状。在西昌"五四"青年节演讲比赛中夺得了全西康第一名，全家都为他高兴，夸他学习好、口才好。李鲁连对他父亲说："长大后要当律师，为穷人作主，为真理说话。"他父亲对他要求很严，也很爱他，宁肯节衣缩食，对子女的教育费则毫不吝啬。

　　由于他父亲在国民党政府交通部门任职，服务地点常有调动，加之日本帝国主义的入侵，李鲁连从小就跟随父亲过着流离转徙的生活。他中小学期间就跑了许多省份，先后进了 7 个中学。他 6 岁在青岛进小学，7 岁到浙江金华，8 岁到萧山，10 岁到湖南醴陵读高小，读了一年半，因祖母去世和父亲生病而辍学到衡阳。1939

年由衡阳到昆明，考进南菁中学，半年后又随父亲到禄丰县中学。1940年在镇南县中读了一学期，又随父亲到西昌，考入省立西康中学高中，读了3个学期后，又同父亲回到湖南冷水滩读高中二年级。1944年又到贵州独山进扶轮中学。日寇侵入贵州，他又到贵阳，转入安顺黔江中学。1945年高中毕业，同年秋，考进西南联合大学师范学院数理化专修科读书。

1945年8月，全国人民经过8年浴血奋战，取得了抗日战争的伟大胜利。蒋介石为掠夺抗战取得的胜利果实，坚持独裁内战的方针，疯狂地挑起内战。国民党动员80万军队大肆向解放区进攻，肆意镇压蹂躏人民。10月30日国民党反动派在昆明发动了地方军事政变，在云南建立蒋介石嫡系统治；全面镇压民主运动，逮捕进步人士，白色恐怖严重地笼罩着昆明。为了制止国民党反动派发动的内战，中共中央11月5日发出"全国人民动员起来！用一切方法制止内战"的号召，得到全国人民的响应。11月25日，西南联大、云南大学、中法大学和省立英语专科学校等4校学生自治会在西南联大新校舍草坪联合召开了反对内战、呼吁和平的时事晚会。请费孝通、钱端升、伍启元、潘大逵四位教授讲演。大中学校学生，工厂、商店、银行的青年职工，机关职员和市民6000多人，怀着对祖国命运的关切，不顾国民党当局的禁令，踊跃参加会议。在教授们的演讲过程中，竟遭到国民党军警的包围和机关枪、步枪、小钢炮声的干扰，子弹不时从会场上空掠过。散会后交通又被断绝，数千人在深夜的寒风中踯躅着，颤抖着。第二天早上，国民党当局还造谣诬蔑学生们反内战、争民主的正义要求。昆明愤怒了，昆明市各校学生忍无可忍，在市民的普遍同情和支持下，乃于11月26日相继罢课，以示抗议。并要求国民党当局查办包围学校的军队，要求保障人身基本自由。同时学生上街宣传罢课的意义和揭露国民党造谣诬蔑、企图破坏学生团结的种种卑劣阴谋。学生的这些要求和宣传活动竟遭到国民党反动军警特务的无理殴打和拘捕。12月1日国民党武装暴徒携带武器分批闯入云南大学、中法大学、西南联大工学院、师范学院、联大附中等处,捣毁校舍,抢劫财物,殴打师生,甚至在攻打联大新校舍时,竟向同学扔掷手榴弹,对手无寸铁的爱国青年学生进行血腥屠杀,暴徒用棍棒、钢钎殴打和刺杀受伤学生,南菁中学教师于再、联大师院学生潘琰、李鲁连和昆华工校学生张华昌4人惨遭杀害。

李鲁连是个天真无邪的孩子,他爱活动,健谈爱笑,喜欢下象棋,打乒乓球,坚持每天写日记。考入联大后,学习更加用功,他常向同学说:"中国人的事,只知道花样多,出风头,而功课却一塌糊涂,国家如何进步!"开学后他因故晚报到4星期,到校后一直忙于补习功课,甚至连节假日都不愿出去玩。李鲁连一直专心学习,对时事政治不大关心,被国民党官方的宣传所迷惑,对国民党他曾有过这样的看法,他说:"国民党虽有很大的缺点,可并不是没有好的地方。老实说,领导全国人民抗战8年,不是一件容易的事。"但当11月25日国民党军队武装干涉联大等4校时事晚会后,他猛醒了,愤怒了,他毫不迟疑地积极参加昆明爱国学生反内战、争民主的运动。11月30日他目睹了国民党反动当局、特务暴徒到处捣毁学校、殴打学生的残暴行为,心中无限愤慨。在12月1日清早,就在他牺牲前的几个钟头,他写下了谴责国民党当局的一则日记:"国民党使用如此手段,可谓到了末路矣!"他还写道:"几天的罢课,所得的代价是'血'和'汗'。我希望昆明的民众应该觉醒了,人民是国家主人,官吏是仆人,别让仆人来操纵,来打架,主人应该做主了。"是的,几天的"血"和"汗"的斗争,使李鲁连看清了一切,认识了一切。他毅然投入反内战、争和平的斗争,表现得很英勇。12月1日上午,武装暴徒进攻联大师范学院,捣毁教具,同学们群情激愤,奋起抵抗,李鲁连是冲在最前面的一个。不幸他被暴徒扔掷的手榴弹炸伤,弹片自耳部穿入脑部。当同学们把他送往医院途中又遭暴徒殴打,满脸血浆和脑浆。他虽然已停止了呼吸,但是

"一二·一"四烈士公葬典礼

眼睛却还睁着,他是死不瞑目啊! 李鲁连为了反内战,争和平,奉献了自己年轻的生命。

12月1日下午5点后,李鲁连和潘琰烈士的遗体在暮色苍苍中抬回学校,停放在图书馆中。灯光淡淡,素花白布,显得无限凄凉,同学们围在他们身边,悲痛欲绝。

12月2日下午,在联大图书馆前举行四烈士入殓仪式,全市各校师生、市民、工人、农民和各界人士数千人参加入殓典礼,他们悲痛地哀悼死难烈士:

你们并没有死!

你们活在千千万万人心里!

活在永恒的历史里!

（本文根据云南大学出版社出版的《一二·一运动史》及有关材料整理）

钟青援

（1920—1945）

韩俊太

钟青援，原名钟汉光，广西陆川人氏，1920 年生。其祖父是秀才，生有四子。长子树屏，国民初年曾任广东南澳县知事，在陆川县稍有名气。二子发问，生有四男两女，钟青援是长子。钟青援自幼聪颖，不满 5 岁即入私塾读书，甚得家中宠爱，文笔流畅，其作文经常得到老师和长辈的赞扬。读完私塾，钟青援进入玉林中学读初中，1936 年夏，又到了广州知行中学读高中，第二年日本帝国主义开始发动全面侵华战争，钟青援便开始组织和参与各种抗日宣传活动，等到从知行高中毕业参加完大学招生考试后，钟青援即回到家乡全身心地参加抗日救亡活动。

英雄出陆川

1937 年"七七"事变，陆川县东平小学创办暑假补习班，原由钟国松负责，后来钟青援从广州放暑假回到家乡，便由他来负责。当时讲师中有很多进步人士，他们支持抗日思想进步，除了上课以外,他们还组织师生进行各种抗日宣传活动:刷写抗日标语、出版墙报、漫画,教唱抗日歌曲,演出《放下你的鞭子》《保卫卢沟桥》等话剧,钟青援既担任导演又当演员。在这些抗日救亡活动中,钟青援积极、热情地投入了他的全部力量。在钟青援的带动下,县北地区的抗日救亡活动有了很大的发展。当时由夏衍主编、在桂林出版的《救亡日报》曾多次加以报道,称陆川为"最活跃的地区","路旁的每幅墙壁,每根电线杆子,都写满了各色各样的抗战标语,触目是鲜明的大幅壁报,到处飞扬着洪亮的救亡歌声"。

1938年底,钟青援得知他已经考上西南联大,但他不想马上离开抗日活动热火朝天的家乡,当即给西南联大去信申请休学,继续投入到陆川的抗日斗争。1939年春,在我党的建议下,陆川县成立了动员委员会战时工作团(简称战工团),统一领导陆川各界的抗日救亡运动。为了培训抗日的军事、政治工作干部,陆川县还成立了战时教育工作团(简称战教团),分期培训进步青年,组织训练男女游击队员。该集训完全是军事化的,人人打绑腿、扎腰带,多数人配枪还进行夜战实习。游击队负责站岗放哨、捉拿汉奸特务、检查抵制日货,使得人民抗日的志气大涨。钟青援加入其中,负责讲授社会科学基础知识和中国革命史。钟青援在战教团的工作出色,为当地培养抗日干部做出了贡献,给许多学员留下了深刻印象。同时他的进步思想更是影响了一批钟家后人、青年学生和陆川群众,更多的人在钟青援的感染和号召下走上了革命的道路。根据钟青援这一时期的突出表现,1938年11月他参加了党直接领导的革命工作后,于1940年春加入中国共产党。

铮骨逐流火

1940年夏,钟青援离开陆川,到西南联大复学。他跋山涉水,辗转来到昆明。但当时因局势动荡变化不定,学校响应教育部的

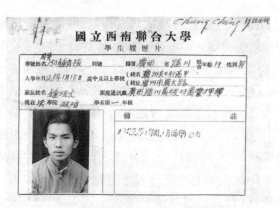

钟青援的西南联合大学学生履历片

号召,要求所有一年级学生迁至四川叙永分校报道。钟青援便由昆明到了叙永,入法商学院政治系一年级,学号150。

　　叙永分校条件艰苦,同学们穿草鞋、点油灯、住古庙。在这个群体中,钟青援就住在春秋祠戏台下一个没有屋门的隔室里。西南联大继承了清北南开的光荣革命传统,分校也不例外。志同道合的师生们自动组织起来,出了几种关心国家命运、富有生气的壁报,其中较有影响力的有《流火》和《布谷》。《流火》创刊号的报头是一个熊熊燃烧的火炬,有卢沟桥燃起抗战烽火之意。《流火》出刊不久便收到一篇关于新民主主义的论述,其文章雄文笔健、说理透彻、字迹秀丽且内容充实,深深吸引了编辑们的眼光,当即决定寻找这位作者并邀请他加入壁报社。这位作者正是钟青援,他欣然答应编辑们的邀请。《流火》社由10人组成,钟青援思想进步文笔锋利,是《流火》的主要撰稿人和编辑之一。《流火》的每期重点文章,都密切结合当时国内外大事进行报道和论述,将进步师生们从国内外进步书籍和报刊中得到的材料和观点进行正确的分析和引导。

　　1941年反动派制造皖南事变,分校的中共党支部和进步学生对国民党的倒行逆施进行了报道,引起反动势力的恐惧。国民党出动了驻军，305 师 914 团的官兵荷枪实弹地包围了学校宿舍企图强行入内搜查，但经同学们坚决斗争未能得逞。此时斗争形势已急剧恶化，民主运动暂时走入低潮。在此形势下，《流火》壁报改变斗争方式继续出刊，揭露国民党政府的腐败与奢靡，同时也加强了学术性知识的内容，也更注重帮助与团结同学，贯彻中共中央南方局提出的"勤业、勤学、勤交友"的"三勤"政策。

等到叙永分校结束，钟青援随同学们一同转到昆明并转入中文系二年级学习。当时的昆明也处于革命低潮，西南联大数十位党员和积极分子疏散离校。同时为了贯彻党的"隐蔽精干"方针和"转地不转党"的要求，钟青援未能接上党的关系，失去了与上级的联系，只能依靠自己的认识和观察独立工作。1941 年年底，太平洋战争爆发后，日寇进攻香港。国民党行政院院长孔祥熙垄断民航飞机抢运在港的私人财产，连孔二小姐的狗也飞运重庆，而滞留香港的大批知名人士却无法离港。消息传出，西南联大师生群情激愤，与昆明大中学生组织了游行，这就是有名的"倒孔运动"，这是革命师生在国民党的反共高潮中，对国民党反动派的一次反击，

钟青援和进步师生一道积极参加了这次斗争。

然而倒孔运动也并没有打破昆明的沉闷局面，钟青援也一直未能与党组织接上关系，于是他在 1942 年暑假后离开了西南联大转学到中山大学中文系三年级。在中山大学，钟青援继续积极地开展各种革命活动。1943 年 3 月，蒋介石发表了《中国之命运》一书，为其反人民的内战做舆论准备。钟青援、黄兆平和从广西来的地下党员林克武、钟兴锦一起秘密地将党的一些文件、《解放日报》社论和进步人士批判蒋介石《中国之命运》的文章油印散发，揭露反动派反共反人民的阴谋，突破反动派对舆论的封锁，使广大青年及时听到中国共产党的政治主张，认清国民党的反动本质。

1944 年夏，钟青援在中山大学毕业，不久受聘到博白中学教书。当时国民党在日军进攻下接连溃败，先后丢失郑州、洛阳、长

沙等 140 座大中城市。11 月桂林南宁相继失陷,玉林、陆川、博白等县已处于敌人后方,仍在国民党统治之下,然而当地国民党部分顽固军不抗日寇,继续干着反共反人民的勾当。

执 笔 从 戎

1944 年秋,钟青援到博白中学担任高四班语文教师和班主任,他指导学生会的时事研究社、社会科学研究会、文学研究会和剧团工作,深受学生爱戴。他还负责主编校刊《博中生活》,经常写时事评论文章,观点明确,分析中肯,他还向其他进步老师约稿,使校刊成为宣传进步思想教育学生的重要阵地。

这时,中共广西党组织提出,当前的中心任务是"一切为了建立抗日武装",准备发动武装起义,建立桂东南抗日根据地。1945 年 2 月 15 日钟青援带领数十名博中学生与钟兴锦参加抗日武装起义,编入博白县民主抗日自卫军的青年支队。青年支队共有 100人,他们随身有"三件宝":一支枪、一支笔和一个背包。主要任务是随军开展政治宣传,帮助建立抗日民主政权,发动群众参军参战,为武装部队培养输送政工干部,被称之为是一支"能文能武,培养干部"的部队。他给队员上辅导课,讲解我党武装抗日和抗日民族统一战线的方针政策,以及对待国民党的政策和策略,深入浅出,使队员们容易领会,收到很好的效果,很受队员们的欢迎。

民主抗日自卫军开展了很多工作,取得了丰硕的成果。1945 年 2 月 26 日,博白民抗军在双旺乡誓师出征。首先攻占了国民党顽军的据点六永乡公所,建立了继双旺乡之后的第二个抗日民主乡政府。青年支队随军进行宣传、演讲和扩军登记等工作。支队还派出武装小分队深入农村进行发动群众破仓分粮、救济贫苦农民等活动。

然而 1945 年 3 月,在青年支队南下途中,县委书记与青年支队长等 45 人惨遭国民党顽军杀害,部队遭受重大损失。4 月中旬,民抗军转入广东雷州半岛与南路抗日人民解放军协同对日、伪军和顽军斗争,钟青援坚定地同青年支队一起撤退到南路,进行艰苦的对敌战斗。在此期间,钟青援任政治教员,为部队讲授阶级斗争、社会发展史等课,深入浅出,使学员们容易领会,收到较好的效果。钟青援原来的入党关系人一直没有找到,未能恢复党的生活。1945 年 6 月,组织上根据钟青援的一贯表现,决定由陈泳介绍,发展他重新入党。他又回到党的怀抱了。

壮 烈 牺 牲

"八一五"日军投降,抗战胜利,朱德总司令发布命令后,一部分伪军向我军投降,但国民党当局却通知日伪军不准向我军投降,反而派出大量国民党军队南下进入湛江地区包围我根据地和游击区,企图消灭我人民武装力量。根据形势的发展,领导上决定组织主力团西进中越边境活动,决定博白部队跳出包围圈,返回博白境内,分散小股活动。这时钟青援被派往白江边境的武工队。1945 年 12 月 22 日(冬至节日),该武工队在博白县大坝乡梅岭劲村召开 18 人的骨干会议,被国民党顽军 300 多人包围,武工队决定分头突围,在突围途中,有 9 人脱险,9 人牺牲。钟青援同志就是在这次英勇突围的战斗中牺牲的。

钟青援同志是一直进行抗日救亡斗争的爱国战士,他没有牺牲在抗日战场上,却在日寇投降后被国民党反动派杀害了。当地人民十分悲痛地掩埋好烈士的尸首,并以各种方式追悼吊唁。党组织当即认定钟青援等同志为烈士。解放后,1951 年广西省民政厅再次正式批准钟青援同志为革命烈士。

钟青援烈士永远活在博白人民和西南联大、清华师生的心中!

参 考 文 献

1. 王效挺:《钟青援革命英雄事迹》。

2. 钟兴锦:《钟青援革命的英雄事迹》。

3. 钟兴锦先生来信。

4. 陆川县委、博白县来信。

5. 西南联大校友宁大年、秦泥、李循棠、黄宏煦、周锦荪、张信达、何扬、彭国涛、茅於宽等同志回忆的情况。

6. 陈泳:《钟青援烈士情况简介》。

7. 博白中学原校长高福桂先生所写情况。

8. 西南联大学籍档案材料。

9. 张为周先生来信。

10. 中山大学档案馆来信。

11. 清华大学校史研究室编:《长夜星火》,北京,清华大学出版社,2018 年。

12. 陈旭,方惠坚,张思敬主编:《清华大学志（1911—2010）》,北京,清华大学出版社,2018 年。

13. 钟兴锦外孙冯立提供线索。

杨　潮

（1900—1946）

任梦磊

杨潮，原名杨廉政、杨廉正，号九寰。笔名羊枣、朝水、易卓、潮声、杨丹荪。湖北沔阳（今仙桃）人。

矢志求学　实业救国

1900 年，杨潮出生于湖北省沔阳州城（今仙桃市沔城镇）。父亲杨会康曾任清朝的九江道台，民国时更是官至湖北省财政厅厅长兼湖北省代主席。杨潮在很小的时候便开始在私塾学习，接受传统教育。1913 年，杨潮赴京求学，并以杨廉正名考入清华学校中等科学习。在清华学习期间，他敏锐、勤思考、爱新知、求进步。

1919 年初，当巴黎和会上中国外交失败的消息传来时，北京爆发了大规模的学生示威游行活动。怀着满腔热血的杨潮，不顾父亲的一再阻挠，积极地参与到这场爱国主义的洪流之中。五四运动后，杨潮离校，易名杨九寰考入唐山工业专门学校机械科。1921年，北洋政府交通部所辖各校改组成立交通大学，机械科并入交通大学上海学校,杨潮也随即来到上海。1923 年,毕业后的杨潮在上海京沪、沪杭甬铁路管理局任职。

在铁路管理局工作之外,杨潮与同仁组织"俭德会",酝酿办"同仁影业",希冀开创中国电影事业的新局面。1926 年,他们先在上海闸北华界开办了一个"百星"电影院,后又于 1930 年在汉口开办"百星"影院。正当杨潮雄心勃勃地着手推进"同仁影业"时,意外的打击却接踵而至。1931 年,汉口"百星"影院因开罪当地流氓而被捣毁,损失惨重;不久,上海"百星"影院又被外资影院挤垮,"同仁影业"宣告破产。至此,杨潮的实业救国梦想完全破碎了。

1931 年,日军发动侵华战争,旋即东北沦陷。国难当头、事业受挫之际,杨潮受妹妹杨刚(中国共产党党员、北方左翼作家联盟发起人之一)的影响,开始发奋攻读马列主义著作,并最终走上了革命的道路。

左联干将　匕首投枪

1933 年,经六妹杨刚推荐,杨潮加入中国左翼作家联盟,开始从事革命活动。他不仅将自己的住所供"左联"领导同志开小型秘密会议,还尽一切努力掩护被敌人追捕的同志,接济经济上有困难的同志。1933 年下半年,杨潮经周扬同志介绍加入中国共产党,立志"绝不离开中国共产党一步"。

1934 年春,杨潮任"左联"宣传干事,参加文艺理论研究会。同年秋,"左联"宣传部部长任白戈改任秘书长,杨潮实际上成为左联宣传部负责人。在此期间,杨潮积极宣传国际共产主义运动,传译马列主义理论著作。1934 年,他以杨丹荪笔名翻译了《今日之苏联国》(引擎出版社印行)一书,全面介绍了世界上第一个社会主义国家。同年 9 月,他的译作《马克思论文艺》刊登在《文艺新地》的创刊号上。这篇译作,将马克思、恩格斯原著中有关文艺的论述摘译出来，并梳理成为一套理论体系，供青年文艺工作者学习、理解。在当时对马克思主义，特别是对马克思主义的文艺理论知之甚少的情况下，杨潮的译著《马克思论文艺》可谓是雪中送炭，对开拓人们视野，推动中国革命文艺运动起到了积极作用。

杨潮关注现实，揭露社会阴暗，宣传女性解放。杨潮的杂文与特写总是充满穿透力和社会批判性，如《从孟姜女到渔光曲》《哲学家的风度》《心理的俘虏》《打倒文学》《包作饭》等作品，便控诉了国民党统治下的社会黑暗。其中最具代表性作品的便是《包作饭》与《心理的俘虏》。《包作饭》是杨潮深入到上海的一家纱厂，在了解了女童工的悲惨生活后所写的"人间惨剧"。他写道："她们的面孔干瘪，额角和颧骨三角式突耸着，两眼和一嘴凹成三个坑，简直是活骷髅呵。别的似乎很胖，但仔细一瞧，便知是浮肿，青一块黄一块，像烂透了的黄桃子。""一个个女童饿着肚子，噙着眼泪，在那伙男监工的皮鞭下，拖着半死半活的身躯，摇摇晃晃地上工去了。一个女童工因饥饿昏倒在地上，男监工就挥动着皮鞭抽打着……"。1935年3月8日，上海著名电影明星阮玲玉自杀，在文艺界引起了很大震动，杨潮为此写了一篇题为《心理的俘虏》的杂文，控诉旧社会强加在妇女身上的种种精神枷锁。他认为，阮玲玉和托尔斯泰笔下的安娜·卡列尼娜颇为相似，"在中国黑暗的国土上，像安娜·卡列尼娜、阮玲玉这样悲惨命运的女子何止万千，而这种悲剧正继续着，其悲剧更可悲啊！"他呼唤中国妇女，不要做心理的俘虏，要从封建的"三从四德""人言可畏"等形形色色的精神枷锁中解放出来，走上谋求妇女真正解放的革命道路。

杨潮在"左联"的革命工作是突出的。著名作家夏衍在《哭杨潮》中曾追忆这一时期的杨潮，评价其在"热情有余的许多青年文艺工作者里面，他的存在是特殊的，他有广博的学识，丰富的人生经验，有主张，有脾气，肯做事也能做事，他有强烈的正义感和不计成败的斗争精神"。

良师益友　风华正茂

1935年秋，为了到广西开辟革命工作，杨潮辞去了铁路局高级职员的职务，与夏征农等人一起到达桂林，在陈望道主持的广西省立师范专科学校任教。由于杨潮在频繁的教学和社会活动中都表现出非凡的才华和热情，学生们都把他当成志同道合的良师益友。据学生们回忆，杨潮是一个仪表堂堂，风度潇洒、举止文雅之人。他总穿着一身笔挺的西装，皮鞋也擦得干干净净，长方脸，鼻梁上架着一副眼镜，神情专注沉着。偶尔，学生们在经过杨潮的住所时，也常会看到他和夫人在翩翩起舞。

杨潮授课极具个人风格，尤其注重教学的创新性与科学性。在讲解科学概论时，他摒弃了原来的课本内容，而是以恩格斯的《自然辩证法》为基础进行教学。课上，他援引丰富的材料，分析自然界和社会的发展、变化规律，极具说服力。这不仅开阔了学生的视野，还提高了他们的辩证分析能力。杨潮的英语教材同样与众不同，他会有意地从英、美等国的进步书刊上选取文章作为学习材料，还会专门地在英文版的马列主义文献中选择无产阶级专政的相关论述充作讲义，积极向学生们宣传马克思主义理论。除课堂教学外，学生经常在课余时间跑到杨潮的住处向他请教问题。据杨潮的学生温致义回忆，杨潮在得知温致义对翻译感兴趣后，便热情地对其进行翻译指导，还推荐其翻译英文版《苏联文学》中的反法西斯小说。后来，温致义的译作发表在《民国日报》（南宁版）副刊和桂林《逸史》半月刊上。

在师专任教期间，杨潮就一直在潜心研究国内外形势，并倡导学生组建"反帝反法西斯大同盟"。杨潮将已经翻译完成的共产国际七大文件、季米特洛夫所作的《建立全世界反对德国法西斯的统一战线》的报告，以及中国共产党发表的《八一宣言》等文件，给进步学生秘密传阅、学习，使其能够将眼前的抗日斗争同国际工人阶级反法西斯斗争联系起来。"同盟"除了在广西师专内部组织进步学生与反动势力进行斗争外,还在桂林高中、桂林初中(即三中)、桂林女中领导和参与了青年学生的抗日救亡活动。为了更好地指导学生运动,杨潮以笔名羊枣在《月牙》第5期(1936年2月)上发表了《现阶段学生运动的检讨》,对20世纪30年代的学生运动进行了冷静客观的评析论说。他认为,学生运动应以工农大众为"主力后盾",并"从这主力方面接受正确领导"。

1935年至1936年,杨潮在广西师专任教期间,以其对党的赤诚和敏锐的洞察力,及时地传达了共产国际和中国共产党的声音,确属难能可贵。

国际形势　洞若观火

1936年6月,杨潮从桂林回到上海,利用自己的外语优势,到塔斯社上海分社工作。在此期间,他围绕抗日斗争与国际反法西斯斗争,撰写了大量的军事评论和国际政治论文。利用在苏联塔斯社工作的有利条件,杨潮先后撰写了《中国抗战与苏联》《苏联的国防》《日苏必战论》,帮助人们正确认识苏联以及苏联的对外政策,增强抗战必胜的信心。

抗战全面爆发后,杨潮全力投入到抗日救亡工作中。一面,他让16岁的独生子杨朝汉(改名耿青)到前线慰问演出。一面,杨潮和范长江等人积极筹备"中国青年新闻记者学会",并加入胡愈之发起的"文化界救亡协会",协助于伶等人组织抗日戏剧活动。1937年年底,上海沦陷,许多左翼作家和青年学生奔赴延安,杨潮毅然决然地选择留在上海继续战斗。在坚守"孤岛"的两年间,杨潮利用帝国主义之间的矛盾,积极从事抗日救亡活动和国际反法西斯斗争的新闻工作。他为以外商名义创办的《导报》《译报》《译报周刊》撰写社论、专论,分析抗战形势,鼓舞抗战必胜信心。《张伯伦的放火政策》《两年来的中日军事》，便是这一时期的代表作品。

1939年，杨潮离沪去香港。次年，他在金仲华先生主编的香港《星岛日报》任军事记者，并以"军事记者羊枣"笔名撰写部分社论和大量评论。1941年，皖南事变发生，杨潮与《星岛日报》编辑部的进步人士一起具实报道事实真相，以揭露国民党顽固派的反共投降阴谋。但终致国民党海外部的嫉恨，杨潮于4月被迫退出报社。1941年6月，苏德战争爆发，世界局势变化诡谲莫测。杨潮以"本报军事记者"的名义，为党领导的《华商报》撰稿。7、8两月，杨潮连续发表了《德苏战争的军事形势》《希特勒的梦》《决定人类命运的大战》《光明与黑暗的主力搏战》等有关苏德战场形势的军事评论，以独特的见解、精辟的分析，得出德国法西斯必败的结论。太平洋战争爆发后，杨潮离开香港回到桂林。根据国际形势的发展，杨潮撰写《论太平洋大战》《太平洋暴风雨》，全面论述太平洋战争局势，呼吁被压迫的国家、民族"争取政治的主动……使它从殖民地争夺战发展成为被压迫民族的解放战争"。

1942年4月，经国新社介绍，杨潮到湖南衡阳任《大刚报》主编。在他主持《大刚报》不到一年的时间，报纸的发行量日销万份，引起了社会的重视和国民党的恐惧。1943年5月，他以"左倾嫌疑"被报社辞退。杨潮离开报社后，并没有放下他手中的战斗武器。作为一个自由撰稿人，他经常为大后方的报纸撰写论文，如《魁北克会议以后》《太平洋战略攻势的开端》《敌寇的动向》等。1944年夏秋之际，中国战场节节失利，而欧洲战场却频传捷报：苏军越过国境，展开战略反攻，向东欧和柏林挺进；美英联军也在诺曼底登陆，开辟了欧洲第二战场，解放了法国并迅速向德国进攻。这个时期，杨潮以敏锐的洞察力，撰写了许多国际问题专论，对战后欧洲出现的错综复杂的国际关系，作了精辟的分析和预测。

缧绁蒙冤　囹圄殒命

　　1945 年 7 月 12 日至 8 月初,国民党逮捕杨潮等文化界进步人士 31 人,制造了震惊全国的"永安大狱"。杨潮被逮捕后,特务头目要他写反省书,并劝他加入国民党,皆被他严词拒绝。但精神与肉体的持续折磨,终致杨潮病重狱中。1946 年 1 月 3 日,杨潮自知死神临近,此时他已不能提笔,不得不请同狱的谌震代笔,给妻子留下了最后的遗言:"强:我真不想死,因为有许多工作需要我做。现在我只希望你坚强地活下去,希望六妹再接再厉为中国学术文化多尽点力。我从事译著十余年,此刻回想起来,真觉得太少。我一向集中力量做当前的工作,并不曾打算先替自己留点永久的业绩,更没有想到就这样死了。不过总计这些年,写的东西如搜集齐全也有四五百万字,虽说算不了什么,总是我一生留下的脚迹,希望六妹为我集辑出版,那我也就不虚此生了⋯⋯"。

　　1946 年 1 月 11 日早晨,杨潮于杭州狱中牺牲,时年 46 岁。杨潮死讯传出,舆论哗然。重庆《新华日报》、上海《联合日报》等报社纷纷发表社论,抨击国民党当局对杨潮的迫害。杨潮的死,同时激起了国际舆论界的强烈反响。美国新闻界的史坦因·爱泼斯坦、史沫特莱、怀特等 24 人,从纽约致电国民党政府,对杨潮被迫害致死表示强烈抗议。5 月 19 日,上海各界人士在国泰殡仪馆举行了杨潮追悼大会。会上,马叙伦、梁漱溟、许广平、金仲华、田汉均纷纷致辞,对杨潮在军事评论上的远见卓识作了高度评价,并对国民党的法西斯罪行进行了控诉。陶行知更是在挽联上写到,"你的生,是黑夜一盏巨灯!照着战士前进,为自由而斗争。你的死,是平地一阵雷雨!告诉世界知道,中国尚未民主。"

　　在短暂的一生中,杨潮留下了 400 多万字的译著、评论等各类作品,为中国的文艺革命事业作出了突出的贡献。陆定一的挽联充分概括了杨潮的一生:

陆定一吊唁杨潮的挽联

新闻巨子,国际专家,落落长才惊海宇;

缧绁蒙冤,囹圄殒命,重重惨痛绝人寰。

参 考 文 献

1. 陈旭,方惠坚,张思敬主编:《清华大学志(1911—2010)》,北京,清华大学出版社,2018:130.

2. 革命烈士传编辑委员会编:《革命烈士传(七)》,北京,中共党史出版社,1991:28-33.

3. 中国人民政治协商会议福建永安市委员会文史资料研究委员会编:《永安文史资料第 1 辑》,1982:55、62.

4. 公盾,耿青编:《羊枣政治军事评论选集》,北京,新华出版社,1983 年。

5. 伍德才:《新闻巨子——羊枣传记》,北京,中共党史资料出版社,

1990 年。

    6. 中共永安市委党史工作委员会编:《羊枣事件》,厦门,厦门大学出版社,1989 年。

    7. 杨朝汉:《杨潮生平事略》,《新闻研究资料》,1980,(3):67-70.

    8.《杨潮留给夫人沈强的遗言》,《新闻研究资料》,1980,(3):66.

    9. 江沂:《探询羊枣短暂的一生》,《档案春秋》,2005,(5):32-34.

    10. 张如腾:《抗战时期的"新闻巨子"——羊枣》,《军事记者》,2005,(8):60-62.

    11. 王润泽:《中共杰出的军事评论家羊枣》,《马克思主义新闻观》,2014,(4):69-70.

    12. 郭梓桢:《论抗日战争时期羊枣政治军事评论的特点》,《新闻研究导刊》,2015,(16):293.

闻一多

（1899—1946）

孙敦恒

闻一多是我国民主革命时期一位杰出的诗人、学者和斗士。他不仅为我们留下了丰富的文学遗产和优良的学风，而且为人民的解放事业献出了自己宝贵的生命。毛泽东曾说："我们应当写闻一多颂。"

迈出第一步

闻一多，原名家骅，又名亦多，初入清华时名多，1899年11月24日生于湖北浠水县下巴河镇之陈家岭。位于巴河注入长江的会合处，是一个山清水秀、风景优美、交通便利的鱼米之乡。父亲叫闻固臣，清末的秀才，对其子弟的读书识礼要求极严。祖父尤嗜书，他不惜花费巨资广收群籍，还盖了一座叫"绵葛轩"的书室，创办了一所家塾，延名师来馆，课诸孙辈。闻一多自幼就在这里"与诸兄竟诵"经史诸书。他好学不辍，被人称为"书痴"。

一天晚上，"从父阅《汉书》，数旁引日课中古事之相类者以为比。父大悦,自尔每夜必举书中名人言行以告之"。在家学的熏陶下,他自幼养成了对古籍的浓厚兴趣和对祖国灿烂文化的酷爱。

1910年,闻一多11岁时,父亲在"废科举,兴学堂"维新思想影响下,决定送他到省城进洋学堂读书。他兴高采烈地离开老家,来到武昌,考进了两湖师范附属高等小学,开始接受新式教育。学习不到一年,辛亥革命爆发,离校回家。第二年春天,又回到武昌,进了民国公校,不久转入实修学校。这时风行于世的梁启超"新体"文,是他最喜爱的课外读物。

1912年秋,北京清华学校在湖北招生,闻一多欣然赴考。报考者甚为踊跃,竞争激烈,闻一多考试中各科成绩平平,但作文却很突出。考试的作文题目是"多闻阙疑",他模仿梁启超的手笔完成的这篇作文,深得主考人的赞赏,考得了备取第一名。

这年初冬,闻一多在父亲的陪伴下来到了北京清华园,经过复试,以第二名被正式录取。但这时距期终大考只有一个月了,他的英文程度又较差,勉强学了半年多一点。到了第二年,即1913年夏,留级编入辛酉级,也叫1921级,再从中等科第一年重新学起。他勤奋好学,"好文学及美术,独拙于科学,亦未尝强求之",人或责之,则叹曰:"吁!物有所适,性有所近,必欲强物以倍性,几何不至抑郁而发狂疾哉?"

1913年秋天,学校开展演戏竞赛,各级出一节目进行评比。那时,袁世凯窃取了辛亥革命果实,正在酝酿复辟帝制。闻一多看到社会上和学校内部有一些人公开反对共和,诋毁革命,便和辛酉级的几位好友一道,以其耳闻目睹的清朝武昌都督瑞澄镇压革命党人的实况为题材,自编自演了一出独幕剧《革命军》来颂扬辛亥革命。演出中,闻一多饰演"革命党人",成功地塑造了一个革命者在反动势力的刀斧面前,横眉冷对、威武不屈的形象。该剧演出后,博得师生们的称赞,被评为第二名。闻一多在清华学生剧坛一鸣惊人,迈出了清华10年生活的第一步。

清 华 十 载

闻一多,"性简易而慷爽,历落自喜,不与人较长短,然待人以诚,有以缓急告者,虽无赀,必称贷以应"。他热心助人,在校中深为同学所爱戴。1913 年夏,一年级第一学期被选为辛酉级课余补习会的副会长,第二学期又被选为乙班班长和《课余一览》的中文编辑。从此他先后担任过年级的级长、级会会长、《清华周刊》和《清华学报》的中文编辑等社会工作,是为年级里一位公认的学生领袖。从一年级起他便利用"课余补习会"等方式,与同学们互助互励,"以磨砺道德,交换智识,而联络感情",以求共同进步,各科成绩优良。

由于自幼养成了对中国传统文化的酷爱,每到暑假,许多同学争相回乡避暑、旅游,他却冒着酷热回到家乡,闭户读书两个月,并将其读书室命名为"二月庐"。在这里,他废寝忘食、博览群书,勤奋写作,"每有宾客至,辄踧踖隅匿,顿足言曰:'胡又来扰人也!'所居室中,横胪群籍,榻几恒满。"他把自己的读书心得,用随笔、诗话一类的体裁写成《二月庐漫纪》,在《清华周刊》上陆续发表了 10 篇 70 多条。内容广泛,文笔简古,且颇多创见。可见其用功之勤,涉猎之广。

闻一多的古典文学修养和文采,甚为同学们所称赞。1919 年5 月,在《清华学报》上发表的《提灯会》一诗,是他这一时期发表的 20 多首古体诗词的代表作。1918 年 11 月 14 日,北洋政府为庆祝第一次世界大战协约国的胜利,命令各学校放假 3 天,北京各校学生并在天安门举行了盛大的提灯会以示庆贺。在万民欢庆之时,他没有进城与人们同庆,而是"俯思国难,感而成韵",写了这首充满爱国激情的诗篇,提醒人们不要因"胜利",而忘记令人"肝腑裂"的内忧外患,要清醒地看到"大患方燃眉"。他惊呼"何当效春雷,高鸣振聋痴!"

1919年5月4日北京城内爆发了"外抗强权，内除国贼"的划时代的五四运动。消息传来，闻一多满腔激情于当夜工笔抄录了岳飞的《满江红》词，把它贴在学生饭厅门前的布告栏内，表达了同学们收复失地"待从头收拾旧山河"的爱国心声和"莫等闲白了少年头"的紧迫感。它犹如春雷响彻清华园。第二天清晨，清华园沸腾了，同学们纷纷行动起来。为了领导和组织同学们的爱国运动，由各级各社团代表组成了"学生代表团"。闻一多作为辛酉级学生代表参加代表团，被推选为负责文书工作。清华学生代表团，后来在爱国运动中发展为清华学生会。闻一多在校期间，一直是学生会的一位活跃分子。

　　这年6月间，闻一多又代表清华同学参加了在上海召开的全国学生联合会成立大会，并担负了学联会刊的编辑工作。会议期间，中国民主革命的先行者孙中山先生到会讲演，给他留下了深刻的印象。后来，他回忆说："'五四'时代我受到的思想影响是爱国的、民主的，觉得我们中国人应该如何团结起来救国"。

　　"五四"以后，在"科学与民主"新思潮的推动下，清华学生掀起了"改良清华"的热潮。闻一多则是"改良清华"的一位积极鼓吹者和实践者。他一向热心公益，乐于助人，爱国不肯后人，又是学生会的干事和《清华周刊》的编辑，便以《周刊》为阵地，接连发表了20多篇文章，抨击校中的不良现象，并提出不少改良校政的建议，受到了师生们的重视。

　　闻一多认为："我们是社会的一分子，学校是社会里的一种组织，我们应该改良社会，就应该从最切近的地方——我们的学校做起点。"他在《周刊》上发表的一篇《旅客式的学生》，辛辣地批评了清华学生中一些人不求上进的习气。清华学校本是一所留美预备学校，有些学生"身在中土，心已洋化"，对此现象闻一多极为不满，写了一篇《美国化的清华》，历数一切仿效美国教育对学生造成的危害，大声疾呼："东方的文明啊！支那的国魂啊！'盍归乎来！'

让我还是做我东方的'老憨'罢！"当时校内常放映一些宣扬美国生活方式的凶杀片，如《黑衣盗》《毒手盗》等。闻一多与潘光旦等人一起发动了一次关于"改良清华电影"的讨论。他在一篇题为《黄纸条告》的文章中，猛烈抨击那些"飞弹走肉，杀人如打鸟"的影片，指出这些影片是在宣扬"地狱的风光"。

闻一多完全放弃了旧体诗的写作，而积极从事新诗创作。1920年7月，他在《清华周刊》上发表了第一首新诗《西岸》，抒发了"五四"青年对光明的追求与向往心情。从此，他以一位新诗歌的开拓者、探索者和热情奔放的新诗人，出现在清华学生的诗坛，先后发表新诗20多首，还完成了《真我集》诗稿的创作，被同学们誉为"诗人兼革新家"，并且说："他的革新偏重在诗的方面"。

闻一多在美术和戏剧方面的才能也是全校闻名的。他的画多次在校内外展出，并曾"以图画冠全级，奖景画一幅"，还曾担任《清华年刊》等刊物的美术编辑。1921级的《清华年刊》，也就是他们年级的毕业纪念刊，由他担任美术编辑，其中的13幅专栏画，有12幅是闻一多创作的；另外封2和"结尾"的两幅画与二分之一以上的题花，也都出自他的手笔。他认为"戏剧者，亦教育之一途尔"，故而对戏剧活动也极为喜爱，继演出《革命军》后，又曾参加过《打城隍》《两仆计》《兰言》《蓬莱会》《紫荆魂》等剧的演出和编导，被同学们推选为学生社团"新剧社"的负责人。1919年4月9日，他在《日记》中写道："数月以来，奔走剧务，昼夜不分，餐寝无暇，卒底于成，不贻讥于人，亦滋幸矣！"

1921年6月，在闻一多将要读完高等科四年级，正在迎接毕业考试，准备出国留学之际，北京教育界爆发了以李大钊为首的国立8校教职员索薪斗争。清华同学与北京各校学生一样，给予了热情支持，进行"同情罢考"。学校当局乃以开除学籍相威胁。闻一多与他们年级的29位同学一起表示"利害不论，是非必争"，坚持"同情罢考"，结果被罚以"留级一年，推迟出洋"。因而闻一多直到 1922 年 5 月才算毕业,结束了他在清华 10 年的学习生活,于 7 月赴美留学。

负 笈 北 美

1922 年 7 月,闻一多抱着赴美深造、"救我中华"的理想,告别了可爱的祖国,登舟东渡。他原以为"渡海的生涯定是沉寂,幽雅,寥阔的",充满着诗情画意。上船后,他大失所望,虽然船上"物质的供奉奢华极了",但是,所见所闻使他精神上受到了"莫大的压力",寂寞孤独抓住了他的心。他写信对清华的朋友说:"不出国不知道想家的滋味!"

闻一多到了美国后,进入芝加哥美术学院,第二年转到了珂泉的科罗拉多大学艺术系。在这两所学校里,攻读西方油画,在努力学好校中所开各课的同时,广泛地向社会学习,图书馆、博物馆、特别是美术馆是他经常光顾的地方。他常到那里观摩和写生,还常考虑中国画与西洋画的不同及其各自的特点,努力使两者融为一体。在一封家信中说:"我来美后,见我国留学生不谙国学,盲从欧西,致有怨造物与父母不生之为欧美人者;至其求学,每止于学校教育;离校则不能进步咫尺,以此除赚得留学生头衔,而实为废人。"

闻一多一面学习西方油画,一面进行新诗创作。他常对友人说:"诗人的主要天赋是爱,爱他的祖国,爱他的人民。"在这一思想指导下,他的第一个诗集《红烛》问世。

闻一多到美不久,便写信给清华的同学说:"我到芝加哥才一个星期,我已厌恶这里的生活了。"他所"厌恶"的是当时美国社会中的种族压迫和歧视、阶级掠夺与偏见等丑恶的东西。他认为:像他这样的纯洁爱国青年,是不应该久留在这充满血腥铜臭的国度里的。

但是，他对美国的善与恶是有鉴别的，并不曾一概厌恶，对其美的善的东西非常欣赏，非常赞佩，并努力去学习。他对清华同学说："我最 imposing 的两个地方是美术学院里的美术馆同芝加哥电影院。美术馆之壮丽辉煌，你们自然想得到"，又说："我们从前攻击的诲淫诲盗的长片，在这里见不着。""美国人审美底程度是比我们高多了。讲到这里令我起疑问了，何以机械与艺术两个绝对不相容的东西能同时发达到这种地步？"

闻一多在求知中，结交了不少美国朋友，其中有一位温德（Winter），是芝加哥大学的法文副教授。闻一多经常和他一起研讨西方文学和中国古诗，两人常"谈到深夜一两点钟"还不肯离去。1923 年夏，经闻一多介绍，清华校长曹云祥聘请温德来清华任教。闻一多在推荐信中说，如能聘请温德，"那就为清华造福不浅了"。后来，两人在清华、西南联大共事多年，成为莫逆之交。1946 年，民主斗士李公朴被国民党特务杀害，温德担心闻一多也有生命危险，自动到闻一多住宅门外站岗。他对闻一多说："我要保护你，我是美国人，他们怕美国人。"经闻一多劝说，温德教授才不再去站岗。温德教授于 1987 年病逝于北京大学，在我国执教 60 余年，为我国的教育事业作出了重大贡献。

还有一位蒲西太太（Mrs.Bush），常同闻一多谈论诗画和古玩，非常敬重闻一多的才识，而把闻一多介绍给当时美国著名诗人、美国《诗刊》杂志的创办人梦若（Harriet Monroe）和桑德堡（Carl Sandburg）。闻一多在写给家人的信中说："我到芝加哥来，比别人都侥幸些，别人整天在家无法与此邦人士接交，而我独不然。"

闻一多在同美国人民和同学的接触中，悉心向他们求教，向他们学习，但对不友好的挑衅也从不宽容。有一次在科大学生办的《科罗拉多大学之虎》报上发表了一首拿中国人开玩笑的诗，题为《支那人》。闻一多和梁实秋看了极为愤怒，马上各写一首诗回敬挑衅者，梁实秋的题为《一个支那人的回答》，闻一多的是《另一个支那人的回答》，他们以犀利的笔锋讽刺、嘲弄了挑衅者。从此以后，该校"就再没有看不起中国人的事情发生了"。

随着时间推移，闻一多对美国社会的认识和爱国思乡的心情在不断深化。他写了《晴朝》和《太阳岭》两首诗抒发自己思乡的心情。在写给友人的信中，他说："我想你读完这两首诗，当不致误会以为我想的是狭义的'家'，不是！我所想的是中国的山川，中国的草木，中国的鸟兽，中国的屋宇——中国的人。"诗人炽热的乡情，同赤诚的爱国心凝结在一起。

闻一多身在北美，而心却在神州。他不仰慕华盛顿，却怀念着"东方的诗魂陶元亮"；不想着"感恩节"却牢记着"那登高作赋的重九"；不歌颂"这里的热欲的蔷薇"，却"赞美我祖国底花"：

　　　　秋风啊，习习的秋风啊！

　　　　我要赞美我祖国的花，

　　　　我要赞美我如花的祖国！

眷恋自己生于斯、长于斯的故土，闻一多急于回到苦难的祖国，以便投入"救我中华"的实践。虽然在美国有着极好的学习条件，但由于爱国思乡心切，他提前结束学业，于1925年夏整装回国。

诗人　学者　战士

闻一多从美国回来后，来到北京，到北京艺术专科学校担任教务长。正如李广田先生在《闻一多选集序》中所说："他从美国带来了文学、艺术各方面的成就，也带来了爱国主义，他要为'国家主义'而努力，这是他留美的结果。"他曾一度把"国家主义"视为救国的灵丹妙药，但结果失望了。

闻一多一面执教于北京艺术专科学校，一面醉心于新诗创作和研究。他在给饶孟侃的信中风趣地说："绘画本是我的元配夫人,海外归来,逡巡两载,发妻背世,诗升正堂。"

1926年,他参加了北京《晨报副刊》的编辑工作,以诗言其救国之志。这年3月18日,在北京发生了北洋政府枪杀爱国民众的"三一八"惨案。闻一多接连发表了《唁词》《天安门》《欺负着了》等诗,愤怒声讨帝国主义和北洋军阀政府屠杀中国人民的罪行。4月初发表了《文艺与爱国——纪念三月十八日》一文,热情歌颂"三一八"死难烈士的爱国行动是"伟大的诗",并郑重申明:"我希望爱自由、爱正义、爱理想的热血要流在天安门,流在铁狮子胡同,但也要流在笔尖,流在纸上。"又说,我们"若得着死难者的热情的全部,便可以追着他们的踪迹,杀身成仁了"。充分表达了他赤诚的爱国心和救国救民的伟大抱负。

1927年春,闻一多来到武汉参加了北伐军总政治部的工作,任艺术股长,曾亲自绘制了一幅"打倒列强,除军阀"的大壁画,悬挂在武昌黄鹤楼前,以唤醒民众。但因不惯于军中生活,受任一月即行辞去。

在此之前,他曾在上海政治大学任教。此后,又回到政治大学,并同徐志摩、梁实秋等人合议创办《新月》杂志,不久事成。闻一多为《新月》杂志的主要编辑之一。1927年秋,又来南京,受聘于第四中山大学,即后来的中央大学,担任外文系教授兼主任,讲授英美诗、戏剧、散文等课程。1928年1月,他的第二个诗集《死水》出版,奠定了他在我国诗坛的地位。《死水》收入了闻一多回国前后创作的28首诗,反映了他这一时期忧国忧民的爱国情怀,也反映了他在新诗创作上的开拓精神。

闻一多在编辑《诗镌》和《新月》杂志期间,辛勤笔耕,发表了不少著名诗篇,系统地提出了新诗格律之说,诸如"棋不能废除规矩,诗也就不能废除格律""诗一向就没有脱离过格律或节奏""决不能有没有节奏的诗"等,为新诗创作和新诗格律理论作出了重要贡献。

这期间,"新月派"诗人曾与以鲁迅为代表的革命文艺相对抗。对此,闻一多后来曾公开"向鲁迅忏悔",并说:"鲁迅对,我们错了!"

1928年秋,闻一多回到武汉,担任武汉大学文学院长和外文系主任,他在这里执教两年,开始转向唐诗和中国古典文学的研究。1930年秋,到青岛担任青岛大学文学院长兼中文系主任,除在中文系讲授"名著选读""文学史""唐诗"等课外,还为外文系讲授"英国诗"等课。1932年暑假,回到了阔别10年的母校清华大学,担任文学院中文系教授,除讲授大一"国文"外,还讲授"王维及其同派诗人""杜甫""先秦汉魏六朝诗""楚辞"等课。一年后,他在写给友人的信中说:"我近来最痛苦的是发现了自己的缺陷,一种最根本的缺陷——不能适应环境。因为这样,向外发展的路既走不通,我就不能不转向内走。在这向内走的路上,我却得着一个大安慰,因为我证实了自己在这向内的路上,很有发展的希望。"他所说的"不能不转向内走",就是在他感到参加"大江社"和"新月社"等所谓"向外发展的路",走不通时,希望另寻上条救国道路,于是钻进了书斋,转向了从事中国古典文学的研究,特别是对唐诗、楚辞的研究。

1935年12月,在北平爆发了"一二·九"抗日救亡运动。这时,闻一多已成为一个超然的深沉的学者,整日埋头书案,严谨执教,对学生的爱国运动虽表同情,但对罢课游行却不赞同。1936年暑假,他到河南安阳调查发掘甲骨情形,回校后对学生说:"当然,中国只有抗日才有出路,同学们的运动是无可责备的,但我这次路经洛阳时,才觉得在那里政府是有一点准备,和在北平所见的不同,因此我们不能对政府完全失望。"

1937年,全民抗日战争爆发,清华大学南迁湖南长沙,与北大、南开合组为临时大学。闻一多随校来到长沙,执教于临大。年底,敌机轰炸,长沙告急,临大再迁云南昆明。因交通不便,学校决定

200多男生组成"湘黔滇旅行团",徒步入滇;教师和女同学绕道广州,经河内乘火车去昆明。闻一多同李继侗、曾昭抡等教授一起,自愿放弃乘车而参加"旅行团",和同学们一道步行前往。他们风餐露宿,跋山涉水,历时68天,行程3500里,沿途进行了民歌民谣的收集,后来编辑为《西南采风录》。闻一多还兴致勃勃地画了100多幅风景画,并蓄起了胡须,发誓要到抗战胜利时才剃掉它。

临时大学到云南后改称西南联合大学,闻一多担任中文系教授,起先住在蒙自歌胪士洋行一所楼上,整天伏案工作,潜心治学,极少下楼,因此同事们戏称他"何妨一下楼主人"。联大文学院迁到昆明后,他仍如过去,不涉时事,埋头精心研究中国古典文学,专心执教。1940年曾代理中文系主任一年。正如他那时的邻居华罗庚教授所说:"毋庸讳言,当时闻一多先生对'樊瓠'的兴趣,显然在对政治的爱好之上。"

但是,到了抗战后期,祖国苦难深重的严酷现实,蓬勃开展的青年运动,深深地激发了他满腔的赤诚,救国热情重新燃起。

1943年,他在给诗人臧克家的信中说:"从青岛时代起,经过了十几年,到现在,我的文章才渐渐上题了。"又说:"你想不到我比任何人还恨故纸堆,正因为恨它,更不能不弄个明白。""因为经过十余年的故纸堆中的生活,我有了把握,看清了我们民族,这文化的病症,我敢开方了!"我要和青年们一起"里应外合"来除掉社会的弊病,民族的病根!

于是,闻一多拍案而起,走出书斋,加入了变革社会的斗争行列,他大声疾呼:"现在只有一条路——革命!"

为了探求救国救民的真理,他孜孜不倦地阅读《共产党宣言》《新民主主义论》《论联合政府》《新华日报》等书报,从中受到启迪,思想上产生了新的飞跃。他一向为人正直,襟怀坦白,一旦找到了真理,就严格要求自己,解剖自己。他说:"我现在思想豁然开朗了,过去我只晓得抽象地爱国,不知爱什么国,甚至错误地认为

'国家主义'就是爱国主义,现在我才知道'国家主义'是反动的;爱国只能是爱新民主主义的国,现在为新民主主义而奋斗,将来为社会主义,共产主义而奋斗!"

1944年,经吴晗介绍,他参加了中国民主同盟,被选为民盟云南支部委员,并任《民主周刊》的编委。从此,他更积极地投身于民主运动,成为著名的民主斗士!

这年年底,昆明各界举行护国战争纪念会。闻一多、吴晗、潘光旦等到会讲演。闻一多在会上严肃而沉重地说:"因为要民主,就必须打倒专制独裁!"会后举行大游行,他兴奋地站在群众的前面高声喊道:"这是人民的力量。人民的力量是伟大的,无可抗拒的!人民的力量使反动者不寒而栗!"

闻一多在政治上、思想上的突飞猛进,和他那激烈的爱国言行,受到了广大知识分子、青年学生和各界民众的爱戴与尊敬,却遭反动派的仇视,恶意诽谤,进而迫害。闻一多唯真理是从,不计个人利害,毫不退缩,反而更加坚定了斗争的决心。当好友笑谈他的善变时,他豪情满怀地宣布:"变定了,我已经上了路,摸索了几十年才成形,定了心,再也不变了!"

求 仁 得 仁

1945年,为纪念"五四",他发表了《人民的世纪》一文。5月5日晚,在联大举行的文艺晚会上,闻一多讲演发出了推翻旧社会建设新中国的呼喊,他说:"争取妇女解放的对象,应该是整个社会而不仅是男性。一切问题都是这个不合理的社会所产生,都应该去找社会算账!""就像一座房屋,盖得既不好,年代又久了,住得不舒服,修修补补是没有用处的,就只有小心地把房屋拆下,再重新按照新的设计图样建筑。对于社会而言,这种根本办法,就是'革命'。"

这年 8 月,抗日战争胜利,日本侵略者无条件投降,闻一多异常兴奋,马上剃去了蓄了 8 年的长胡子。9 月,被选为中国民主同盟中央执行委员及云南支部宣传委员,兼《民主周刊》社长。11 月间,联大和昆明各校学生掀起了争民主、反内战的高潮,国民党当局对赤手空拳的爱国学生进行了血腥大屠杀,造成"一二·一"惨案,联大学生李鲁连、潘琰和昆华学生张华昌、南菁中学教员于再四烈士被杀害。对此暴行,闻一多义愤填膺,认为这是"中华民国最黑暗的日子!"愤怒指出:"昆明一二·一惨案的暴行,连白色恐怖的资格都不够,简直是黑色恐怖!"

在"一二·一"运动中,他始终与爱国进步学生站在一起,英勇斗争,走在游行队伍的最前列。他撰写的《一二·一运动始末记》,真实地记述了"一二·一"运动的进程,揭示了这场斗争的历史意义。他以诗一般的激情写道:"愿四烈士的血是给中国历史写下了最新的一页,愿它已经给民主的中国奠定了永久的基石!如果愿望不能立即实现的话,那么,就让未死的战士们踏着四烈士的血迹,再继续前进,并且不惜汇成巨大的血流,直至在它面前,每个糊涂的人都清醒起来,每一个怯懦的人都勇敢起来,每一个疲乏的人都振作起来,而每一个反动者战栗的倒下去!"

他阅读了朱德的《论解放区战场》,兴奋地对人说:"这简直是一首诗!想不到将军还是诗人!"他不止一次表示想到解放区去看看,在给其曾在延安工作过的侄子黎智回信时,热情奔放地说:"我身在南方,而心是向往着北方的。"此时,他已将中国的未来和希望,寄托在解放区,寄托在中国共产党身上。他已深深感到只有共产党才能救中国。

1946 年 7 月 11 日,民主斗士李公朴被特务杀害,闻一多闻讯,愤慨万端,悲痛不已,迅即赶往云大医院,抱着战友的遗体痛哭道:"公朴没有死,公朴没有死!"此时谣言纷纭,传说下一个就是闻一多。在此险恶的形势下,不少亲友劝他暂时避一避,以防不测。他含着热泪感谢大家的关怀,而坚定地说:"事已至此,我不出去,则诸事停顿,何以慰死者!"坚持出来办理李公朴先生的善后。7月15日,出席"李公朴先生死难经过报告会"时,登上讲台,横眉怒对国民党的手枪,发表了著名的《最后一次演讲》,拍着桌子怒斥道:"今天这里有没有特务!你们站出来,是好汉的站出来!你们出来讲!凭什么要杀死李先生?"又厉声说:"你们杀死一个李公朴,会有千百万个李公朴站起来!你们将失去千百万的人民!"最后庄严宣布:"我们不怕死,……我们随时像李先生一样,前脚跨出大门,后脚就不准备再跨进大门!"下午,他又出席《民主周刊》社为李公朴被杀害举行的记者招待会。会后,在回家的路上,惨遭特务枪杀,先生时年46岁。

闻一多烈士被杀害的消息传出后,中外人士反应强烈,唁电、慰问信和向国民党当局的抗议书纷至沓来。毛泽东和朱德同志唁

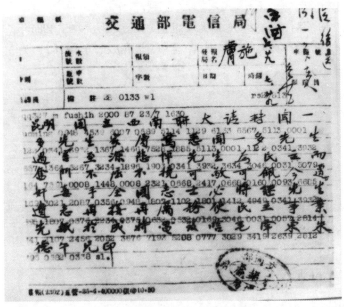

毛泽东、朱德致闻一多家属的唁电

电中说:"先生为民主而奋斗,不屈不挠,可敬可佩。"周恩来、董必武、邓颖超、李维汉、廖承志等中共代表的唁电指出:"此种空前残酷、惨痛、罪恶、卑鄙之暗杀行为,实打破了中外政治黑暗历史之纪录。中国法西斯统治的狰狞面目,至此已暴露无遗。"各民主党派、各社会团体、各地进步人士以及外国和平人士纷纷致电或集会,声讨国民党反动派的血腥暴行。

闻一多求仁得仁,他没有死,他永远活在亿万人们心中,他那炽热的爱国心将与中华民族同存,万古长青。

参 考 文 献

1. 郭道晖,孙敦恒:《闻一多青少年时代诗文集》,昆明,云南人民出版社,1983 年。

2. 王子光、王康:《闻一多纪念文集》,北京,生活·读书·新知三联书店,1980 年。

3. 闻一多:《闻一多书信选集》,北京,人民文学出版社,1986 年。

4. 季镇淮:《闻朱年谱》,北京,清华大学出版社,1986 年。

石文元

（1909—1947）

尹　昕

进 步 少 年

石城，原名石文元，字半梅。1909 年出生于河北满城。是刘仙洲先生二姐的独生子，自幼聪明伶俐，是村中有名的淘气鬼，外号石大胆。

石城从小就自力更生，追求进步。在保定育德中学上学时，寒暑假家里让他读书，不让他干农活，他就偷偷地到外村给人家打短工，挣点钱贴补学费。在保定师范学校学习时，接收新思想，与进步青年一起闹学潮，曾被警察通缉。

保定师范毕业后，先后在老家附近的两所高小任小学教员。多年后北京市前常务副市长王纯谈起他这位小学老师时还津津乐道。1931 年"九一八"事变后，奔赴沈阳兵工厂学习兵工。先后在华北机器厂和立中汽车厂任职两年。

清华绘图员

1934 年，在舅舅刘仙洲先生的引荐下，石城进入清华大学电机工程系担任绘图员。他勤奋好学，在 1935 年的《国立清华大学工程学会会刊》上，还能找到他发表的《机械制造上的画线法》一文。

刘仙洲先生曾购得一套古装书《高阳文集》，一直缺少一卷。石城就请舅舅借来一本，他利用业余时间，用毛笔馆阁体小楷按原书规格抄写，整整一卷一字不漏，一字不错，一字不改地按原大小格式装订成册。刘仙洲先生去世前，将此书送给烈士子女留作纪念。这也是石城为数不多的遗物之一。

1936 年，清华航空机械工程组应政府邀请，开始在南昌建造 15 英尺口径大风洞。石城在张捷迁教授等人的领导下，负责监督市场购买，校对工人数目。当时社会腐化，流行欺骗，交易不规。石城忠实能干，和同事数次发现虚报工料、妄讨高价的情况，他们认真调查物价，严格监察工料，保持公正。1937 年"七七"事变后，日军屡次轰炸南昌，石城和另两名工友不顾个人安危，坚守实验场，看护设备。使风洞项目的重要设备得以保存。

兵 工 先 驱

1938 年，清华风洞设备西迁成都后，石城毅然奔赴延安投入革命。在延安陕北公学期间，石城表现优异，光荣地加入了中国共产党。

同年，石城随西北联大抵达晋察冀边区。时逢晋察冀军区在保定完县神南镇成立军区工业部，他成为组建工业部的最初开创者之一。1939 年春，石城被任命为工业部工务科科长。当时边区工业初创，干部缺乏，困难重重，石城精心筹划，建树良多。

在工业部的领导下,边区军事工业迅速发展壮大。至 1940 年春,工业部增设南厂、北厂办事处,石城调任南厂副厂长。苦心经营三年,使南厂工业由小而大,由零散而正规,保证了战争中军工物资的供应。南厂办事处设立在石家庄平山县,地处敌人封锁扫荡频繁之地,石城率领工友与敌人周旋,从未懈怠。

这期间,石城经常在满城、完县一带活动,离家并不远。但为了工作纪律,他从没回过家,也没写封信,家中与他失去了联系。直到有一次,他被一个同乡认了出来,才让这人捎了个信回家。石城参加革命的事被村里一对汉奸夫妻知道了,先后两次带着日本兵去家里放火烧房。幸亏县区小队通知家人钻地道躲藏,才使家人幸免。只是家中有许多石城烈士的书籍和他的书法作品都被烧光,荡然无存。

1944 年,抗日战争形势由战略相持阶段变为战略反攻阶段。根据地迅速扩大,人民武装迅猛发展。为进一步扩大军工生产,适应新的战争形势的需要,军区工业部于 9 月增设了 4 个二级军区。石城被任命为其中的冀察军区兵工生产管理处处长,辖 3 个工厂,约 550 人。

冀察军区地处险要,环境尤苦,三个厂分散隐蔽在六七个不同的村子,各村相隔 10 多里路程。毫无工业基础物资来源,但又责任重大。据老一辈兵工人、"中国人民抗日战争胜利 60 周年纪念章"获得者袁宗跃回忆,他从 1945 年参加革命,第一项任务就是给石城做通讯员。石城带兵严明,要求兵工战士人人守纪律、个个讲规矩,战士们私下里都叫他"石瞪眼"。但他对老百姓平易近人、和蔼可亲。他也非常关心工友们的生活,还鼓励他们要加强学习。虽然工友们私下说他"凶"、管理严,但心中仍然充满敬佩。特别是在日本鬼子严密封锁、疯狂扫荡的时期,他率领工友与日本鬼子周旋于崇山峻岭之中,保全了设备,保护了工友。在军工生产原料匮乏、设备简陋的情况下,他不畏困难,组织生产,有条不紊,勇于创新,保证了抗战供应,他的人格精神和工作作风,给包括袁宗跃在内的战友、工友留下了难以磨灭的印象,激励了他们的成长。

1945年9月,张家口解放。晋察冀军区工业部改为晋察冀边区政府工矿管理局,负责领导和管理晋察冀边区的军事工业和部分民用工业。下设工务科,石城复任为工务科科长。1946年春,为整顿宣化新华机器厂,又调任石城为厂长。同年5月,根据晋察冀中央局给中央的致电,新华机器厂已经造出制造子弹的全部机器,共计55部,每月可生产子弹30万发。

由于解放战争的爆发,1946年10月,晋察冀边区政府机关撤出张家口市,兵工工业又被迫从城市转入了乡村。为重整山地工业,石城被调任为一处处长,下属9个兵工厂。历经一年多的披荆斩棘、多方摸索,使工厂纳入正轨,不断改进,支援人民解放战争,直至因公牺牲。

英 年 早 逝

1947年11月2日,石城在工作中不幸从高处坠落,三天后病逝在白求恩医院。石城牺牲后,边区政府举行了隆重的追悼大会。大会那天人山人海,边区政府和晋察冀军区的许多领导都出席了,石城的父亲也参加了。三个月后,政府派部队陪同家人护送烈士遗体运回原籍安葬。

边区县政府追认他为"人民头等功臣",并颁发烈士遗族光荣证。1948年,边区为烈士在曲阳县邓家店修建了纪念碑和纪念亭(当时边区工业局所在地)。"文革"后,其纪念碑、亭迁入曲阳县烈士陵园,与100多位为军工事业牺牲的烈士们的纪念碑并列在一起。

追授石城为人民头等功臣的奖状

参 考 文 献

1.《国立清华大学教职员录》，民国二十四年十月。

2.陈捷迁：《回忆清华开创的航空研究》，《中国科技史料》，1983 年第 2 期。

3.河北省地方志编纂委员会编：《河北省志第 34 卷：国防科技工业志》，北京，中国书籍出版社，1995 年。

4.《石城同志纪念碑》碑文。纪念碑现位于河北省曲阳县烈士陵园内。

5.《永不磨灭的记忆——专访抗战老军工袁宗跃》，2015 年。https://mp.weixin.qq.com/s/LxKJLa-KN-rLOtmYiuTuPA.

6."长子石涞生回忆石城"，2019 年。

王 昊

（1920—1948）

凌桂凤

学 运 之 声

王昊，又名王筱石，1920 年出生在云南省澄江县龙街镇双树办事处张家村。抗日战争前期，他就读于昆明昆华中学，1941 年考入西南联大政治系。在校期间，积极参加抗日救亡活动，1942 年底，参加地下党领导的"五九读书社"，秘密学习革命理论和党的文件，提高了觉悟。1945 年加入中共云南地下党的外围组织"新民主主义者联盟"（简称"新联"）。同年夏大学毕业后，曾在云南省建设厅水利测量队工作。不久即到《云南日报》任记者，分在采编部工作。他是筹办地下刊物《中国周报》最早的负责人之一。他到《云南日报》社工作不久，昆明即发生了震惊中外的"一二·一"惨案，王昊对国民党反动派对手无寸铁的学生进行惨无人道的血腥屠杀，十分气愤，他深入学校，了解情况，组织报导学生爱国民主运动的文章，向社会介绍事实真相，反映学生运动的呼声。如他写了"一二·一"运动的综合报导，还组织张奚若、吴晗、曾昭抡等进步教授写文章,揭露国民党反动军警残酷镇压学生爱国民主运动。如吴晗写的《践踏历史》在《云南日报》上发表,联大教师签名抗议国民党反动当局屠杀学生的抗议文电在《新华日报》上发表。他还写了"吾爱吾师,更爱正义"一文揭露个别教授的反动立场。

1946年7月,爱国民主人士李公朴、闻一多先生惨遭国民党特务暗杀后,王昊十分悲愤,他马上写出了报导文章在《中国周报》上发表。

王昊的文史、英语水平较高,但不管分配他什么工作任务,他都愉快接受,认真完成,从不计较个人得失和安危,从来没有怨言。他对革命忠心耿耿,对同志坦率真诚,他性格开朗,乐于助人,他生活艰苦朴素,深得周围同志的好评。

仰 光 办 报

国民党暗杀李公朴、闻一多后,继续大肆搜捕中共地下党员和革命民主人士。《云南日报》被国民党CC特务系统接管后,根据中共云南省工委的指示,《云南日报》的地下党员和"民青"成员撤离到农村隐蔽,但国民党特务继续追踪。1947年3、4月间王昊和高梁、王克淑等一起到缅甸仰光隐蔽。当时云南去仰光的一批同志经中共云南省工委同意,成立了中共仰光支部,由朱家璧任支部书记,马仲明任组织委员,张子斋任宣传委员。并由张子斋任总编辑办起了中文《人民报》,开展宣传工作,同时为武装斗争作准备。王昊担任编辑工作,并于1947年7月由王子近同志介绍加入中国共产党。入党后,他更加勤奋地工作。他负责收录英语新闻广播并译成汉语在报上刊登,有时还要撰写社论。尽管环境艰苦,工作条件差,但他从不叫苦,坚持每日出对开报纸一大张,公开宣传共产党的主张,响应中共中央发出"打倒蒋介石,解放全中国"的伟大号召,揭露蒋介石反动集团的丑恶面目,指出国民党反动派必然灭亡的命运,鼓舞广大侨胞树立必胜的信心。相信在中国共产党领导下,中国人民一定能够推翻压在中国人民头上的三座大山,中华民族一定能站立起来,曾经是海外孤儿的华侨一定能扬眉吐气。这样一个旗帜鲜明的、以共产党的面目出现的报纸,说出了广大侨胞的心里话,得到了广大侨胞的热爱和拥护。

西 山 起 义

1947 年 11 月,解放战争已推向蒋管区,解放军已开始战略反攻。中共中央上海局根据党中央关于发动敌后游击战争的指示,专门给中共云南省工委布置在云南发动武装斗争,牵制在云南的蒋系部队,配合解放大军胜利反攻。中共云南省工委及时通知在境外隐蔽的同志回滇东南参加发动游击战争。王昊等一行 16 人由朱家璧率领从缅甸秘密回国。为了避免敌人的注意,他们根据云南省工委的部署,利用云南边境商旅频繁进出,"自由"跨越边界的传统习惯,伪装经商,用筹集到的资金买了部分枪支、几匹骡马和部分商品,乔装成"马帮"。朱家璧当"老板",其他同志有的当"伙什",有的当"锅头",吆喝着马帮走村过寨,闯关瞒卡,由缅甸景栋出发,从打洛进入国境。途经西双版纳、磨黑、墨江、元江,于 1948 年春节前到达石屏,与滇南地下党工委书记张华俊等会合,组织了一支农民武装。春节后,这支游击队武装横过滇越铁路和南盘江,到达弥勒西山,参加了西山武装起义,建立敌后根据地。

以后,党派王筱石在高头甸小学任教,以教师身份为掩护从事革命活动。这个小学共三名教师,在一次敌军围剿西山区时,小学三名教师均被捕,王筱石在狱中受尽酷刑,但他始终未暴露自己的身份,敌人未抓到什么证据,只好释放。王筱石出狱后,失去与游击队的联系,他到昆明找到了"新联"的关系,通过"新联"找到了党,接上了组织关系。省工委派王筱石到滇南地区工作,滇南工委书记张华俊派王昊赴建水江外地区任中共建水县新街支部书记。他和支委张树稷、舒仁明等一起，在芭蕉岭、石岩头、上旧牌等地积极进行农民的组织发动工作。党支部在原来农运工作的基础上，在短短的三四个月时间里，使农民翻身会从芭蕉岭、菲莫、石岩头等几个村子发展到平寨等20多个村子，人数由百余人发展到300多人。争取团结了敦厚镇长的亲信谭世德加入革命队伍，又联合了妈拖村、大顺寨农民自发反抗土司的武装力量，争取了箐口李小五部民变武装，为武装暴动作了大量的准备工作。党支部决定首先打击最反动、最不得人心的太和乡乡长普民阶，夺取武器，然后攻打猛弄土司，占领敦厚镇，建立一支革命武装和革命根据地。为做好敌人内部的策反工作，对普民阶的贴身警卫姚家昌做了教育工作，并秘密吸收加入革命队伍。又通过姚家昌的关系，介绍我农民翻身会骨干李学明去给普民阶养马，与普的亲信毛世荣一起作内应。并决定将暴动队伍组成一个大队，下设三个中队，九个分队，分队下设小队，由舒仁明任大队长，王筱石负责党内工作。定于1948年7月30日农历六月廿四日"火把节"那天，率领农民武装打击太和乡公所。战斗开始后，由于一些未能预料到的因素，进攻受挫。当部队撤下来后，发现谭世德没有撤出来，估计可能受敌包围，王筱石不顾个人安危，又率领张树稷等返回新安所救援。他不畏艰险，身先士卒，冲到村边与敌人英勇战斗，不幸右腿负伤不能行走，但他沉着地继续与敌人奋战，把最后一枚手榴弹投向敌群，一伙匪徒被吓得朝后溃退。王筱石终因敌众我寡，身负重伤，英勇牺牲，年仅28岁。

王昊同志对共产主义事业全心全意，坚定不移，革命到底。他忠于党忠于人民，无私无畏，英勇顽强，不愧是一个杰出的共产主义战士，也是知识分子的光辉典范。他为了实现共产主义，为了边疆各族人民的解放事业，流尽了最后一滴血，献出了年轻的生命。他的光辉事迹，他勇于献身的精神，永远是我们学习的榜样。他

西南联合大学、昆明师
范学院革命烈士纪念碑
上刻有王昊的英名

的名字永垂青史,永远记在云南人民心中。元阳县解放后,为了纪念王昊同志,于1950年追认王昊为革命烈士,并将他的牺牲地牛角寨乡一度命名为"筱石区(乡)"。1983年,在党史资料征集中,寻找到他的部分遗骨,中共元阳县委、县人民政府于7月31日王昊同志殉难35周年之际,召开了追悼大会,将他和张树稷烈士的遗骨分别安葬在县城冬瓜林烈士陵园,供后人瞻仰悼念。

参 考 文 献

1.中共元阳县委党史征研室:《王筱石烈士传略》。

2.中共元阳县委:《关于王筱石烈士生平座谈会记录》。

3.中共元阳县委党史征研室提供的摘自朱家璧同志的回忆录《解放战争中的一些经历》中"境外隐蔽"一篇;马仲明的《从仰光到石屏,由石屏上西山》;王子近代王小维(王昊之女)写的《关于王筱石情况的报告》。

4.云南师大党史办万福麟谈:访问王子近关于王昊的情况及云南大学老干部许建初谈王昊(王筱石)的情况。

5.1981年12月2日中华人民共和国民政部批准王昊为革命烈士证明书。

钱泽球

（1920—1948）

欧阳军喜

　　钱泽球，上海市青浦县人，1920 年生，中学就读于上海大夏附中。1937 年 8 月 13 日，日寇大举进攻上海，青浦沦陷。钱泽球辞别家人，经浙江到江西，加入青年抗日救亡宣传队，积极宣传抗日救国，之后又辗转到了香港。1941 年 1 月，钱泽球进入西南联合大学工学院机械学系学习。在联大期间，钱泽球表现活跃，热爱篮球运动，是西南联合大学工学院"喷火体育会"的中坚。他联合同学为抗日救亡奔走不辍，同时以勤工俭学维持艰苦的生活。1943 年夏，钱泽球参加了昆明青年会主办的军人服务部，深入到滇南建水的滇军中做青年连队的宣传教育工作。他为人爽直，关心政治，对当时国民党消极抗日非常不满，赢得了青年官兵的信任。为配合盟军对日作战，国民政府征调西南联大学生做盟军部队的翻译。钱泽球在昆明译员培训班学习后，于 1944—1945 年进入曲靖汽车学校、昆明炮兵学校等训练中心担任译员。

　　抗战结束后，西南爱国民主运动风起云涌。钱泽球积极投身于火热的斗争之中。1945 年 12 月 1 日，国民党反动派制造了震惊

劉亞剛　外文系三年级　廿四歲　廣東大埔　正式生
蔣東　航定系二年级　廿二歲　湖北麻城　正式生
商心鈞　机械系二年级　廿二歲　江西新建　正式生
閻學祁　机械系二年级　十九歲　浙江鄞縣　正式生
楊大魁　机械系二年级　廿一歲　四川達縣　正式生
李鑫淙　机械系四年级　廿一歲　河北高陽　正式生
閻崇焜　机械系四年级　廿三歲　河北臨榆　正式生
錢澤球　机械系四年级　廿四歲　江苏青浦　正式生
溫廣才　机械系四年级　廿三歲　山西太谷　正式生
王守庚　机械系二年级　廿一歲　安徽合肥　正式生
吳國銓　富机系二年级　廿一歲　江苏上海　正式生
樊大桑述　聯定系二年级　廿三歲　浙江象山　正式生

太平洋战争爆发后，美国空军到昆明，翻译人员请联大协助解决。联大举办了译员训练班。图为国民政府军事委员会译员训练班第一期西南联大在班受训学生名册，钱泽球名列其中

中外的"一二·一"惨案，钱泽球不顾特务的恫吓，参加了四烈士出丧示威活动。他看到了国民党政府和军队的腐败和反动，决心加入到共产党领导下的革命斗争的行列。

日本帝国主义投降后，钱泽球回到上海。1946 年 10 月，伪行政院物资供应局成立关岛储整处，接收太平洋诸岛的剩余物资，需要懂汽车的技术人员。钱泽球便与同学方祖望等于 1946 年 11 月飞离上海去关岛。一个月后，他又去了提安尼岛。但那时国内内战再起，国统区反蒋反美的群众运动风起云涌。钱泽球情绪激昂，不愿再在岛上待下去，立意回国参加斗争。1947 年 3 月便返回上海。

1947 年 4 月,钱泽球从上海到了北平。5 月中旬,他和项一飞夫妇等 5 人准备一同进入东北解放区。在长春停留时,钱泽球与联大同班同学、当时任国民党新一军汽车修理厂厂长的宁奋兴联系,获得了前往军队前沿的通行证。由此钱泽球进入解放区,后被派往长春从事秘密工作,由时任东北军区吉北军分区政治部联络处长的陈少中同志领导。

钱泽球通过宁奋兴的关系,在厂里以"少校技术员"名义领薪工作。那时东北内战正是很紧张的阶段,国民党已转入被动挨打的局面。钱泽球极力做宁奋兴的工作,说服宁配合他为解放军搜集地区的各项有用情报。他把搜集到的长春地区的军政情报、部队防区和兵力部署,作战计划及行动安排一一提供给解放军。

1947 年 10 月 10 日,钱泽球参与策划了"海上大楼"爆炸事件。海上大楼是当时国民党第一军储存军火的大库,为了完成炸毁敌人军火的任务,钱泽球利用少校技术员的身份介绍了一个地下工作人员到该库做警卫,借机在该警卫顶班值岗时派人进入库内,用汽油把海上大楼地下室弹药库点燃,炸毁大量炮弹,爆炸声震动了长春市。随后,钱泽球用新一军汽车修配厂的汽车,把参与这次爆炸的同志安全转移到长春大学学生宿舍。

为了迅速取得第一手情报资料,钱泽球把工作重点转移到搜集国民党谍报队的情报工作上来,并把所得情报连夜送交地下联络员转给解放区,使解放区领导部门对敌人的行动计划了如指掌,为长春的解放作出了重要贡献。

钱泽球还组织了对国民党军队的策反行动。他通过宁奋兴认识了新七军军法处处长等人。为了得到第一手情报资料,钱泽球请新七军军法处处长安排他当上了新 38 师 114 团政治指导员。国民党政治部利用政治指导员训练班来检查他们的政治面貌,那时国民党特务对钱泽球已经产生怀疑。1948 年春,钱泽球称病告假秘密前往九台,4 月返回长春时被捕。

钱泽球被捕后,组织和同志们多方营救都没有成功。他在狱中遭受酷刑,英勇不屈。1948年10月,就在长春解放的前夕,钱泽球惨遭毒手,国民党特务将他活埋,牺牲时年仅28岁。1949年3月,钱泽球的尸体在原长春督察处院内被发现,其时双臂被电线反捆,棉花缠绕的铁丝从口中一直插到肠胃,情状极为惨烈。长春市人民政府将钱泽球的遗体安葬在长春市西安广场烈士陵园。21位长春解放前夕参加党的地下工作而牺牲的烈士长眠于此,陵园烈士纪念塔前的碑文铭刻:"凡彼诸同志,居魔鬼之宫殿,面对死亡犹放声大笑,带沉重之镣铐,骨碎筋折,仍挺胸昂首,耿耿之心,铮铮铁骨,为长春之解放,献宝贵之生命,立丰功伟绩,写光辉历史,义薄云天,浩然正气,不愧为党的英雄儿女,实乃炎黄一代风流"。

参 考 文 献

1.《西南联大工学院1944通讯录》。

2.《钱泽球国立西南联合大学学生注册片》。

3. 项一飞:《回忆泽球》,张闻博,何宇主编:《西南联合大学叙永分校建校五十周年纪念集(1940—1990)》,1993年。

4. 翁心钧:《难忘的军事译员生活》,北京市政协文史资料委员会编:《北京文史资料第52辑》,北京,北京出版社,1995年。

5. 王文达:《地下工作回忆》,中共长春市委党史研究室编:《党在长春的地下斗争(1945—1948)》,1991年。

6. 长春市地方志编纂委员会:《长春市志文物志》,长春,吉林人民出版社,1995年。

7. 张力华:《为解放东北而英勇牺牲的青浦好男儿——钱泽球》,龙华烈士纪念馆编:《烈士与纪念馆研究第12辑》,上海,上海人民出版社,2011年。

曾庆铨

（1924—1948）

欧阳军喜

曾庆铨，又名曾思诚，1924 年出生，广东省兴宁县人，祖祖辈辈都是农民。他自小在农村长大，目睹了广大劳动人民的悲惨生活，对劳动人民寄予无限同情，对国民党的黑暗腐败统治无比憎恨。这为他后来参加革命和献身革命奠定了牢固的思想基础。

少 年 好 学

曾庆铨天资聪颖，勤奋好学，从小学到中学一直是班上的高才生。他不但学习成绩优秀，而且思想进步。还在他读初中二年级时，就参加了兴宁县立第一中学的进步群众组织"三四读书会"。在中学阶段他阅读了大量的进步书刊，如《大众哲学》《唯物辩证法》《社会科学入门》《中国社会性质问题论战》等，逐步树立起革命理想和革命的人生观。同时他还积极参加了纪念"五四"等爱国活动，宣传抗日与民主，反对国民党独裁统治、屠杀革命人民。他还利用寒暑假办平民学校、妇女识字班，向人民群众宣传革命思想。鉴于他的思想表现，兴宁县立第一中学地下党组织准备发展他为党员，后来由于党组织遭到破坏，发展工作未能完成。

1942年夏天，曾庆铨高中毕业后，到广西桂林参加高校统一考试，被西南联大经济系录取。兴宁县立一中鉴于他在校学习成绩优秀，特地打电报到桂林，通知保送他到国民党培养干部的"中央政治大学"读书，他接到电报后，断然拒绝。他对国民党反动派统治深恶痛绝，一心向往进步和革命，因此决定到当时学生运动比较活跃、民主空气比较浓厚、革命力量较为强大的西南联大去。是年秋，曾庆铨来到昆明进西南联大学习。1943年，曾庆铨因表现优异获得了西南联大文池奖学金。

在西南联大期间，曾庆铨同志继续学习革命理论，更积极地参加学生运动和革命活动。当时正是皖南事变后不久，学校党组织已奉命转移，国民党白色恐怖严重。他与进步学生和地下党员一起，不遗余力地开展活动。他参加联大学生的进步社团"冬青社"和"微波社"，积极参加党领导下的各项革命活动，他还与重庆等地的进步学生保持联系，开展革命活动。不久，党号召进步学生到农村去、到边疆去开展革命活动。曾庆铨积极响应，决定中途退学，放弃学业，离开昆明到思普地区从事革命斗争。1944年7月，经西南联大地下党组织介绍，曾庆铨到磨黑中学教书。

"公民课"教师

曾庆铨到磨黑中学后，先任教师、班导师，后任训导主任，给学生讲授"公民课"。他巧妙地利用课堂和各种场合，通俗易懂地宣传马列主义、毛泽东思想，巧妙地揭露和批判国民党反动派的倒行逆施，宣传中国共产党的政治主张，把国民党规定中学生必读的"公民课"变为讲授革命理论的政治课。这门课的内容包括社会发展史、革命人生观、哲学（辩证唯物主义）、政治经济学等。为了有计划地向学生灌输马列主义,曾庆铨编写了一套磨黑中学各年级"公民课"讲授提纲。除他自己担任一部分年级的课外,哪一位老师上"公民课",他就送上一张该年级用的讲授提纲,保证学生普遍受到马克思主义教育。同时他还自己出钱订阅了当时我党南方局机关报《新华日报》等书刊,在学生中流传启发他们的思想觉悟,积极引导他们走上革命道路。

1946年6月,经陈盛年、齐亮同志介绍,曾庆铨加入了中国共产党,在党内任磨黑中学支部组织委员。为了发展进步力量,争取中间力量,孤立和打击反动势力,曾庆铨组织学生成立秘密读书会,举办小学训练班,演出话剧,成立了思普区中小学教师联谊会,发展了多位党员和云南民主青年同盟(以下简称"民青")成员。经过他和其他同志的艰苦奋斗和不懈努力,磨黑中学成了培养革命骨干的学校,思普地区成为我党在滇南的重要基地之一。

1946年冬,内战全面爆发,磨黑恶霸势力排斥进步力量,根据形势的发展和斗争的需要,磨黑中学党支部决定分批撤退外省籍的同志,留下云南省籍的同志坚持工作,曾庆铨于1947年5月离开磨黑中学回到了昆明。

到昆明后,党组织分配他任昆明市东区区委委员兼金江中学党支部书记,以金江中学训导主任身份活动。为了加强党在金江中学学生中的组织工作,曾庆铨通过组织,将建民、天祥、黔灵、长城等中学的七八个党员、"民青"学生转学到金江,为后来在学生中建立支部打下了基础。在金江,他仍然讲授公民课,通俗易懂地宣传辩证唯物主义与历史唯物主义的观点,帮助青少年学生逐步树立正确的人生观、世界观。

1947年冬,昆明市委将曾庆铨调任西区区委委员。此后半年,曾庆铨以求实中学教务主任的身份作掩护,经常联系昆华师范学校和昆华、龙渊等中学的党员、"民青"成员,参加领导昆明的学生运动,出色地完成了党交给的各项任务。

思 普 特 支

1947 年 6 月,中共云南省工委决定成立思普特支,领导整个思普地区的工作,特支书记是潘明。1948 年 4 月,潘明同志到昆明向省工委汇报工作,省工委决定派曾庆铨任思普特支副书记。1948 年 5 月,曾庆铨与潘明一道又回到了他所熟悉的磨黑中学。

曾庆铨重返磨黑后,和思普特支的其他同志一起积极开展工作,不断壮大党的力量,先后建立了磨黑中学、磨黑小学、磨黑老街、普治、通关等党支部以及通向景谷、勐住、镇沅、思茅、墨江、江城、镇越等地的交通联络站。他还安排很多磨中学生到磨黑、普义、普治、通关、牛库、勐先、宽宏、勐住等地教书,创办农民夜校,宣传革命道理,组织农会和民兵,开展反对国民党反动政府征兵、征粮、征税的"反三征"斗争。由于他工作深入细致,生活艰苦朴素,对革命事业充满信心,极大地鼓舞了思普地区人民的革命热情。

1948 年 5 月,滇南工委代表方仲伯同志来到磨黑,由方仲伯、蒋仲明、曾庆铨三位同志出面,与地方武装头子张孟希建立统一战线,组织"思普区临时军政委员会",推张孟希担任主任委员,方仲伯、蒋仲明、曾庆铨任副主任委员,蒋仲明兼政治委员。组织章程规定,军政委员会的一切决定必须经政治委员签名,方才有效。党组织原来的意图是,即运用这一组织形式争取利用张孟希投机革命的一面,又限制监督张孟希反动的一面。

1948 年 6 月,潘明转移到别处工作,思普特支由曾庆铨负责。

1948 年 8 月,思普特支得到情报:云南保安三团要把存放在普洱县的军火经西萨押运到滇西。特支讨论决定,组织民兵 120 人,磨黑中学师生 60 人开赴西萨,伏击夺取这批武器,以便一方面打击敌人,一方面壮大自己。张孟希也派了一支 30 人的武装小分队配合行动,由曾庆铨、周长庆任总指挥。由于情报不准确,缺乏战斗经验,再加上张孟希从中干扰,战斗未能迅速取胜。考虑到普洱距西萨很近,敌人的增援部队很快就能到达,曾庆铨通知部队撤离西萨,驻扎在黄庄,并准备随后把部队拉出去与驻在元江的云南人民自卫军第二纵队会合,或者公开打出武装斗争的旗帜进行武装斗争。但是,张孟希坚持要把队伍拉回磨黑,并保证队伍回去后不会遭到任何打击,由于对张孟希反革命面目认识不清,队伍回到了磨黑。

这次军事行动极大地震惊了国民党反动政府。普洱保三团和磨黑盐场税警立即戒备森严,向张孟希施加压力。在国民党反动政府的军事压力、政治拉拢、封官许愿下,张孟希脱下了伪装革命的假面具,露出了反革命的真面目。1948年9月16日,他以开会为名,诱捕了曾庆铨、蒋仲明二位同志,并把他们扣押在磨黑镇公所,随即封闭了磨黑中学。

曾庆铨烈士殉难遗址

曾庆铨被捕后，坚贞不屈。他在狱中依然坚持斗争，他鼓励去看望他的师生继续斗争，教同监的战友唱《山哪边哟好地方》等革命歌曲，他曾对一位送饭的劳动妇女说："你好好在着，不久就会有好日子过了。"他在狱中仍念念不忘全国的斗争形势，传话给特支要看香港新华分社编的《新华通讯稿》。当时特支的同志曾准备劫狱营救他，他听后坚决不同意。他担心这样会引起张孟希疯狂屠杀磨中师生，损害革命利益，因此宁愿牺牲自己，表现出一个共产党员的崇高品格和英雄气概。1948年10月12日，张孟希把曾庆铨、蒋仲明二同志秘密杀害于磨黑镇班底河边。临刑前，面对敌人的屠刀，曾庆铨、蒋仲明二位烈士挺身而立，紧紧拥抱在一起，遥望党中央所在的北方，高呼"中国共产党万岁！"英勇就义。

参 考 文 献

1. 曾乐山，荀彬：《深切怀念曾庆铨烈士》。

2. 《曾庆铨烈士传略》。

3. 《校友动态：校友朱益宏曾庆铨荣获西南联大奖金》，《兴宁县立第一中学校校刊》，1943年第22期，第25页。

4. 胡世忠：《我在磨黑地下党领导下的活动》，中共普洱哈尼族彝族自治县委党史征集研究室编：《中共普洱哈尼族彝族自治县历史资料选编第一辑》，1997年。

钟泉周

（1919—1949）

刘文渊

　　"像钟泉周烈士那样一个革命知识分子，能以年轻的生命献身于无产阶级，和工人的血汇流，这种精神是值得全国的知识分子效仿学习的"。这是 1950 年 2 月 17 日在上海"公交三烈士"殉难一周年追悼大会上，上海市总工会筹备委员会主任刘长胜对钟泉周一生所作的评述。

勤奋学习　服务大众

　　钟泉周生于 1919 年，浙江省镇海县柴桥镇人。其父性格懦弱，母禀性善良，有兄弟姐妹 4 人，泉周排行最小。在他 4 岁时，母亲亡故，一家生活全靠其大姐照料，家境贫穷，使他从小养成勤劳俭朴的习惯，读书用心。到了小学 5 年级，在老师的影响下，对帝国主义列强胁迫我国签订一系列丧权辱国条约的侵略行径愤愤不平。他 14 岁小学毕业，因家境困难，辍学在家，随后被其父送到宁波"新学会社书店"当学徒。在学徒期间，不管是烈日炎炎的酷暑，还是寒风刺骨的严冬，他每天给老板倒尿桶、抱孩子、打杂务，一日工作 10 多小时，而且生活十分清苦，吃的是青菜淡饭，睡的是草垫铺板，穿的是破衣旧衫。然而，钟泉周是个有志青年，他想到当年高尔基在学徒时，"常常劳累一整天，夜里还趁着月光看书，15 岁就成了一个博学少年"，于是立志要学习高尔基那样刻苦读书。他利用在书店学徒的有利条件，起早摸黑挤时间看书学习，熟记英语词汇，演算一道道数学难题。学徒 3 年，不但没有荒废学业，相反对数、理、化和英文都打下了扎实的基础。1936 年，钟泉周结束学徒生涯，考取了宁波效实中学初中，在念完两学期后，又跳级到高中一年级，各门功课成绩都很优异。

1937 年抗日战争全面爆发，钟泉周随姐姐、姐夫逃难到重庆，并于次年暑假考入国立重庆二中。校址在合川县郊区濮岩寺内，他全靠微薄的贷金过日子。他勤奋学习，一本《范氏大代数》习题作了几遍，除完成老师布置的作业外，还抄了许多难度较深的题目来作，经常钻研至深夜。某次，全校数学会考，钟泉周获 99 分，名列榜首。他不仅自己学习成绩好，而且乐于帮助同学。遇到考试，别人聚精会神复习功课，他常主动帮助数理较差的同学，对他们讲解和演习难题。钟泉周品学兼优，受到老师和同学的赞扬，第二学期被大家选为级长，任劳任怨为同学们服务。

在青少年时代，钟泉周即有"科学救国、造福人类"的抱负。他深感旧中国贫穷落后，要富强就必须要有科学和工业，自愿属于为这种事业而埋头苦干的人。1941 年春，他高中毕业，由于离暑假高考尚有半年，就先到四川江津白沙大学先修班学习。因其学习成绩出类拔萃，该校以优等生资格保送他直接升入西南联大。但他不愿接受校方的优待，坚持亲自参加大学招生统一考试，并以优良的成绩相继被复旦大学和西南联大录取。

抗日战争时期，西南联大是全国著名的高等学府和民主运动的坚强堡垒。那里有闻名全国的闻一多、朱自清、吴晗等进步教授,又有名垂中外、造诣很深的许多学者和专家。西南联大是钟泉周所向往的学校,也是锤炼他走上革命道路的大熔炉。

1942年1月,在香港沦陷后,孔祥熙家属霸占政府接香港人士的飞机运送私人物件而引起的"倒孔"运动中,刚刚一年级的钟泉周初露锋芒,他把自己仅有的一条被单捐献出来,写上"倒孔"两个大字作为游行队伍的旗帜。此后,他更积极地投身到民主运动中去,在热火朝天的民主运动激流中迅速成长。

钟泉周对自己要求非常严格,是一个勤奋学习、乐于服务的人。他把学习和社会活动、公益劳动安排得有条不紊:上午聚精会神地听课;下午为同学服务,有时还要辅导学习基础较差的同学做功课;晚上独自在暗淡的灯光下自习。他学习成绩超群,服务精神动人,是工学院和联大全校最优秀的学生之一。

1942年初,他在联大的第二学期被工学院全体同学选为"斋委"负责人。从此,他更以"孺子牛"的精神为同学服务。当时,联大师生生活条件十分艰苦,他不但亲自去昆明市郊采购粮食、蔬菜、柴草和油盐酱醋,而且还定期公布伙食账目,想方设法为改善同学们的伙食而操劳。

西南联大同学来自祖国各地,绝大部分是从沦陷区流亡来的穷学生,经济很困难。为了减轻师生的经济负担,"斋委"开设了小卖部、理发店、碾米坊,钟泉周终日奔波,组织同学互帮互助。凡是旧衣服、书籍、文具均可互相调济自愿转让。师生吃的米,也由同学用土法碾米,以便米、糠两用。

钟泉周关心他人,无微不至。有一次,工学院的一位年近六旬的老工务员,不慎丢失了钱,一家数口生活无着,欲上吊自杀。钟得知后,一面安慰他,一面替他募捐,帮助他解决了生活困难。工务员全家感激不已,连声说:"钟先生待人多好啊!"为了帮助经济拮据的同学,钟常和同学一道去云南大学农场挖土方,有时还独自外出装修电灯,把挣来的工钱用于接济别人。当时昆明流行一种地方病,外地来的同学极易被感染。为了预防感染,钟泉周千方百计去向当地药农讨教,按照祖传秘方买了大量草药来煎汤,给每个同学一碗,亲自端送到各人床头,苦口婆心地劝饮。许多同学感动地说,钟泉周具有"慈母"的心肠。从此,"慈母"的雅号在群众中传开,他成为工学院无人不知的"勤务员"。

追求真理　赤胆忠心

"皖南事变"后,周恩来同志根据国民党统治区充满白色恐怖的情况,明确指示要引导青年"勤于学习,勤于业务,埋头苦干,团结群众,隐蔽自己,积蓄力量",并通过重庆的《新华日报》发表了号召青年要"勤学、勤业、勤交友"的社论,为广大革命青年指明了新形势下新的斗争策略。

钟泉周热爱祖国、正义刚直,是一位富于理想、追求光明的进步青年,很快成为加强"交友"、对付蒋顽的积极分子。1942年,他曾克服了讷于言而又不善于歌唱的困难,通过地下党的关系,和进步学生一起到滇军第一旅,名义上是为军人服务,实质是去连队接触士兵,教文化、教唱歌,传播进步思想,做抗日统战工作。

为了扩大"交友",联络感情,团结更多的同学来参加抗日救亡运动,钟泉周虽不会打球,仍带头参加了"铁马体育会"。在铁马体育会,钟泉周对同学关怀备至,热情地为大众服务。凡是"铁马体育会"组织外出远足旅行或举行友谊比赛,他都不辞辛劳地送饭、送开水、看管衣物,成为受人称赞的"总后勤"。"铁马体育会"在联大名声大振,要求加入的同学众多,团结交友也越来越广泛,成为富有战斗力的群众团体,在学生民主运动中发挥了一定的作用。

联大工学院平时学习异常紧张,到了假期同学们常常组织起来出外旅游,以利休整。钟泉周总是组织者之一,他在主持"斋委"工作中,注意节衣缩食,以便省出旅费,一到春节和寒暑假就和工学院各系同学发起组织"路南旅行团"去旅游。闻名世界的"石林",碧波荡漾的滇池,"古战场"钓鱼城,都是同学们流连忘返的地方。这是进步学生团体组织的集体活动,在活动中,既能游览祖国风光,又能联系群众,达到"交友"目的。

当时,在那白色恐怖极度严重的情况下,钟泉周目睹国民党蒋介石的反动与腐败,深感"国家兴亡,匹夫有责",他和许多进步同学一起反复思考,决心学习革命先驱,走与工农相结合的道路。1944年底,他毅然参加了中共南方局领导的地下党外围组织——中国民主青年同盟(简称"民青")。从此,他更加积极地投身民主运动,还组织一些朋友在一起如饥似渴地学习毛泽东同志的《新民主主义论》《论联合政府》等文章。

1945年4月,联大学生自治会的领导权掌握在进步学生手中,经学生会代表通过,决定发表《国是宣言》,散发全国。钟泉周是后勤负责人之一,他积极参与刻写、印刷、邮寄等工作。工学院与联大新校舍相距2里路,他常常一天往返数次,去发通知、送宣言、贴传单,有时忙得连饭都顾不上吃。为了避开特务的监视,把《国是宣言》安全投寄出去,他还特意跑到离校4里地的小镇邮局代办所去邮寄。

在中共地下党组织的领导下,西南联大学生民主运动日益高涨,各种进步壁报如雨后春笋一样贴满在民主墙上,发出了坚持抗战、要求民主的呼声。钟泉周与何东昌、曹淼、马骙等同学秘密地刊出名为《燎原》和《神曲》的壁报,揭露蒋介石的阴谋,宣传进步思想,唤醒同学们的觉悟。有一次,钟泉周发现民主墙上的进步壁报《神曲》被一伙三青团分子蛮不讲理地撕掉了,他不顾个人安危,与反动分子展开面对面的辩论评理,使他们理屈词穷,终于被迫当众认错。

1945年12月1日,昆明发生了国民党动用军队,用机枪、手榴弹杀害联大师院学生潘琰、李鲁连、南菁中学教师于再和昆华工专学生张华昌四烈士的"一二·一"惨案。钟泉周义愤填膺，英勇地投入了追查反动派行凶真相和声援昆明学生反迫害、争自由的运动，他在重庆参加了联大校友"一二·一"惨案后援会成立大会，被选为后援会负责人之一，还在追悼会上宣读悼词，严词声讨反动派血腥罪行。

1945年12月底，重庆国立中央工业专科学校向西南联大聘请教师一名。钟泉周是应届毕业的优秀生，由章名涛教授推荐到该校任教。

钟泉周是一个爱国热情洋溢、工作不知疲倦的人。在工专，他热情豪爽、讲课透彻、工作认真，特别是他将西南联大的民主传统带到工专来，深受全校师生的欢迎。工作之余，他和进步教师共同倡议筹办《科学时代》杂志社，1946年2月在工专创立。他们在创刊号中公开阐明："现代科学理论正在惊人的发展，而我国还处在科学'半开化'的领域里，遭遇到坎坷与没落，形势迫使我们不能不过问世事，科学工作必须具有新的内容，科学运动必须与民主运动紧密地结合，必须与时代的脉搏一起搏动，争取建立一个适宜于科学工作开展的和平民主新中国！"表露出他那追求真理、热爱祖国、热爱科学的赤诚的心声。

1946年7月15日，西南联大著名教授闻一多遭国民党特务暗杀，噩耗传到重庆工专，钟泉周悲愤交集，他不顾个人安危，深夜上街张贴质问蒋介石反动派的标语。他沉痛地对同事说："血的教训受够了，我决心参加人民革命的解放事业！"

爱憎分明　献身工运

抗战胜利后，钟泉周辞退了重庆工专助教之职，随老师章名涛来到上海，在市公共交通公司保养场担任电工技术员工作。从此，他义无反顾地踏上了知识分子与工农群众相结合的革命道路。

到保养场工作的第一天，他就深入到电工车间，热情向老师傅学习，凡事亲自动手，不摆技术员架子，有时抢修汽车电路故障，往往弄得满身油污，他关心工人，工友有困难，不论是技术问题还是生活问题，他都热情帮助解决。为了辅导青年工人学习，每周二、四、六晚上自愿给工人上文化技术课，当义务教师。他对其他技术员说：我们受大学教育之经费，正是取之于绝大多数贫苦民众，这就欠了"一笔债"，今天需要我们帮助工友提高文化，这是义不容辞的，也是我们走与工农相结合道路的具体表现。

钟泉周对劳动人民充满爱，3年的学徒生涯使他深深懂得旧社会中劳苦大众的疾苦。在保养场每月领工资时，他除了留下自己的必需生活费用外，常常拿出一部分钱来接济经济特别困难的工友，而且从不声张。他赢得了工人的信任，在保养场人们异口同声地称赞钟泉周是为大众办事的大好人！

1948年7月，上海公交系统爆发了反对解雇新工人的斗争，推翻了官僚资产阶级的御用工具——官办的福利会。当时的公交福利会由反动官僚资产阶级把持，他们豢养了一批奴才监视和迫害工人。中共地下党组织为了掌握这个组织，用以真正为工人谋福利，组织进步工人成立了"竞选团"，揭露公司豢养的工贼的丑恶行径，开展竞选活动，取得了工人群众的广泛拥护。在保养场、修造厂的民主选举中，钟泉周以压倒优势当选为理事。接着在公交系统理事监事会议上，钟又被选举为新员工福利会理事长。自此，他在学校里锻炼起来的为群众服务的组织才能，有了更大的"用武之地"。在中共地下党的领导下，不论白天黑夜，他总是全心全意为工人群众谋福利、求解放，与反动派展开了面对面的斗争。

民主选举的新员工福利会成立两个月，公交公司反动当局勾结淞沪警备司令部进行反扑，逮捕了福利会常务理事王元和参加"竞选团"活动的工人积极分子14人，关在特刑庭看守所里。钟泉周立即四处奔走营救，利用国民党政府代总统李宗仁表示释放政治犯的允诺进行合法斗争,向反动当局据理力争。在社会舆论的压力下,特刑庭不得不同意新选出的员工福利会将 14 位工友分两批保释出狱。

钟泉周在工人群众中的威信越来越高,特务把他看成眼中钉,恨得咬牙切齿。周围同志和家属都为他的生命安全而担心,但他却把生死置之度外。1949 年春天,在他送章名涛教授重回北京清华大学执教时,章老师劝他也离开公交公司,他却没有接受。他姐姐劝他离开公交,他回信答复说:"阿姐,周围的人没有饭吃,你吃饭的时候心里舒服吗?怕死,一个人坐在家里也会死的。"钟泉周和他爱人的感情很好,他俩热恋时,两人相约会面的时间常常由于泉周工作忙而被挤掉,有时他不得不稍作解释,他在一封信中写道:"目前的中国,全国正受到大灾难,我们应该深深地去自问,别人可以糊涂,而我们受过教育的不应该如此想法。……今天需要我们去帮助他们时,我们是无法拒绝的。"当爱人劝他注意安全时,他正义凛然地说:"我信仰既明,就矢志不渝;目标既定,就勇干到底!"他还对朋友说:"我爱我所爱,恨我所恨","公交是人民的财产,必须发动大家来保护。"就这样,他始终坚持在公交公司为工人谋福利,并且积极串联铮友,掩护共产党员,帮助进步同学寻找去解放区的秘密关系。

1949 年春,在上海解放前夕,伪市长吴国桢提出"应变"措施,要市民建造弄堂栅门,储粮防患,准备巷战。当时,上海许多工会在中共地下党领导下,因势利导,利用"应变"口号向伪市府提出要发 6 石"应变米"的要求,进行针锋相对的斗争。为了反抗反动统治,保障职工的权益和生活福利,钟泉周理事长和王元常务理事、顾伯康理事等带领公交公司工人举行了"反饥饿"大罢工。2 月 12 日,新员工福利会召开理监事和代表扩大会议,向公司当局提出取消公休训练和发给每人 6 石"应变米"等六点要求,钟泉周代表新员工福利会与公司当局进行谈判,反动的公司当局倒行逆施,拒绝

1949年1月24日，法商电车公司工人全体罢工，要求年关借薪

接受工人的合理要求，并唆使工贼破坏工人罢工，使谈判无结果。凶残的敌人出动大批宪兵、飞行堡垒、执法队和装甲车包围了公交员工福利会和汽车二场，架起机枪对准手无寸铁的工人。伪市长吴国桢叫嚣："公交工人罢工是受员工福利会理事长的煽动，如执意不改，将予严惩。"他们炮制捕人的"黑名单"，整个公交系统笼罩在白色恐怖中。

在这险恶的环境里，钟泉周镇定自若，临危不惧，继续和公司当局谈判，领导工人坚持斗争。他已下定决心把自己的一切乃至生命献给解放事业。

视死如归　青史流芳

1949年2月16日，伪市长吴国桢和警备司令汤恩伯下达逮捕密令。当晚，特务们闯入钟泉周家中搜查。从容镇定的钟国周早已把可能被敌人用作证据的文件、书籍妥作处理，使敌人一无所获。深夜上囚车前，他极力安慰身怀有孕的妻子，还泰然自若地为爱人雇好车辆,去找公司当局责问非法捕人原因。

次日凌晨两点半,特务们把钟泉周和同时被捕的王元、顾伯康等8位职工从伪警察总局转移到伪警备司令部,进行秘密审讯。钟泉周刚直不阿、嫉恶如仇,同王元、顾伯康一起,与敌人进行顽强斗争。钟泉周义正词严地质问敌人:"我是工人阶级的一员,我是为广大员工谋福利的,何罪之有?"垂死的国民党反动派蛮不讲理,迫不及待地在当天下午6时就下毒手杀害了钟泉周和王元、顾伯康三位烈士。

当三烈士壮烈牺牲的噩耗通过报纸和电波传出后,全国各地的唁电和慰问信纷至沓来,同时齐声声讨蒋介石反动派无辜杀害三烈士的滔天罪行。3月9日,上海六大公用事业公司工人在斜桥殡仪馆举行了隆重瞻仰悼念活动,三烈士的战友和广大工人群众向遗体告别,纷纷流下了悲痛的眼泪。

上海解放后,在钟泉周、王元、顾伯康三烈士殉难一周年时,上海市为公交三烈士举行了盛大的追悼会。敬爱的无产阶级革命家陈毅同志亲自题词:"为中国人民事业而牺牲,永远为人民所纪念!"对三位烈士在黎明前的黑暗日子里领导工人与国民党反动派进行英勇不屈的斗争给予了很高的评价。

钟泉周烈士以自己的行动实践了自己的理想,不愧是一位"永久的青年"。钟泉周的一生,是为大众服务的一生,是永远年轻的一生。

(本文根据何东昌、曹淼、胡馥英的纪念文章改写)

吴国珩

（1921—1949）

凌桂凤

觉　　醒

　　吴国珩，又名吴汉平、吴开寿，男，祖籍江苏江都，1921 年 7 月
12 日出生在扬州。他排行第三，有两个哥哥和一个妹妹。生母早
逝。父亲吴正南，曾任国民党中央组织部组织科长等职，1949 年
全国解放前夕到台湾。

　　吴国珩性格沉静，自幼勤奋好学，功课很好，很爱看书，尤其喜
爱文学。1937 年冬，日寇侵占扬州后，吴国珩与兄妹及姑表兄弟失
学在家，几个人常在一起暗地收听广播，分析敌伪报纸，研究形势，
揭露日寇侵华罪行，从而打下了爱国抗日的思想基础。

　　1938 年夏，吴国珩经上海到贵阳，寄居堂姐吴镜英家，就读于
贵阳市马鞍山国立中央大学实验中学，1941 年秋考入西南联大经
济系学习，入学后住在昆华中学联大新生宿舍第 18 号寝室。这时
正值皖南事变后昆明学生民主运动处于低潮。面对国难深重，社
会黑暗，国民党政府腐败无能，吴国珩十分苦恼，对国民党当局不

满,感到失望,因而常常沉默寡言,有时竟暗自流泪,陷入了悲观厌世的境地。这时同寝室的中共地下党员马千禾(现名马识途)、齐亮对他进行了很大的帮助。他们发现:这个脸盘红润,常穿一件新阴丹士林布长衫,特别讲究卫生和整洁的、出身于富裕家庭有教养的年青人,不爱讲话,有时埋头看书,有时独自呆想。他究竟在想什么呢?于是他们主动接近吴国珩,和他一起上课,一起复习,或一起到附近的文林街、龙翔街一带去喝茶,找个僻静的角落,或各自看书写东西,或互相切磋,或天南海北地聊天。吴国珩最初还是很少说话,却津津有味地听马千禾、齐亮他们讲一些社会生活和见闻,他仿佛从来未听说过世界上还有如此光怪陆离的事情。慢慢地他们熟悉起来了,他变得不那么沉默寡言了,还常主动请马千禾、齐亮他们一起去喝茶,由于当时他经济比较富裕,在喝茶时常买些瓜子、花生或烧饼请客。他们都爱好文学,也常交换阅读各自带到昆明的书,吴国珩带的书最多,他们还交换阅读各自的习作。从此他们成了好朋友,马千禾和齐亮常讲一些上海、南京的学生运动,讲大革命时期,武汉工人的革命斗争,讲贺龙领导的红二方面军的故事,这些对吴国珩有着深刻的影响,使他的思想转向进步,精神也振作起来。以后他积极参加了马千禾、齐亮他们组织的读书会,学习政治经济学、社会发展简史和《大众哲学》等进步书刊,还秘密传阅毛泽东的《新民主主义论》《论持久战》等著作,同时还和王士菁一起成立了以学习鲁迅著作为主要内容的读书小组。他还参加了进步社团"微波诗社"等,并积极投身于学生的爱国进步活动。

学生运动中成长

1941 年 12 月 8 日,日本空军偷袭美国海军基地珍珠港,接着香港等地沦陷,人们纷纷撤离香港。国民党行政院长孔祥熙的家属凭借孔祥熙的权势,抢占疏散人员用的专机来运洋狗、马桶等私人物品到重庆,致使许多著名学者、教授如郭沫若、茅盾、陈寅恪等身陷香港,处境十分艰难。重庆《大公报》揭露这一消息后,昆明《朝报》转载,立即在西南联大校园内激起很大反响,群情激愤。1942年1月6日,西南联大、云南大学、中法大学等校的学生发起,举行了有大中专学生和市民数千人参加的"倒孔"示威游行。吴国珩积极参加这次示威游行。回校后他特别兴奋,马上动手编写壁报,与马千禾、齐亮一起连夜编出了一张以《四十年代》为名的壁报,并把这次游行示威命名为"一·六"运动。这次游行示威是在皖南事变后全国政治运动处于低潮时昆明出现的第一个群众斗争局面。但因处于当时的形势下,"一·六"运动未能持续下去,以发通电声讨孔祥熙而结束。马千禾等一些在"倒孔"运动后被国民党反动当局注意的同学到乡下去教书暂避一时。这时满怀激情参加"倒孔"运动的吴国珩感到很大失望,他向齐亮提出,不想在这个死气沉沉的联大待下去了,他也要下乡。于是他就休学到昆明郊区宜良县狗街中学教书。他开始探求改造社会的真理和人生的正确道路。

1942年暑假,马千禾等到狗街中学同吴国珩住了一段时间,他们几个人在一起谈时局、论创作、道人生。他在狗街中学教书期间了解到民众的生活情况、社会状况,使他受到很大启发,他的觉悟迅速提高,他看到了中国的前途,他努力振作起来,投身于改造社会的斗争,开始树立革命的人生观。同时,他决心继续留在狗街中学任教。

1943年9月,吴国珩回联大复学,转到历史系学习。他积极参加党领导的学生进步社团"冬青文艺社",办《冬青》壁报,还参加文艺刊物《新地文丛》,他负责写稿、编辑、出版发行等工作。并积极参加其他学生进步活动。吴国珩的父亲知道他在昆明参加学生民主运动后,便停止了对他的经济供给,企图以经济手段迫使他放

1945年11月25日，六千余名师生和群众在西南联大草坪上举行反内战时事晚会

弃进步活动。经济来源的断绝，对吴国珩是个沉重的打击，这就意味着维持生活和学习费用都将十分困难。但家庭的经济制裁，并不能动摇吴国珩参加革命斗争的意志，他毅然和家庭脱离关系，一边到培文中学任教，一边在联大读书，继续探求救国救民的道路。

1945年12月，昆明爆发了震惊中外的"一二·一"惨案，吴国珩担任联大罢课委员会宣传股负责人，他积极组织宣传、写文章揭露国民党反动当局屠杀学生的罪行。他在工作中善于联系群众，团结群众，及时解决斗争中出现的问题，并按党的意图经常与费孝通、张奚若、闻一多、吴晗等教授联系，做好教授的工作。通过"一二·一"运动的锻炼，吴国珩的思想有了新的飞跃，进一步提高了他的思想认识，激发了他决心救国救民的意志，他以高昂的激情投身革命事业。1946年5月经齐亮介绍加入中国共产党。

1946年7月，国民党政府为了把云南建成适应内战的基地，便极力镇压昆明的爱国民主运动。当西南联大最后一批复员北上的师生离开昆明之际，国民党特务先后暗杀了著名爱国民主斗士李公朴和闻一多先生,激起民众义愤,纷纷抗议国民党反动政府的暴行。在白色恐怖十分严重的情况下,吴国珩悲愤地参加了闻一多先生的治丧工作,他和高彤生一起布置灵堂,并写了一副挽联,揭露国民党反动当局的卑劣行径。

传播革命火种

吴国珩入党后,更加积极地投身到革命斗争中去。1946年秋,吴国珩离开联大到昆明求实中学任教,并以教员身份为掩护秘密从事党的地下工作,担任联络员。1947年9月,昆明市学联发起"助学运动",吴国珩和求实中学的地下党员一起,组织全校师生开展劝募活动,揭露国民党反动当局统治的黑暗和腐败。运动后期,国民党反动当局逮捕了一些进步师生,助学运动遂转入"人权保障运动",进行援救被捕师生、保障人权的斗争。在斗争中吴国珩被国民党特务列入黑名单。为了安全,党组织及时把他转移到昆明市郊金江中学任教。

吴国珩在金江中学化名为吴汉平,讲授高中国文课,并担任班主任,后任校务委员。他学识渊博,治学严谨,讲课深入浅出,很受学生的欢迎。他在教学中常借题发挥,评论时局,向学生宣传革命思想。他常和学生个别交谈,组织学生办壁报和课外阅读进步书籍等,对培养造就革命人才做了大量的工作。1948年"七一五"反美扶日学生运动中,金江中学大多数教师和学生都积极投入斗争,并参加守卫云南大学会泽院的斗争,表现很好。7月18日,国民党反动政府下令停办金江中学,并派军警查封学校,强迫教职工限期离校。9月以后,吴国珩化名吴开寿转移到滇南建水县建民中学任教。约1948年底或1949年初即奉调个旧县,在县委领导下工作,参加武装斗争。

领导武装斗争

1949年3月，个旧县云南锡矿厂警卫队起义后，当部队处于危急时刻，吴国珩（化名吴开寿）受中共滇南工委派遣，到锡矿厂警卫队担任特别支部书记，领导部队进行斗争。

个旧县云南锡业公司有两个厂（老厂和新厂）的两支警卫队，经过我地下党做工作，领导权已为我们所掌握。1949年春，"民革武装"万保邦拉他们参加"滇南人民自卫军纵队"（简称"民卫军"）。警卫队在受到国民党的注意和监视的情况下，队长胡廷周（中共党员）、马国光（"军盟成员"）于2月23日仓促举行反蒋武装起义，把部队开赴蒙自芷村镇庄寨与万保邦部汇合，名义上万保邦授给这支武装"警卫团"的番号，但在组织上、经济上和行动上仍保持独立。中共滇南工委和个旧县委派戴继光、向群两名党员到警卫队工作，以加强党的领导。警卫队起义后，与"民革武装"万保邦部在屏边大深沟伏击国民党26军193师578团的半个营，全歼了敌人。1949年2月28日，万保邦"民卫军"攻打蒙自县城失败后，退回庄寨。警卫队连夜撤往阿姆黑，后又撤到六斗。警卫队因打着"警卫团"的番号，成了敌军追击的大目标。在这紧急关头，中共滇南工委和个旧县委决定，派吴国珩到这支武装部队任中共特支书记，以加强党对这支部队的全面领导。吴自珩受命于这危险时刻，为了人民革命事业，他毫不迟疑，毅然决然地挑起这一重担。3月初他和"民青"成员王志昌、林任昌在蒙屏地下党负责人孔永清的护送下，到六斗找到警卫队后，立即遵照中共滇南工委的决定，组建中共特别支部，由吴国珩任支部书记，戴继光、向群、胡周廷任支部委员。吴国珩主持召开了第一次特支会议，对起义部队当时的处境及今后的行动进行了研究，会议决定采取五条措施：（一）部队以一个团的架子行动，胡周廷任团长，马国光任副团长，吴国珩在团部掌握全面，戴继先和向群及两位"民先"成员分到营连掌握部队;(二)派两个同志到文山一带找"边纵"部队联系;(三)发展党的组织,做好万保邦部队的统战工作;(四)抓好部队的政治工作和军事训练;(五)丢掉过多的辎重,轻装前进,将饷银分到营连排。

此后,部队在屏边、金平一带活动。吴国珩派胡周廷出面做万保邦"民卫军"工作,促使"民卫军"拒绝国民党的诱降。并在老街子与六斗之间的险要地带石门关附近伏击国民党 26 军的一个侦察排,歼敌 20 多人,俘虏 3 人,缴获枪支 20 余支。

3 月 29 日,部队转移进驻金平县马鞍底镇休整,进行军政训练,并做发动群众的工作。这时,吴国珩既忙于部队的整训,又要组织干部战士做群众工作,向群众宣传反对国民党政府的"三征"(征粮、征兵、征税),号召各民族团结起来,打倒蒋介石,建立新政权。部队在马鞍底期间,严格执行三大纪律八项注意,纪律严明,爱护群众,深受各族人民的拥护。

同年 4 月 3 日,国民党"剿共"副总指挥贺光荣率部进占猛坪,妄图配合 26 军夹击起义部队。特支决定主动出击,击溃了贺部。鉴于马鞍底不利于部队活动,且屏边已有地下党建立的根据地,群众基础较好,地区广阔便于迂回,也便于与蒙自、个旧党组织的联系。因此特支决定,把部队拉到屏边活动。4 月 5 日,团部派向群率一个连赶往卡房抢占红河渡口,当向群所领部队行至小奢兰时,即发现大批敌军顺山梁向马鞍底方向推进,估计卡房渡口已被敌军占领,随即率连队撤回马鞍底。特支又及时开会研究,决定另找其他渡口过红河,并确定与 6 日凌晨 4 点撤离马鞍底。不料 5 日夜 12 时许,突然枪声四起,在伸手不见五指的雨天深夜,受到敌军的包围袭击,特支立即组织部队突围,在敌强我弱、敌众我寡的情况下,部队分散突围,在突围中吴国珩、戴继先、胡周廷、马国光等 10 余人不幸光荣牺牲。

1986 年 12 月,云南红河哈尼族瑶族自治州人民政府确认吴开寿(吴国珩)等 17 名同志为革命烈士。

吴国珩同志牺牲时年仅 28 岁,他的一生虽然短暂,但却是追求真理,投身革命,为共产主义事业奋斗的一生。烈士的光辉事迹,将永远铭记在人民心中。

参 考 文 献

1. 中共云南个旧市委党史征研室:《吴国珩烈士传略》(征求意见稿)。

2. 云南师范大学党史办万福麟:《吴国珩烈士小传》。

3. 中共云南省委党史征集委办资料室:《吴国珩同志到滇南工作和牺牲前后情况》。

4. 云南省红河哈尼族瑶族自治州人民政府:《关于追认吴开寿等十七名同志为革命烈士给个旧市人民政府的批复》。

5. 四川省文学艺术界联合会马识途(马千禾)、吴国珩之兄吴国仁、北京鲁迅博物馆王士菁、扬州市人大常委会朱懋伟等同志所写的回忆文章和资料。

江文焕

（1919—1949）

欧阳军喜

"到了醒醒的时候了！"

江文焕，又名江涵，1919年12月25日出生于浙江衢县双桥乡黄蒙村。少年时先后就读于衢县鹿鸣小学、八中附小，小学毕业后因家贫而辍学，参加农活。后经他一再要求，全家节衣缩食，送他上了省立衢州中学就读。少年时代的江文焕，目睹了广大贫苦农民的悲惨生活，对国民党黑暗腐败的统治，无比憎恨。幼小的心中，已埋下革命的火种。

上中学后，江文焕开始发奋读书。由于他成绩优秀，思想活跃，被选为学生会干事。1941年秋，江文焕已是高中三年级的学生，他与几个学生会骨干一起，发动并领导了衢中同学反对教导主任、特务杨筠青的斗争，因此被学校当局开除。

1942年5月，日寇为打通浙赣线，举兵南下，衢县处在危急之中，江文焕为求学救国，邀集程正迦等8位同学，颠沛跋涉数千里，于1943年暑假抵达重庆。他考上了昆明西南联大外语系。由于筹措重庆至昆明的路费,沿途又几经周折,到校时已逾期数天,学校当局不予注册。经再三要求,校方只允许他旁听半年,下学期他便离校到彝族地区当教员。1944年暑假后返回西南联大复学,正式开始大学的学习生活。

1944年正是西南联大民主运动高涨的时候,校内的民主气氛十分活跃。江文焕积极投身到学生运动中去。他积极为当时在校内拥有众多读者的《剪贴报》提供资料。他把从《新华日报》《世界日报》上看到的文章编辑到《剪贴报》中,极大地鼓舞了校内的进步力量。1945年12月1日,昆明发生了震惊中外的"一二·一"惨案,江文焕站到反对国民党暴行的前列。并参加了四烈士出殡游行等活动。不久,爱国进步人士李公朴、闻一多又先后遇害。事实教育了江文焕,他观察、思考,思想渐趋成熟。他开始认识到:"这独裁的政府,真是非打倒不行!"

抗日战争胜利后,他是多么希望建立一个民主富强的新中国啊。然而国民党政府的反动腐败又使他倍感失望。他在给友人的信中感慨地说:"然而,民主,民主,你这位贵宾究竟何时才能履临我们这个到处都是充满愚弱贫的中国呢?"对国民党政府的加紧准备内战,江文焕忧虑地说:"外患才停,又要挑起内争,硬是想依靠刀枪以实行统一中国的痴梦,的确是应该到了醒醒的时候了。"

1946年5月,西南联大结束,原三校复员北迁,江文焕随校到北京大学读书。到北京后,他参加了1946年12月的反美抗暴运动和1947年5月20日的反饥饿反内战游行。他还担任了北大《罢课委员会通讯》的编辑。他不畏强暴,以犀利的文笔撰稿揭露国民党的倒行逆施。他在给友人的信中写道:"这星期来,幸亏由于反内战反饥饿罢课,给拉去编罢课通讯,另外由于另一友人上周'走'了(编者注:"走"即指去解放区),剪贴壁报的担子落在我一个人头上。在这罢课期间,有时一天要出三次之多。……昨天大游行,有9大学4中学参加,有一万多人,行列达二三里。我也跟队伍走了半个北平。当时心热忘倦，回来才发现腿却酸痛，脚上起泡。"经过反饥饿、反内战斗争，江文焕政治上逐步成熟。他认识到，国民党"军事上到处吃瘪，经济上就要崩溃，而在社会上还要自己给自己制造纷乱和恐怖，愚蠢无能暴戾无知真是到了无以复加的程度。这种政府迟早是会垮的，一定的。"

"行动上也来一个革命"

1947年暑假后，江文焕离开了北大，他决心要到解放区参加革命。他在给程正迦的信中写道："我对于社会主义的信念很强，也明白我俩的将来的生活、事业前途之发展，以及子女和子孙后代的养育和幸福，只有在那个理想、那个制度下，才能有扶助，有保障，有成就可能。""我除了思想上的改变之外，将来我想如有机会，在行动上也来一个革命。明白地说，就是有机会就到小舅舅那里去，到那个光明的地方去。"但不久，江文焕患了肺病，未能去成，于是便回到了家乡。

1947年9月，江文焕的妻子程正迦去江山县中教书，他也随妻子去江山养病。经江山县中教员林维雁介绍，江文焕结识了中共闽浙赣区党委城工部党员高展。经高展启发教育，他认

江文焕与妻子程正迦和儿子在江山公园的合影

识到去解放区是革命,留在国统区开辟第二条战线也是革命,于是便接受地下党交给的任务,留在江山这个"三毛一戴"的老家从事地下斗争。同年11月,江文焕、林维雁、程正迦三人经高展介绍,加入了中国共产党,不久成立了江山县中党支部。江文焕任书记。江文焕开始了党的地下工作。

在江山县中,江文焕应聘为高中英语教员。他利用合法身份,结合课文,向学生传播革命思想,激发学生的正义感和爱国心,揭露国民党反动派的黑暗统治。他曾提前选教了英文教材中的林肯《解放黑奴宣言》和《被打的校长》等课文,启发学生要敢于坚持真理,争取自由、民主,反抗强暴。校长郑中奎责问他:"为什么要教这样的课文?"他理直气壮地反问:"这不都是课本上有的吗?课本不都是国民党政府编印的吗?"郑又强词夺理地说:"那你为什么不按顺序教?"他笑笑说:"这是当教员的权利。"郑无话可说,只好罢休。

为了发展壮大地下党组织,江文焕在教师和学生中做了许多深入细致的宣传教育工作。他一发现有要求进步的教员、学生,就有计划地介绍他们阅读《展望》《观察》等进步刊物和高尔基的《母亲》、鲁迅的《狂人日记》等文艺作品,进而又引导他们阅读毛泽东的《论联合政府》、艾思奇的《大众哲学》,给他们讲解社会发展史和党的基本知识。在江山县中,他发展了两名教师和4名学生入党。在学生中建立了党小组,又组织了党的外围组织——读书会,向学生进行革命思想教育,扩大革命力量。

除了发展党员壮大组织,江文焕还谨慎而又大胆地开展了统战工作。他通过周密细致的工作,争取到了原江山县律师公会主席何炯、江山县参议会副议长何汉章同情革命。在江文焕的启发教育下,何炯、何汉章为革命做了一些有益的工作,掩护过来往江山的地下党干部。何炯后来还加入了共产党。

1948年10月,党组织为了开辟衢州地区的地下党工作,以配合解放大军渡江南下,把江文焕从江山派回衢县。江文焕便回到衢县继续开展地下斗争。

"我们能在这一带开辟武装活动"

江文焕到衢县后,立即利用家乡人地两熟的有利条件,在同乡、同学、亲友中积极发动,组织进步师生和群众,宣传革命思想,秘密进行党的发展工作。不久,在衢州中学、衢州师范、衢县县中和雨农中学以及龙游县的龙游中学等校发展了多名共产党员,并通过关系选派几名地下党员打入了伪县、镇政府机关进行秘密工作,了解敌人情况,传递情报。

1948年10月,中共衢州中心支部成立,江文焕被选为书记。当时根据上级的部署,衡州中心支部不仅领导衢县城市党的工作,同时也领导了江山县、龙游县、遂昌县、开化县和常山县城工部党的工作。作为主要领导人的江文焕,勇敢地挑起了斗争的重任,昼夜忘我地进行工作。他以非凡的政治工作才能,坚定的革命斗志,忘我的奋斗精神,出色地进出了宣传组织工作,达到了团结教育人民、瓦解敌人的目的,使革命斗争形势不断向深入发展。当时中心支部设了两个秘密印刷点,江文焕亲自掌握一个印刷点,组织人员大量翻印毛泽东同志著作和党中央文件,如《论联合政府》《目前形势和我们的任务》等,并通过秘密渠道,传送到所属各县,组织党内学习,并且还印刷散发了《中国土地法大纲》和《告蒋军官兵书》等传单,极大地鼓舞了城乡人民群众,震惊了国民党军政人员。

1948年年底,全国解放战争形势迅猛发展,敌我力量对比发生根本性变化。为了配合解放大军南下,中共闽浙赣区党委发出了关于《闽浙赣人民斗争的特点与闽浙赣人民游击战争的指示》。为了贯彻指示精神,江文焕决定在衢州地区开展武装斗争。他经常强调说:"闽浙边区形势非常重要,我们能在这一带开辟武装游击活动,就能大力牵制敌人的有生力量,配合解放大军加速全国革命胜利的到来。"在衢州中心支部成立的第一次会议上,支部专门研究了武装斗争的问题,提出了夺取雨农中学枪支,策反大头乡地主武装和组织游击队的计划。江文焕还向支委会报告。经他动员,党员王祖康愿意拿出200石稻谷供游击队食用。会后,支部组织党员分头进行工作。

1948年冬,在上级党组织领导人高展参加下,衢州中心支部再次开会研究武装斗争,决定在闽浙边区建立浦(城)、江(山)、衢(县)游击队,发动抗粮抗丁武装斗争,建立游击根据地。当时江文焕虽然肺病未愈,但他毅然主动承担衢县游击大队的组建工作。他说:"我的家乡是在九华山下,山上有很多的纸槽工人,把他们组织起来,是一支不小的力量。"会后,江文焕积极进行准备工作。1949年1月23日上午,支委会开会部署了之后的工作,下午江文焕与林维雁带着党的文件、宣传品准备乘船到樟树潭,转赴九华山,不幸,在西安门船埠头航船上,两人一起被国民党衢州绥靖公署特务逮捕。

"牺牲生命算不了什么"

国民党绥靖公署逮捕了江文焕后,连夜进行审讯,动用了老虎凳、"山上吊"、灌辣椒水等酷刑,要他供出衢州党组织成员和上级领导人名单,均遭坚决拒绝。他因患肺病,身体本来就非常虚弱,每次受刑后被拖回牢房,都已奄奄一息,但他始终安详、沉着,志坚如钢,这种宁死不屈的精神,极大地鼓舞了狱中的难友。

江文焕在狱中非常关心难友们的安危,不断鼓励他们坚持斗争,争取出狱。有一次,他与一个英士大学学生在受刑后被拖回牢房,两人互相揩拭身上的血污。这种相濡以沫的行动,沟通了彼此的感情。他鼓励这个大学生说:"你没有什么证据落在敌人手中,只要你坚决不承认,他们对你也没有办法,最后也可能释放。不过你得坚持下去。"这个大学生也劝慰他说:"现在全国和谈空气正浓,你也有可能出去。"江文焕平静地微笑着说:"像我这样的人,这种可能性,几乎是不存在的。"后来江文焕被押到绥靖公署军法处监狱,同狱中有6位英士大学学生常大唱进步歌曲。放风时,江文焕便主动接近他们,关切地问:"你们不怕再吃生活(指用刑)吗?"一个大学生答道:"就是那么一套,见过了。"江文焕对他们的革命激情深表赞许,又语重心长地说:"斗争是残酷的,我们要注意斗争方法啊!"他们听后深受启发。

江文焕在狱中曾托人带给妻子一张小字条,"不要为我而病倒,要把孩子带好。"寥寥几个字,寄托了他对革命事业的忠诚和对妻儿难以言喻的爱。他虽身陷囹圄,仍念念不忘消灭国民党反动派。他对难友说:"牺牲生命算不了什么,只是一个事业刚刚开始(指组织游击武装),不能继续干下去,未免遗憾。"又说:"反动派要垮了。他们恐怕要逃掉,我们在仙霞岭埋伏一支游击队就好了,可以消灭很多的敌人。"

敌人各种软硬兼施的手段用在铁骨铮铮的江文焕身上,一切宣告无效,最后国民党京沪杭警备总司令汤恩伯亲自签署了"秘密处决"江文焕等地下党员的命令。1949年4月中旬,江文焕同志被国民党特务活埋于衢州东门郊外,年仅30岁。

参 考 文 献

1. 何表泉:《壮志未酬,浩气长存——记江文焕烈士》。

2. 《江文焕给程正迦的信四则》。

3. 程正迦:《读遗书,忆亲人》。

黄竞武

（1903—1949）

唐纪明

求学为救国

黄竞武，字敬武，1903 年（清光绪二十年）6 月 10 日出生于江苏省川沙县（今为上海市川沙县）城厢镇。兄妹 12 人，竞武排行第二。其父黄炎培，是中国近现代的爱国教育家和政治活动家，斯时正在家乡主持川沙小学堂，宣传爱国反清思想。其母王纠思，知书识礼，教子有方。家风融洽、严谨而俭朴，使竞武受到潜移默化的影响。他"幼承庭训，鲠直有文风，读书能识大义"，未上学前，就读了不少经史典籍，并写得一手好字。上小学后，更是成绩优异，才华出众，颇得师友亲朋的奖掖。1916 年小学卒业，以优秀的成绩考入北京清华学校（游美预备学校）中等科，4 年后又升入高等科。新知识的洗礼，"五四"反帝爱国运动斗争的启迪，不断激励着他，加之父亲的影响，使他逐渐树立起了救国救民的志向。1924 年，22 岁的黄竞武，在清华游美预备学校 8 年卒业之后，被派赴美国留学，先就读于安抵克（Antioch）大学，获文科学士学位，后继续深造于哥伦比亚（Columbia）大学，研读经济学，同时在福特汽车厂任职。1929年，黄竞武学成毕业，获硕士学位。此时他面临着决定自己前途和命运的选择。是归国报效国家，还是留美赚取高薪，抑或继续攻读学位？他放眼国内，蒋介石国民党新军阀之间争权夺利的内战，连年不已，国无宁日，老百姓横遭涂炭，挣扎于饥饿线上，更无民主权利可言。科技文化界人士也备受牵连，整日东躲西藏，提心吊胆，根本谈不上施展才华，为国服务。甚至连其父黄炎培也因倾力兴办教育，竟被当局以"学阀"罪名悬赏通缉，而不得不避居大连。反观美国，经济发达，社会安定，生活舒适，正好做一番事业。何去何从呢？他思来想去，萦回数日，终于下定了决心。他没有忘记父亲的嘱咐，更没有忘记赴美时的决心。自己的祖国是中国，贫穷落后的中国需要新一代的青年用学到的新知识、新文化去改变她。黄竞武立即订购了回程的船票，踏上了归国的旅途。

不 惧 横 逆

1929年秋，黄竞武回到上海，担任上海盐务稽核所会计。1931年，他被任命为蚌埠稽核所所长。走马上任后，他以青年人特有的锐气，制定规章，下达措施，竭力革除耳闻目睹的盐务弊政，实现他变革社会的抱负。但是，弊政陋习是如此的根深蒂固，积重难返，官僚们的贪赃枉法，使他顿遭横逆。虽然他廉尚自守，但因拒与奸商合污舞弊，竟然触犯了上司，受到停职处分。后被调到僻处海隅、社会秩序十分混乱的江苏青口任稽核所所长。这一变故，看似很小，但对步入社会时间不长的黄竞武来说，却是一个沉重的打击。可贵的是，他并未因此而改变变革社会、造福大众的坚定意志和刚正不阿的鲜明性格。在环境险峻的青口，他处险如夷，以诚待人，全力整顿盐务，革除弊政，很快就使原本乡里不靖的青口，风气一变,终以其出色的工作业绩,站稳了脚跟,初露了他工作中敢于负责的魄力和才能。

1937年,卢沟桥的炮声展开了日本帝国主义全面侵华的战争。继华北失陷后,东南地区也很快陷入敌手。黄竞武被迫中断了他在青口的工作,随西撤的人流退到湖南,任沅陵稽核所所长。不久又入川,改任重庆中央银行稽核专员,开始了随他父亲黄炎培投身民主革命运动的战斗历程。

见义勇为

重庆,作为战时的陪都,云集各方人物,一时成了战时中国的中心。国共合作抗战的局面一度给人们带来了一线团结民主的希望。但是,国民党的反共政策,很快又把人们怀有的这一希望冲得支离破碎。国民党官员的腐败无能和军宪特务横行的苛政,驱散了所谓抗战、民主的气氛。人们失望了,黄竞武失望了。他开始学习和研究人民革命的理论,积极参加大后方的抗日民主运动。1941年黄炎培、张澜、梁漱溟等人发起成立了中国民主政团同盟(后改称中国民主同盟)。他毫不犹豫地参加了这一进步组织,并出任总部组织委员会委员、国外关系委员会委员,为发展民盟组织,联络海外人士而不辞辛劳,积极工作。他还一度担任周恩来与美国人士会谈时的翻译。他作为民盟中的中青年骨干而受到同志们的尊敬,又以嫉恶如仇、敢于同国民党特务当面斗争而得到民众的赞誉。下面我们不妨举出一二事例,以可窥见一斑。

1939年秋的某日,在重庆的一辆公共汽车上,有一特务不但拒绝买票,而且毒殴售票员。全车乘客,无不义愤。闻讯赶来调解的警察与特务严重对峙起来,双方顿时剑拔弩张,鸣枪逞凶。车上车下的群众惊愕不已,安全不能自保。此时黄竞武不顾自身安危,挺身而出排解，是非分明地批评了特务们恃强凌弱、欺侮百姓的卑劣行径。众怒难犯，特务们终于气馁了，一场可能酿成流血的风波平息了下来。黄竞武与特务作斗争的事迹，一时传为美谈。

他这种敢作敢为、刚正不阿的精神，早在抗战前在上海工作时，就受到了人们的称赞。某日，他到法租界办事。路途上猛抬头，瞥见一法国巡捕正将一个瘦弱的黄包车夫按在地上抽打，他便立刻冲上前去责问。那巡捕没想到这个中国人竟敢前来对他责问，马上双眼一瞪，恶狠狠地说是车夫违章。黄竞武立即理直气壮地说："就算他违章，也不应该打。"这一下可大大地激怒了这位骄横的巡捕。他一把揪住黄竞武，往捕房方向拉去。这时，已被黄的见义勇为的精神感动了的围观群众，立即蜂拥而上，团团围住巡捕，并大声怒斥其粗鲁行为。那巡捕早已气泄力尽，休想往前挪动一步，只得无可奈何地松开了手，悻悻而去。

在黄竞武的一生中，这类见义勇为、刚正不阿的事例何止一二。正是这种可贵的性格，使他能坚定地站在人民一边，并最终走上了从事推翻国民党反动政府的光辉道路。

助父力守晚节

1945年，中国人民取得了抗日战争的伟大胜利。12月初，黄竞武与沈志远一起回到上海，筹组民盟上海市组织，并加入了成立不久的民主建国会。作为革命工作的掩护，他担任了中央银行的稽核专员。民盟上海市支部筹备委员会组成，黄竞武被选为筹备委员，并与沈志远同为筹备委员会召集人。8月，民盟上海市支部临时工作委员会正式成立，黄竞武被选为执行委员，参与领导上海盟员反内战、争民主的斗争。

1946年10月11日，国民党军队侵占了晋察冀解放区的首府张家口。蒋介石被这"胜利"冲昏了头脑，于当天下午公然违背政协决议,下令单独召开"国民大会",企图以民主的外衣将其独裁、内战和卖国合法化。国民党一手操办的"国民大会",为了装点门面,欺骗中外舆论,实行假民主,就竭力拉拢国、共以外的第三方面人士和各民主党派参加"国民大会",以孤立和打击共产党和人民的力量。当时各民主党派和民主人士,都面临着一个是否坚决站在人民革命一边、坚守革命气节的问题。作为中国民主同盟和中国民主建国会的主要负责人之一的黄炎培先生,是第三方面人士中社会政治影响较大的知名人士,也是国民党分化、利诱、拉拢的重点对象。国民党一方面派出张群、潘公展、陶希圣、杜月笙和钱新之等人前去劝说和敦促黄先生参加"国大",并许以教育部长的高职位,诱其入阁;另一方面制造谣言,谎称黄已同意以私人名义参加"国大"。一时流言蜚语,甚嚣尘上。此时深明大义而又洞察时局的黄竞武,唯恐其父迫于情面而堕入圈套,连夜赶往雁荡路80号职教社三楼任老(即黄炎培)寓所,力劝其父保持晚节,切勿上当受骗,以免贻误大局。经过竞武的劝说,其父与伪国大泾渭分明,划清了界线,更加坚定了革命意志。第二天,黄炎培偕其夫人姚维钧立即离开了职教社,避居亲戚家里,国民党的许多要人扑了个空,其阴谋未能得逞。

地 下 斗 争

1947年,随着国民党军队在战场上的节节败退和国统区民主运动的不断兴起,国民党政府对在眼皮底下活动的民主党派恨之入骨,竟蓄意罗织罪名,诬陷"民主同盟及其化身民主建国会等组织已为中共控制,其行动亦均系循中共意旨而行"。10月27日,又悍然宣布民盟为"非法团体"而横加取缔。国民党的这些高压政策,使民主同盟和民建等组织不得不转入地下。黄竞武激愤不已,常对同志们说:"国民党反动派严禁民主党派活动,目的是想分化、镇压民主力量,孤立中共,这是万万办不到的。"

1948 年秋,上海白色恐怖日益严重。11 月 5 日,黄竞武参加了民盟上海市组织转入地下的工作。11 月 15 日下午,在红棉酒家三楼举行的民建会常务理事会上,决定授权黄炎培、胡厥文和盛丕华三人全权处理总会及上海分会一切会务。为了具体开展会务活动,从事地下斗争,特指定黄竞武等 15 人为临时干事,组成临时干事会。黄竞武为常务干事之一,主要负责组织工作。他临危受命,在极端险恶的环境中,将外滩中央银行 404 室办公处所作为秘密活动据点,又另觅建国中路 158 号作为联络机关。他每晚易地开会,不辞辛劳与艰险,积极参与领导民盟和民建的工作,掩护上海中共地下人士以及争取上海工商界支持反蒋斗争。许多在上海遭到国民党特务追捕的共产党人,在他的直接掩护和巧妙隐蔽下,脱离了险境。

1949 年春,为了迎接解放军渡江,配合中共地下党的工作,黄竞武千方百计地收集和整理国民党政府"四行两局"(即中央银行、中国银行、交通银行、农民银行,与中央信托局、邮政储金汇业局)的情况及有关金融情报。他常跟同志们说:"我们要做配合工作,打击那些官僚资本。我们要保存国家财产,不能让他们暗地转移。如果上海解放,却是一座空城,我们拿什么去养活 600 万人口?我们要团结工商界朋友,将他们组织起来,准备为新中国服务。"他父亲的一些老朋友和相识的科技人员,在他苦口婆心地宣传、解释和劝说下,终于留了下来。

1949 年 4 月,国民党的统治处于土崩瓦解的境地,对民主力量仇恨百倍,更加残酷镇压。看着一个个同志被捕残杀,黄竞武愈加盼望着人民革命战争的胜利和上海的解放早日到来。他身处险境,从容镇定,嘱咐同志们"将民建会的组织名册和重要文件,转移到安全的地方妥为保存",而他自己则坚持在原来的工作岗位上。这时,黄炎培先生在中共地下党的帮助下,已从上海绕道香港进入解放区,参加了新政协的筹备工作。中共地下组织和民建临时干事会的一些同志考虑到竞武是黄炎培先生的次子,目标太大,曾多次恳切地劝他离沪暂避,并替他联系了苏州、川沙两处安全避居处所。黄竞武却坚决不接受这个建议,说:"不能因为个人的安危而使工作陷于停顿。越是紧要关头,越要坚守岗位。"他忠实地律守了自己的诺言,在上海临解放时作出了自己独特的贡献。1949年1月21日蒋介石宣布辞去总统职务,引退溪口以后,曾指使俞鸿钧、刘攻芸把国民党政府中央银行库存的黄金、白银、美钞、英镑、港币等偷运到台湾去。偷运的办法是趁黑夜戒严时间,从中央银行顶楼的天桥,运到旧中国银行顶楼,再由中国银行后门运到海关,装上专船,派兵押送。这消息由国民党军政部主任偷告尚丁同志。当竞武从尚丁同志处得知这一消息后,说:"假使国库的一些财宝都搬完了,将来我们的接收是个空壳子有什么用?"旋即利用自己任旧中央银行稽核的职务作掩护,暗地发动民主党派利用社会舆论加以制止。以后,伪立法院、监察院就黄金偷运事提出质问、弹劾,上海工商界也要求制止,一时间,对国民党政府形成了强大的政治压力,使它的偷运计划未能全部实现。

1949年2月,黄竞武和吴藻溪一起,与中共上海局策反工作委员会委员李正文取得联系,成了策反工委的一位党外工作人员,积极开展了对国民党军队的策反工作。5月,中国人民解放军对上海形成了包围之势。黄竞武认为:"谋所以速上海解放者,莫瓦解汤恩伯匪军若。"他利用同学和朋友关系,不仅使"税警团同意在条件许可时即弃暗投明",而且辗转地与汤部某军要人取得了联系,谈判"虚江湾闸北一线,俾我军入沪"。经过反复商谈,正当军约垂定的时刻,5月12日上午9时,黄竞武踏进中央银行办公室的时候,不幸被预伏在里面的保密局特务逮捕,身陷囹圄。

忠　魂　永　在

　　黄竞武被捕后，立即被押往南车站路190号军统保密局监房监禁。同狱幸免于难的难友后来回忆他被押进监狱时的情景道："5月12日那天，我们看到，特务押送进来一位戴玳瑁边眼镜，身穿浅灰色西装，身材胖胖的新犯人。他面对特务们的吆喝，从容不迫地迈进了五号监房。"特务们为了迫使他供出与中共地下党的联系和交出民盟、民建的名册等文件，使尽酷刑，最后是拔掉了他所有的手指甲，十指连心，使他疼痛晕死。但坚强的黄竞武咬紧牙关，横眉冷对，痛斥国民党特务践踏民主，侵犯人权，施行法西斯主义，已是死到临头。他始终没有向他们吐露一丁半点他们亟欲得到的东西。

　　5月17日深夜，牢房里每隔20分钟，就提取一人押走处决。先后有13位革命志士，其中一位，就是黄竞武同志，被活埋在监狱里的空地内。事后8天，5月25日，上海解放后，民建上海分会立即致函上海军事管制委员会，要求"通知所属，详为调查。"经民盟、民建组织及黄竞武亲友多方查找。至6月2日，发现了在原保密局监狱内有活埋革命志士的隐绪。乃掘地3尺，果见竞武同志遗体。尸身上五花大绑、头套麻袋，指甲全被拔去，右小腿被打断，遍体血污，惨不忍睹。6月4日，周恩来同志闻讯之后，立即赶往

黄竞武烈士像，黄炎培题字

黄炎培在北京的居处,表示哀悼和慰问。陈毅、梁漱溟、潘汉年、沙千里等同志也纷纷电唁黄炎培及其家属。民建会在浦东大厦为烈士举行了隆重的追悼大会,公葬忠骸于川沙烈士公墓。上海市人民政府追认其为烈士,民建前主席胡厥文同志为他撰写了墓志碑文。每年清明节,他的茔墓都受到上海市民建成员和无数青少年的瞻仰。黄炎培先生在竞武牺牲后不久撰文纪念说:"竞武死了,倘若他预知死后八天,上海六百万市民便得到解放,全中国四万万七千万人民将先后都得到解放,竞武!你虽死得惨,也可以安心的了。"

参 考 文 献

1. 李正文:《回忆黄竞武烈士》,《中央盟讯》,1984 年第 2 期。

2. 黄大能:《悼黄竞武烈士》,《中央盟讯》,1981 年第 12 期。

3. 陆亚东:《缅怀黄竞武同志》,民盟中央办公室。

4. 陆麟辉:《将门虎子黄竞武》,《联合时报》,1990 年 5 月 11 日。

齐 亮

（1922—1949）

张思敬

走 向 革 命

齐亮,在革命活动中,曾化名陈世荣、齐燕生、李仲伟等。1922年11月7日出生在河北省蠡县大曲堤村。父亲名齐书堂,出身于地主家庭,毕业于天津北洋大学法科。1928年起,在南京司法行政部作职员,后调任司法院秘书、司法行政部人事处第四科科长等职。由于他为人正派,奉公守法,不会钻营逢迎,因此在仕途上并不得意,长期过着清贫的生活。母亲名阎华洁,毕业于北平某女子学堂,由于找不到工作,只能在家料理家务,对子女十分慈爱。齐亮兄弟姐妹4人,他排行老大,他的家庭环境及父母的为人对他有良好的影响。他幼年在家乡读书。1929年,全家迁至南京,他进入南京公立五台山小学上学。1935年小学毕业,经过金陵中学暑期补习学校,升入金陵中学初中部学习。齐亮成长的时代正是"九一八"事变后日寇蚕食我国国土,民族危亡,国民抗日救亡运动逐渐高涨的年代,这些都在他的幼小心灵中留下了深刻的印象。

他聪明好学，做事认真，对时事很关心。1936年，齐亮14岁时，他就参加了在南京举行的吊唁鲁迅逝世的集会，这对他以后的人生道路也有很大的影响。但此时他终因年纪还轻，对社会和时局的认识还不很深入。

1937年"七七"事变后，日寇大举进攻，我国大片国土沦陷。齐亮一家不愿在敌人铁蹄下过亡国奴的生活，除父亲暂留南京外，兄妹们由母亲带着开始逃难。此时齐亮才15岁。他们背井离乡，长途跋涉，经历了千辛万苦，先到陕西，再到河南，最后来到重庆，与已撤退到重庆的父亲会合。到重庆后，开始住在张家花园16号，后来搬到北碚歇马场。1938年春，齐亮进求精中学初中五年级学习。几个月的流亡生活对齐亮的教育很大，他耳闻目睹日寇的凶残暴行，亲身感受到人民大众的深重苦难，爱国进步的思想逐渐成熟起来。还在求精中学时，他就开始参加了学生抗日救亡活动。他曾在街头演讲，以在逃难中的所见所闻，揭露日寇的暴行和沦陷区人民生活的惨状，讲得真实可信，动人心弦。1938年秋，齐亮考入重庆南开中学高中部。这时南开中学有一大批进步师生，有中共地下党支部。齐亮在南开期间，一面刻苦读书，一方面还积极做一些社会工作。他在学校编壁报，宣传抗日。暑假回家，趁赶场天把宣传抗日的壁报贴在歇马场的大街上，轰动了全场，反动政府的乡丁、保长立即找他父亲进行劝阻，并撕毁了他的壁报，不准再出。他还为学校的工人夜校上国文课，做周围同学的工作，介绍一些进步书籍给他们看，团结他们共同前进。他还经常带进步书刊回家给弟妹们看，给他们讲红军长征等革命故事，并时常到邻近农民家串门，宣传抗日。学校党组织及时引导他，培养他。齐亮认真地阅读了不少进步书籍和描写"一二·九"学生运动的小说，使他逐渐地懂得了革命的道理，提高了对社会、时局的认识。他认识到共产党是最坚决抗日的，只有共产党才能解除劳苦大众的苦难。他的革命思想逐渐成熟起来，1939年春，年仅17岁的齐亮经许一凡（许光祖)介绍参加了中国共产党,从此走上了革命的道路。

不幸的是,1940 年,他的母亲因劳累过度而病逝了,他的父亲为了一家 5 口的生活,不得不整天上班,照顾两个弟弟、一个妹妹的担子就落在了齐亮的肩上。他只好辍学在家,料理家务。这时他又染上疟疾,境况十分困难。但他不仅照顾好了弟妹,而且坚持自学,补完高中三年级的课程。1941 年夏天考上了在昆明的西南联大。

执行"三勤"的模范

1941 年秋,齐亮来到昆明念西南联大中文系。他早就仰慕这个具有"一二·九"光荣革命传统的学府,但这时正是"皖南事变"后不久,国民党的残酷镇压迫使联大的大多数地下党员撤离了学校。联大中以共产党员和进步学生为核心的最大最活跃的学生社团——"群社"也停止了活动,学生运动处于低潮。学生自治会的领导权也被三青团分子趁机所把持,政治空气非常沉闷,壁报墙上已经没有什么壁报,只剩下零星的纸片在寒风中飘动了。

中共中央根据云南革命斗争形势的需要,及时改组了云南省工委,派得力干部加强云南的领导,对云南及联大的工作,作了多线布置,并不断从各地派新的同志去昆明及联大工作,从上层、基层、党内、党外几个方面加强力量,执行"隐蔽精干、长期埋伏、积蓄力量、以待时机"的方针,提出"勤学、勤业、勤交友"的"三勤"精神,要求共产党员和进步同学认真读书,多为同学做实事,广泛交友,一点一滴地做工作,取得同学的信赖,逐步把广大同学团结在地下党的周围。这为昆明的学运健康发展指明了方向,为昆明学运高潮的重新到来准备了条件。

但是,局势的扭转还有待于进步学生们的艰苦斗争,齐亮是比较突出的学生党员中的一个。他一年级住在昆华中学的大一新生宿舍第 18 寝室，当时他的党的组织关系还没有转到，直到 1942 年8 月，才由组织上将他和他的老友王世棠的组织关系转到西南联大，正式过组织生活。但在这之前，他已经积极地投入了斗争，他很快就和同寝室的同学马千禾（马识途）建立了亲密的战斗友谊。马是"皖南事变"后，由鄂西撤退，接受党的指示考入西南联大的地下党员。他们虽然组织关系都还未转到，但是经过接触、观察、了解，互相已经确信彼此都是同志了。一天，马千禾听到他的爱人已在鄂西被捕牺牲的消息后，写了一首悲恸的《悼亡》诗。同室的同学看了都很悲痛，齐亮默默地看了他一阵，对他说："你的战友走在前面，让我们踏着她的血迹前进吧！你可以相信，必要的时候，我们也能像她一样，为了铺平一条路，无保留地奉献出我们的鲜血来。"马千禾从心里相信，他真是一个共产党员。而齐亮也用他的一生，实践了他的这一誓言。

他们默默地做周围同学的工作，通过一起复习功课，泡茶馆聊天，讲社会生活见闻，交换阅读书籍，讨论文学诗歌等方式，传播进步思想，帮助同学进步。同寝室的吴国珩就是在他们的细心帮助下，摆脱了孤独、悲观的情绪，走上了革命的道路，最终成为一名共产党员、革命烈士。

齐亮还经常和同年级、同系的同学扩大交往。他作风朴实，平易近人，很多人都愿意和他接近。他很懂得怎样在群众中扎根，如何适应不同的环境和气候，团结不同的对象。他又有实干精神，热心为群众服务，却又不争着出头露面，没有半点骄傲自大的毛病，使别人感到可亲可敬。他精明能干，组织能力和办事能力都很强，他学习也很认真，在茶馆里复习功课时，不管周围多么喧闹，他总能专心致志地看书，做作业，因而他的功课也很好，受到同学们的敬佩，也深得教授们的赏识。他喜欢文学，也喜欢诗歌，特别喜爱艾青的诗。无论对古诗、新诗，他都能讲出一些道理来。他的诗和散文都写得不错，富有哲理性。当时中文系系主任罗常培先生就很赏识他的才华,专门找他到家里去,提出不少很吸引人的很有学术价值的研究课题,希望他能跟他从事语言学的研究。但是齐亮心里有更大的目标,他不能光钻到做学问里去而不管革命事业。他自我宽慰地说过,等到革命胜利了,我一定考研究院,好好做学问。可惜在他即将迎来全国革命胜利的时候,却不幸牺牲了。

"讨孔"运动

沉闷的空气终于被打破了! 1942 年 1 月昆明爆发了"讨孔"运动。日本帝国主义 1941 年 12 月 8 日突然袭击美国海军基地珍珠港,发动了太平洋战争。接着派兵占领香港和南洋许多地方,重庆政府派飞机接运在香港的国民党要员和著名人士,但国民党政府行政院院长孔祥熙的家属却霸占了飞机,把老妈子、厨子以及大批箱笼甚至洋狗都带上了飞机,而包括联大教授陈寅恪、学者郭沫若等许多著名文化人却困在香港,处境十分危险。重庆《大公报》揭露出这一消息,昆明《朝报》加以转载,立刻在联大校园里引起极大反响,群情激愤。1942 年 1 月 5 日,学生相继贴出了许多壁报,号召"重燃'五四'烈火",声讨孔祥熙。1 月 6 日下午,西南联大、云南大学、中法大学和一些中学学生上街游行,不少市民也自动参加进来。齐亮与马千禾都参加了游行,并和吴国珩连夜编出一张以《四十年代》为名的壁报。他们二人还作为昆中 18 号寝室的代表参加会议,商议运动如何发展。这次事件轰动了大后方,引起了国民党当局的严重注意,特务头子康泽两次到昆明追查此事,派来更多特务,加强反动统治。但因为当时的云南省主席龙云不同意特务在他统治下的云南随便抓人,学校领导和一些正直的教授也不愿意特务进校随便抓人,才没有发生什么事故。中共云南省工委及时调整了部署,避免了损失。齐亮等地下党员和进步同学也及时总结了经验教训,继续深入持久、扎扎实实地作群众工作,认真执行"三勤"方针,使学运逐渐向高潮发展。

1942年秋,齐亮与马千禾等一起搬进联大新校舍第26号宿舍。齐亮身体不很好,由于长期营养不良,患有低血糖病,但他仍然不知疲倦地为大家工作,深为同学所信赖,很自然地被同学选为级会和系会代表。他也参加一些政治色彩不那么浓的社团活动。在以中文系系会名义组织演出的话剧《风雪夜归人》以及山海云剧社演出《家》等活动中,他都承担了费力而不出名的工作。他与爱好文艺的同学组织"微波社",出版《微波壁报》。他又与袁成源、吴国珩等组织"冬青文艺社",出版《冬青壁报》。他们的文笔新颖,内容进步,很受同学们的欢迎,打破了校园内沉寂的局面。他对罗长友(罗永光)组织的"悠悠体育会",对李储文负责的学生服务处,辛志超负责的军人服务部等都积极参加和支持。他们还组织同学郊游、野营、旅行,联系了不少群众。他曾多次参加滇南劳军,到圭山彝族区宣传,他常是并不出头露面而做实际工作最多的幕后英雄。

"和尚膳团"

初期,齐亮给联大同学留下深刻印象的是和罗长友一起办"和尚膳团"和为同学争贷金的事。抗战中,由于国民党政府贪污腐败,财源枯竭,只靠滥发钞票维持,通货膨胀,物价飞升。同学们领到的贷金,连最低生活水平也难以维持。而当时学生自治会被三青团分子把持,学生福利部不关心同学的疾苦,伙食办得愈来愈糟,经常吃红米和霉米,饭里还有沙子和耗子粪,广大同学极为不满。齐亮与同志们研究,决定找些同学,自己试办一个小膳团,他与经济系的罗长友组织串连了五六十个同学,筹办起小膳团来。因为开始参加的都是男同学,同学们戏称他们为"和尚膳团"。他们两人日夜操劳,不辞辛劳,不惜牺牲功课努力办好膳团。为了不让大家吃发霉的"八宝米",他们横渡滇池到昆阳乡下去直接采购价钱比较公道的好大米,减少粮商的中间剥削。他们常是在市场快要收市的时候,带着厨工去买小贩急于处理的便宜菜。他们认真监厨,精打细算,杜绝浪费,想尽一切办法变花样让大家吃得满意。每届结束,还详细公布账目,将结余的钱加点菜让大家"打牙祭"。膳团办好了,许多同学争着要求参加,他们又说服一些肯为大众服务的进步同学,办起新的膳团,解决了广大同学吃饱饭的大问题,因而深受同学们的拥戴,齐亮和其他进步同学在群众中享有很高的威信。

由于国民党政府货币不断贬值,贷金赶不上物价狂涨的冲击,连起码的伙食费也不能保证。同学们推举齐亮等同学为代表,向学校当局提出增加贷金,并要求贷金数目按米价折算。他勇于代表群众利益据理力争,又注意方式方法,心平气和地摆事实,提出合理的解决方案,终于被学校当局接受。这次交涉成功,大家都认为齐亮等又为同学们办了一件大好事。

通过这一系列的争斗,党的"三勤"方针得到了认真执行,地下党和进步同学在级会、系会以及各种社团中的影响愈来愈大,把广大同学团结到了地下党的周围,三青团的影响大大缩小。

正在这时,云南省工委调整了西南联大地下党的组织,并传达了中共中央关于开展整风运动的指示。1943年5月,齐亮的组织关系由工学院转到文学院,与马千禾、何功楷(何志远)建立党支部,马为书记,齐、何为委员。他们在整风中,认真学习,对照《新华日报》有关文章进行总结,提高认识,努力建立劳动观点、群众观点、组织观点等基本观点,并总结了"讨孔"运动的经验教训,政治上更加成熟了。党支部根据形势的需要,决定马千禾尽可能退到二线作接近党的同志的工作,群众工作更多地由齐亮担当起来。联大的地下党员经过整风,觉悟有很大提高,也为学运的进一步高涨准备了组织条件和骨干力量。

"最有威信的学生领袖"

1944 年春,随着国内外形势的变化,联大的学生民主运动由复苏而迅猛发展,各种社团有如雨后春笋,纷纷成立,以五四运动 25 周年纪念活动为标志,掀起了民主运动新高潮。这时,经过党的整风,齐亮自觉地当起了学运第一线任务的重担,在运动中发挥了他卓越的组织才能。5 月 3 日,联大历史学会主办的"五四"历史晚会很成功。5 月 4 日由文艺社主办的"五四"文艺晚会被人破坏,切断了电源,晚会流产。齐亮和文艺社同学一起去做工作,决定由国文学会重新举办这个晚会,改在 5 月 8 日晚,在新校舍图书馆前的大草坪上举行。请罗常培、闻一多两先生共同主持。到会 1000 余人,是"皖南事变"后联大第一次如此大规模的群众集会。齐亮作为国文学会负责人在会上先致辞,许多到会的教授讲了话。由于齐亮把会议的准备工作和应变措施考虑得十分周到,会议开得井井有条,十分成功。这又一次显示出齐亮的细致扎实的工作作风和组织能力。

"五四"纪念活动后,壁报和学生社团积极活动起来。各壁报组织首先联合起来成立了"壁报联合会"(以下简称"报联"),各学生社团也联合起来成立"社联",便于协调行动。这实际上成了代替学生自治会代表全校进步同学发表意见的组织。如 1944 年 6 月,美国副总统华莱士和蒋介石的私人顾问到联大访问,"报联"就组织出版了英文版联合壁报,发表对国是的意见,并将致美国总统罗斯福和蒋介石的信面交华莱士。7 月 7 日,昆明 4 大学学生在云大至公堂举行时事讨论会,也是由联大"报联"名义代表各校学生自治会联合举办的。在这些活动中,齐亮都积极参加了组织发动工作,经过进步同学一个系、一个级地做细致工作,到 1944 年暑假后,改选联大学生自治会的时机终于成熟了。暑假后,三青团员大量离校参加国民党的青年军,大批同学被征调去当翻译，进步同学及时抓住这个机会，对学生自治会进行改选，齐亮在改选中得票最多，很多进步同学也当选，一下把学生自治会的领导权从三青团把持下夺取过来，成为真正代表广大同学的组织。齐亮被选为负责学生会日常工作的理事会的三个常务理事之一，而且负主要责任。这次改选是一个重大转折，使国民党统治区的学生运动能更好地取得合法斗争的条件，预示着学生运动将进入新的高潮时期。

进步力量掌握学生自治会领导权后，除继续努力作好为同学们谋福利的工作外，大力开展各种集会和活动，同时考虑到各种人不同的接受程度，形式也多样化。如学术团体、同乡会、体育会、文艺社、剧艺社、美术社、歌咏队等，经常组织比赛、演出、郊游等活动，以吸引和团结大多数同学。

1944秋冬时期，日军从陆上打通通往东南亚的走廊，国民党军队望风而逃，在湘桂全线大溃败，日军一支小部队竟入侵到贵州独山，重庆动摇，昆明震动，全国人民十分惊愤，更加认清国民党的腐败无能，联大师生又一次面临救亡图存的形势，闻一多、曾昭抡、吴晗等进步教授都曾向学生作形势报告，校内进步壁报更加活跃，人们称之为"民主墙"。

是年12月25日，是云南的护国纪念日，即蔡锷、唐继尧领导的讨袁（世凯）护国军起义纪念日，是云南地方的传统节日。联大学生自治会研究决定举行纪念大会。并与当时全国和云南地方的形势联系起来。开始理事会对大会后是否要上街游行，还拿不定主意，怕造成损失。后来齐亮提出："先摸摸地方势力的底。"即看看云南省主席龙云的态度再定。后来了解到龙云既不支持，也不反对游行。齐亮说："这是默许。"于是在12月24日晚上由齐亮主持理事会议商议，最后统一了意见，决定纪念会开完后，把队伍拉上街游行。这次大会开得很成功，闻一多教授在纪念大会上讲话，影射蒋介石是新的袁世凯，对国民党反动统治进行了猛烈抨击，影响很大。当队伍游行时，高呼要求"民主""自由"，同时结合当时抗日形势，呼喊"保卫大西南""保卫云南"等口号，做得很适当，云南地方军警还出来维持秩序，游行很成功，受到老百姓的欢迎。学生自治会的威信更为提高，得到学生群众的信任和拥护。

随着形势的发展，联大的学生民主运动更加活跃，不少进步教授常与学生作政治性演讲，就连有的埋头搞学术研究不大过问政治的教授也参与到学生民主活动中来，联大民主空气非常浓厚，人们称它为"民主堡垒"。

到1945年的"五四"节，学生民主运动达到一个高潮。昆明学生由联大发起举行了空前盛大的示威游行。联大学生自治会讨论通过了《国立西南联合大学全体学生对国是的意见》书，广泛印发，同学们受到很大振奋。各社团积极配合，出了50多个壁报，贴满了校园。那天先在云南大学集合开纪念大会，会上宣布昆明市学联正式成立，齐亮是大会主持人，被群众推选为昆明市学联主席。会后进行游行，有两万多人参加，行列整齐，声势浩大，经过昆明市金碧路、护国门、正义路等主要街道。队伍走到华山路国民党云南省党部门口时，口号叫得特别响，齐呼"要求国民党结束一党专政""建立联合政府""取消特务机关""打倒法西斯"等口号。这次游行政治影响很大，是抗战时期最大规模的一次。重庆进步报纸也发了"昆明两万学生大示威，要求立即结束一党专政，建立联合政府"的消息。

齐亮是这些活动的主要组织者之一，充分显示出他的卓越组织才能。当然昆明的学运高涨与整个全国斗争形势有关，也是所有昆明地下党员和进步人士共同努力的结果，但齐亮也确实起了很大作用。此时，他除在党支部、学生会中担任工作外，还在1945年初，参加了"民青"第二支部的组建工作，也是"民青"第二支部的领导人之一。他的工作受到当时中共云南省工委书记郑伯克的重视,他确实是在革命斗争中锻炼成长起来的杰出代表,正如马千禾在回忆文章中称齐亮是"实际成为联大同学公认的最有威信的学生领袖"。

开辟滇南根据地

正当昆明学生运动进入高潮时,国民党把昆明学运视作眼中钉,大特务头子先后来到昆明,加强特务控制。1945年8月,齐亮在联大毕业,中文系主任罗常培先生很赏识他的才干,表示希望他留校工作,但齐亮婉言谢绝了。由于形势和党的工作需要,他不能不放弃走专家、学者的道路。不久,有人从国民党省党部调查室的特务那里,看到一份黑名单上有马千禾和齐亮等的名字。省工委郑伯克立即让他们转移到中华职教社去住,几天后,又通知他们撤退去滇南农村,在那里相机发展党员和"民青",建立农村据点,以便将来在那里开展武装斗争。马千禾与齐亮、李晓(李曦沐)、许寿谔(许师谦)4人离开昆明,来到滇南石屏。

马千禾任滇南工委负责人,齐亮表示没有在农村做基层工作的经验,希望派到穷乡僻壤、少数民族地区去锻炼。于是就来到元江县的青龙厂,在当地一个进步青年方金城家里住了下来。这是一个远离驿道的彝、傣民族杂居的山村,在地主恶霸势力的严酷压榨下,人民极其贫困。齐亮在那里水土不服,语言不通,工作极其困难。但他看到在那么偏僻的地方,竟有外国传教士在那里长期办教堂,办医院,传教布道,收了不少教徒。他认为我们共产党人更应深入发动群众,提高其文化和思想觉悟,让他们从愚昧落后中解放出来,自己拯救自己。他当时化名陈世荣,与方金城办起了一个小学,由方任校长,齐亮担任主要教学工作,他们走村串寨,挨家挨户动员,才找到20多个小学生。他们一面教学,一面还经常帮助贫苦农民干农活,挑水,砍柴,向他们宣传共产党领导人民闹翻身的道理，在他们中间培育积极分子和物色骨干力量。他和方金城经过半年多的艰苦努力，取得了群众的信赖，这里男女老少都认识和尊敬"陈老师"。齐亮发展了方金城入党，还团结当地中上层人士，设法打进地方政权，为以后创建革命根据地打下了基础。

1946年春，昆明"一二·一"运动时，组织上调他去石屏宝秀中学待命。4月，他又被滇南工委派作巡视员，去磨黑、墨江一带活动，他的任务是传达文件和上级精神，发展党组织，并协助当地党组织开展工作。当时，有一批联大进步同学在"皖南事变"后疏散在这一带办学，其中有一些原来是共产党员。齐亮与他们逐一取得联系，恢复了他们的组织关系，还发展了一批进步分子入党，完成了滇南地区党的联络网络。这些地方后来成为开展武装斗争、建立游击队的发祥地，许多人是后来"滇纵"的骨干。

指导青运工作

1946年6月，齐亮由中共中央南方局调到重庆办事处工作，住曾家岩50号。时南方局已由周恩来率领转到南京，重庆组成了以吴玉章为首的中共四川省委。齐亮化名齐燕生（名义上是齐燕铭的弟弟），协助省委副书记张友渔工作，负责青年运动。同时也在四川省委于江震领导下负责学生运动工作。他当时工作重点在重庆各大学，他和重庆市负责学运工作的中共重庆沙磁区学运特支书记刘国錤是西南联大同学，相互配合，工作很有成效。他看到当时重庆的形势比昆明严峻得多，学生运动不像联大那样活跃，他就主张多做踏踏实实地为群众服务的工作，用多种多样不显眼的组织形式团结同学，一点一滴地做转化工作，打好基础。

到1946年底，形势有了变化，北平发生了美军强奸女大学生的"沈崇事件"，北平以北大、清华等高校为主掀起了声势浩大的抗暴运动。全国各地学生群情激愤,纷纷起来响应,形成了新的斗争高潮。齐亮与刘国锧机智地领导了重庆学生的斗争。齐亮还到成都去指导学运工作,他通过马千禾的堂妹马秀英(四川大学学生,"民联"成员)与四川大学的学生联系,组织四川大学的一些同学进行郊游,一起游玩、唱歌,唱《兄妹开荒》《古怪歌》等进步歌曲,同学们还请他介绍西南联大学生运动的情况和经验。他还引导川大进步同学要克服"小圈子主义",要认真按照"三勤"的精神,扎扎实实做好团结大多数中间同学的工作。

1947年2月底,国共谈判正式破裂。2月27日,重庆国民党当局通知中共驻渝办事处,限定中共驻渝工作人员于3月5日前撤离重庆。可是在2月28日,宪兵、警察就包围了红岩村18集团军重庆办事处、曾家岩中共办事处和新华日报社等处。那天齐亮正在外面工作,住在国府路300号,当他知道情况紧急,就没有再回办事处。是随办事处人员一同撤回延安,还是继续留在重庆斗争?他通过沙磁区学运特支书记刘国锧与中共重庆市委取得了联系,决定继续留在重庆斗争。

由于四川省委被迫撤退,川、滇、黔三省地下党和上级断了联系,中央派钱瑛参加上海分局工作,负责同川、滇、黔地下党联系。这年5月,钱瑛先与重庆市委联系上,要重庆市委设法通知川康特委和云南省工委派人去上海联系。由于齐亮与川康特委和云南省工委的人都比较熟,所以由他担任临时交通员的任务。他马上到成都向马千禾(当时任川康特委副书记)作了传达,几天后,又乘飞机去昆明作了传达,然后回重庆。

这年暑假,马秀英因和齐亮已建立了感情,决定由成都去重庆,与齐亮一起在重庆大学等校开展学生民主斗争,也成为一个职业革命者。

黎明前的斗争

　　齐亮由昆明回重庆后，8—9 月间，重庆市委派他到江北县复兴场志达中学组成重庆北区工委。志达中学原名莲花小学，是共产党员王朴（烈士）动员他母亲金永华出钱在 1945 年创办的，一开始就有党的组织，有较好的群众基础。1946 年买下外省人在此地办的志达中学校牌后便改名志达中学，设有初、高中部，初中部设在复兴场，高中部设在静观场，相距 30 华里。北区工委设在初中部，对外名义仍是王朴家族办的学校，王朴任校长，齐亮任英语教师，黄友凡任总务主任。党内就由他们三人组成领导机构，齐亮任书记。

　　根据当时政治形势，斗争策略大力改变，北区工委大力开辟农村工作，准备搞武装斗争，迎接解放。他们大力发展党的地方组织，面向农村，同时积极在北碚的天府煤矿和江北的江河煤矿的广大工人中开展工作，组织队伍，同时积极买枪，并派党员打入复兴场乡丁中去，打探情报。齐亮常往来于静观场、北碚、重庆之间，化名李仲伟。同时为了与外界及游击队联系，王朴动员他母亲变卖财产在重庆开设南华公司，以作生意为掩护，作为党组织与上海和香港的交通联络点。并又在通往华蓥山游击队的路上开设商店，作交通联络。

　　1948 年 4 月，王朴在重庆见到重庆市委书记刘国定，并根据刘的要求给了他一大笔经费。不久，刘被捕后叛变，川东地下党组织受到很大破坏。4 月底，王朴在城内南华公司经理室被捕，特务到复兴场活动，情况十分紧急。齐亮非常镇定，进行应变部署，一方面学校继续上课，同时工委成员撤离学校，并把其他党员都做好了安排，然后最后一个离开学校。

　　1948 年 9 月，齐亮和马秀英转移到成都，见到马千禾，马千禾安排他们去温江中学教书，暂时隐蔽。此校是川西地下党的据点之一，马秀英任教导主任，齐亮任训育主任。11月时，他们回成都一次，告诉马千禾说隐蔽得很好。此时，刘国定已带特务到成都，天天在街上转，指捕他认识的共产党员。刘曾与川康特委书记一起工作过，1949年1月找到他的下落，特委书记被捕后也叛变了，竟把齐亮和马秀英隐蔽在温江的情况供了出来。这时正值春节，齐亮与马秀英准备结婚，回到了成都，特务赶到温江中学去抓他们，扑了个空。他们结婚后，住在东城根街西土巷。马千禾准备把他们转移到川北去，临走前一天，他们到春熙路买东西，在国货公司门口，恰巧遇到了叛徒刘国定和一群特务，齐亮被叛徒认出并逮捕，立即到他家中搜查并抓走了马秀英。

1949年1月20日前后，他们俩被押到重庆"中美合作所"的渣滓洞监狱。据同狱战友罗广斌（小说《红岩》的作者）后来对马千禾所说：齐亮在狱中进行了英勇的斗争。敌人想从他身上捞到油水，齐亮知道自己是被叛徒出卖的，在审讯时昂然回答："你们说我是共产党的领导人，就算是吧。我就在你们面前，看你们怎么办吧！"敌人利诱不行，又以枪毙来威胁，齐亮站起身往外就走，敌人被震慑住了，问他要干什么？他响亮地回答："不就是枪毙吗？走吧。"敌人不愿立即杀害他，把他囚禁起来。齐亮不管敌人如何酷刑折磨，始终坚贞不屈，表现了一个共产党人的高贵品格。

齐亮在狱中仍然兢兢业业地为党工作，他积极参加狱中的斗争，还自学并组织难友学习俄文，也许有朝一日出狱后，还可以为党为人民作贡献。他经常对难友作思想工作，还根据自己做基层工作的经验，在狱中写了一份《支部工作纲要》供难友学习。

1949年11月，他们在得到了新中国诞生的消息后，在狱中举行了庆祝。解放大军入川逼近重庆时，他们也在狱中听到了远方隆隆的炮声。他们非常兴奋，但齐亮清醒地知道，在这黎明即将到来之际，敌人不会放过他们。果然，在重庆解放前夕的1949年11月14日，齐亮等30多名共产党人被国民党特务秘密杀害于"中

坐落在重庆市沙坪坝区歌乐山烈士陵园中的齐亮烈士塑像

美合作所"中人迹罕至的电台岚垭。齐亮同志毫无惧色,迈着刚毅坚定的步伐走向刑场,高呼"共产党万岁!""打倒反动派!"等口号,壮烈牺牲。齐亮和他的妻子马秀英把全部身心甚至他们的生命都献给了革命事业,并以他们的鲜血迎来了全中国的黎明,他们永远活在人们的心中。

参 考 文 献

1. 马识途(马千禾):《他牺牲在中美合作所——怀念老战友齐亮同志》。

2. 颜立民:《齐亮同志传略》。

3. 王世堂、方金城回忆齐亮的材料。

刘国鋕

（1921—1949）

张思敬

探索人生的道路

　　小说《红岩》闻名中外，其中刘思扬的原型就是刘国鋕。

　　刘国鋕，四川省泸县人，1921年4月7日（农历2月29日）出生。刘氏家族在泸县曾号称首富、望族。他祖父兄弟三人分家时各分得每年1200石地租的田产，几十家街房，还有盐号、瓷器公司及发电厂的巨额股金。他父亲名刘笃初，在兄弟三人中年纪最小，任过泸州济和发电厂董事长，杨森任四川督理时曾在公署任军需

二十世纪六十年代，长篇小说《红岩》书中刻画了江姐、许云峰、刘思扬等英雄人物，影响了几代人

正(中校军衔),管理金库。他父亲一生好办公益慈善事业。父辈三兄弟住泸州东门城垣街三、四、五号院子,互相连通。大哥当家,全家几十口人,遍布工、商、学各界,在当地颇有势力。更加上后来刘国鋕的五哥刘国錤作了国民党四川省建设厅厅长何北衡的大女婿,刘家又与川帮银行界巨头刘航琛(解放前夕曾任国民党经济部部长)联了宗,过从甚密,经济上可通有无,更添了许多声势。

刘国鋕出身在这样的富豪家庭,兄弟中,他最小,排行第七,另外还有姐姐、妹妹。由于他是大家族中幺房的幺儿子,因此倍受娇宠,养成了固执、倔强的脾气,家里人叫他"七莽子"。这种优裕的日子没过多久,家庭的变故,使他初步领略到世事的烦恼。他3岁时母亲去世,7岁时父亲患疔疮病逝,大家庭内的矛盾日益暴露,终于在第二年父辈三房分了家。继后不久,刘国鋕的大哥又与继母及弟妹们分了家,刘国鋕感到家庭不再是那么温暖幸福,开始自己探索着人生的道路。

刘国鋕从小就喜欢读书,家里聘请了两个教师,教他和侄子们读《论语》《孟子》等古书。他口才好,爱摆龙门阵,成了孩子头。后来,他进入泸州模范小学插班三年级,以后又跳班考进县立中学读初中。这期间,他阅读了大量中国历史和古典小说名著以及一些外国历史文学著作,丰富了自己的知识。1936年他考入了成都建国中学高中部,接触到进步思想,开始了一生的转折,走上了觉醒的道路。

1936年冬的"西安事变"对刘国鋕是一个转机,他开始关心国家时局。建国中学是当时成都开展抗日救亡活动最活跃的学校之一,他听了不少抗日救亡的演讲,参加了一些集会,以极大的热情投身到抗日救亡运动中去。他参加了同学们的读书会,企图从中追求真理,寻找救国救民的道路。他读了艾思奇的《大众哲学》、列昂节夫的《政治经济学》等大量马列主义著作,还读了《阿Q正传》《子夜》等新文学名著,他脑子里装进了许多新思想,使得他开始觉醒,试图用马列主义思想去认识、分析他的家庭和中国社会。他的认识有很大提高,对他的家庭和旧社会有了批判的认识,并把满腔希望寄托在新社会的产生上。

刘国鋕成为一个革命者,是在进入西南联大以后。1939年高中毕业后,他考上了西南联大经济系。他因生病,休学一年,到1940年才到西南联大上学。先在四川叙永分校念一年级,1941年迁到昆明联大本校。在叙永分校时,他继续阅读马列主义著作,同时十分关心抗战形势,他把从报刊和各种渠道收集来的抗战情况绘制成战局形势图,密切注意其发展变化。他为国民党军队节节败退,丢失祖国大片河山而痛心疾首,也对在抗战重要关头国民党军队不打日本,而在延安、山西等各地进攻抗日军队的行为义愤填膺。他终于认识到只有中国共产党是坚决抗日的,只有中国共产党才是中华民族的救星,他决心走革命的道路。1941年年初,他经徐京华介绍参加了中国共产党。

在西南联大的日子

刘国鋕入党后,更积极参加学运斗争。他在分校时和同班同学罗长友、外文系同学袁成源很要好,三人组织了秘密读书会,长期在一起学习,议论国家大事,参加各种学生活动。

1941年1月"皖南事变"后,西南联大及叙永分校的大部分地下党负责人撤离学校,学生运动转入低潮,刘国鋕与党组织失掉了联系。他转入昆明联大本部后,也没有接上组织关系。他和罗长友、袁成源多次商议,如何设法去找党。1942年,他从昆明到重庆,通过同乡冯克熙去见到了《新华日报》总编辑章汉夫,反映了西南联大的情况及他们希望与党组织取得联系的要求。章汉夫将刘国鋕介绍给中共南方局青年组的刘光,虽然没有立即恢复刘国鋕的党组织关系,但从此他一直在南方局直接领导下工作,没有中断过。领导过刘国鋕工作的除刘光外，还有朱语今、张佛翔、周知、何其芳。刘光领导的时间最长。直到 1946 年，才通过吴显钺正式恢复了刘国鋕的党组织关系。

刘国鋕带着党的指示回到昆明，向袁成源、罗长友进行了传达。大意是：凡是失掉党组织关系的同志要耐心等待，适当时机党会派人同他们联系，不要乱找关系联系，谨防上敌人的当；要改变工作方法、作风，组织秘密学习小组、读书会，刻苦学习马列主义理论，搞好功课，广交朋友；逐渐扩大影响，也就是党当时提出的"勤学、勤业、勤交友"（简称"三勤"）方针。他们反复学习了党的指示，认真地讨论了如何贯彻这个方针。这几年，他刻苦钻研了一批马列主义经典著作，系统地学习了中外历史、文学知识，积极开展了交朋友的活动。他和二位同学在昆明天君殿巷租了一间屋子同住，这里就成为他们活动的一个据点。他热心帮助朋友们解决困难，凡有同学求助于他，他总是"有求必应""雪中送炭"。他自己却比较节俭，衣着朴素，完全不像个有钱人家子弟的样子。"皖南事变"后，有一些进步同学被迫疏散到磨黑、建水、泸西、弥勒等地，刘国鋕和留校的进步同学对他们积极给予大力支持，输送书报，供应物资，安排接待来往人员等，主动担负起"后勤"工作。

随着形势的变化，并通过学校进步同学的艰苦努力，学生运动逐渐有所发展，各种社团蓬勃兴起。他们恢复了"冬青社"的活动，袁成源任"冬青社"社长。出版《冬青壁报》。刘国鋕也积极参加了"冬青社"的活动。1944 年，学生运动高涨起来，为纪念五四运动 25 周年，在校内举行了演讲会、座谈会，出版壁报。他和袁成源、罗长友、吴显钺、齐亮等人一起，积极参加并组织了这些活动。

在此期间，他几乎每学期都要到重庆一次，向南方局汇报西南联大的情况，并带回南方局的指示。对一些文件精神，由于不能抄录,更不许随身携带,他完全靠记忆背熟回去传达,显示了他惊人的记忆力。就在他毕业前,他还从重庆带回了南方局的新指示:"现在形势变化了,……要在青年、学生中建立核心组织。……要建立新的工作方法、作风,建设新据点,准备迎接新的高潮的到来。"这一指示也通过云南省工委传达下来,1945年年初,西南联大在地下党领导下建立了"民主青年同盟",迅速壮大了革命队伍。

陆 良 办 学

1944年夏,刘国铙从西南联大经济系毕业。他家里人通过族亲刘航琛在当时负责资源委员会的翁文灏处,为刘国铙寻觅了一个"美差"。但是,刘国铙决定根据云南省地下党组织的安排,并征得南方局的同意,去云南陆良县开展工作。当时陆良县县长熊从周原是大革命时期的中共党员,1927年就曾在陆良任过县长,也是解放前昆明第一任市长,从政30多年,"廉洁爱民,两袖清风,有口皆碑",在老百姓中颇有威望,曾有"熊青天"的称号。他本已离职回乡,已有70以上高龄,又被当时云南省主席龙云登门邀请出任陆良县长。他让其孙熊复来寻觅进步教师,党组织认为陆良地处云、桂、黔交通要道,民族杂居,有必要在那里开辟据点,认为刘国铙去很合适。刘国铙的亲友们对他去陆良这个决定非常震惊。他们认为一个家庭有地位,又是名牌大学的毕业生,不到政府机关去享受高薪厚禄,却跑到一个"不毛之地"去受苦,简直是荒唐、怪诞。当然他们是无法理解一个革命者的高尚情操的。一个走上革命道路的知识分子,一个共产党员,当他立志为了人民的利益,为了党的事业而奋斗终生的时候,当他宣誓为了共产主义事业可以牺牲自己的一切,甚至生命的时候,他怎么会去计较环境的艰苦与薪俸的高低呢?他无视一切讥笑与责难,心甘情愿,饱含激情地去陆良了。

刘国铋与熊复来、董大成一起，共同努力把县教育科长、陆良中学校长等反动家伙赶下了台，决定以陆良中学为阵地，逐步扩展工作。他们请熊老县长兼任陆良中学校长，由刘国铋任教务主任，代行校长职务。他们陆续把当地一些进步青年和一批由组织上派来的同志安排到学校工作，完全掌握了陆良中学。

为了在陆良中学站稳脚跟，他们努力把学校的教学搞好。原来该校教学质量差，学习风气不好，学生中盛行赌博。刘国铋团结大家一道工作，发扬民主，遇事与大家反复商量，进行了学校秩序的整顿，规定了管理条例，并仔细研究教学计划、要求，自编教材。仅一个学期，就改变了学校面貌，转变了学习风气，学生的学习成绩明显上升，博得了家长和社会舆论的好评。

刘国铋等在陆良中学站稳后，就积极扩展工作，他们组织学生读革命书籍，办壁报，唱革命歌曲，举办文艺晚会。还个别启发教育，发展革命力量。他们还通过家访与学生家长联系，宣传抗日。1944年冬，国民党军队在湘桂大溃败，云南处于日寇威胁之下。他们准备开辟抗日根据地，选择了邻县路南圭山地区。刘国铋与熊复来、董大成组成了调查组，深入村寨接触群众；对该地区群众思想、民俗以及当地地形、经济、文化教育等方面作了全面仔细的调查，与当地少数民族建立了良好关系。他们回陆良汇报后，经党组织研究分头准备枪支、弹药及各种物资，并第二次到圭山地区具体部署。1945年抗日胜利，这一地区没有建立抗日根据地，但他们的工作，为这一地区以后的斗争奠定了一定的基础。1948年圭山地区人民进行反美蒋武装起义，开辟了滇、桂、黔边区，在边纵中许多干部战士就是当年陆良中学的教师和学生。袁成源后来说："国铋他们当年的策划终于在后来成为事实，国铋如果死而有知，当含笑九泉。"

由于陆良革命力量的发展，引起了反动派的注意，国民党在陆良县设立了县党部，在去圭山的路上驻扎了军队，陆良中学的壁报常被人暗中撕毁,熊老县长和刘国铤外出有人盯梢。驻军军长李弥策划以共产党罪名逮捕刘国铤等人,形势颇为危急。此时,抗日战争胜利了,刘国铤请示南方局后决定从云南回重庆工作,因此,他于是年10月离开陆良,11月飞到重庆。熊老县长本来准备去解放区了却平生心愿,但尚未成行,即于1946年7月在陆良被特务毒死。

战斗在山城

刘国铤的五哥刘国鎭因自己读书不多,一心要将两个弟弟培养深造,早就为其弟储蓄了一笔教育费,要他们大学毕业后留学外国。抗战胜利后,他就给了每人一万美金,要他们参加自费留美考试。刘国铤在云南时,就曾把他哥哥的意图向组织上汇报过,并表示自己不愿去美国,因为祖国灾难深重,他不能逃避现实,他要为祖国解放而斗争,工作由组织安排决定。他回重庆后,家里人要他去参加留美考试,他也借故"临阵脱逃"了。

他当时一心想奔赴解放区,那里是光明的象征,苦难中的希望。他向组织提出了正式申请,并作好了一切准备。他送走了从陆良去解放区途经重庆的熊复来,还送走了一个又一个同志,相约在解放区相会。但他的愿望未能实现,党组织分析了刘国铤在国民党统治区进行工作的各种有利条件,决定把他留下来。刘国铤克制了自己渴望到解放区去的炽热感情,愉快地服从组织决定;开始了他在山城重庆的战斗生活。

刘国铤通过社会关系,找了一个四川省银行经济研究所资料室工作的公开职业作为掩护。不久,他又到《商务日报》做记者,但由于这家报纸的进步倾向很明显,不利他掩护,因此,他仍回到省银行经济研究所。此时,他实际上是在南方局刘光领导下从事青年工作。不久,组织关系交由周知(周力行)领导,周知将吴显钺、汤逊安、刘国铸三人组成一个秘密领导小组,领导"陪都青年联谊会"的工作,刘国铸同时又是"青年民主社"的领导成员。刘国铸还与吴显钺参加了中国民主同盟,以加强民主党派的工作。他们在青年和学生中扎扎实实地开展工作。特别是1946年2月,国民党利用青年学生的爱国热情,进行欺骗宣传,诱使一批学生上街进行反苏游行,一些受蒙蔽的青年跟随三青团分子砸了《新华日报》营业部,打了"民盟"机关报《民主报》的牌子。刘国铸十分痛心,深感必须深入到知识分子、青年学生中去,向他们作长期、细致的工作,提高他们的觉悟揭穿国民党的欺骗,一定要把他们团结在党的周围。他除了在"陪都青年联谊会""青年民主社""民主同盟"等团体中积极工作外,还直接与重庆大学、省教育学院、适存高商、明诚中学、民建中学、文德女中等学校的知识分子、青年学生建立联系。他还通过在重庆念书的他的几个侄辈了解所在学校的情况,并让他们帮他联络,传递信件、材料,支持和掩护他的工作。在他的教育帮助下,几个子侄都先后入团、入党,走上了革命道路。

刘国铸工作方法深入细致,作风民主,对人热情、诚挚,乐于助人,因而能密切联系群众,感动别人。他与青年学生谈学问,一起议论文学作品,用苏联小说《保卫察里津》《毁灭》等书中感人的事迹来启发青年的革命热情。他在聊天中用生动的材料来分析形势,针对当时国统区青年中存在的片面认识,提高他们的觉悟。他还在工作中帮助他们,提供一些物质条件,并在经济上、生活上帮助有困难的学生。他较长时间联系过适存高商和民建中学,他去这两校作过公开演讲,并帮助学校筹集经费,帮助学校领导提高教学质量,团结好师生,也在这里组织秘密印刷《中国革命与中国共产党》《目前形势与我们的任务》等秘密文件,发展过地下党员和外围组织"六·一社"社员,安插过地下党员和进步教师,向外地和农村输送干部,这两所学校实际成了地下党的工作据点。

经过地下党和进步人士的艰苦工作,形势逐渐有了变化,人民群众要求和平、反对内战的呼声愈来愈高,国民党反动派进行了血腥的镇压。1946年7月,先后暗杀了李公朴、闻一多。在全国激起了公愤。刘国鋕极度悲痛,他积极参加发起筹备追悼大会,"陪都青年联谊会"与重庆50多个团体组成了"李闻血案后援会",开展了揭露国民党反动派发动内战、镇压人民的罪行,争取和平民主,援助闻一多家属等活动。"西南联大留渝校友会"于1946年8月12日专门举行了闻一多先生追悼会。刘国鋕在自己的住处——上清寺"待帆庐"为闻先生家属举行了记者招待会,并为闻先生家属募捐。他为悼念闻一多先生,还连续熬夜写了悼念文章《略论闻一多先生》,以刘钢的笔名发表在1946年8月20日的《新华日报》上。文中他痛心疾首地呼喊:"新民主主义的文化革命正需要闻先生","中国怎么损失得起?"并热情地呼吁:"全中国的知识分子啊!闻先生的道路应当就是我们的道路。联合起来,沿着闻先生的道路前进!"

1946年冬,北平发生了美军强奸北京大学女学生事件,全国掀起了"抗议美军暴行"的群众运动。刘国鋕等积极组织了重庆市青年的"抗暴"运动,通电全国青年、世界青年和联合国安全理事会,声援北平的斗争。

刘国鋕善于把公开工作和秘密工作巧妙地结合起来,他利用他在重庆的亲属和朋友关系,很好地掩护自己。他在白象街省银行经济研究所有两间宿舍,这宿舍在研究所后院尽头的一个角落上,紧挨着资料室,一般人不到这里面来,而研究所大门边就是各界人士常来开会的"西南实业大厦"的会议厅,边上还有一些小房间供人休息开会用,因此每天各界人士进出频繁,极易掩护。刘国鋕多数是在外边会议厅旁的小房间和人接触,只有上级领导和少数极亲密的战友才到里面他的卧室里会面,如彭咏梧、江竹筠等同志到过那里。因此他在白象街两年多,利用这个地方进行过许多党的工作,但却从未受人注意过。此外,他并不常住白象街,而更多是住在上清寺四川省建设厅厅长何北衡的公馆。因抗战胜利后,国民党要员离渝到江浙一带,刘航琛派何北衡大女婿刘国錤到香港任川盐银行香港分行经理,1946 年去了香港,何北衡就邀刘国錤弟弟住进公馆,以帮助照料。刘国鋕认为这里住更有利于掩护,欣然允诺。所以如不是叛徒出卖,没有人怀疑他是共产党。

沙磁区特支书记

1947 年 2 月,《新华日报》社、中共四川省委被迫撤回延安后,许多进步人士被迫离开重庆,山城一度变得沉寂。但南方局早已布置了重庆地下市委,省委也早已作了应变准备。因此,山城的沉闷局面并没有持续多久,党组织和党员陆续地有了联系,重庆地下市委领导人民展开了斗争。市委机关报《挺进报》出版了,刘国鋕在市委负责人彭咏梧领导下,为《挺进报》筹集经费,提供稿件,弄来一部电台,还担负了部分发行工作,把《挺进报》传给他所联系的大中学校、"民盟"和经济研究所的进步同志。

国民党坚持打内战,财政崩溃,滥发钞票,货币贬值,物价飞涨,民不聊生。广大工农群众挣扎在饥饿线上,大中学生伙食费也维持不了最低营养水平,国统区的民众运动高涨,掀起了"反饥饿、反内战"运动。国民党不但不改变政策,反而加紧镇压。炮制了《维持社会秩序临时办法》,禁止游行集会。并对南京、北平、天津、上海等地的"五二〇"游行队伍大打出手,制造了南京、天津的"五二〇血案"。全国震惊,各地掀起了反饥饿、反内战、反迫害怒潮。消息传到重庆,5 月 24 日重大、女师学院相继罢课,各校准备响应"六二"全国反内战日的游行示威。由于三青团分子的分裂,重庆市学联决定 6 月 2 日不游行,实行总罢课一天。但国民党南京"官邸会报"(即中央党政军联席会报)作出以武力镇压学生运动的决定,并于6月1日凌晨在全国实行大逮捕。重庆市警备司令孙元良组织大批军警特务半夜包围学校,冲入重大、省教育学院、中央工业专科学校、女子师范学院等大中学校教工学生宿舍,拿着黑名单捕人,全市共逮捕了260多人,还开枪打伤了许多反对大逮捕的学生。重庆这次捕人在全国大中城市中也是最多的,激起了山城人民的极大愤怒。刘国铴5月31日与重庆大学的学生骨干研究了运动问题后,就住在重庆大学他侄子刘以洪的学生宿舍里。事件发生后,他立即派人查清重庆大学被捕人数、姓名,赶回城内向组织报告。他根据党组织必须揭露国民党"六·一"大逮捕的罪行、用一切办法营救被捕同学的指示,终日奔跑于沙磁区、市中区之间,在学生、记者中做工作。重庆大学、女师学院等先后成立"六·一事件后援会"。6月4日各大中学校联合成立了"重庆市大中学校'六·一'事件后援会",向社会广为宣传,要求重庆市当局无条件释放被捕同学。市当局拿不出被捕人员的犯罪事实,为平息民愤,乃于6月5日第一批释放了被捕学生。以后又分几批"交保″释放,但还扣住20多人。到1949年蒋介石宣布"下野"后,又释放了一批。还有五六人被关押到"中美合作所"中,于重庆解放前夕"一一·二七"大屠杀中被害。

"六·一"事件后,重庆市委决定把进步青年学生组织起来,成立党的外围组织"六·一社",刘国铴在彭咏梧领导下参加了"六·一社"的组建和领导工作。以后又在"六·一社"的基础上建立了"新民主主义青年社"。不久,市委决定成立沙磁区特别党支部,由刘国铴任特支书记,张文江、邓平为委员,领导学运工作。刘国铴表面上还在经济研究所任职,实际上除继续负担一些全市性青年组织的工作及帮助"民盟"转入地下斗争外,工作重点已转到沙磁区,包括磁器口、沙坪坝、新桥、化龙桥一带,工作量很重。特支根据当时斗争形势,扎扎实实做群众工作,继续发展了一批"六·一社"社员、共产党员,并相机发动群众斗争。当年11月,通过重庆大学进步学生叶××,宋××两名女学生失踪事件,发动群众罢课斗争,反对军警迫害学生,要求市、校当局保障学生安全。1948年初,英帝国主义在九龙修机场,强拆中国居民住房,引起了中国人民的愤怒,不少城市举行了抗英游行示威。重庆市也以重庆大学为主举行了一次全市性学生游行示威,刘国鋕亲自组织领导了这次斗争,挫败了敌人企图转移斗争目标的阴谋。

刘国鋕不仅全副身心扑在革命工作上,他还负担了为党筹集活动经费的任务。他为了减轻市委的负担,决定沙磁区特支的活动经费自筹解决。他还为其他进步团体募集捐款,资助彭咏梧、江竹筠前往川东并供应乡下医药用品等。受他个别帮助的人就更多了。虽然他家里给过他一些钱,但他为筹措经费仍然是费了不少心血。而自己却非常节俭,他穿的是他五哥替换下来的两套西服,到处奔波时常是吃揣在身上的几块饼干。他还有胃病,也顾不上认真检查治疗。他对待爱情也很严肃,他在学运中结识了重庆大学女生曾紫霞,确定了感情,但也没时间去操办婚事,直到二人同时被捕。

脱险又被捕

随着解放战争形势的发展,国民党军节节败退,国统区人民斗争高潮迭起,反动派更加垂死挣扎,加紧破坏重庆、川东的地下党组织。一个在"抗暴"中曾同刘国鋕联系过的学生,在参加大竹起义失败转移回重庆后被捕,供出了住在何北衡公馆的刘国鋕。1948年4月10日,重庆特务头子徐远举派出干将去何公馆诱捕刘国鋕。刘国鋕正在与适存高商的洪宝书谈工作,听门房喊:"七少爷,有人会!"连忙打发走客人出门,见来人形象可疑,机智地应声:"七少爷不在!"立即跑回三楼卧室,处理好文件,再到二楼把何北衡太太请出来应付。何太太听特务说来抓共产党,就对特务说:"刘国鋕是我家亲戚,准是搞错了。"她要给警备区参谋长萧×

打电话,正在特务帮助拨电话号码时,刘国鋕乘机溜出客厅,出了后门,从右后侧的山坡上滚下去,然后沿着小路穿过上清寺,插到牛角沱,挤在人群中脱险了。

刘国鋕脱险后,首先想到的是党组织和同志们的安全。他来到两路口铁路新村他六哥刘国铮处,请刘国铮去七星岗女青年会找来曾紫霞见面。刘国鋕叫曾紫霞按约定时间、地点向上级汇报,征求对以后工作的意见,并要她通知重庆大学等有关人员转移。此外,他还不顾危险亲自通知了一部分同志转移,然后才去荣昌大东街159号大姐夫郭家荫藏起来。曾紫霞在通知了有关人员转移后,又按约与刘国鋕上级冉益智(市委副书记,后来叛变)会面,将刘国鋕情况作了汇报,并将荣昌地址告诉了他,希望组织以后派人来联系。然后在其姐姐好友张思玉的丈夫周俊烈(延安派回的老党员)的帮助下,由邹某带路绕过青木关检查站,搭上"黄鱼"车,赶到荣昌与刘国鋕会合。不料,冉益智在4月17日在北碚被捕,在敌人刑讯下叛变了!供出了刘国鋕的去向。特务头子欣喜若狂,立即布置特务连夜赶赴荣昌,19日清晨包围了郭家,刘国鋕从后花园出来跑到城墙边被捕,曾紫霞同时被捕。

刘国鋕与曾紫霞被捕后,被特务当天押回重庆,当晚在重庆老街32号行辕二处进行了刑讯逼供。刘国鋕什么也不说。当特务头子徐远举威胁说:"你的上级冉益智、刘国定什么都知道,他们都说了,你说不说都一样,这是看你老实不老实。"刘国鋕回答说:"既然刘、冉二人什么都知道,你问他们好了,又何必来问我呢?你问我我什么也不知道。"徐对刘国鋕施用坐老虎凳重刑,折磨一夜,毫无所获。第二天就把刘国鋕押到"中美合作所"监狱渣滓洞楼下七室单独囚禁,带上脚镣手铐,不准放风,还要每天受审折磨。

刘国鋕坚强不屈的精神,很受同狱难友们的敬爱,他经常受到难友们热情的目光和通过各种秘密渠道送来的纸条的慰问,使他感到仍然生活在同志们中间。他也仍然关心着他熟悉的战友们的命运。他通过地板缝塞给楼上牢房曾紫霞一个纸筒，上面写着："我的身份已被上下咬紧，完全暴露。你不需要同他们正面硬斗，要恰如其分。我反正已经暴露，只能同他们正面斗争了。你把一切往我身上推，让我去对付他们，只是不能牵连其他的人。"曾紫霞在受审中承认与刘国鋕有恋爱关系，始终没有承认是共产党员，后来被保释出狱。

特务头子多次审讯刘国鋕，刘国鋕都坚定地给予回答。特务们企图软化他，说："你家有钱有势，你有吃有喝，你闹什么共产党，你共谁的产？""你年轻人幼稚无知，是被人利用了吧？"刘国鋕愤然回答："我被谁利用？谁也利用不了我！我是从马列主义，从政治经济学和哲学的研究中找到真理的。我坚信，资本主义必然灭亡！社会主义必然胜利！人类社会一定要走向共产主义，这是不以人们意志为转移的客观规律！"当特务以"坐一辈子牢"和"杀头"来威胁他时，他坚定地说："我是共产党员，你们没有抓错。杀不杀我，你们有权；交不交组织，我有权。要杀是可以的，要我交出组织永远办不到。""我读过几天书，懂得一点做人的道理。我是共产党员，我要成无产阶级的仁，取无产阶级的义。"愚蠢的敌人还想从理论上来降服刘国鋕，解除刘国鋕的思想武装，可他们那里是刘国鋕的对手，辩论中，刘国鋕用马列主义理论把他们驳得张口结舌，无言对答。最后特务们一无所获，于5月下旬，把刘国鋕和在二楼五室单独囚禁的重庆市委委员许建业一起秘密转移到白公馆监狱中去了。

"要我脱离共产党，办不到！"

刘国鋕在白公馆被囚禁一年多，曾与谭谟、王朴一起关在楼下六室，终日不见阳光。1949年8月时才调整到平二室，与罗广斌（小说《红岩》的作者）、毛晓初、杜文博一起。由于长期的折磨，胃痛又经常发作，使他的身体更加瘦小，非常虚弱，面色苍白而浮肿。

偶尔给他"放风"时刻,他总坐在院坝檐沟边的石头上,享受那一点难得的阳光,捉衣缝里的虱子。有时他家里经过特务机关转送来一些奶粉、罐头之类,他总与同牢难友共享。

刘国鋕的亲属一直不停地活动以图营救刘国鋕出狱。1948 年 7 月,特务头子徐远举对刘国鋕的强硬态度恨之入骨,把他和许建业、李大荣一起列入了 7 月 22 日第一批枪杀的名单中。刘家得信后,多方求人、宴请、给钱,并请当时任四川省主席王陵基高等顾问的刘航琛密电何应钦,要求务必刀下留人,刘国鋕才得到缓刑,暂时保全了生命。

1948 年 8 月,刘国鋕的五哥刘国錤从香港回重庆,拜会了徐远举,送上金烟盒一个、名贵女用金表一只和其他礼物,请求徐远举释放刘国鋕,还要求见刘国鋕一面。徐远举想利用他兄弟相会来软化刘国鋕,安排他兄弟第二天上午在老街 32 号相会。当他哥哥告诉刘国鋕是专门来营救他时,徐远举说:"过去我要你登报脱离共产党,现在也不要你登报了,只要你签个字脱离共产党,我就释放你。"他哥哥也劝他签字,刘国鋕毫不犹豫地说:"不行","要我脱离共产党,办不到!"他哥哥十分心疼,哭着对他说:"你不知道!现在到处都在抓共产党,广州、南京……天天都在杀人!你就签个字吧!你怕什么?签个字出来,我立刻把你带到香港,然后再送你去美国,一家人也就放心了。"刘国鋕洞察敌人的毒计,他毅然起身说:"五哥,我理解你同家里人对我的想念。徐远举真要释放我,何必要你来呢?他是用你来要我的组织。你走吧,你们好好地干你们的事,不用管我了。……我有我的信念和决心,这是谁也动摇不了的。真理是扑不灭的,中国革命一定会成功。"

刘国鋕对革命事业无限忠诚,对人民的胜利抱着高度的信心。当 1949 年 10 月,刘国鋕和同牢难友得知中华人民共和国成立时,决定秘密制作一面五星红旗,等待解放那一天拿出来用。他们作好旗帜后,刘国鋕在他与罗广斌睡的地板之间,抠起一小块地板,在支撑地板的梁上钉上小钉,把红旗包好挂在上面,再盖上木板作掩护。可惜刘国鋕还没有来得及取用它就牺牲了。解放后,人们取出这面红旗,至今还在"中美合作所"集中营美蒋罪行展览馆中展出。

1948年冬和1949年春,组织上多方营救刘国鋕,刘国鋕的家属也继续努力营救刘国鋕,他们找到保密局局长毛人凤和西南长官公署主任张群,但都没有成功,只保释出了曾紫霞。在国共和谈中,中国民主同盟提出了要求国民党释放的民盟盟员名单,其中有刘国鋕。可是刘国鋕的名字后来被反动派勾掉了。1949年8月,蒋介石在离开大陆之前,和毛人凤到了重庆,开始部署大屠杀。9月,杨虎城将军及宋绮云等被秘密杀害。10月,陈然、王朴等在大坪公开被杀。11月14日又秘密杀害了江竹筠、齐亮等人。最后在重庆即将解放前夕,于11月27日,将刘国鋕等一大批人陆续提出,押赴刑场,秘密杀害。据幸免于难的人回忆说:刘国鋕对罗广斌、毛晓初说:"再见吧,同志们,我先走一步了。如果哪位同志活下来,一定要把刽子手们今天凶残的屠杀向人民公布。"他边走边高呼"反动派一定要灭亡""人民就要胜利了""中国共产党万岁"等口号,战友们把他在就义前讲的话连起来,成了他的"就义诗":

同志们,听吧!
像春雷爆炸的
是人民解放军的炮声,
人民解放了,
人民胜利了!
我们——
没有玷污党的荣誉!
我们死而无愧!
……

刘国鋕牺牲时,年仅29岁。正如他在回答敌人的审讯时说的那样:"我死了,有共产党在,我等于没有死。"他确实永远活在人民的心里。

1950年1月15日,重庆市各界人士举行追悼大会,悼念刘国铉。2月12日,"民盟"又在重庆大沙别墅8号刘国铉家里,单独为刘国铉举行了一次追悼会。楚图南亲笔题词:"烈士精神不死,为完成烈士遗志而继续努力!"

（本文根据曾紫霞著《刘国铉》改写而成，个别地方有增补订正）

荣世正

（1922—1949）

凌桂凤

受宠不娇　奋发攻读

荣世正，四川达县人，1922年出生在一个没落的地主家庭。父亲荣仲明，原为古城一家绸缎铺记账先生，离职后置20亩地耕耘。长兄在一家商号谋事。姐姐比他大20岁。父母亲在长男长女成年后得此幺儿，全家欢喜，视为掌上明珠。荣世正在这备受宠爱的家庭度过他最初的16个春秋。达县民间流传着两句话："皇帝爱长子，百姓爱幺儿。"荣仲明夫妇酷爱幼子，千方百计留他在身边，以振家业，坚决不让他外出求学。荣世正小学毕业后，父母便要他去当学徒，但荣世正则想外出继续读书，得到长兄荣承烈积极支持并供给读书的全部费用。

1936年，荣世正考入具有革命传统的达县联立中学。他专心学习，由于他念过私塾，他写得一手好字，各科作业恭笔楷书，汉语基础较厚实，文章也写得流畅。他特别喜欢数学，数理化成绩年年全优。他对社会科学、哲学也有浓厚的兴趣。在学校，颇得老师钟爱,同学敬佩,常被选为班长。

1937年"七七"事变爆发,日本发动了侵华战争,抗日的怒潮席卷全国。荣世正并不是成天埋头读书,祖国的危亡牵动着他的心,他关心时局,担心国家的危亡。他从联中地下党员、历史教师杜贵文老师那里懂得了"抗战必胜"的道理,思想上受到深刻的教育。他在1939年7月7日,"七七"事变两周年的日记中写道:"……日本发动卢沟桥事件以来,迄今已两载矣,……全国人民长期被人视为睡狮,现在是因之站起来了……""中国之战斗力量,是更表示其不可侮,不可轻视了。我能坚持之24个月的抗战,莫不证明我国之必获最后胜利,敌国之必归败途……""敌机袭渝,我们固然无限悲愤,然而我更用不着眼泪……我们要想免除这残酷之轰炸,只有抗战胜利之日,即我们的生命才有保障。我们只有奋斗,集中力量,统一意志,以我们四万万五千万双手,四万万五千万颗心,把敌人赶出山海关,赶出鸭绿江……"

他对于那些消极抗日、积极反共的国民党反动派,对乘国难之机搜刮民财、醉生梦死的有闲阶级,更是深恶痛绝。他在7月12日的一则日记中写道:"……时事至此,尚有闲若无事之人,每日寻欢作乐,置国事于脑后,诚可痛心!然而余也,决不受其同化,也不怕死偷生,决以自己同同志之努力,挽此危亡,以洗濯社会污臭,另辟世界,另建社会秩序,务使社会上的蛀虫、寄生虫一扫而尽。假之志也不遂,亦以'鞠躬尽瘁,死而后已'继之,然而决不偷生,决不怕死。故此志已决,非任何人所阻也。"

荣世正对民族命运、国家前途的关心胜过了对父母兄姐的依恋,1939年7月在给其姐的信和一则日记中,他向亲人抒发自己的抱负:"……惟弟既不甘心醉生梦死、苟且偷生,尤不愿坐视民族之衰止毁灭……""……吾母吾姐均因余等而终年劳碌,心中惭愧,惟有学成之日,回家奉养双亲及吾姐,使彼等老年略得休息,则实余之愿望也。但献身国家,服务人群,则余所以尤乐者也。""国事如斯,国家需余等甚急,将来献身为国,又为余之志也。"但亲人们对他的宠爱,至深至切,又难以忘却,他不禁发出"忠孝难于兼顾"的感叹。

1939年9月他考入成都树德中学读高中,后转入成都华西协和高中继续学业。他在转学过程中接触到种种世态,目睹了最真实、最普遍的社会现象,进一步看到旧社会的腐恶,他壮怀激烈地向旧社会宣战:"我憎恶这虚伪的世界,我痛恨这吃人的环境。""我要同它奋斗,我要和它战争,我要以我的巨掌,压死恶魔的生命,我要以心中的光明赶走社会的黑暗。"并表示:"要努力于改造社会的准备。"此时荣世正虽壮志凌云,却仍一如既往,刻意上进,奋发攻读,力求掌握更多知识。他的精力和注意力远远超出教师所授之课业,他在读高三时就自学了许多大学文科的必修课。

向往民主　追求真理

1943年1月,荣世正在高中即将毕业时给同班同学的赠言中写道:"……对于你将来的前途,你一定有着许多独自默想的机会,也许你正计划将来当文学家、科学家、政治家,也许你正准备将自己贡献给广大的人群,为整个人类的幸福而努力。""我想在你的脑子里早已刻画着这样一个世界——一个没有战争,没有饥饿与眼泪,没有劫掠与屠杀,没有一切罪恶的完美的和平、自由幸福的世界,这是闪耀在大多数人们心里的理想。"高中毕业后,他到重庆参加高考,他羡慕西南联大,向往联大的读书风气和民主气氛。他带病参加考试,考上了西南大学电机系。

荣世正进入联大之初,正值"皖南事变"后国统区群众运动的低沉时期,校内的共产党员和进步同学,有的疏散下乡,有的转入隐蔽,实行"勤学、勤业、勤交友"的方针。荣世正亦努力学习功课,并与张君平等同学一起相互研讨国内外形势,颇受教益。随着群众运动转趋活跃,他积极参加进步同学主办的时事讨论会、读书会、文

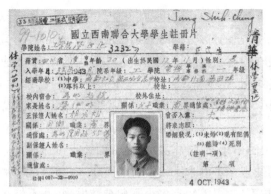

荣世正的国立西南联合大学学生注册片

艺社、"阳光美术社"等社团活动。他为文艺社墙报写的《评屠格涅夫的〈悬崖〉》较有分量,还选登在上海一家文艺杂志上。荣世正于1945年参加了党领导的外围组织"民青"。他从个人研究社会问题,进入有组织的革命斗争,终于找到了改造社会的具体道路。他从爱国斗争中认识到只有马列主义才能救中国。他在给父母的信中写道:"……现在资本主义社会将渐渐没落而趋于消灭,将来代之而兴的,不管其为何种形态,一定是新的进步的社会。"

严于律己　诚恳待人

荣世正生活在混浊腐败的社会里,但他严肃地对待生活。他声明:绝不与恶势力妥协。他在1941年9月4日日记中写道:"啊,残酷的世界,吃人的世界!我诅咒你,我要以我所有的力量来毁灭你,……""我揭发了恶魔的丑态,我看见了社会黑暗的一角,我要同它奋斗,我要和它战争,我要以我的巨掌,压死黑暗,我要用我眼中的愤怒之火射出来烧掉世界上一切罪恶!罪恶,你走进地狱去吧!'人'间是不让你存在的!"为了同旧社会战斗,不与恶势力妥协,荣世正严以律己,不断地同自身存在的缺点作斗争。他在 1941 年 9 月 5 日的日记中剖析自己:"……自己的行动,有许多时候违反着自己的意志,同时知道极应努力的事情,而又不下决心去作,更没有恒心去不断地工作。这些最大的毛病,尤应深刻的反省,立刻去纠正。"

荣世正这样严格要求自己,对朋友也真诚相见,对待朋友身上的缺点直言不讳,大胆批评以勉励其进步。他在给一位朋友书页上的题词中的一段话:"你要我指出你的缺点,贡献给你一些意见,的确,你的缺点多着啊!正如所有的青年一样那样多,那样多。我知道的已数不完,更不知有多少不曾被我发现,我不能在这里一一举出。不过,我知道一切的缺点,只有在工作中暴露出来,也只有在工作中逐渐弥补,逐渐淘汰。参加神圣的工作吧!在工作中,你将被锻炼成最坚强、最勇敢的战士,你将尽可能发扬出你的所有的长处,你将丧失你现在的所有的数不清的缺点……"这是多么关心朋友,而又善于热情帮助别人啊!

荣世正对待个人婚姻恋爱问题也具有高尚的情操、严肃的态度。他一反世俗的恋爱婚姻观念,认为爱情必须是志同道合的结晶。他在给其兄的信中谈及他的恋爱问题时写道:"我深知友情不是勉强可以增强的,自然,爱情更不是被迫发生的。现在我们之间的态度非常严肃,理智常常走在情感前面,我们彼此了解甚深,我们之间很久以前就筑下了坚固不拔的友谊。我们都认为男女之间应该有友谊存在,除了夫妻,男女间应该有朋友。对于朋友,不应该有性别的界限,这就是我们能够久远的原因。""……为了准备考学校的功课,我们都不愿意分散注意力,一个懂得感情的人,是知道对感情含蓄的。""对于她,我不用隐瞒,我喜欢她,她对我一直很好。……总之,在投考学校混乱的生活中,我们根本没有时间谈这些问题。现在我们还在求学,还待我们更深入的认识与了解,将来我们也许不会结合,但我们的友谊将永远继续下去的……"他们一直保持着纯真的友情,直到荣世正被捕牺牲。

光荣入党　投身革命

　　1945年抗日战争胜利后,蒋介石为了抢夺抗战胜利果实而发动内战,荣世正在"民青"的领导下,积极参加联大学生开展的争民主、反内战运动。联大党组织动员青年到农村去,准备以游击战争还击蒋介石对人民的屠杀。为了响应党组织的号召,加上他的经济支柱——胞兄荣承烈因其所在公司粮食加工厂的5万石军粮被烧,受到牵连被判刑,因而中断对荣世正的经济供给。荣世正征得组织的同意,回到了达县。1945年下半年在达县女中任教。他教育女学生"应成为整个社会的推动力,应该有新生活,让那些旧生活像草鞋一样,丢进垃圾堆"。荣世正鲜明的政治态度受到了该校中共达县负责人杨虞裳(艾英)、冉益智(后成叛徒)的注意,在他们的帮助下,荣世正很快加入了中国共产党。入党后他积极从事党的地下工作。

　　1946年秋天,荣世正受杨虞裳的派遣,随温可久(党员)率领的开县大学生参访团到开县从事党的地下工作,主要任务是开展上层统战工作。他通过好友唐显云(开县人)的父亲唐乃文(开县银行经理)的关系,到开县中学任教,以教员身份为掩护,从事革命工作。他担任高中一年级数学教师,他那层次分明、逻辑性很强的讲解,刚劲有力的粉笔字,不用圆规画圆的娴熟技巧,一开始就博得学生的高度赞扬。他学而不厌、诲人不倦的精神,对教职工的谦逊态度,受到师生的尊敬。他虚心与同组教师互研教学,凡到月考、期考他都主动帮助教务处的职员分担一些任务,他的考题总是自己刻印。他尊重学校高中部打铃、搞卫生的工友李振馈的劳动,他见李经常在办公室练字,知道李想念书,荣世正帮助他实现了到简易师范学校读书的愿望,使李振馈感到无比的温暖。李振馈在荣世正的帮助下,进步很快,后来成为革命队伍中的一员。在开县中学,不论是教师、学生还是家长,人人都说荣老师真好。开县中学校长周胜武对荣的教学也很满意。由于荣世正的教学很好,在开县教育界有相当高的威信,因而他很快就在开县站住了脚,为杨虞裳等领导同志来开县活动,开辟了阵地。1948年初,杨虞裳等到开县开展党的地下工作,主要是武装青年学生。他们白天教书,晚上和星期天组织一些进步学生到郊外学习进步书刊。荣世正以自己坚定的信念和模范作用感染、熏陶青年。他既是青年学生的师长,又是他们的知心朋友。此时荣世正已担任中共开县工委组织委员,他在开县培养和团结了一批进步师生,为党组织的发展准备了骨干,并发展了一些党员。4月,开县中学成立特别党支部,由杨虞裳直接领导,荣世正领导开县简易师范学校的党员。

在开县既有隐蔽斗争,又有武装斗争。1948年3月,开县工委委员温可久、陈世仲在农村打土豪扩武装,处决了义和乡大地主熊茂林,这下捅了马蜂窝,国民党伪县长吴超然密领13个乡镇长加上3个警察中队,集中前往临东、太平等地清剿,游击队受到很大压力,情况十分危急,荣世正、杨虞裳急着筹划如何解救战友。由于荣世正平时比较接近群众,了解到开县人民生活很苦,农民食无隔夜粮,身无御寒衣,物价飞涨,老百姓好不容易挣到一点钱却买不到米和煤。粮煤都被开县大地主兼资本家何成之囤积居奇,运往武汉高价出售。群众愤怒之极,早就酝酿到何家"吃大户"。中共地下党开县工委作出决定,在这堆干柴上点火,发动群众,开展反饥饿、反迫害斗争。于是荣世正和杨虞裳及开县城厢区委的田学元、张锦城等在地下党指挥下发动群众于3月29日清晨到何成之家"吃大户"。先在县城的体育场上集合,群众人山人海,开县警察局长、伪县长再三出来游说,想阻止群众的革命行动。但人们高呼:"发粮济贫!"饥饿的人群直奔何家住宅,所到之处,群众纷纷参加。因遇河受阻,愤怒的群众转至东街何成之的碗铺,将他囤积的粮油等物倒出分给群众,狠狠地打击了贪官和奸商,人民满心欢喜。反动派十分惊慌,连夜调回警察中队驻守县城。这样,拖住了敌人,解救了战友,游击队得以安全转移。通过这次斗争,使荣世正认识到青年学生和工农群众结合起来进行斗争便能产生巨大的威力这个真理。"三二九"反饥饿运动之后,杨虞裳、荣世正又决定利用开县中学学生自治会换届改选之机,发动全校同学夺取原为校方和三青团所掌握的学生自治会。他们指导地下党员和进步学生出来竞选,选举结果,取得预期的胜利。自治会的绝大多数成员都是地下党员和党的外围组织的成员。荣世正还指导进步学生出墙报、开展集邮活动等来引导和培养青年学生的高尚情操。在荣世正的指导下,学生自治会还组织各种研究会,其中以荣世正亲自主持的数学研究会最为出色,每逢他主讲时,总是座无虚席。通过这些活动,荣世正团结了一批师生,不少人后来参加了革命。

1948年上半学期,学校要增加学费,杨、荣研究决定,由进步学生曾雨出面,组织各班学生找校方查账,反对校方贪污。校方采取高压手段,并用"异党分子""红帽子"压人,荣世正起草了《告全县父老书》,并广为散发,他还仿照《打倒列强》的谱子编了一首歌曲:"那个缴费,那个缴费,是宝气,是宝气,去找学校算账,去找学校算账,对红心,对红心(四川方言,意为以心换心,团结一致)。"这歌声团结了同学,鼓舞了士气,结果大获全胜。

黎明前夕　壮烈牺牲

"生长在这个世界的青年,都鼓舞着热情,正不愁没有发挥的地方,不是么?抗战建国各个部门中需要多少热情的青年参加工作,去推动历史的车轮,去打开建设光辉的新世界的门槛。你热情的青年啊!时代赋给你的使命是多么的重大!要求你贡献的,不仅仅是你的祖国,还有全世界被奴役急待拯救的人类,努力工作吧!神圣的工作正需要青年们热情贯注,扶持推进。"这是荣世正1943年给朋友的一个题词。这份题词,也是给他自己的勉励。荣世正所说的"神圣的工作",便是推翻旧世界,建设新世界。荣世正他那闪光的青春便是最好的答案。

1948年6月17日,由于叛徒的出卖,荣世正和杨虞裳一起在开县中学不幸被捕。敌人软硬兼施,用尽各种酷刑,但他始终未承认自己的身份,严守党的机密,保护了党组织。最后,敌人只好将他和杨虞裳一起解往重庆"中美合作所"的监狱渣滓洞。

在渣滓洞,他和杨虞裳同关在二楼一室,他们共同在特殊的阵地上作斗争。他平时不爱讲话,但每逢组织难友学习,他就慷慨激昂地讲他的学生如何可爱、热情、肯向上学习;讲形势、讲节操,坚定大家的意志。在狱中,他仍不断虚心学习,积极地改造自己的知识分子气。他特别愿意为大家服务,他争着打扫厕所。有一次他帮难友洗被褥,着凉后病了一个多月,但他的心情是愉快的。他主动关心和团结难友,在难友中起着模范作用。在狱中由于营养太差,他患有初期肺结核病,但他并不因此减低对革命的信心。他经受了牢狱的考验,显示出了共产党员坚韧不拔的特性。

1949年11月27日,在重庆解放的前夕,万恶的蒋美特务实行了血腥大屠杀,荣世正、杨虞裳同狱中其他难友一起,被敌特杀害于乱枪之中。荣世正同志以自己的青春,殷红的鲜血实践了自己的诺言,为完成"神圣的工作",为"打开新世界的门槛",贡献出了自己的生命。

参 考 文 献

1. 陈国衡:《闪光的青春——荣世正烈士传略》。

2. 陈国衡:《青年的楷模——荣世正传略》。

3. 向远青:《好学、深思、成熟——荣世正烈士传略》。

4. 重庆市革命烈士纪念馆提供的荣世正烈士的日记、书信等有关材料。

陈月开

（1923—1950）

欧阳军喜

陈月开，又名陈海、陈海光，祖籍广西苍梧。1923年出生于越南海防。父亲早亡，抗日战争爆发后随母亲回国，定居昆明，先后就读于两广小学、粤秀中学，1941年夏考入云南大学附中高七班。中学时代的陈海勤奋好学，广泛接触了大量的进步书刊，读了鲁迅的小说杂文、肖军的《八月的乡村》、邹韬奋的《萍踪寄语》、艾思奇的《大众哲学》等。他尽情地在文史哲的海洋里遨游，立志要为传播民族文化、弘扬民族精神而奋斗。

联 大 求 学

1943年，陈月开考入西南联大历史系。全国人民的抗日热情深深激励着这个热血青年。那时正是西南民主运动开始高涨的时候，联大的进步社团如雨后春笋，相继建立。1944年春，陈月开和赵宝熙等同学发起组织了"阳光美术社"。他们在闻一多教授的指导下，用漫画、壁报的形式，针对当时校内外重大的政治事件或校

西南联大校门

内国民党、三青团特务的反动言论，进行斗争。"阳光"以其犀利的笔触，毫不容情地将反动者的狰狞面目描绘出来。例如，1946年2月25日，在国民党、三青团的策划和蒙蔽下，联大少数教授和同学，举行了所谓"东北问题演讲会"和"反苏大游行"。第二天，陈月开和同学们一道，创作了漫画《人的悲哀》漫画描写一个演讲会的情景，台上有人有狗，台下也有人有狗，人们好像在问自己："我怎么能和他为伍？"这幅漫画将国民党、三青团反共反苏的嘴脸揭露无遗。

陈月开不仅擅长绘画，也刻木刻。他深受德国进步女画家凯绥·柯勒惠的影响。他的木刻作品《坟场》展现了无产阶级群众对一位死难战友的深切悼念。粗略的几笔勾画出一张张苦难而充满仇恨、燃烧着反抗怒火的面容，充满了强烈的时代情感。他的作品反映及时，讽刺尖锐，深受广大进步同学的欢迎，也最为反动势力痛恨。

学生时代的陈月开不仅用画笔来唤醒民众,而且经常和进步学生一道,深入群众生活,了解他们的苦难,开展抗日宣传。他们在滇南建水滇军驻地演戏,教唱革命歌曲,极大地鼓舞了群众的斗志。1945年5月,陈月开由周锦荪介绍加入党的外围组织"中国民主青年同盟"(简称"民青")。在党的领导下,他积极参加学生爱国运动,迅速成长为一名坚强的革命战士。

投 身 革 命

1945年夏,陈月开改名陈海,到云南昭通中学任教。1946年10月,经中共昭通地下党支部李德仁、孙志能介绍,加入了中国共产党。

陈月开到昭通中学后,即在学校组织了"大家唱歌咏队",教唱革命歌曲,团结唤醒青年师生。但由于国民党嫡系特务旅第七团开进昭通,地下党的工作处于十分危险的状况,地下党员只好疏散。1948年,根据中共云南省委指示,陈月开转移到昆明南菁中学任教,继续从事革命工作。1948年"反美扶日"革命浪潮席卷全国,昆明市各校革命师生纷纷罢课,走上街头示威游行,陈月开不顾个人安危,一直在南菁中学坚持战斗。1948年7月15日,国民党动用了大批军警特务对云南大学和南菁中学进行了野蛮袭击,陈月开受伤被捕。面对敌人的严刑拷打,威逼利诱,陈月开顽强机智,严守党的机密,敌特抓不到陈月开的把柄,加之各方面营救,陈月开被保释出狱。

陈月开出狱后,中共滇工委派他到滇西祥云参加开辟滇西游击根据地的工作,不久又派他到镇南县去做争取以张尚岳为首的地主武装"联防队"的工作。在山区村寨中,陈月开深入发动群众,开展诉苦挖穷根活动,给群众讲团结起来力量大的道理,并在此基础上积极组织"农抗会",为武装斗争做准备。1948年10月,陈月开起草了《迤六乡民众宣言》,在镇南县的英武、永宁、玉屏、凤羽、文雄、永隆贴出。宣言中写道:"我们是民贫财尽的老百姓,我们的目的在于不当兵、不纳粮、不上税……要吃饭的过来吧。"号召贫苦农民组织起来,反对国民党的征兵、征粮、征税,在贫苦百姓中引起了强烈的反响。

1948年12月,中共滇西工委派陈月开到楚雄哨区工作,陈月开被选为楚雄哨区"三抗联防总队"指导员。陈月开依靠李在民等骨干,在哨区组织了读书会、政工队、"农抗会"、民兵、儿童团等,把各方面的反蒋爱国力量组织起来。陈月开特别注重"农抗会"的组织与建设,他号召群众换工互助,搞好生产,并在火热的斗争中培养农民干部,使革命火种在哨区燃成燎原之势。1949年5月,楚雄哨区"三抗队"集中到祥云整编,成为滇西人民自卫团第二支队,接着自上而下成立了哨区人民政府。陈月开经常带着政工队深入到永胜、罗摩、自雄、永和等分区,帮助群众建立自己的政权。到7月,整个哨区共成立了7个分区政府,陈月开任哨区人民政府主席。不久,陈月开调到祥云鹿窝滇西人民自卫团总部工作,任机关党总支书记。他在总部办的干训班上讲授"农村工作"等课程。他讲课理论联系实际,使学员受到很大教益。

1949年10月,中共滇西地委派陈月开深入"滇西关禄段护路总队"(简称"西护总队")作瓦解争取马超群部的工作。11月,陈月开组织"奋斗武工队",深入吕合、镇南、牟定交界的河东地区,警惕注视"九九"整肃后敌人的动向,为争取马超群部做好准备工作。陈月开同何云鹤等同志一起,经过艰苦的工作,使西护总队于1949年11月8日宣布起义,次日卢汉宣布起义,云南和平解放。"西护总队"被整编为"中国人民解放军滇桂黔边纵队暂编总队",陈月开任政治委员。陈月开出色地完成了党交给的任务,为滇西人民解放事业作出了重要的贡献。

英 勇 就 义

　　1950年1月，中共滇西地委机关和专员公署由镇南迁往楚雄。陈月开被任命为中共楚雄县委委员、楚雄县县长。陈月开就任县长时说："我不是来当官的，是当人民的勤务员。"的确，他虽然身患哮喘病，却不分昼夜为党和人民工作，继续保持艰苦奋斗的优良作风，与劳动群众同甘共苦，深得楚雄人民的爱戴。

　　为了配合人民解放军进驻西南，1950年4月，楚雄县委决定，除个别县委成员坚持机关日常工作外，其他同志都分头下乡工作，帮助各区完成征粮、送粮、迎军的紧迫任务。当时陈月开因哮喘病严重发作，县委要他留机关休息，兼顾日常工作。陈月开却坚持要进哨区工作，他说："那是我战斗过的地方，人熟地熟情况熟。"就这样，他又回到了楚雄哨区人民政府所在地——三街。

　　然而那时的三街却已是乌云密布。陈月开担任楚雄县县长后，他在哨区的工作由王金英同志接替。部队开走了，外来干部也大都调走，这里一时便显得空虚，因减租反霸而激起的农民与地主两个阶级之间的斗争更加表面化，加上丁锡功、王凤歧等叛变革命，一场反革命暴动正在酝酿着。

　　到三街后，陈月开敏锐地感觉到三街的反常政治气候，阶级敌人四处造谣，煽动群众抗粮。面对阶级敌人的挑衅，陈月开写下了《告哨区父老兄弟姐妹书》，宣传党的政策，提醒群众警惕敌人破坏，号召哨区人民发扬革命传统，完成征粮、运粮、迎军支前任务。与此同时，陈月开召集三街片干部开会，反复宣传党的政策。他告诫同志们，现在胜利了，只是万里长征走完了第一步，不能认为天下太平了，可以马放南山、刀枪入库了，要提高革命警惕。在布置征粮任务时，他对大家说：过去我们发动群众反"三征"，是为了打倒反动派，为人民谋福利；现在我们征粮，是合理负担，取之于民，用之于民，要向群众讲清道理。

5月4日,陈月开和哨区区委书记、区人民政府主席王金英离开三街,到100多里外的民郎召开该片干部会议。就在陈月开、王金英离开三街后,三街恶霸地主唐立城、原国民党县参议长唐立功,勾结县参议员唐天泰和混入滇西人民自卫团二支队的宋国兴等人,密谋反革命武装叛乱。8日凌晨,当陈月开、王金英召集的干部会议刚刚开始时,匪徒们就突下毒手,抓捕了陈月开、王金英等人,同时匪徒还攻占了我哨区人民政府,区政府副主席倪茂中弹牺牲。

敌人抓到陈月开后,便把他押到三街。叛匪总队长丁锡功企图劝降陈月开,说:"陈县长,你是学问高深的人,请你来领导我们。"陈月开怒斥叛徒:"可耻!过去你是朋友,现在你叛变革命,就是敌人。你要我叛变革命办不到。"身陷囹圄的陈月开坚贞不屈,英勇斗争。匪徒们恼羞成怒,决定加害于他。1950年5月12日,匪徒们将陈月开和王金英绑赴三街附近的义地岭岗杀害,面对匪徒们的枪口,陈月开大义凛然,视死如归,沿途高呼"毛主席万岁!中国共产党万岁!"等口号,英勇就义。

陈月开同志为了中华民族的解放事业献出年轻宝贵的生命。烈士的英雄业绩和崇高品德永远激励着后人奋勇前进。1980年3月,在纪念陈月开烈士英勇就义30周年之际,原中共滇西地委书记陈家震挥笔题词:

"为党为民,赤胆忠心;宁死不屈,气壮山河。"

这正是烈士一生的光辉写照。

(本文根据楚雄党史资料第三集《彝州忠魂》有关陈月开材料改编而成)

万家义

（1928—1950）

凌桂凤

　　万家义，1928年10月9日出生于湖北省汉阳侏仔山，由于战乱及经济原因，他从小学到初中阶段几次辍学，1947年冬在汉阳中学高中毕业，1947年冬至1948年夏在南京政治大学读书。1948年秋考入清华大学经济系，在校期间加入"新民主主义青年联盟"，后转入新民主主义青年团。万家义兄弟姐妹6人，他排行第二，父亲万邦兴，1945年以前一直当小学教员或失业在家，抗战胜利后在武昌郑南电力公司当职员，1972年病逝。

南　　下

　　万家义自小天资聪明，喜爱读书，学习成绩一直名列前茅。他性格淳朴倔强，喜静而又兴趣广泛，善于吟诗填词、雕刻，喜爱下棋、吹笛、养鸽、打乒乓球、游泳等文体活动。1946年底在汉阳高中读书时曾因参加并领导学生运动而被学校记大过二次。1948年12月，中国人民解放军解放了北平西郊，清华大学获得了解放，党组织及时安排好师生们的学习和生活,清华园内到处响起了《解放区的天是明朗的天》等革命歌曲。在党的领导教育下,清华的同学们积极参加了准备北平解放后的宣传工作。

1949 年 1 月 31 日,北平和平解放。2 月 3 日中国人民解放军排着整整齐齐、浩浩荡荡的队伍,举行了入城式。解放军英勇威武,精神抖擞地进入北平后,北平各大学的学生,兴高采烈,采取多种形式慰问解放军,同解放军座谈,恳切地要求参军入伍。同时北平各大学的学生在地下党组织的领导下,纷纷走上街头和进入各中学宣传党的城市政策和北平和平解放的意义。万家义积极参加了学校组织的进城宣传活动。北平的 2 月天气还很冷,万家义等清华同学和北平艺术专科学校的学生一起到王府井、东华门一带向群众进行宣传演讲。万家义身穿一件灰色呢大衣,围着一条驼色深蓝条围巾,每到一处,他总是抢着登上高处,怀着革命激情,慷慨激昂地进行宣传演讲。他是一位很有口才和鼓动才能的演说家,他的演讲、他的革命激情感染着周围的听众,他每次讲完,听众常报以热烈的掌声。

1949 年 2 月 17 日,中共中央根据全国解放战争迅猛发展、军队和地方急需大批知识分子干部的形势,同意即将挥戈南下的中国人民解放军第四野战军在平津地区直接招收万名大、中学生参军,组成中国人民解放军第四野战军南下工作团,这是党在全国解放前夕采取的一项重大战略措施。2 月中下旬,第四野战军政治部派地子同志来到清华大学,在学生食堂召开大会,动员同学们参军。他讲了毛泽东主席关于《将革命进行到底》和《把军队变成工作队》的指示,讲了全国革命形势和任务,动员同学们参加南下工作团,为解放全中国贡献力量。他还传达了党组织的决定:"保留参军同学们的学籍。"待全国解放后如果愿意回校,随时可以复学,完成学业。万家义在大会后怀着激动的心情积极报名参军。他在日记中写道:"……清华园内掀起了动员同学南下的热潮,我被这些热潮击打着,

1949年3月，250名清华同学参加中国人民解放军第四野战军南下工作团，
图为举行欢送仪式

卷在这漩涡中起伏着，在思想上有过好几次斗争，最后，为了改造自己，为新中国贡献自己一份力量，我参加了南下工作团。"经考试获准。3月11日清华参军南下的200多名同学告别了清华园，来到了南下工作团一分团驻地——华文学校礼堂，受到了先期到达的一分团战友的欢迎。在华文学校一个小房间住七八个人，吃的是高粱米饭。在这里，虽然住得很挤，吃得也不好，但他们是乐观的，他们唱着："吃的高粱米，住的非常挤，为了要革命，我们笑嘻嘻！"

4月中旬，南工团一分团在华文学校正式开学，每天进行正规的军事训练和学习政治理论课程。开始了由学生向革命军人转变的过程。进行形势教育、革命传统教育、路线方针政策教育等三个阶段的学习，聆听了中央领导同志和老一辈无产阶级革命家的教诲。周恩来总理作了《关于革命青年的修养和目前形势》的报告，他希望革命青年要学会运用马克思主义的认识论、方法论分析问题，要树立五个观点：新旧观点、阶级观点、劳动观点、群众观点、国际主义观点。7月15日，朱德总司令代表党中央，代表中国人民革命军事委员会向一、三分团的干部、学员和总团直属大队工作人员表示祝贺，欢送大家南下迎接新任务，完成历史上伟大的使命。并勉励大家向人民学习，向毛主席和革命先烈学习，改造自己，树立革命的人生观和组织纪律观点，把个人利益和群众利益统一起来，做到功则归人，过则归己，不为名利，紧紧团结，努力工作。希望同学们像杨柳一样插在哪里就在哪里生根开花，像松柏一样春夏秋冬四季常青。这些教诲激励同志们南下的决心，盼望着早日南下迎接考验。

万家义平时严格要求自己，勇于剖析自己，从他在南下前送给朋友的日记本首页上所藏的诗中可以看出，他把日记作为"一件有力的武器，向'敌人'、向自己进行正义的、英勇的攻击"，"变成一面光洁的镜子，来认识自己的嘴脸，自己的灵魂。"万家义在学习中注意联系自己的思想实际，尤其是通过知识分子政策的学习，提高了对自己的认识，决心与旧世界、旧社会、旧思想、旧习惯决裂，努力改造自己的知识分子习气，诚恳地进行批评和自我批评，虚心向工农学习，不断改造世界观，提高思想觉悟。

经过 4 个月的学习武装，南下工作团终于离开北平，跨上了南下的征途。由于平汉铁路当时未完全通车，故绕道经天津、徐州，再转中原平汉铁路南下。经过几天的行军和坐那上无透气窗、侧无窗口的闷罐车，一路上克服了许多预想不到的困难，于 8 月 5 日到达河南省鸡公山驻留，等待去中南接管新解放的城市。鸡公山是河南的风景区，也是蒋介石苦心经营过的安乐窝，但因年久失修，已破烂不堪，因此，修整房屋，打扫卫生，每天还得派人下山买油粮柴等生活品背上山来，这些劳动也锻炼了团员们的劳动观点。有时还有国民党残匪的滋扰，南工团战士们还要日夜站岗放哨，也参加了地方武装的剿匪活动。一路上虽然很苦，万家义一直精神饱满，总是抢着活干。9 月初，一分团举行毕业典礼，分配工作，万家义和其他南工团员一样，向党表示决心，服从分配，愿意到艰苦的农村去建立新政权。南工团领导本考虑到万家义是武汉人，要留他在武汉工作，但他坚决要求随军继续南下，要求到艰苦的斗争中锻炼、改造自己。他愉快地服从分配到广西。广西南下工作队继续南征，10月1日到达湖北武汉，与武汉市人民一起庆祝新中国的诞生。在武汉，广西工作队又进行分配，万家义分配到广西柳州地区，当时许多北方的同志怕因语言的不通，影响工作的开展，万家义则感到自己的武汉话与广西语言较接近是有利的条件，到地方后应多深入群众，多做群众工作。由于白崇禧纠集的桂系残余武装仍在湘桂衡宝一带作垂死挣扎，广西工作队只好走走停停，于10月16日才到达湖南长沙。因湘桂铁路、公路和桥梁被严重破坏，大队决定在长沙休整待命，同时调查了解广西社会情况，学习研究广西风土人情。万家义和王应常等一起作社会调查时，有一位中年妇女见这些南工团员都是些文化兵，就很惋惜地说："你们为啥要去广西，那里天气热得能把贴在石板上的面糊烤熟，广西的蛇多得倒挂在墙上，外省人不知道，还以为是铁钩，把东西挂上去，蛇头一缩，东西掉下来才发现是蛇，真是吓死人了"，"广西的土匪也多得很呢！"万家义并不因此被吓倒，而是更坚定了。他常和王应常讨论如何开展工作，如何建立新政权，如何打土匪等。11月中旬工作队经衡阳向广西进发，部队到了衡阳后，发现柳州地区还有中渡县和雒容县没有分配工作队员，临时又从各县抽调万家义、赵玉良、徐崇斌、文涛、莫宗提等9人组成雒容工作队。万家义又愉快地服从了组织的分配。11月下旬到达桂林，因铁路被破坏，部队遂步行于12月中下旬到达雒容县。

清 匪 反 霸

由于国民党残匪的反动宣传和威胁，工作队进入县城时未遇一个老百姓。到县政府驻地后，马上建立雒容县人民政府，开始了宣传党的政策、筹集军粮马草支援前线，发动群众，成立农会，扩大基层力量等工作。为了尽快接管旧政权，开展工作，需要相当数量的地方干部，县委决定按照地委指示，举办干部培训学校，以适应新区发展的需要,为即将建立的农村新政权培养骨干力量。干部学校由万家义和黄仁才负责筹办,由万家义主管校务管理工作。他在1949年12月18日的日记中写道:"组织上交给我的任务是办数十名青年知识分子的干部学校,'为人师表',领导'改造思想',这任务可不轻,也不简单,搞得不好,可就糟糕了。好好地、细心地,一步步干吧!"1950年元月16日干部学校正式开学。他完全按学校的办法进行管理,工作认真负责,抓得很紧。由于他性格开朗,喜欢音乐和体育,工作虽然很紧张,各方面的条件也很艰苦,但是,他把学校办得很活跃。在学习之余,搞些文娱活动,如他搞的春节文娱晚会,他出了很多谜语,从谜语的内容可以看出,他的知识比较丰富。干部学校共培训了两期约100多人。干部培训学校结束后,万家义调任县团委副书记工作。

万家义在县委工作期间,比较注意团结周围同志及地方干部,虚心向他们学习。他工作认真负责,严肃有干劲,作风踏实谨慎,生活俭朴,平易近人,他白天积极工作,夜间积极参加持枪站岗,保卫县政府,深得周围同志的好评。当时县委和县公安局都想要他,公安局长还特意配给万家义一支县里最好的加拿大手枪。万家义在思想上生活上及工作中都比较严格要求自己,表现很好,于1950年5月加入中国共产党。

1950年年初,由于中国人民解放军大军压境,广西白崇禧残匪暂时隐蔽起来,当时雒容等各地虽时有土匪滋扰,但总的形势还是比较稳定。四五月份,由于解放军大部队继续南进海南岛,柳州军分区只能留少量兵力保卫市区和铁路沿线,一时无力顾及农村,地方武装力量又较单薄,一些地方还尚未建立起地方武装,在广大人民群众又未经充分发动的形势下,国民党残匪与地方反动武装、土匪勾结起来乘机作乱,破坏交通干线,打家劫舍,杀害干部,甚至围攻城镇。为了给解放军筹集粮草,南工团员和地方干部又不能不深入农村开展工作,他们冒着生命危险,深入农村,沟通各方联系,发动群众清匪反霸，与土匪恶霸作斗争。

雒容县的土匪暴乱是以攻打江口乡政府和山脚村农会开始的。1950 年 4、5 月间，匪乱开始猖獗，原国民党雒容县参议长卢启贤、江口乡伪乡长卢石兵父子解放前为非作歹，惨杀无辜，罪恶较大。解放后他们假意靠拢人民政府，我们为了统战，让卢启贤参加县改编委员会，卢石兵留用为江口乡乡长。但他们不甘心失败，父子俩相继潜逃到六合村，收罗亲信、流氓、散匪，组织反动武装，在大匪首林秀山的指挥下，纠集众匪，群起暴乱。他们围攻乡政府，破坏农会，杀害干部。江口、导江、运江 3 个乡的工作队与大土匪作了多次顽强战斗后，终因力量悬殊，寡不敌众，在解放军和县大队的营救下撤回县城一起保卫县政府。

6 月 25 日，雒容县委研究决定，应该主动出击，到各乡镇去，发动群众，开展政治攻势，讲明政策，讲清形势，配合解放军部队进行清匪反霸。决定由县委组织部长张金成带队，有万家义、莫宗提等10 多名县干部参加的武装工作队到江口镇宣传群众清匪反霸，并由部队派连指导员李万春率一个排参加行动。当队伍行至现兴安村时，经观察未发现有土匪动静，便在洛清江下游渡河，爬上山岭，经观察仍未发现有动静，队伍继续前进，当队伍行至离江口四五里地三面环山、一面临水的回龙湾时，发现路上行人很少的异常情况，正待继续观察时，突遭对面山上土匪的猛烈袭击，在战斗地形十分不利的情况下，部队组织力量还击，战斗坚持到天黑，终因寡不敌众，被迫分散撤退回县城。万家义在战斗中失踪，于 7 月 16日发现已被国民党残匪杀害，不幸牺牲，时年 22 岁。

参 考 文 献

1. 中南建筑设计院万家智（万家义之弟）提供的万家义简况和日记等材料。

2. 广西鹿寨县教育局离休干部赵玉良同志《万家义同志牺牲的情况》。

3.广西柳州地区计委离休干部郭雏勤同志的《山花烂漫》一书中有关文章及《中国人民解放军四野南下工作团团史文献资料汇编》（1）中有关材料。

4.广西民族学院离休干部王应常同志写的《怀念在鹿寨剿匪中的南工团战友们》及有关材料。

5.广西鹿寨县委党史办公室《鹿寨县党史资料》第5期（期匪专辑），黄铮、潘允剑的《疾风劲草屹江口》一文，及雒容县人民政府民政科于1950年8月2日签发的"万家义革命牺牲光荣纪念证存根"等材料。

6.中央美术学院郑丽瀛同志提供的万家义南下前的赠言。

7.广西河池地区物资局离休干部崔永祥、广西鹿寨县离休干部黄仁才、赵玉良、曾翰屏、广西区电影班映发行公司离休干部徐崇斌、广西区建材局离休干部李万春、广西区法院文涛等同志提供的材料。

陈虞陶

（1921—1950）

袁　欣

陈虞陶（1921—1950），字叔初，汉族，云南省富源县（旧称"平彝县"，新中国成立后，1954 年报经国务院批准，将"平彝县"更名叫"富源县"）雨汪乡岔河村人。祖上世代以农为业，家道小康。

投身革命　争当先锋

陈虞陶自幼在本村就读私塾，之后就读于普珀两级小学，1935 年 7 月毕业。之后考入云南省立曲靖中学，1941 年毕业。毕业后曾应聘到普珀两级小学任教。他立志从事教育事业，因此 1943 年考入西南联大师范学院，攻读文史地专科。1946 年秋，组成西南联大的清华、北大、南开三校回迁。西南联大师范学院留在昆明的西南联大旧址，独立设置学院，定名为国立昆明师范学院。故陈虞陶转入昆明师范学院史地系本科学习。

1948 年中国共产党领导的革命运动风起云涌，遍及云南各地。同年 2 月，平彝县境内第一个中共党支部成立。激于革命热情，陈

陈虞陶的国立西南联合大学学生注册片

虞陶 8 月弃学回乡,投笔从戎,积极寻找党组织,于 1949 年 2 月投身于火热的革命工作中。1949 年 6 月,中共平彝县委建立。他于 1949 年 9 月加入中国共产党。1949 年 11 月,中共东山区委员会成立。12 月 9 日,民国云南省主席向全省发出通电起义后,民国平彝县县长率众起义。23 日,平彝县解放。中共平彝县接管民国平彝县政权,陈虞陶参加了其中的接管工作。至此,中共平彝县在境内建立了十八连山区、平中区、东山区 3 个区委会,发展党员 370余名。陈虞陶身在其中,与其他党员一起,发挥了革命斗争中党员的先锋骨干作用。

保护人民　严打匪徒

1950 年 4 月,平彝县国民党党部执行委员、营上区党部书记、区长尹烈照不肯接受共产党的领导,与国民党 272 师师长余启佑一起率贵州保安团发动暴乱,先后杀害中共平彝县县委、县政府派到营上工作的干部 11 人,以及当地民兵、群众 7 人,扣押妇女干部。尹烈照还率领 300 名土匪,攻打平中区人民政府、民家村龙凤乡人民政府。同时，国民党军统云南站特务余永成等人窜入东山区，策动、组织叛乱。

几天后，中国人民解放军曲靖分区基干团进入平彝县。陈虞陶受命跟随剿匪大队前往营上区剿匪。经过数天的战斗，尹烈照被赶出岩头寨。其胞弟尹烈蒸因不明党的政策，良莠不分，亦逃跑在外。陈虞陶了解此事后，立即给尹烈蒸写信，阐明中共的政策，希望他从速回家，以免发生意外。尹烈蒸读信后深受感动，便立即返家。这时陈虞陶又亲自到尹烈蒸家做思想政治工作。通过尹烈蒸又去说服其他不明真相的胁从人员，动员他们放下武器，回家生产。由于尹烈蒸平安回家并受到保护的这一事实，为我党争取了很多不明真相的胁从分子，弃暗投明，回家生产。陈虞陶这样做，既孤立了与人民为敌的尹烈照，又挽救了相当一批胁从者，为革命争取了力量。

临危受命　惨遭杀害

1950 年 5 月，国民党军统云南站特务余永成等人第二次窜入东山区。东山区原讨蒋游击武装，被国民党特务策动叛变革命，反动气焰嚣张，形势严峻。为了巩固新生的人民政权，加强东山区人民政府领导，县委调陈虞陶任东山区副区长。他毫不犹豫，接到命令的当天就赶往东山区报到，发动群众征粮和围剿土匪。

7 月国民党军统特务余永成伙同被策反的原普冲游击队员吕吉云、王小云等 11 人，成立反革命组织"中国人民革命军云南军区直属支队"，一起密谋反革命活动。21 日，这个反革命组织中的300 多人在余永成和王小云等人的策划下，围攻位于三台坡地霸王开漠家中的东山区人民政府。由于土匪人数百倍于我方，加之区民兵大队长吕炳昌、区财粮干事王有声叛变，与匪众勾结，里应外合，因此在家的区政府干部寡不敌众，致使区政府陷落。中共平彝县县委委员、东山区委书记吴惠民、副区长陈虞陶等工作人员被敌打散,分头出走。陈虞陶等在相距五里的夹马石与敌激战,寡不敌众,最终 6 人惨遭杀害。陈虞陶和武装干事陈梓才的心和舌头被匪徒割去,遗体被敌人劈成几段,投入大河中,被洪水卷走。陈虞陶牺牲时,年仅 29 岁。

为褒扬陈虞陶等人为革命而牺牲的精神,中共富源县委和县人民政府经呈报省人民政府批准,追认为他为革命烈士,载入革命史册。

陈虞陶烈士是西南联大杰出的校友,为新中国的解放事业献出年轻而又宝贵的生命。他是云南人的自豪,也是清华人的骄傲。

参 考 文 献

1. 富源县志编纂委员会:《富源县志》,上海,上海古籍出版社,1993:702-703.

2. 中共富源县委史志工作委员会:《中国共产党富源县历史大事记》,昆明,云南民族出版社,1992:26,39,48.

3. 清华大学校史研究室编:《清华英烈》,北京,清华大学出版社,1994:290-291.

4. 北京大学党史校史研究室编:《北大英烈》,北京,北京大学出版社,1993 年。

5. 云南师大校友会编:《云南师大校友通讯第六期》,1990:30-31.

6. 政协富源县委员会文史资料委员会:《富源文史资料第七辑》,2002:58.

7. 中共曲靖地委史志工作委员会编:《曲靖党史资料第六辑珠源忠魂》(曲靖地区党史人物烈士传略),昆明,云南民族出版社,1992:449-450.

后 记

  清华大学建校百余年来,始终与国家的前途、民族的命运紧密相连。在民族独立解放和人民民主革命中,一些杰出的清华校友为真理和正义付出青春和热血,甚至献出了宝贵的生命。

  1989 年国庆 40 周年之际,为缅怀先烈、教育师生,学校在水木清华北山树立了清华英烈纪念碑。纪念碑碑石高约两米,正面镶有"祖国儿女 清华英烈"八个铜铸大字,背面镌刻着"在抗日战争和解放战争时期献身的清华英烈永垂不朽",以及当时确认的 23 位清华英烈的名字。清华英烈碑的筹建和英烈名单的确认工作,由校党委原书记、校史编委会主任李传信主持。名誉校长刘达、校务委员会副主任高景德、校长张孝文、党委书记方惠坚在 1989 年 9 月 28 日举行的落成典礼上为英烈碑揭幕。《新清华》出版专刊,介绍了每位英烈的简要生平。

  清华英烈纪念碑落成后,校史研究室对英烈事迹进行了全面搜集整理。在校党委原副书记、校史编委会副主任张思敬主持下,于 1994 年 4 月出版了清华校史丛书《清华英烈》。书中介绍了自 1926 年"三一八"惨案至 1950 年清匪反霸中牺牲的 39 位清华英烈,其中抗日战争和解放战争时期牺牲的英烈在原来 23 位的基础上增加了 11 位,还增加了其他时期的英烈 5 位,共增加 16 位,并对部分英烈的出生、入学年份和事迹史实等进行了订正。

《清华英烈》一书，由中共中央政治局原常委、老校友宋平题写书名，老校友荣高棠、郑天翔、熊向晖题词，老校友何东昌作序。英烈传记主要由校史研究室和党委办公室工作人员孙敦恒、唐纪明、刘文渊、凌桂凤、田彩凤、欧阳军喜、史宗恺、张思敬等编写，张思敬进行统编。杨光泩传记由烈士胞妹杨立林撰写，陈虞陶传记转载自《云南师范大学校友通讯》。徐心坦、承宪康、贺崇铃也参加了部分组稿工作。李传信对书稿进行了仔细审阅，提出了许多重要修改意见。

2001年，清华大学90周年校庆。在李传信指导下，学校对清华英烈碑进行了修葺改建，碑文移至基座正面的大理石上，改为"在民族独立和人民解放斗争中献身的清华英烈永垂不朽"，再次增加了英烈名单，共有43位英烈的姓名，并刻上每位英烈简介。

2004年4月，在校党委原书记、校史编委会主任贺美英主持下，校史研究室编辑出版《清华革命先驱》一书，书中列出了51位英烈的名单，比修葺后的清华英烈碑又增加了8人。

2019年，新中国成立70周年。在校党委书记陈旭主持下，由校党委副书记、校史编委会主任向波涛牵头，校史研究室具体负责，组成专门小组，根据陆续发现的新史料、新线索，多方搜集资料，反复核实信息，逐一严谨考证，进一步补充清华英烈名单，将清华英烈碑上的英烈名单扩充至65人，并对英烈的出生年份、入学年份、牺牲情况等史实及表述等进行了校订和规范，学校对英烈碑的周边环境和空间体验也进行了修缮和优化。

与此同时，由校史研究室协调组织，校史研究室、马克思主义学院、图书馆、新闻学院等单位的40多位师生共同参与，对英烈传记进行续修，编辑了这本《清华英烈》（增订本）。

2024年，新中国成立75周年。《清华英烈》（增订本）出版发行。本书包含了65位英烈的生平事迹，一方面补充了新增加的英烈传记，另一方面对原有各位英烈传记进行了文字、史实和格式的必要修订,对部分英烈的传记重新进行了撰写。校史研究室主任、党史研究室主任范宝龙审阅了书稿。校党委书记、校史编委会主任邱勇为《清华英烈》(增订本)写了题为《清风烈烈 华章煌煌》的新序言。

由于资料的局限以及很多史料需要不断深入考证,有些英烈的事迹还很不全面或不够准确,还有英烈可能被遗漏,留待今后不断修改和充实。欢迎广大读者及各界人士批评指正,并积极提供资料线索,以便适当时候再做补充修订。

在本书初版和增订本的编辑过程中,清华大学档案馆和许多地方的史志档案部门、英烈纪念单位等给予了大力支持和帮助,提供了大量的珍贵史料,一些英烈的亲属和战友等提供了回忆文章等相关材料。在此,对相关单位和个人致以衷心的感谢!

希望本书的出版对缅怀英烈们的光辉业绩,继承和弘扬清华大学的优良文化传统和光荣革命传统,加强对青年学生的爱国主义教育和思想政治工作等,发挥应有作用。让英烈们忠诚祖国、热爱人民、艰苦奋斗、进取献身的精神与实践,激励一代代清华人不忘初心、砥砺前行,为立足中国大地建设世界一流大学、实现中华民族的伟大复兴而努力奋斗。

编　者

2024 年 7 月